위대한 항해자 마젤란 1

"나는 미지의 세계, 불가능의 세계를 항해한다."

위대한 항해자 마젤란 **1**

한길 **|** **HISTORIA**

"나는 미지의 세계, 불가능의 세계를 항해한다."

위대한 항해자 마젤란 1

지은이 •베른하르트 카이
옮긴이 •박계수
펴낸이 •김언호
펴낸곳 • (주)도서출판 한길사

등록 •1976년 12월 24일 제74호
주소 •413-830 경기도 파주시 교하읍 산남리 파주출판문화정보산업단지 17-7
　　　www.hangilsa.co.kr
　　　E-mail : hangilsa@hangilsa.co.kr
전화 •031-955-2000~3　팩스 •031-955-2005

상무이사 · 박관순 | 영업이사 · 곽명호 | 편집주간 · 강옥순
편집 · 이현화 박희진 정희경 | 전산 · 이옥선 | 마케팅 및 제작 · 이경호
관리 · 이중환 문주상 양미숙 장비연

출력 · 써니테크 21 | 인쇄 · 타라 TPS | 제본 · 타라 TPS

제1판 제1쇄　2003년 8월 5일

값 12,000원
ISBN　89-356-5472-8 (세트)　04900
ISBN　89-356-5473-6 (1권)　04900

• 잘못된 책은 구입하신 서점에서 바꿔드립니다.

역사상 최초로 세계일주를 실행한 마젤란(작자 미상, 피렌체, 우피치 미술관).

11세기경에 그려진 이 양(兩) 반구도는 중세의 신학적 도그마에 의해 왜곡되어 있다.
지도의 위쪽은 에덴 동산에 있는 아담과 이브의 그림과 함께 동쪽을 가리키고 있고
유럽은 아시아나 아프리카에 비해 과장되어 있다. 지중해는 과도하게 강조되어 있으며,
대서양은 끝이 분명치 않은 바다로 묘사되어 있다.

베네치아를 떠나는 마르코 폴로. 마르코 폴로가 아버지 니콜로, 삼촌 마페오와 함께 말에 올라타고 조용히 도시를 떠나는 장면이다. 마르코 폴로는 원주민들의 생계의 기반, 관습, 종교, 풍습 등에 관해 아주 상세한 지식을 남김으로써 엔리케, 콜럼버스, 마젤란 등 위대한 항해자들의 초석이 되었다.

포르투갈의 항해왕자 엔리케(1394~1460). 엔리케 휘하의 선단은 적도 부근의 바다가 펄펄 끓고 있다는
신화를 넘어, 남부 대서양을 서유럽의 인문학적 공간으로 끌어들였다.

리스본에 있는 벨렘 탑(Torre do Belém). 이곳에서 포르투갈의 배들이 대서양을 향해 출발하곤 했다.
대서양 항로의 개발을 통해 지중해 문명권의 주변부였던 리스본은 새로운 문명의 중심지로 떠올랐다.

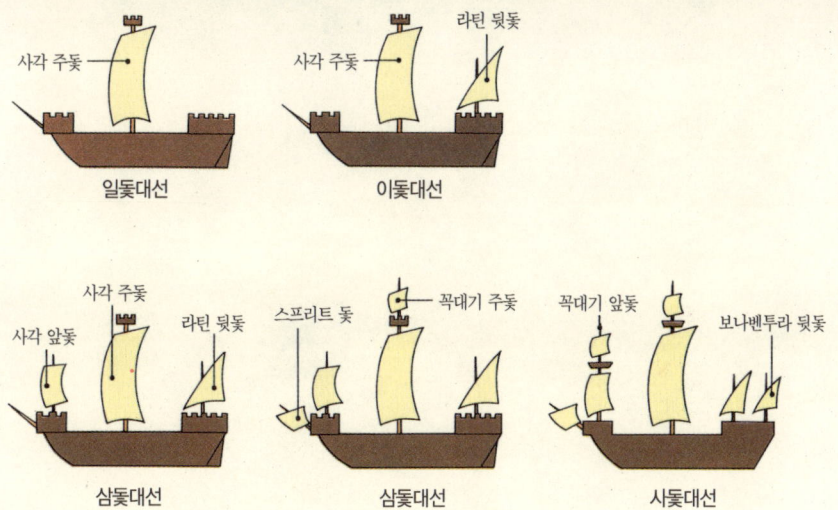

사각 주돛

일돛대선

사각 주돛   라틴 뒷돛

이돛대선

사각 앞돛   사각 주돛   라틴 뒷돛

삼돛대선

스프리트 돛   꼭대기 주돛

삼돛대선

꼭대기 앞돛   보나벤투라 뒷돛

사돛대선

위 | 에스파냐의 카라벨라선은 유럽인들의 초기 탐험 항해에 자주 사용되었다.

아래 | 이 그림은 1400년경부터 1480년경까지 서유럽의 범선 건조 기술이 어떻게 발전했는가를 보여주고 있다.
항해왕자 엔리케가 후원했던 사그레스 성은 범선 기술의 발전에 크게 기여하면서 포르투갈의 해양 팽창을
선도하였다. 돛대의 수가 한 개에서 네 개로까지 증가했던 것은 바람을 좀더 효율적으로 활용하기 위한 노력의
산물이었다. 이는 순풍이 불 때에만 항해를 할 수 있었던 과거의 조건을 크게 개선함으로써
더욱더 과감한 항해를 가능케 해주었다.

세바스티아노 델 피옴보가 그린 아메리카의 정복자 크리스토퍼 콜럼버스(1451~1506). 콜럼버스는 수많은
자료를 분석한 결과, 대서양을 서쪽으로 항해하면 인도에 다다를 수 있다고 확신하였다.
그는 에스파냐 여왕 이사벨라의 원조로 1492년 대서양을 횡단했다. 그 후 아메리카 대륙으로
네 차례 항해했지만, 죽을 때까지 자기가 도달한 땅이 인도의 일부라고 믿었다.

아메리카에 상륙한 아메리고 베스푸치(1454~1512). 피렌체의 항해가인 베스푸치는 에스파냐 왕실의 후원으로 대서양을 건너 오늘날의 브라질에 도달하였다. 그는 콜럼버스와는 달리 대서양 너머의 땅이 인도의 일부가 아니라는 사실을 분명히 인식하였다. '아메리카'는 그의 이름에서 유래한 것이다.

다음쪽 | 레판토 해전은 1571년 오스만 제국과 기독교 동맹군 사이에 벌어진 일전이었다. 베네치아, 제노바, 로마와 함께 기독교 동맹군을 결성한 펠리페 2세의 함대는 이 전투에서 승리하면서 '아르마다 인빈시블'(무적함대)이라는 칭호를 얻었다. 그러나 베네치아는 전쟁의 불씨가 되었던 키프로스를 투르크에 양도했고, 에스파냐의 입장에서도 실익은 거의 없었던 전투였다.

1492년 8월 3일, 콜럼버스는 산타 마리아, 니냐, 핀타, 이렇게 세 척의 배에 90명의 선원을 태우고
이사벨라 여왕의 전송을 받으며 에스파냐의 팔로스 항을 떠나 대서양을 통한 새로운 서방항로의 개척에 나섰다.
이사벨라 여왕은 콜럼버스가 포르투갈 왕실에 제시했다가 거절당했던 요구조건들을 거의 수용했다.

"명예를 위해 사는 자는 어떤 위험도 두려워하지 않는다!"

· 페르난도 데 마가야네스

'최초의 세계일주'라는 원대한 꿈

• 옮긴이의 말

    베른하르트 카이는 1930년 출생하여 항해학과 역사적인 주제에 관해 많은 기사를 쓴 바 있으며, 1994년 이후 작가로, 자유 시사평론가로 활동하고 있다. 이 작품은 카이가 쓴 첫 번째 장편역사소설이다.

    이 책에는 500년 전 아주 어려운 여건 속에서, 반대를 무릅쓰고 서쪽으로 세계일주를 시도했던 마젤란의 영웅적 면모가 그려져 있다. 그의 동기는 무엇이었으며 그의 계획은 어떤 의미를 갖고 있는지, 그리고 항해를 둘러싸고 일어난 이념과 사건들, 사람들 사이의 갈등과 그것을 어떻게 극복해 나갔는지, 어떤 사회적·정치적 상황에서 그런 계획이 전개될 수 있었으며, 결국 그로 인해 이익을 본 사람이 누구인가에 관해 역사적 자료를 바탕으로 하여 매우 사실적으로 묘사되 있다.

    저자는 구텐베르크의 금속활자 발견과 지구가 평평하다는 중세의 지구관이 깨어지면서 근대가 시작될 수 있었다고 본다. 그래서 마젤란의 가장 큰 업적은 바로 세계일주 여행을 통하여 지구가 둥글다는 것을 증명해주었다는 것이다. 여기서 마젤란은 항해자로서의 풍부한 경험, 항해에 필요한 모든 것을 직접 꼼꼼하게 챙기며 준비하는 치밀한 성격,

명예욕과 책임감, 집념, 당시 절대적인 의미를 지니고 있었던 중세의 세계관에 맞서 도전하여, 결국에는 자신의 생각과 계획을 이룬 영웅으로서 부각되고 있다.

이 책의 가장 큰 장점으로는 천문학과 해양학, 지구에 관련된 당시의 이론을 아주 간결하고 명확한 문체로 설명함으로써 일반인도 쉽게 접근할 수 있다는 것이며, 당시의 실제 자료를 수집하여 이를 근거로 매우 사실적으로 당시의 시대상 및 정치상황, 해상생활 등을 역사적으로 재구성하였다는 점이다.

이 책을 번역하기 전 옮긴이가 마젤란에 관해 알고 있는 것은 학창시절 배웠던, 범선을 타고 최초로 세계일주를 한 사람이라는 것 정도였다. 원서로 700쪽이 넘는 분량을 보면서 콜럼버스도 아니고 마젤란에 관해 이렇게 방대한 분량의 역사소설이 가능한지, 그리고 이 두꺼운 책을 재미있게 읽어나갈 수 있을지 솔직히 의문스러웠다. 그러나 내용을 검토하기 위해 책을 읽기 시작하면서 정말 놀라울 정도로 마젤란이라는 인물에 빠져들지 않을 수 없었다.

이 책에는 마젤란이 지구의 형태가 구상인가, 원반인가라는 질문에서 출발하여 미지의 세계로 항해하고자 하는 열망을 품게 된 과정, 여러 가지 어려움을 극복하고 초인적인 의지와 노력으로 마침내 세계일주 여행이라는 원대한 꿈을 이루는 과정이 15, 16세기의 역사적 상황을 배경으로 아주 설득력 있게 묘사되고 있다. 가장 특징적인 것은 저자 카이의 마젤란에 대한 애정과 열정이 작품 속에 강하게 묻어나고 있다는 점이다. 화려한 수식어 없이 간결하고 건조한 문체로도 작품 끝까지 긴장감을 늦추지 않고 읽는 이를 사로잡으며, 몇몇 장면에서는 코끝을 찡하게 하는 감동을 자아내는 것은 바로 이 점 때문일 것이다. 옮긴이로서는 참으로 오랜만에 책을 통해 느껴보는 가슴 뭉클한 감정이었다.

아마도 항해나 배에 관해 조금이라도 관심이 있는 독자라면 이 책을 읽으면서 당시 마젤란의 항해가 얼마나 어려운 것이었는지 미루어 짐작할 수 있을 것이다. 무동력으로, 오로지 바람의 힘에만 의지하여 항해를 한다는 것은 동력을 이용하여, 목적지까지 최단거리를 갈 수 있는 최근의 항해와는 비교가 되지 않는다. 바람을 잘못 이용할 경우에는 목적지를 눈앞에 두고도 몇 달씩 그냥 허비할 수도 있다. 당시 항해의 성공 여부는 아마도 선장의 개인적인 역량에 달려 있었을 것이다. 망망대해에서 거의 원시적인 수준의 항해기구들을 가지고, 배의 위치와 속도를 측정하면서 여러 개의 돛과 돛대, 보조돛을 바람의 세기와 방향, 조류 등을 고려하여 조정하는 것은 오랜 경험과 빠른 판단력을 갖추고 있어야만 가능할 것이다. 게다가 오랜 시간의 항해이다 보니 선원들을 이끄는 지도력도 필수적이었을 것이다.

이 책을 번역하고 나니 옮긴이 또한 저자 카이처럼 마젤란이라는 영웅에 열광하고 있음을 느끼게 된다. 독자들도 이 책을 통해 마젤란의 여행에 동참하여 당시 미지의 망망대해 앞에서 느꼈던 공포와 어려움, 고난과 더불어 마침내 마젤란 해협을 발견하고 세계일주에 성공했을 때의 기쁨과 감동을 함께 느껴보기를 바란다.

옮긴이 박계수

"나는 미지의 세계, 불가능의 세계를 향해한다."

위대한 항해자 마젤란 1

위대한 항해자 마젤란 2

1 미지의 대륙을 향한 열망

"지구가 둥글다면 이 동쪽 바다와 우리의 서쪽 바다는 동일한 것입니다.
심지어 우리는 그 바다의 대강의 폭까지 예측할 수 있습니다!"
주앙 왕자는 전혀 학자 같아 보이지는 않지만
매우 중요한 지식을 소유하고 있는 그 남자를 쳐다보았다.
"자네도 물론 알고 있겠지. 성서에는 지구가 원반이라고 되어 있을 뿐
구상에 대해서는 전혀 언급하고 있지 않다는 사실을 말일세.
자네는 성서를 의심하려는 것인가?"

리스본에 모인 모험가들과 몽상가들

수백 명의 청원자들이 다소 기괴하기도 한 그들의 기획안을 제출하기 위하여 매일 식민국의 대기실에서 기다렸다. 그들은 학자와 항해자, 큰 돈벌이의 냄새를 맡은 허풍쟁이와 대서양의 해적들이다. 리스본은 모험가와 몽상가들의 집합소였다. 라틴어로 '서쪽의 섬 등등을 위한 부서'라고 씌어 있는 문 앞에는 수염을 기르지 않은, 선원 복장을 한 마른 남자가 서서 초조한 듯 주먹으로 넓은 선원 모자를 돌리고 있었다.

'서쪽의 섬 등등을 위한 부서'——바로 이 등등 때문에 제노바 출신의 뱃사람인 크리스토발 콜론(콜럼버스의 에스파냐식 이름)은 몇 년 전부터 이 식민국을 계속 방문했다. 높은 문이 달린 사무실에서 나온 관청 서기 두 명이 대기자들을 호기심 가득한 눈으로 쳐다보았다.

"저기 제노바 출신의 멍청한 녀석이 또 왔군."

그들 중 한 명이 소곤거렸다.

"틀림없이 이번에도 왕국 하나를 주겠다고 약속할 걸."

그들의 웃음 소리가 넓은 복도 전체에 울려 퍼졌다.

콜론은 짧게 노크한 후 망설이듯 사무실로 들어갔다. 서류와 책장으로 가득 채워진, 후덥지근한 방안에는 포르투갈왕의 추밀 고문관인 세뇨르 안토니오 프라다가 매우 큰 책상 뒤의 높은 의자에 앉아 있었다.

"아, 영광스럽게도 크리스토발 콜론께서 이곳을 다시 왕림하셨군."

고문관은 냉정하게 비꼬듯이 말했다.

"식민국에는 무슨 일로 오셨는가? 당신의 청원서는 아직 페르난도 마르티네스 추기경 예하께서 보관하고 계시는데."

"각하, 저의 가정을 증명할 수 있는 새로운 사실을 알려드리러 온 것입니다. 상선으로 툴레(셰틀랜드 제도. 스코틀랜드 본토에서 약 21킬로미터 북쪽에 있는 제도—옮긴이)를 거쳐 울티마 툴레(지금의 아이슬란

드—옮긴이)로 항해할 수 있는 기회가 있었지요. 그 항해중에 저는 확인할 수 있었습니다. 이 섬이 이집트 지리학자 프톨레마이오스가 예측했던 것보다 훨씬 대양의 북서쪽으로 멀리 놓여 있다는 것을 말입니다. 간만의 차이는 26발(옛날의 척도로 약 6피트 정도 됨) 정도 됩니다."

"그게 무슨 말인가, 콜론. 지도 제작 부서가 당신의 보고에 흥미를 가질 것 같군. 당신이 훌륭한 지도를 직접 제작하면 좋을 텐데. 그 비용은 우리에게 문제가 안 되니까 말일세!"

"각하, 지도를 제작해서 몇 에스쿠도(포르투갈과 에스파냐의 동전)를 벌자고 말씀드리는 것이 아닙니다. 울티마 툴레 사람들 중 몇 사람이 오래 전에 대서양에서 육지를 보았다고 말합니다. 저는 확신합니다. 그것이 바로 인도양의 북쪽에 있는 섬이라는 것을요."

고문관은 다시 그의 문서를 들여다보았다. 믿을 수 없다는 듯한 미묘한 웃음이 그의 입술 위를 스쳤다.

"당신은 너무 지나친 공상을 하고 있다고 생각하는데, 콜론."

그가 말했다.

"어쨌든 식민국의 통지를 기다려보는 게 어떤가."

콜론이 미처 대답하기도 전에 문이 열렸다. 화려하게 부풀린 소매와 뾰족한 깃이 달린 아주 호화스런 복장의 젊은 남자가 사무실로 들어왔다. 견습사무원들이 경의를 표하기 위해 의자에서 일어나 바닥까지 닿을 정도로 정중하게 인사를 했다. 그는 식민국 국장인 포르투갈의 왕위 계승자 주앙 황태자였다.

"됐네, 콜론. 이제 가도 좋아!"

다른 사람들과 똑같이 정중하게 인사를 하고 난 프라다가 말했다.

왕자는 걸음을 멈추고 콜론을 쳐다보았다. 그는 어색하게 오른발을 땅에 끌면서 뒤로 빼는 절을 했다.

"아, 자네가 바로 크리스토발 콜론이군."

그는 적잖이 놀라고 있는 뱃사람에게 말했다. 태양에 그을린 마른 왕
자의 얼굴을 보니 그가 태양과 바람을 맞는 데 익숙하다는 것을 알 수
있었다. 그는 노련한 항해자로 인정받았으며, 외모로 볼 때 그의 유명
한 선조인 항해자 엔리케와 아주 비슷했다.

"마침 잘되었군. 자네 서류를 나에게 제출했던데. 설명해보게, 콜론.
자네가 어떻게 그런 지식을 가지게 되었으며 어찌하여 그런 가정을 하
게 되었는지, 그리고 청원서를 어떻게 작성했는지 말일세. 내가 착각한
것이 아니라면 자네는 학자가 아니라——직선적으로 말하는 것을 용서
하게나——그저 뱃사람에 불과하지 않은가."

콜론은 솔직하게 겁내지 않고 대답했다.

"폐하, 저는 열두 살 때부터 배를 타기 시작했습니다. 그래서 레반테,
즉 동쪽의 터키 해안과 대서양의 서쪽 군도 사이에 있는 거의 모든 항
구를 알고 있지요. 영국과 북극, 울티마 툴레에도 가보았습니다. 배가
난파한 후에는 리스본에서 지도 제작을 해서 먹고 살아가고 있지요. 아
마 폐하께서도 아시겠지만, 해운국에서 지도 제작 의뢰를 많이 하는,
산타 아나 가(街)의 제 동생 바르톨로메우의 작업장에서 일을 합니다.
그래서 저는 바다에 관해, 특히 이미 많이 항해를 한 지역과 거의 항해
한 적이 없는 지역에 관해 많은 것을 들을 수 있었습니다. 또한 여러 지
방을 여행한 많은 선원들을 알게 되었습니다. 그들이 미지의 해안에 관
해 저에게 이야기해주었습니다. 제 친구들은 수도원의 도서관과 자료
보관실을 출입할 수 있게 해주었지요. 저는 사방에서 온 뱃사람들에게
질문했으며 제가 관심 있게 들었던 대부분의 것들에 대해 계속 연구했
습니다."

왕자는 귀족 방문자들을 위해 준비해둔 넓은 나무의자에 앉았다.

"용서하게. 그러나 모든 상황으로 미루어볼 때 자네는 학자가 아니
야. 대부분의 저서들은 라틴어로 씌어 있고, 어떤 것은 심지어 그리스

어와 아라비아어로 저술되어 있지. 자네가 이 언어들을 다 구사한단 말인가?"

"아라비아어는 못합니다만, 라틴어는 할 줄 알고 그리스어도 조금은 합니다. 제 말을 믿으셔도 좋습니다. 대학에서 공부하지 않은 사람에게는 아주 힘든 일이지만 저는 해냈습니다. 이미 고대의 유명한 학자들이 지구의 구상(球狀, 공같이 둥근 모양)을 믿었다는 것을 오늘날 알게 되었지요. 프톨레마이오스는 서기 2세기에 이와 같이 강의했으며, 심지어 아리스토텔레스는 개개의 대륙들이 하나의 거대한 구면으로서 이전에 연관성을 가지고 있다는 것에 대한 증거로서 아프리카의 아틀라스 산맥에도 인도처럼 코끼리가 살고 있다는 사실을 인용했습니다. 피타고라스 학파의 학자들은 기원전 500년에 지구가 구의 형태로 중심에 있는 거대한 불 주위를 돌고 있다는 것을 증명하려고 시도했지요. 이미 고대 그리스의 지리학자들은 정오에 태양의 위치, 즉 일출이 일몰로 바뀌는 시점의 태양의 위치를 표시할 줄 알았지요. 그들은 이를 위해 수직으로 서 있는 막대기를 이용했습니다. 소위 말하는 해시계라는 것이지요. 그리고 오전에 태양이 높이 떠오르면 떠오를수록 막대기 그림자가 점점 짧아지는 것을 관찰했지요. 그러나 특정한 시점부터는, 즉 태양이 잠시 멈추는 것처럼 보이는 시점부터는 그림자가 다시 길어지기 시작했습니다. 그 시점이 바로 정오입니다! 그들은 정오에 북유럽에서의 막대기의 그림자가 남유럽에서보다 더 길다는 사실도 확인했습니다. 그래서 지구에는 어떤 특정한 날에 정오의 태양이 동시에 정확하게 머리 위 수직으로 서 있는 장소가 몇 군데 있게 됩니다. 고대 그리스인들은 예를 들면 남이집트에서 늦은 6월에 그런 일이 일어난다는 것을 알고 있었습니다. 이와는 반대로 유럽에서는 어디에서도 태양이 정점의 위치에 있는 것을 관찰할 수 없었지요. 이런 관찰을 통해 지구가 구상이라는 것을 설명할 수 있습니다. 또한 정오의 태양이 특정한 어느 날 머리 위 수직으로 서 있게 되는 지점이 단 하나의 동서 라인 위에 있게 된다는 것도 어렵지 않게 밝혀졌지요."

"아주 인상적이군, 콜론. 자네가 말하는 것을 완전히 부정할 수는 없지."

주앙 왕자는 흥미롭게 경청했다. 그는 이렇게 물었다.

"또 다른 근거도 가지고 있나?"

콜론은 뜻밖의 강력한 경청자를 만난 것에 즐거워하며 계속해서 이야기했다.

"오래된 필사본에서 카르타고 사람들이 기원전 수백 년경에 대서양 먼 곳에서 육지를 발견했다는 사실을 알게 되었습니다. 전설에 따르면 그들은 심지어 대서양에서 해전을 벌였다고 합니다. 헤로도토스와 플라톤이 언급했던 아틀란티스에 관한 전설은 절대 사라지지 않았습니다. 로마제국과 고대 학파들이 야만족의 침략이라는 격류 속에서 무너졌을 때, 옛 지식들은 사방으로 흩어져 선원들의 전설이 되어버린 것이지요. 그러나 이제 터키의 침략으로 인해 해군력은 어쩔 수 없이 인도로 가는 새로운 무역로를 찾아야 하기 때문에 모든 것이 다시 본궤도에 올랐습니다. 저는 대서양의 탐험을 위해 아주 많은 일을 한 포르투갈이 저의 생각을 검토해보고 그 논리를 인정해주기를 바랍니다."

"자네는 어떤 책을 통해 자네의 지식을 얻었는가?"

"어렸을 때부터 저는 마르코 폴로의 모험을 읽었습니다, 폐하. 제노바에서 가난한 어부의 아들인 저에게 수도사들이 자비를 베풀어 수도원 학교의 문을 열어주었지요. 폴로는 저와 동향인이었습니다. 그가 묘사했던 많은 부분들이 세상을 전혀 알지 못하는 사람들로부터 의심을 받았지요. 그래서 사람들은 조롱조로 그를 '백만장자 마르코'라 불렀습니다. 그가 기술한 것 중 몇 가지는 틀림없이 상상의 산물일 것입니다. 예를 들어 왕의 명령에 따라 금의 가치를 지니게 된다는 종이 돈이라든지, 땅 속에서 파낸 불에 타는 검은 돌 등등. 그러나 그가 칸의 나라에 가보았다는 사실은 의심의 여지가 없습니다. 그리고 아주 중요한 점은 폴로가 예루살렘에서 아시아의 내륙을 거쳐 몽골족의 나라인 카타이(중국의 북쪽 지방을 지칭하는 과거의 호칭. 몽골의 원주민인 키타이 및 키탄에서 유래됨──옮긴이)의 동쪽 바다에까지 이르는 거리를 기술했다는 것입니다. 지구가 둥글다면 이 동쪽 바다와 우리의 서쪽 바다는 동일한 것입니다. 심지어 우리는 그 바다의 대강의 폭까지 예측할 수 있습니다!"

주앙 왕자는 놀라운 듯 전혀 학자 같아 보이지는 않지만 그럼에도 매우 중요한 지식을 소유하고 있는 그 남자를 쳐다보았다.

"자네도 물론 알고 있겠지."

주앙 왕자는 웃음을 감춘 채 물었다.

"성서에는 지구가 원반이라고 되어 있을 뿐 구상에 대해서는 전혀 언급하고 있지 않다는 사실을 말일세. 자네는 성서를 의심하려는 것인가?"

제노바 뱃사람의 까만 눈동자에 불꽃이 번뜩였다.

"아닙니다. 그건 이미 예언자 이사야가 다음과 같이 말했기 때문이지요."

그는 재빠르게 대답했다.

"'곧 섬들이 나를 앙망하고 다시스의 배들이 먼저 이르되 원방에서 네 자손과 그 은금을 아울러 싣고 와서 네 하나님 여호와의 이름에 드리려 하며…….' 나중에 저는 리스본의 만성절(萬聖節) 수도원에서 아이 추기경의 『세계의 모습』을 발견했지요. 그러나 그 이전에 벌써 플리니우스(23~79, 로마의 학자·작가로 『박물지』 저술──옮긴이), 프톨레마이오스(127~145년에 알렉산드리아에서 활동한 고대 그리스의 천문학자·지리학자·수학자로 『알마게스트』 저술──옮긴이), 스트라보

(B.C. 64/63~A.D. 23 이후, 그리스의 지리학자·역사학자로 『지리학』을 저술—옮긴이)의 저서를 읽었습니다. 세네카의 책에서는 저의 희망을 확고하게 해주는 표현을 발견했답니다. 그것의 내용은 이렇습니다. '대양이 우리를 둘러싸고 있는 울타리를 부수어버릴 시대가 올 것이다. 그러면 끝없는 대륙이 우리 앞에 펼쳐질 것이며, 선박들은 새로운 세계를 발견할 것이다. 툴레는 더 이상 우리가 알고 있는 세계의 가장 먼 지점이 아니다.'"

주앙 왕자는 그 뱃사람을 탐색하듯 쳐다보았다.

"자네가 포르투갈의 왕실에 바라는 것이 무엇인가?"

"우리는 인도가 카타이보다 더 남쪽에 위치하고 있다는 사실을 알고 있습니다."

콜론의 답변이 이어졌다.

"저는 대양을 거쳐 서쪽으로 갈 준비가 되어 있습니다. 인도까지요. 저는 향료 나라로 가는 길을 발견하게 될 겁니다! 그러나 그러기 위해서는 배와 장비가 필요합니다. 저는 부자가 아니니까요."

잠시 후 그는 이렇게 덧붙였다.

"그리고 저에게 정당성을 부여해줄 왕이 필요합니다."

"자네는 뭘 해서 먹고 사는가, 콜론?"

"센투리오니 선박회사에 고용되어 있습니다. 가끔은 디 네그레 에 스피놀라 회사의 배도 탑니다. 그리고 이미 말씀드렸듯이 제가 육지에 있을 때는 해운국을 위해 지도를 그립니다."

주앙 왕자는 이 사안을 훈타에서 논의해야겠다고 생각했다. 이 일은 지체해서는 안 되었다. 프랑스와 영국도 바다에 대해 탐욕스런 시선을 보내기 시작했기 때문이다.

"내 전갈을 기다리게."

주앙 왕자는 친근한 말 한마디를 남기고 크리스토발 콜론과 헤어졌다.

지체할 수 없는 계획

뱃사람 크리스토발 콜론은 아내 도나 펠리페 모니스 데 페레스트렐로, 아들 디에고와 함께 친구인 지랄디의 집에서 살고 있었다. 그들은 아직 결혼하지 않은 상태였다. 콜론은 그녀에게 그의 아내가 되어달라고 요청했지만 펠리페는 결혼을 원치 않았다. 콜론은 그녀를 사랑하고 있었기 때문에 그녀의 의견을 존중하려고 노력했다.

언제나처럼 그는 식민국의 결정을 기다렸지만 소용 없었다. 그는 장거리 여행을 떠났다가 돌아왔다. 그리고 자신이 없는 사이에 식민국의 전갈이 와 있기를 기대했지만 아무런 소식도 오지 않았다.

1481년에 아폰수 5세 왕은 광기의 그림자가 드리워진 만년을 보낸 후 사망했다. 주앙 왕자가 왕좌에 올랐으며 새로운 항해 위원회, 즉 훈타 도스 마테마티코스를 설립했다. 그 위원회는 대륙적 관점에서는 성취될 수 없는 모든 해양사업을 하는 데 있어 정확한 위치 측정과 보다 안전한 항해를 가능케 하는 토대를 마련해야 했다. 주앙 2세는 그 사안에 다른 방향을 제시할 수도 있을 것이다. 콜론은 다시 식민국을 찾았지만 식민국 관리들은 듣기 좋은 말로 그를 따돌렸다. 게다가 그의 귀에 불안한 소문들이 들려오기 시작했다.

동생의 작업실에서 포르톨라노(탐험 시대의 해상지도)를 그리고 있을 때 그는 이런저런 말들을 들었다. 친한 선원으로부터 항해 경험이 풍부한 아프리카 선장들이 정부의 위임과 지원을 받아 새로운 원정을 준비하고 있다는 것이었다. 선장들 중 한 명인 디에고 카웅은 여러 척의 배를 가지고 카보베르데 군도를 지나 아프리카 해안 남쪽으로 탐험을 계속할 것이라고 한다. 위원회를 들락날락하던 베하임이란 독일인이 이 탐험의 자문 역할을 맡았다고 한다.

베하임은 직물 상인으로 리스본에 왔지만 항해에 훨씬 더 큰 관심을 가지고 있었다. 그는 유명한 레기오몬타누스(본명은 요하네스 뮐러, 1436~1476, 독일의 천문학자·수학자—옮긴이)의 학생이었다. 레기오몬타누스는 바이에른의 레겐스부르크에서 발레스틸라로 태양과 별들의 고도 측정을 위한 적위도를 개선한 바 있다. 베하임의 해양학적 숙련도, 레기오몬타누스의 천문력표에 관한 지식, 그리고 그가 위원회에 제안했던 대담한 계획들이 리스본 학자와 궁신들의 관심을 끌 수 있었다. 베하임은 황태자 전하의 시의인 페드로 다 알카코바의 집에서 대양의 탐험 문제에 관해 협의하는 배타적인 연구회의 일원이 되었다.

그들 선장 중 한 명이라도 고향으로 돌아와 아프리카 대륙의 끝을 발견했다고 보고하게 된다면, 포르투갈에서 인도로 가는 항로가 열리게 되는 것이다. 그러면 콜론의 위대한 계획은 휴지 쪽지에 불과할 뿐이다. 해운국도 다른 정부 부서도 콜론의 계획에 관해 아무런 관심도 가지지 않으려 할 것이다. 콜론에게는 사방의 문이 모두 막히게 된다.

"포르투갈이 나를 버렸어!"

그는 이렇게 의심하며 절망에 빠졌다.

"그들은 나도 모르게 모든 사람들과 협상을 하고 있어. 내 계획을 누설하고, 나에게 양해도 구하지 않고 배를 서쪽으로 보낼 거야. 나는 여기서는 아무 권리도 없는 외국인일 뿐이지!"

바르톨로메우와 지랄디는 그를 위로하려고 했다. 지랄디는 유력한 상인으로 어디든지 출입이 허용되었으며 해운국과도 우호관계를 유지하고 있었다. 그의 말에 따르면 주앙 왕은 콜론의 서류를 개인적으로 보관하고 있었다. 그 사안에 관해 마르티네스 추기경과 의논했으며, 그의 충고에 따라 피렌체의 유명한 물리학자이며 수학자인 토스카넬리의 추천을 요청했다고 한다.

그는 계속해서 말했다.

"라틴어와 그리스어 외에도 아라비아어를 모국어처럼 완벽하게 구사할 줄 알며, 모든 도서관을 마음대로 드나들 수 있는 그 위대한 학자가 자네와 똑같은 결론에 도달했다네! 그가 자네의 이론을 완벽하게 증명했어. 콜론, 그는 심지어——내 증인의 주장에 의하면——지팡구(지금의 일본을 가리킴)와 카타이로 가는 길이 마일로 제시된, 위도가 그려진 지도를 그렸다던데."

"그런 지도가 필요해!"

콜론이 흥분하여 말했다.

지오바니 지랄디는 친구의 어깨를 팔로 감쌌다.

"그래, 나도 역시 그렇게 생각했고 토스카넬리에게 추천을 부탁했지. 이제 불만 없겠지?"

"정말 멋지군! 지랄디, 자네는 진짜 친구야!"

"아, 그것은 전혀 어려운 일이 아닐세. 토스카넬리는 나처럼 피렌체 사람이야. 포르투갈 사람들이 할 수 있는 일이라면 우리 이탈리아 사람들도 물론 할 수 있지. 우리가 무엇을 해야 하는지 알고 있겠지, 콜론?"

"물론이지! 파올로 토스카넬리에게 편지를 쓰는 거야!"

"바로 그거야! 그는 벌써 노인이 되었고 그래서 스스로는 더 이상 지팡구를 찾으려 하지 않아. 다른 사람이 그의 지도를 지팡구 탐험의 토대로 사용한다면 그는 더 큰 관심을 가지게 될 거야. 아마도 토스카넬리는 여기 리스본에서 아주 많은 비밀에 둘러싸여 있는 그 편지의 사본을 우리에게 보내줄지도 몰라."

콜론은 벌떡 일어섰다.

"내가 종이와 잉크, 펜을 가져오겠어!"

그는 이렇게 외쳤다.

"시간을 낭비해선 안 돼!"

왕실이 콜론의 계획을 훔치려 하는가

몇 주 지나지 않아 이탈리아 학자 토스카넬리는 뜻밖에도 놀라운 선물을 보내주었다. 그는 곧바로 답장을 보내주었는데 조그만 소포 속에는 콜론이 원하던 세계지도의 사본뿐 아니라 마르티네스 추기경이 당시 왕을 대신해서 받았던 편지의 사본도 동봉되어 있었다. 그는 콜론에게 이렇게 편지를 썼다.

나는 향료가 자라고 있는 곳으로 여행하고 싶어하는 당신의 고귀하고 원대한 욕구를 잘 알고 있습니다. 그래서 당신의 편지에 대한 답신과 포르투갈 궁정에 있는 고위층의 요구에 따라 얼마 전에 그리로 보냈던 편지의 사본도 보냅니다. 그리고 내가 리스본에 있는 친구에게 보낸 지도와 동일한 해상지도도 동봉합니다.

콜론과 지랄디는 경외심을 가지고 양피지에 그려진 거대한 지도를 살펴보았다. 그 지도는 많은 섬들이 있는 대서양과 그 훨씬 너머, 사람들이 살고 있는 지구의 저편 가장자리, 즉 기적의 나라까지 보여주고 있었다. 큰 섬 지팡구와 카타이 대륙, 그리고 그 대륙의 남쪽으로, 섬들의 베일에 숨겨져 있는 동화의 나라, 인도. 다른 지역의 철과 대리석처럼 금과 상아가 넘쳐나는 곳, 귀한 향료들이 야생으로 자라며, 계피나무로 이루어진 숲이 향내를 풍기는 곳, 육두구 종자가 무성하게 자라며, 후추 꼬투리가 화덕에서 연료로 사용되는 곳. 이런 동화의 나라 인도는 토스카넬리의 지도에 콜론이 감히 바랐던 것보다 훨씬 더 가깝게 그려져 있었다.

편지의 서문을 건너뛰고 난 후 콜론은 집중해서 그 학자가 왕에게 대서양의 비밀을 설명했던 그 상세한 대목을 읽었다.

(중략) 그래서 저는 폐하에게 포르투갈의 해안과 섬들이 기입되어 있는 제가 직접 그린 지도를 보냅니다. 항상 서쪽으로 향하는 항로가 시작되는 지점에서 우리가 앞으로 가야만 하는 그 장소까지, 극점과 적도에서 어느 정도 떨어져 있는지, 그리고 얼마나 먼 거리에——즉 몇 마일을 지나야——모든 향료와 보석들이 아주 풍부한 것으로 알려진 그 지점에 이르게 되는지 기록되어 있지요. 향료가 자라는 지역이 보통 '동쪽'으로 지칭되는 데 비해 제가 그곳을 '서쪽'이라 부르는 것을 이상하게 여기지 마십시오. 왜냐하면 향료가 나는 지역들은 서쪽을 향한 항해를 통해서, 지구의 아랫면으로 항해함으로써 발견할 수 있기 때문입니다. 그 지역들이 지구 윗면의 대륙 횡단길을 통해 그리고 동쪽 방향에서 발견되긴 했지만요. 그렇기 때문에 이 지도의 세로로 쳐진 선은 동쪽에서 서쪽의 간격을, 가로로 쳐진 선은 남쪽에서 북쪽의 간격을 나타내줍니다.

역풍이나 어떤 예기치 못한 상황으로 인해 다른 지점에 도달하지 않는다면, 폐하가 항해자의 신뢰할 만한 보고에 따라 가보실 수 있는 그런 많은 장소들을 지도에 기재해놓았습니다. 저는 항해자들이 이미 그 장소에 대한 지식을 소유하고 있다는 것을 보여드리고 싶었습니다. 그런 사실이 더욱 기분 좋게 하지요. 그 섬에는 많은 상인들이 살고 있습니다. 아주 유명한 항구인 자이툰에는 수많은 상선들이 정박해 있지요. 그런 항구는 세계의 다른 곳에서는 찾아볼 수 없습니다. 그 항구에서 매년 100척의 거대한 선박들이 후추를 싣고 출발하며, 다른 향료를 실은 배들이 셀 수 없을 정도로 많습니다.

그 나라는 매우 인구가 많으며 많은 지방과 주, 그리고 수많은 도시들을 소유하고 있습니다. 그 나라는 칸이라 불리는 군주의 지배하에 있는데 대(大)칸이란 왕 중의 왕을 의미하지요. 칸의 본거지와 영지는 대부분 카타이 지방에 있습니다. 그의 선조는 기독교인들과 교류하기를 원했습니다. 이미 200년 전에 그들은 교황에게 사절을 보내서 그들에게 신앙을 가르쳐줄 여러 명의 성직자를 보내달라고 요청한 바 있습니다. 그러나 선교사들은 여행 도중 장애물에 부딪쳐 돌아올 수밖에 없었지요.

오이겐 교황 때도 그는 사절을 보내서 교황에게 이방 민족의 기독교도에 대한 호의를 확인해주었습니다. 당시 저는 이 사절과 여러 가지 사안들에 관해 긴 대화를 나누었습니다. 왕궁의 크기, 강의 폭과 엄청난 길이, 200개의 도시들이 자리 잡고 있을 정도로 아주 긴 강가에 위치한 많은 도시들, 이 강들은 모두 여러 개의 기둥으로 장식된, 아주 넓고 긴 대리석 다리로 연결되어 있다고 합니다. 이 나라들은 유럽 사람들이 방문할 가치가 있습니다. 금, 은, 모든 종류의 보석 및 향료라는 엄청난 자원을 그곳에서 얻을 수 있을 뿐만 아니라 학자와 철학자, 경험이 많은 점성술가들이 있기 때문이기도 하지요. 그리고 어떤 방법과 정신으로 이렇게 강력하고 거대한 나라를 통치할 수 있으며, 전쟁을 어떻게 치르는지를 알기 위해서이기도 합니다.

화려하고 거대한 도시인 킨사이(항주)는 크기가 100마일이나 되며 다리가 열 개나 있다고 합니다. 그 도시의 이름은 하늘의 도시라는 뜻이며 그 도시에 사는 예술가와 그들의 소득에 관해 여러 가지 신기한 것들이 보고되고 있지요. 여기서 킨사이까지의 거리는 거의 지구 둘레의 3분의 1에 해당됩니다. 그 도시는 수도의 소재지인 카타이 지방 근처의 만지(중세 유럽에서 남중국을 가리키는 말—옮긴이) 지방에 있습니다.

폐하가 '일곱 도시의 섬'이라 부르는, 이 시기에 알려진 섬 안틸리아에서 유명한 섬인 지팡구까지는 대략 100로마 마일쯤 됩니다. 안틸리아 섬에는 금과 진주 그리고 보석들이 아주 많으며 사원과 궁전들도 순금으로 덮여 있다고 합니다. 그 섬까지 가는 길은 아직 밝혀지지 않았지만 우리는 틀림없이 그곳에 도달할 수 있을 것입니다.

　아직 말씀드려야 할 것들이 많지만 제가 이미 구두로 말씀드렸고 폐하가 모든 것을 잘 이해하셨으리라 믿고 그 일에 관해서는 더 이상 언급하지 않겠습니다. 촉박한 시간과 제 연구가 허락하는 한에서 답변을 해드렸는데 이것으로 질문에 대한 답변이 충분하리라 생각합니다. 언제나 폐하의 신하인 P. 토스카넬리.

　원본 편지의 날짜는 1년 이상 지나 있었다. 두 개의 에스파냐 왕국인 카스티야와 아라곤은 1479년 왕위 후계자인 이사벨과 페르난도의 결혼을 통해 하나의 기독교 왕국으로 통합되었다. 두 왕국의 위험한 결합을 방해하려는 포르투갈의 모든 노력은 수포로 돌아갔다. 에스파냐에 대적하려는 외교적 조처 때문에 포르투갈이 당시 콜론의 위대한 계획에 별 관심을 갖지 못했을 수도 있다. 전쟁은 피해야만 했다. 그러나 이제는 인도로 가는 항로를 발견하는 최초의 나라가 되는 것이 중요했다. 크리스토발 콜론을 배제하고 단독으로 인도 항로를 찾으려는 포르투갈의 의도가 그것으로 증명된 것처럼 보인다. 그렇지 않으면 무엇 때문에 그에게 토스카넬리의 편지와 지도를 숨겼겠는가? 포르투갈 역시 서쪽 항로에 승부를 걸었는가? 왕실이 콜론의 계획을 훔치려 하는가?

　콜론은 주앙 왕이 아프리카를 돌아 향료가 가득한 섬으로 가는 길을 찾는 일에 전력을 기울이고 있다는 것을 알지 못했다. 동쪽 항로가 더 시급한 문제였다. 왜냐하면 아프리카와 남극이 하나로 연결되어 있고 거기에 인도로 가는 항로가 전혀 없다 할지라도 포르투갈은 아프리카의 상아 해안과 황금 해안에서 가져오는 물품들을 포기하고 싶어하지 않기 때문이다. 무역은 점점 많은 이익을 가져다주었으며, 특히 노예거래는 할 만했다. 다음의 선하 증권은 포르투갈 사람들이 돈을 지불하고 사는 비교적 빈약한 물건의 목록을 정확하게 보여주고 있다.

이 선하 증권을 보면 산타 카타리나의 선장인 곤잘루 페르난데스가 위에 언급한 배를 타고 이제 항해하게 될 목적지인 세트 모우타스에서 장사를 하기 위하여 아르규 성의 대장인 이스테바웅 다 가마로부터 아래와 같은 목록의 일용품을 받았다는 것이 사실임을 알 수 있을 것이다.

생사로 장식한 두건 달린 여자 외투 40벌, 알렌테주의 침대 커버 28개, 수놓은 면직물로 만든 모자 44개, 천으로 만든 초록색 모자 4개, 야간용 변기 10개, 이발용 주발 10개, 주석 주발 2개, 은도금한 안장 4쌍, 금도금한 머리 장식 2개(말에게 줄 것), 은도금한 머리 장식 2개(말에게 줄 것), 포장용 아마포 9루테(옛날 길이의 단위. 약 3~5미터—옮긴이), 빗 50개, 거울 50개, 바늘 40개, 종이 2연, 노예에게 줄 밀가루 32자루, 과자 19자루, 전통과 12개의 화살이 있는 석궁 1개, 꽂을대가 있는 총검 1자루, 창 2자루, 등 1개, 끌 1개와 발 사슬 30개.

그가 이런 모든 물건을 받았다는 것이 사실이기 때문에 나, 즉 이 성의 서기인 자코메 보텔류는 내가 작성하여, 우리 두 사람이 서명한 선하 증권을 그에게 준다. 아르규 성에서 1481년 7월 30일에 양도받음.

포르투갈의 조세수입은 적었으며 국민은 가난했다. 보유한 함대의 유지비, 의장, 군대, 궁정 등 그 모든 것에 상상할 수 없을 정도로 큰 돈이 들어갔다. 하지만 아프리카에서 가져온 물품들로 돈을 조달할 수 있을 것이다! 현실이 그랬다. 그런 현실은 기대할 수 있었다. 그에 비해 이 제노바 사람의 불확실한 생각은 추측에 훨씬 더 많이 의지하는 것처럼 보였다. 지팡이에는 몸을 의지할 수 있지만 밧줄에는 의지할 수 없다. 토스카넬리의 편지도 그 점에 있어서는 아무것도 변화시키지 못했다. 그는 늙은이에 불과했으며 첩자를 통해 알 수 있었듯이 그는 자신의 계획을 이미 에스파냐에게도 제안한 바 있다. 그런데 왜 에스파냐 사람들은 서쪽으로 항해하지 않는 것인가? 그들에게도 역시 서쪽으로의 항해는 가장 불확실한 결과를 지닌 사업으로 보였을 것이다.

그래서 아프리카의 해안을 따라가는 탐험 항해는 계속 진행되었다. 그것이 실패로 증명된다 할지라도 서쪽으로 계속 탐험할 수 있다. 인도로 가는 항로를 발견하는 국가는 이웃 국가들보다 훨씬 강력해질 것이다! 그렇기 때문에 콜론이라는 사람을 조금 더 기다리게 하고, 여러 번 소환하며 작은 연금을 지급함으로써 그가 희망을 계속 품게 한다고 해서 그다지 손해는 없을 것이다.

아내 펠리페의 죽음

약 30년 전까지 확실하게 서양의 향료 무역을 장악했던 베네치아는 포르투갈의 서쪽과 남쪽으로의 항해 충동을 의심스러운 눈으로 쳐다보았다. 마르코 공화국의 행운의 별은 이제 점점 스러지고 있었다. 이탈리아의 영토 소유권을 둘러싸고 공화국들이 벌인, 밀라노와의 힘들고 어려운 전쟁이 물의 도시 베네치아의 세력을 약화시켰다. 터키도 그것을 이용하여 동유럽 전체를 화염에 휩싸이게 했다. 베네치아가 가르다 호와 아디제 강 계곡에서 독일로 가는 무역로 때문에 전쟁을 치르는 동안 터키는 당당한 함대를 구성했다.

크레타, 말타, 그리스의 기독교 요새들은 모두 터키에 포위되었다. 무역과 바다 교역은 차단되었고 베네치아의 레반트(동부 지중해 연안을 가리키는 역사적 이름) 지역은 이교도의 침략으로 동요했으며, 지중해에서는 마스크 꼭대기에 반달이 그려진 터키 깃발을 단 선박들의 모습을 점점 더 자주 볼 수 있었다. 제노바 사람들, 피사 사람들, 프랑스 사람들, 심지어 영국 사람들까지 지중해에서 새로운 통상관계를 모색했다. 국가 수입은 여전히 세계 최고이며 거대한 병영과 선대를 소유하고 있는 베네치아는 물질적인 우위에도 불구하고 자신들이 방어적인 입장으로 밀려났다는 것을 알았다. 원동에서 신대륙이 발견된다면 베네치아의 수입은 점점 더 줄어들 것이다. 베네치아의 사절들은 그래서 조심스런 불신의 눈으로 포르투갈의 사업을 감시하고 있었다.

콜론은 지랄디를 통해 베네치아의 사절들이 식민국과 항해 위원회의 계획에 지대한 관심을 가지고 있다는 것을 알았다. 발레스틸라와 천문력표를 통해 망망대해에서의 항해에 대한 지식이 항해 위원회라는 좁은 영역에서 선원들에게로 넓혀졌다. 커다란 사건이 곧 일어날 것임을 말해주는 징후가 점점 짙어졌다. 디에고 카웅의 탐험 함대가 목적지를 밝히지 않은 채 출발했다. 들리는 바에 의하면 왕의 고문관인 마르틴 베하임이 그 여행에 참여했으며, 이 탐험대의 보고를 특별히 중요하게 여긴다고 했다.

그런데도 1485년 봄, 크리스토발 콜론은 내각에 나와서 청원서를 다시 제출하라는 요구를 받았다. 위험한 일은 그에 상응하는 보답을 받으려는 것이 당연하다. 그러나 콜론의 조건은 너무 지나친 것이었다. 그 조건은 이렇다.

그가 계획한 서쪽 항해가 성공할 경우 그는 대서양의 제독이라는 칭호를 받으며, 더 나아가 평생 그가 발견한 모든 나라의 총독이 되며, 대륙의 발견에서 나오는 모든 이익의 10분의 1을 영원히 그와 그의 후손들에게 준다.

그러나 정부는 그에게 하나의 직함과 하나의 영지나 상당한 액수의 돈만을 주려고 했다. 그리고 물론 이것도 그가 돌아와서 성공을 증명할 수 있는 경우에 한해서였다.

서방의 경제 상황은 점점 나빠졌다. 지금까지는 거의 동방과의 교역에서만 공급되었던 귀금속의 양이 심각하게 감소했다. 에스파냐와 작센 지방 그리고 라인 강변의 금 세광소는 특별히 내세울 만한 수량을 생산하지 못했다. 유럽의 탄 갱에서 나오는 은 수확 역시 마찬가지로 형편없었으며, 하르츠와 알프스, 에스파냐 산맥의 탄광은 거의 폐갱의 수준에 이르렀다. 유럽의 해외무역을 통한 금 수입은 거의 기대할 수가 없었다. 터키의 위협으로 인해 많은 길들이 차단되었다. 서방에서 유통되고 있는 금의 총액은 2천만 굴덴에 불과했다. 금시장의 어려움에 이어 파국적인 상황이 향료 시장으로 번졌다.

향료 없이 기름을 어떻게 보관할 수 있으며, 바다 여행을 위한 장기 비축식량을 향료 없이 어떻게 만들며, 포도주에 어떻게 향을 첨가할 수 있단 말인가? 동방과의 무역이 중단된다면, 그토록 즐겨먹던 음식들을 어떻게 얻을 수 있으며, 맛있게 만들 수 있단 말인가? 수출 무역은 대안이 아니었다. 동방에서는 기독교 국가에서 만든 물품의 수요가 거의 없었다. 그들의 생산품이 질에 있어 유럽의 생산품을 훨씬 앞질렀기 때문이다.

포르투갈 정부에 서쪽 항해를 감행할 준비가 되어 있다고 알려온 항해자가 있었다. 그는 마데이라 출신의 포르투갈 사람으로 콜론의 계획을 실행에 옮길 생각이 있다고 했다. 그의 요구 사항은 제노바 사람 콜론의 요구보다 훨씬 적었다. 약간의 확신이 희망 없는 꿈보다는 낫다고 생각한 주앙 왕은 그 제안을 마다하지 않았다.

그 원정은 아주 비밀스럽게 준비되었다. 노후한 카라벨 전쟁선 한 척이 성공할 경우 사면해주겠다는 약속하에 감옥에서 나온 범죄자들로 채워졌다. 이 배는 디에고 카옹과 베하임의 선대와 거의 동시에 출항했다. 명목상으로는 연안 체류지인 카보베르데로 식품을 가져다주기 위해서였다. 주앙 왕과 항해 위원회만이 그 배의 진짜 임무에 관해 알고 있었다. 그 배는 비밀 명령을 수행하기 위해 출발하여 아조레스 군도에서 신대륙을 만날 때까지 지중해 서쪽으로 항해해야 했다.

크리스토발 콜론은 그 동안 동생인 바르톨로메우의 작업장에서 지도를 그리고, 새 청원서를 작성하고 빚이 전부 얼마인지를 계산했다. 그의 아들 디에고는 리스본의 부랑아들과 함께 어울렸다.

기다림과 불안이 계속되는 나날 속에서 크리스토발 콜론에게 개인적인 불행이 닥쳐왔다. 그의 아내 펠리페가 잠행성 열병에 걸려 며칠 후 사망했다.

에스파냐 왕비의 손에 키스하다

5일 동안 선골(船骨, 배의 밑바닥)은 서쪽 항로로 큰 파도를 가르며 지나갔다. 바람은 항해에 유리하게 북동쪽에서 불고 있었다. 큰 물결이 규칙적으로 매끄럽게 밀려왔다. 끝없는 녹청색의 황량한 바다는 선원들의 기분을 무겁게 했다. 마데이라 출신의 항해자는 그의 고향 섬을 지났으며 그 이후로 계속 카라벨선의 뱃머리는 미지의 세계인 서쪽을 향했다. 곧 선원들 사이에 그들이 지옥을 향해 가고 있으며 죽음과 파멸이 그들의 숙명이 될 것이라는 불안감이 번져갔다. 5일 후 선장의 마음이 약해졌다. 선원들의 환호성이 들리는 가운데 그 배는 방향을 돌려 동쪽으로 돌아왔다.

리스본에 있는 어느 누구도 선장의 주머니 속에 베네치아 공화국에서 받은 금화가 짤랑거리고 있다는 것을 알지 못했다. 닷새째 되던 날 선장은 포르투갈왕이 준 에스쿠도보다 그 금화가 더 무겁게 느껴진 것이다. 그리하여 그는 리스본으로 다음과 같은 확실한 전갈을 가져왔다. 고대 저서에 나와 있는 정보가 맞지 않는다. 즉 서쪽에는 육지가 없다.

피니스 테라 곶은 그 이름에 걸맞게 세계의 끝이다. 그리고 그 곳의 저편에는 살인적인 망망대해만이 존재할 뿐이다라고.

콜론은 친한 항해자들로부터 그 포르투갈 사람의 배임 행위에 관해 들었다. 그 소식을 듣고 그는 절망에 빠지지 않을 수 없었다. 포르투갈에서 이해와 지원을 받으려는 그의 희망은 사라졌다. 포르투갈왕이 신의를 지키지 않는다면 그 역시 더 이상 그럴 필요가 없다! 그는 새로운 관계를 맺기 위해 열심히 노력했다. 그의 편지들은 지랄디의 업무용 편지와 함께 서방의 여러 수도로 보내졌다. 그러나 그에게 돌아온 것은 프랑스에서 보내온 한 장의 답장뿐이었다. 프랑스의 판로를 위해 대서양을 탐험하려고 센 강 하구에 항구를 설립하겠다는 생각을 가지고 있는 길롱 드 로이 뒤 플레시란 사람이 친절하게 이렇게 답장을 보내왔다.

대서양에서 서쪽의 인도를 발견하려는, 그리고 해가 지는 곳을 향해 항해하려는 당신의 의도는 우리에게 불가능해 보이지 않으며, 지리의 법칙에 위배되는 것으로도 생각되지 않는군요. 프랑스 황제 폐하의 해군은 이 계획에 관심이 있으며 기꺼이 당신에게 여행에 드는 비용과 적당한 체재비를 지불할 의향이 있습니다. 당신이 협상을 위해 루앙으로 오는 것을 고려한다면 말입니다. (중략) 당신의 편지에서 당신이 대서양의 확실한 지도를 소유하고 있다는 것을 추측할 수 있기 때문에 그 지도에 대한 우리의 관심을 언급하지 않을 수 없군요. 그리고 이 사안과 관련해 프랑스가 대서양을 탐험하기 위해 이미 사전작업에 착수했다는 것을 당신에게 알려드립니다. 브르타뉴(프랑스 서북부의 반도 이름)의 도시 생말로에 원양어업 길드가 있는데 그 길드는 회원들만 알고 있는 비밀 장소에 그물을 쳐놓곤 한답니다. (중략)

소문에 의하면 이 '뉴펀들랜드'는 서쪽 멀리, 미지의 대륙 앞에 있다고 합니다. (중략) 포르투갈 사람처럼 아프리카를 돌아 인도로 가는 길을 찾아나섰던 프랑스의 인도 선장 중 한 명이——쟝 쿠쟁——금년에 보고한 바 있습니다. 태풍 때문에 그는 서쪽으로 멀리 밀려갔으며 그의 생각으로는 거기서 멀리 해안지대를 본 것 같다고 말입니다.

그것은 폭풍의 전조였다! 마치 꿈에서처럼 크리스토발 콜론은 서쪽 바다에서 그의 동화나라의 해안이 솟아오르는 것을 보았다. 생각으로는 벌써 대양의 안개 낀 먼 곳에 가 있었다. 콜론에게는 마지막 순간에 그의 아이디어를 도용당하지 않고 거대한 사업에 참여할 수 있는 최적의 순간이었다. 포르투갈은 이제 더 이상 그를 지탱해줄 기반이 되지 못한다. 리스본이 지불하지 않으려는 것을 프랑스가 가지고 있다면 단하나의 해결책밖에 존재하지 않는다. 그것은 바로 도주였다!

그렇다. 도주해야 한다. 리스본에서 거지처럼 불쌍하게 퇴장해야 하다니! 이 도시는 그에게서 모든 것을 빼앗아갔으며 아무것도 주지 않았다. 10년 동안 여기에서 살면서 그는 희망을 가지고 기다렸다. 그러나 그는 빚과 가난에 빠져 허우적댔으며 그의 아내는 죽었다. 이 도시에서 그를 붙잡는 것은 아무것도 없다. 그러나 해도의 유출을 금지하는 법 때문에 그것을 가져가려면 생명을 걸어야 했다. 그에게 남은 마지막 보물, 즉 그의 지도들과 토스카넬리의 편지, 세계상을 그는 가져가야만 했다.

1485년 9월 어느 날 아침, 크리스토발 콜론은 눈에 띄지 않는 산책객으로 변장하여 어린 디에고의 손을 잡고 그 도시를 떠났다. 그는 시골길을 택했다. 경찰의 눈을 피하기 위해 산을 넘는 힘든 길을 택했다. 콜론과 디에고는 쉬지 않고 샛길로 포르투갈의 국경 산악지방을 넘었다. 콜론 부자는 우엘바에서 배를 타고 틴토 강을 내려가 항구도시인 팔로스로 향했다. 그 항구에서 프랑스로 가는 배를 탈 수 있었다. 그러나 팔로스에 도착하기 몇 시간 전 그들은 배에서 내려 걸어갔다. 콜론은 골똘히 생각에 잠겨 혼란스런 생각들을 정리하고, 스스로에게 확인하고 싶었다. 배를 타야 하는가 아니면 가장자리 오솔길로 가야 하는가.

10월의 낮이 저물자 햇빛으로 바싹 마른, 황폐한 언덕 위에서 콜론 부자는 당황스러웠다. 그 언덕은 풍요로운 틴토 계곡과 나란히 바다로 이어지고 있었다. 디에고는 너무 피곤해 아버지의 어깨 위에서 잠이 들었다.

가파른 언덕에 있는 수도원 창문에서 빛이 반짝였다. 아마도 거기서 밤을 보낼 수도 있을 것이다. 그래서 그는 마주친 농부에게 그 성지의 이름을 물었다.

"그것은 라 라비다입니다."

그 농부가 대답했다.

"프란체스코회 수도사들이 살고 있지요. 묵을 곳을 찾는다면 그곳이 가장 좋을 겁니다."

콜론은 그날 밤 라 라비다에서 묵기로 결정했다. 아주 어린 시절부터 수도원의 분위기는 그에게 특별한 영향을 미쳤다. 웅장한 성벽을 갖춘, 경외심을 불러일으키는 라 라비다의 건물은 그의 눈에 마치 비밀의 베일에 둘러싸인 것처럼 보였다. 그 건물을 보자 이번에도 다시 경외심과 슬픔의 감정이 콜론을 사로잡았다. 콜론이 가까이 다가갔을 때 그레고리오 성가의 응송이 들려오자, 다른 세계, 말하자면 혼이 있는 세계가 그를 감동시켰다.

"신이여, 우주와 그 화려함의 창조자, 하늘과 우주의 지배자여. 낮은 당신의 빛으로 장식하고, 은혜롭게도 밤은 어스름 속에 감추는……."

수도사들은 저녁의 성무일과(교회가 사제나 수도자에 부과한 날마다의 기도 임무—옮긴이)를 위해 모였다. 콜론의 귀에는 그들의 기도 소리가 신비스럽고 황홀하게 들렸다. 찬가는 그를 불안하게 만들었다. 그는 주저하다 잠시 후 그 노래가 끝날 때까지 기다렸다.

뛰는 가슴으로 그는 현관의 초인종을 잡아다녔다. 종소리의 청아한 울림이 그의 마음속으로 밀려들었다가 복도와 홀 어디로인지 사라졌다. 처음에는 아무 소리도 나지 않았다. 잠시 후 발걸음 소리가 가까워지더니 점점 명확하게 들렸다. 작은 격자창의 칸막이 문이 열리더니 수염을 기른 수도사의 얼굴이 나타났다. 아이를 팔에 안은 건장한 남자가 수도사의 눈에 들어왔다. 분명 아버지와 아들이었다. 둘 다 단정한 외모에 깨끗한 복장이었으며 남자의 수염은 잘 손질되어 있었고 짐은 거의 없었다. 수도사는 두 사람을 훑어보고 난 후 그들이 온유한 사람들임을 확신할 수 있었다.

"숙소를 찾고 있습니까, 형제님?"

그는 낭랑한 목소리로 물었다.

"부탁합니다, 수사님."

"어디서 와서 어디로 가려는 겁니까? 용서하십시오. 그러나 그것은 알아야 합니다. 그리고 당신의 이름도 알아야 합니다."

콜론은 기꺼이 가르쳐주었다.

"크리스토발 콜론이라고 합니다, 수사님. 그리고 이 아이는 제 아들 디에고입니다. 우리는 우엘바에서 왔으며 팔로스로 가는 중입니다."

문이 열리고 그들은 수도원에 들어갈 수 있었다. 두 방랑자는 수도원의 서늘한 방으로 안내되었다. 홍예 모양의 회랑을 통해 인구가 조밀한 평화로운 땅이 내려다보였으며 그 뒤로는 바다가 흐릿하게 펼쳐져 있었다. 천천히 태양이 서쪽으로 지고 있었다.

그들은 검소한 식사를 대접받았다. 몸에 좋고 맛있는 식사였으며 포도주와 물도 마실 수 있었다. 디에고는 식사를 다 마치기도 전에 잠이 들었다. 콜론은 수도원에서 그들에게 지정해준 작은 방으로 디에고를 데리고 갔다. 콜론은 회랑에서 포도주 한잔을 더 마시고 싶었다. 수도사 한 명이 수도원의 고독한 손님 옆에 앉았다.

"당신은 상인 같아 보이지는 않는데요."

수도사가 세상 인심을 잘 아는 것처럼 말했다.

"군인도 아니고, 손이 곱지 않다면 뱃사람일 것 같은데. 어쨌든 저는 안토니오 신부입니다."

"외람된 말씀이지만, 당신의 말이 옳습니다. 저는 뱃사람입니다."

콜론은 놀라서 신부의 눈을 들여다보았다.

"어떻게 그것을 알았지요?"

"가벼우면서 흔들리는 당신의 걸음걸이 때문이지요. 다리는 약간 벌린 채 말입니다! 당신은 절대 광부처럼 뛰지 않습니다. 오히려 흔들리는 갑판 위에 서 있는 사람 같지요."

안토니오 신부가 웃으며 대답했다.

콜론은 자신의 손을 살펴보았다. 그의 손에는 못도 없고, 굳은살도 없었다.

"맞아요. 이 손을 보고는 뱃사람이란 걸 알 수 없지요. 최근에는 해양 지도와 해양 참고서를 제작하는 것으로 먹고 살았으니까요. 그래서 이 손이 부드러워진 겁니다."

그는 당황하여 팔짱을 꼈다.

안토니오 데 마르체나는 그 수도원의 사서였으며 박식한 사람이었다. 그 수사는 친근하게 이야기를 나누다가 상대방이 답변하는 것을 듣고 점차 거칠고 보잘것없는 옷을 입은 이 뱃사람이 절대 무식한 사람이 아니라는 것을 알게 되었다. 원래는 의심이 많고 폐쇄적이었던 콜론도 며칠 동안 말을 하지 못했기 때문에 이야기하고 싶은 욕구를 느꼈다. 그래서 그는 포르투갈에서 자신에게 일어났던 일을 이야기했으며, 그의 계획에 대해서도 보고하기 시작했다. 마음이 가벼워지자 그는 낯선 수도사를 믿고 그의 마음을 모두 털어놓았다. 그가 말을 마치자 마치 마법에 걸린 듯 멀리 떨어져 있는 기적의 나라가 조용한 수도원으로 옮겨진 것 같았다. 그에게는 인도와 카타이의 항구에 배가 정박하는 장면과 자신이 직접 그리스도의 십자가를 세우는 모습이 보이는 듯했다.

안토니오 신부는 마치 무엇에 홀린 것처럼 귀를 기울였다. 그날 밤 안토니오 데 마르체나가 그 이방인 옆에 앉은 것은 운명이었다. 안토니오가 지리학자로서 태양과 지구의 비밀에 관한 모든 이론을 알고 있었다는 것은 운명이었다. 운명적으로 콜론은 그의 인생을 새로운 궤도로 들어서게 한 그 남자와 만나게 된 것이다. 그래서 콜론은 원래 의도와는 달리 다음날 아침 더 이상 방랑을 계속하지 않아도 되었다. 그는 가까운 팔로스 항구에서 프랑스 행 배를 타지 않았다. 그는 몇 달 동안 라 라비다에 머물면서 영향력 있는 친구들을 알게 되었다.

안토니오 신부는 후안 페레스 원장에게 그 이상한 뱃사람에 관해 보고했다. 원장으로 하여금 콜론의 계획에 열광하게 하는 데는 단 한 번의 대화로 충분했다. 원장은 기꺼이 그 제노바 사람을 라 라비다의 손님으로 받아들이려 했으며, 에스파냐 궁정이 그에게 관심을 가지도록 해보겠다고 약속했다. 늙은 원장 후안 페레스는 영향력이 큰, 이사벨 왕비의 고해 신부 중 한 명이었다. 그는 에스파냐 궁정의 고위직 인사에게 추천서를 썼으며 메디나 코엘리 영주와 '에스파냐의 세 번째 왕'이라 일컬어지는 대주교, 종교재판소장과 해군 제독인 페드로 곤잘레스 데 멘도사를 콜론의 계획에 대해 찬성하게 만들었다. 이제 프랑스로 가서 알지 못하는 권력의 불확실한 약속을 믿을 필요가 없어졌다. 이날 저녁 라 라비다 수도원에서 에스파냐 왕실은 신대륙을 얻게 된 것이다.

에스파냐는 아라곤과 카스티야 두 왕국의 결합을 통해 거대 권력으로 커졌다. 그리고 오랫동안 계속되었던, 무어인 잔재 세력과의 전쟁을 승리로 끝냈다. 카스티야 군대는 십자가를 위해 코르도바 사원과 세비야 사원을 정복했다. 이제 그들은 몇 년 전부터 꿈의 도시였던 그라나다 주위를 마치 고리처럼 둘러싸고 있다. 이 보루가 무너진다면, 그리고 에스파냐가 유럽을 위해 다시 승리한다면 이사벨 왕비와 페르난도 왕은 대양의 저편에 있는 대륙을 향한 경주에 참여할 수 있는 여유가 생기게 된다.

리스본에서 도망나온 콜론은 후안 페레스의 중재를 통해 이사벨 왕비의 접견을 허락받았다. 1486년 1월, 왕비는 몇 명의 조언자와 귀족들이 참여한 가운데 크리스토발 콜론을 맞아들였다. 콜론은 그녀 앞에 무릎을 꿇고, 옷의 가장자리에 입을 맞추었다. 콜론은 처음에는 당황했다. 화려한 접견실에서 자신의 초라한 복장이 부끄럽게 느껴졌기 때문이다. 그리고 왕비는——그녀는 당시 마흔한 살이었다——콜론이 기대했던 것보다 훨씬 아름다웠다. 왕비가 그에게 친근하게 말을 걸면서 일어나라고 말하자 그는 이내 모든 불안한 생각들을 버렸다.

콜론은 천천히 그리고 침착하게 자신의 관심사에 관해 이야기하기 시작했으며 곧 거기에 빠져들었다. 그리고는 공 모양의 지구를 끌어안게 될, 미래의 에스파냐의 위대함과 웅장함에 관해 격정적인 단어로 이야기했다. 그는 인도의 아름다움, 대서양에 있는 군도의 향료 밭, 카타이의 보석과 금, 지팡구의 진주, 위대한 칸의 비단 옷들에 관해 열정적으로 설명했다. 그는 또한 에스파냐의 공적을 통해 유일한 구원의 길인 교회의 품으로 수많은 영혼들을 이끌게 되리라는 것, 그리고 바다 저 멀리에서 수백만의 이교도들이 예수 그리스도의 말씀을 기다리고 있다는 말도 빼놓지 않았다. 그가 기대감에 부풀어 잠시 휴식을 취하고 있을 때 이사벨이 손을 들었다.

"매력적으로 들리는군요, 친애하는 콜론."

그녀가 말했다.

"그러나 왕실이 불확실한 사업의 위험을 감행하기 전에 필요로 하는 것은 근거와 증거들이지요. 당신은 여기 있는 나의 고문관들을 설득시켜야 할 겁니다."

그들은 그의 말을 경청했다. 학자들 역시 지구가 공 모양이라는 데는 그와 의견을 같이했다. 지구가 구상이라면 그 위에서는 동쪽으로 가든 서쪽으로 가든 지구 반대편의 특정한 지점에 도착할 수 있다는 것이 당연한 논리다. 단지 문제는 어느쪽으로 가는 게 더 가까운 길이냐 하는 것이다. 그런데 크리스토발은 서쪽 길이 더 짧다는 아주 합리적인 논거를 가지고 있었다.

"아직 포르투갈 사람들 중 누구도 아프리카를 일주하고 귀향해본 적이 없기 때문에 아프리카 대륙을 일주할 수 있는지는 확인되지 않았습니다. 인도까지의 거리가 얼마나 되는가 하는 질문은 그때까지 확실히 증명될 수는 없겠지만 그럼에도 논리적으로 가정은 할 수 있습니다."

"설명해보시오."

고문관 중 한 명이 말했다.

"아시아가 동쪽으로 더 넓게 펼쳐져 있을수록 서쪽 항로가 더 짧다는 것은 명백합니다. 지구가 공 모양임을 더 이상 의심하지 않는다면, 우리는 지구를 경도 360도로 나눌 수 있습니다. 이미 에라토스테네스 (B.C. 276경~B.C. 194경, 그리스의 과학저술가·천문학자·시인으로 처음으로 지구의 둘레를 계산했다고 알려진 사람이다—옮긴이)와 클라우디우스 프톨레마이오스가 했듯이 말입니다. 모든 경도는 다시 60분으로 나누어져야 합니다. 그래서 지구는 360 곱하기 60분해서 총 2만 1천600분이 됩니다. 그리고 적도에서의 1분은 1해리와 동일시한다는 규칙이 지금까지 어디서나 통용되고 있습니다. 그럼에도 근본적인 두 가지 문제가 아직도 불확실합니다. 첫째는 모두 합한 것이 지구의 지름과 같아지는, 적도에서의 경도의 간격입니다. 둘째는 아시아의 동쪽 넓이가 얼마냐 하는 문제입니다. 왜냐하면 알지 못하는 '나머지'로 대서양의 폭을 추정할 수 있으니까요."

"그것은 우리가 알고 있소."

그 고문관이 교만하게 대답했다.

"적도의 경도 간격과 분은——분은 지나간 거리로서의 해리와 일치하지요——물론 우리가 지구 둘레에 부여한 크기에 따라 변합니다. 1375년 아브라함 크레스크의 카탈로니아 지도에는 경도의 간격이 56마일로 추정되고 있소. 프라 마우로(15세기 이탈리아의 수도사이며 지도 제작자——옮긴이)는 심지어 67마일로 계산했고, 프톨레마이오스는 43마일로, 에라토스테네스는 60마일이라는 결론을 내렸소."

다른 사람——복장을 보면 고위 성직자임을 알 수 있다——이 보충 설명을 했다.

"거기에는 상당한 차이가 있소. 당신은 그것을 어떻게 설명하겠소?"

그는 왕비의 고문관이며 고해 신부인 폰세카 추기경이었다.

"포르투갈에서 중국의 동쪽 끝까지 대륙의 크기에 관해서는 여러 가지 설이 있습니다."

콜론은 이 주제에 관한 중요한 진술을 모두 알고 있었다. 아시아 대륙은 카탈로니아 지도에서는 116도, 프라 마우로는 125도, 프톨레마이오스의 177도에서 기원전 100년에 마리누스 폰 티로스가 예측했듯이 225도까지도 나온다.

"우리가 아시아의 동쪽 크기를 마리누스의 수치를 토대로 하고 1375년의 지도에서 카탈로니아 마일로 계산한다면."

에스파냐의 길이 측정 단위로 에스파냐 궁정을 설득하는 것이 그에게는 신빙성 있어 보였다.

"그렇다면 282도라는 결론을 내릴 수 있습니다. 360도에서 남는 것은 78도지요. 1도에 56.7 카탈로니아 마일로 계산해서 적도 경도 78도. 그것이 지중해의 폭이지요!"

폰세카 역시 자신의 전문지식을 내보였다.

"당신도 알겠지만 프톨레마이오스는 아시아 대륙을 177도로만 예상했지요. 그의 의견에 의하면 지중해의 폭은 180도가 넘지요. 즉 지구의 반입니다."

"추기경 예하의 말씀이 옳습니다. 프톨레마이오스는 177도밖에 안 된다고 계산했지요. 그러나 그는——우리가 마르코 폴로 이후로 알고 있듯이——오류를 범했습니다. 인도가 갠지스 강 너머에, 즉 원동에 있다고 생각해야 합니다. 그리고 인도의 폭은 105도가 넘지요. 그렇게 보면 282도라는 결론을 낼 수가 있습니다. 제 이론은 15세기 초에 출간된 아이 추기경의 세계지도 『세계의 모습』에서 확인할 수 있습니다. 거기에는 이렇게 적혀 있습니다. '철학자와 플리니우스에 따르면 에스파냐의 가장 끝과 인도의 동쪽 해안 사이에 펼쳐져 있는 대양의 폭은 그렇게 넓지 않다'. 바람만 유리하게 불어준다면 이 바다는 며칠 내로 항해가 가능했다는 것이 확실합니다. 그것으로 미루어볼 때 많은 사람들이 추정했던 것처럼 바다가 지구의 4분의 3을 덮을 수 있을 정도로 그렇게 크지 않다는 결론을 얻을 수 있습니다."

콜론은 확신했다. 아시아의 동쪽 끝에 도달하기 위해서는 서쪽으로 4천420카탈로니아 마일이나 1천170리그만 가면 된다고. 그는 이렇게 덧붙였다.

"경도 78도라면 순풍에 4주에서 6주면 갈 수 있는 거리입니다."

고문관들은 머리를 모으고, 속삭이듯 이사벨에게 말했다. 왕비는 낮은 소리로 대답했다. 그리고 콜론은 왕비가 그녀의 조언자들과 의견이 다르다는 것을 알 수 있었다. 기적이 일어났다. 뱃사람 콜론이 그 냉정하고 불가사의한 여자의 신임을 얻은 것이다. 50만 명의 에스파냐계 유대인과 무어인들을 에스파냐에서 쫓아내려 했으며 그녀에게 반대하는 사람에게 고문, 화형, 칼로 분노를 표현했던 여자, 그녀 자신의 말대로 이 지상에서 지배하는 일보다 더 숭고한 것은 없다고 생각하는 이사벨 왕비가 홀린 듯 그의 말에 귀를 기울였다.

콜론은 왕비의 손에 키스해도 좋다는 귀한 영광을 선물로 받았다. 에스파냐는 그라나다에서 마침내 승리를 이룰 때까지 그에게 적은 연금을 주겠다고 약속했다. 그리고 콜론은 포르투갈의 주앙 왕에게 거부당했던 계약에 서명하겠다는 약속도 받았다. 신대륙에서 나오는 이익의 10퍼센트, 그의 후손의 영원한 통치와 대서양의 해군 제독의 직함——이것이 그 계약의 내용이었다.

바르톨로메우 디아스의 희망봉 발견

그때 포르투갈에서 놀라운 소식이 들려왔다. 디에고 카웅과 마르틴 베하임의 원정대가 아프리카 해안을 따라 떠난 탐험 여행에서 돌아왔다는 것이다. 그들은 적도를 횡단했다. 그곳에서는 태양이 북쪽 지평선 위로 떠올랐다! 그것은 지구가 둥글다는 것의 증거이기도 하다. 그들은 끝없는 앙골라 해안과 나미비아 사막의 황량한 황무지를 따라 항해했으며, 대략 남위 22도까지 사람을 거부하는 낯선 세계로 갔다. 용감한 항해자들은 구릉 맥과 특히 눈에 띄는 육표(陸標) 위에 십자가와 문장이 새겨진 돌기둥을 세웠다. 그것은 남쪽의 끝없는 대륙이 리스본 왕실의 것이라는 신호였다. 그들은 많은 고래들이 헤엄치는 어느 만까지 들어가보았지만 큰 성과는 이루지 못했다. 즉 향료 섬과 인도로 가는 길은 아직 발견하지 못했다.

원정에서 귀향한 사람들은 큰 명예를 얻게 되었다. 마르틴 베하임은 한 단계 승진했으며 주앙 왕은 그를 기사로 봉했다. 곧 이어 부유한 욥스트 반 후르터의 딸인 요한나 후르터 데 마세도와의 결혼식이 열렸다. 뉘른베르크 출신의 마르틴 베하임은 고위 관리가 되어 행복한 섬인 아조레스 군도의 낙원 같은 파이알 섬으로 갔다.

베하임 원정대의 경험은 곧바로 이용되었다. 몇 달 뒤인 1487년 초여름, 이미 포르투갈은 바르톨로메우 디아스의 지휘하에 남쪽 항로로 원정대를 파견했다. 그때 마침내 위대한 순간이 도래했다. 디아스가 카웅과 베하임이 항해했던 가장 남쪽 지점을 넘어서 계속 항해를 하다가 남위 35도에서 심한 태풍을 만났다. 그 배는 13일 동안 폭풍우로 인해 전혀 돛을 달지 못한 채 동쪽으로 밀려갔다. 그들은 그곳에 해안이 있을 것이라고 생각했기 때문에 내내 암초에 걸리거나 해안에 얹히지 않을까 두려움에 떨었다. 그러나 날씨가 좋아졌을 때 그들은 해안선이 북동쪽으로 펼쳐져 있는 것을 보았다. 그들이 아프리카의 남쪽 끝을 발견했던 것이다! 디아스는 암벽으로 이루어진 아프리카의 남쪽 끝을 카보 다 토르멘토수, 즉 태풍의 곶이라 불렀다.

그 후 디아스는 방향을 돌려 귀향했다. 지금까지 항해해온 엄청난 거리와 그들 앞에 놓여 있는 인도양에 대한 불확실함 때문에 디아스의 선원들은 더 이상 항해를 계속하려고 하지 않았다. 그는 왕에게 이 위대한 사건을 알리기 위해 또 하나의 파드라웅을 세우고 귀향길에 올랐다.

주앙 왕은 만족해했다. 인도에는 아직 도달하지 못했지만 이제 인도는 그들의 시야에 들어왔다! 그리고 마침내 이슬람의 권세를 깨뜨릴 수 있는 희망이 보였다. 왕은 태풍의 곶을 카보 다 보아 에스페란자, 즉 희망봉으로 개칭했다. 왜냐하면 인도 항로에 대한 희망이 마침내 충족될 수 있는 것처럼 보였기 때문이다. 연대기 기록자는 이렇게 기록하고 있다.

1487년에 주앙 왕은 새로운 발견을 위해 궁정 귀족인 바르톨로메우 디아스를 세 척의 범선과 함께 보냈다. 해안을 따라 그리고 베하임이 세운 파드라웅을 따라 항해하면서 그는 희망봉을 발견했다. 모세가 축복의 땅을 보았지만 들어가지는 못한 것처럼 그도 인도 대륙을 보았지만 더 이상 들어가지는 못했다고 말할 수 있을 것이다.

콜론이 포르투갈의 성공에 관한 소식을 들었을 때 그는 리스본에서 도주하길 잘했다는 것을 그때서야 확신할 수 있었다.

희망봉 발견 이후의 조짐들

대륙의 서쪽 가장자리에 있는 국가들의 시선과 생각이 항상 과거에 사람이 거주할 수 있는 지구의 경계선으로 간주했던 망망대해 너머의 저 먼 곳을 향했던 반면, 동쪽에 자리 잡은 그리고 위험의 근원지에 더 가깝게 놓여 있는 민족들의 관심은 터키 정복의 진척 상황이었다. 술탄 메메드 2세의 거친 무리들이 이전에 기독교 국가였던 세르비아와 보스니아, 알바니아, 그리스에 넘쳐났다. 베네치아와의 전쟁을 통해 터키 사람들은 펠로폰네소스와 아테네를 얻었으며 알바니아의 지배권을 확보하게 되었다.

오스만제국은 지중해의 동쪽에서 지배적인 해상권으로 부상했다. 서방 세력의 마지막 거점은——몇 군데의 그리스 섬, 레반트와 달마티엔의 구릉 맥에 자리 잡은 베네치아와 제노바의 성곽은——불안한 상태였다. 터키의 전쟁선들이 에게해와 이오니아해를 지배했다. 시실리아와 북아프리카의 바다는 거의 통행이 불가능했다. 동쪽에서의 이슬람교의 승리와 서쪽에서의 무어인에 대한 에스파냐의 잔인한 전쟁에 자극받아 아프리카 바위해안의 리프 카바일족이 들고일어나 기독교 유럽에 대한 이슬람의 공격에 합류했다. 모든 해적들이 '바르바리 주민'(바르바리는 북아프리카 해안 지역의 옛이름으로 지금의 모로코 · 알제리 · 튀니지·리비아 등이 이에 속한다. 이들은 과거 수세기 동안 지중해에서 상선의 약탈을 일삼아온 해안의 해적들과 관계가 있다—옮긴이)으로 무역선을 막기 위해 출항했으며 그래서 무역이 거의 중단될 지경에 이르렀다.

기독교에 대한 적들의 첫 번째 공격은 아드리아의 가장 좁은 지점에서 이미 성공했다. 터키 함대는 남부 이탈리아에 상륙해서 오트란토 시를 점령하고 주민 전체를 학살했다. 갑자기 불타오른 경고의 신호, 즉 서방에 대한 첫 번째 공격으로 이제까지 서로 의견이 달랐던 나라들이 위험에 처한 상황에서 그들간의 싸움을 중단하고 공동의 저항선을 구축하게 되었다. 터키와 대적하는 연맹은 이탈리아의 중요 세력—로마, 베네치아, 피렌체, 밀라노 그리고 나폴리—이 전면에 나서고 헝가리, 아라곤, 포르투갈의 왕들이 그 연맹을 도와주며 해방전쟁의 준비를 갖추었다. 곧 이어 기독교 군대가 전화의 근원인 오트란토를 포위했을 때 술탄 메메드 2세가 죽었다는 보고가 들어왔으며 점령군은 항복했다.

베네치아의 첩자들은 상승일로에 있는 경쟁자 포르투갈의 성공적인 탐험 항해에 관해 10인 위원회에서 공화국 총독에게 보고했다. 동쪽은 여전히 불길에 휩싸여 있다. 오래된 지중해 세계를 둘러싸고 있는 산마르코 성곽을 보호하는 날개 달린 돌사자가 계속 터키의 공격을 막아줄 것이다. 특히 베네치아의 부는 아주 탄탄해서 그렇게 쉽게 몰락하지 않았다. 동방 무역은 약화되었지만 그럼에도 베네치아와 제노바는 여전히 유일한 향료 환적장이었으며, 영국과 플랑드르와의 무역관계는 계속 제기능을 발휘했다.

'여왕 폐하', 바다의 여왕, 공화국 총독의 도시 베네치아는 세계의 보물고였다. 지상의 어떤 도시도 둥근 지붕의 장엄한 교회, 많은 탑, 대리석 전면 장식과 천장 들보에 금박을 입힌 넓은 궁전이 있는 베네치아와 비교될 수 없었다. 리알토 다리의 산 지아코메토 앞의 사람들로 북적이는 광경은 다른 곳에서는 체험할 수 없는 것이다. 세계의 무역이 이루어지 곳, 주위를 둘러싼 주랑 현관에, 그리고 서로 마주치는 골목길에 환전 상인과 수백 명의 금세공업자들이 앉아 있는 곳, 그들의 머리 위로 상점과 창고들이 끝없이 이어지는 곳……

공화국의 정책은 여전히 과거의 전성기처럼 무역의 번성을 위한 것으로만 집중되었다. 이런 이유에서 베네치아의 외교관들은 베네치아의 용병대장인 콜레오니가 성공적으로 이끌었지만 그럼에도 불구하고 피해만 입었던, 부담스런 육지에서의 전쟁을 끝내기 위해 노력했다. 그것을 의회의 기록에서 확인할 수 있다.

베네치아와 밀라노 사이의 모든 전쟁은 근본적으로 상인과 구매자와의 싸움으로 아무 의미가 없다. 밀라노의 영주가 어쩔 수 없이 그의 군대를 증강시켜야 한다면 그것은 세 부담의 증가와 밀라노의 소비 위축을 의미하기 때문이다. (중략) 연간 거래 유통액은 1천만 두카텐이며 그 중에서 400만 두카텐의 이득이 생겼다. 화물선 3천 척에 항해에 적합한 항해자들 300명이, 갤리선 45척에 선원 3만 8천 명이 승선했다. 게다가 1만 6천 명의 조선기술자들이 왔다. 베네치아의 집들은 700만 두카텐의 가치를 지니고 있으며, 임대료로 50만 두카텐의 수입을 올렸다. 700에서 4천 두카텐의 수입을 올리는 귀족이 1천 명이나 된다. (중략) 직접적인 국가의 수입은 이 세기의 중반경에 110만 두카텐에 달했지만 지금은 80만 두카텐에 불과하다. 몰락의 명확한 징후였다.

2 시동학교의 아이들

세하웅과 마갈량이스는 이제 열두 살이 되었다.

이 소년들은 지리에 가장 많이 열광했다.

인도로 가는 길이라! 인도로 가는 길이 어디에 있는가?

계속해서 무장을 한 원정대가 항구를 떠났다.

여전히 포르투갈 민족에게 지구는 원반의 형태이다.

그러나 연구실에서는 지구의 구상에 대해 거의 의심하지 않고 있다.

단지 증거가 부족할 뿐이다. 누군가가 그것을 증명해야 한다.

어린 소년 마갈량이스

한낮의 열기로 리스본은 후덥지근했다. 타는 듯한 한낮의 햇빛을 받으며 방벽과 정원이 있는 상조르제 성곽 밑으로 리스본이 자리 잡고 있었다. 궁정 귀족들이 사는 흰색 궁전들이 짙은 초록색 나무가 우거진 언덕 속에 요염하게 숨어 있었다. 바로 그 밑에서 구시가지 알파마의 혼잡스러움이 시작된다. 그곳 소드레 부두 근처의 모우라리아와 인텐덴트 지역에서 리스본의 서민생활이 펼쳐진다. 수공업자, 선원, 야채상, 일용 근로자, 점쟁이 등. 주택, 골목길, 교회의 둥근 지붕, 탑과 함께 질서 정연하게 자리 잡은 시다드 바이샤는 서쪽으로 테주 강변이 보이는 제로니무스 수도원의 넓은 정원까지 이어진다. 그 뒤로 벨렝에는 도시를 비추는 만의 수면이 넓어지다가 수평선에서 세투발 반도와 경계를 이룬다.

시동들은 알고 있었다. 그곳에 대양이 있다는 사실을! 그것은 광활함에 대한 예감, 먼 곳에의 유혹, 무한함으로의 도약이다. 철썩거리는 파도 소리가 여기 딱딱하고 화려한 홀에서도 들리는 것 같았다. 그것은 카스티야와 대서양 사이에 있는 이 작은 나라 전체를 움직이는 리듬이었다.

이곳, 성의 꼭대기 아치형 창문 뒤는 아주 기분 좋을 정도로 시원했다. 사내아이들은 흥분해 있었다. 아이들은 열광하여 새로운 이야기들을 서로에게 속삭였다. 그 아이들은 열두 살로 모두 포르투갈의 귀족 출신이다. 은혜롭게도 왕의 부름을 받아 궁정학교에 들어온 그들은 하염없이 눈물을 흘리며 어머니와 헤어져, 자랑스럽게 여기는 아버지의 손에 이끌려 리스본으로 왔다.

그들은 이곳에서 엄격한 교사와 의전 담당관으로부터 궁정이나 식민지에서 근무하기 위한 교육을 받았다. 나중에 그들이 성인이 되면 각자에게 과제가 주어진다. 그들은 유럽의 강력한 국가들 사이에서 포르투갈의 지도적 위치를 확고히 하고 세력을 확장시키는 것을 돕게 된다. 딱 달라붙는 검은색 바지, 약간의 색깔로만 변화를 준 몸에 딱 맞는 재킷, 주름 장식이 달린 옷깃에 부리가 있는 신발을 신은 그들은 마치 당시 유행하는 옷차림을 한 작은 기사처럼 보였다.

아이들의 상상력은 달아오른 상태였다. 게다가 그들은 궁정을 방문한 외국의 귀한 손님들에 익숙해 있었다. 외국 사절들과 이국적인 예복을 입은 사람들. 특히 오늘은 아프리카에서 돌아온 원정대가 기다리고 있다니! 얼마나 많은 무어인들이 있을까? 그들이 어린 노예를 데리고 왔을까? 모자의 깃털 장식, 기이한 북과 흑인들의 창을 가지고 왔을까?

프란시스쿠 세하웅은 1492년 더운 늦여름날 카라벨선을 보았으며 그의 빈약한 지식으로도 중요한 일이 일어난 것이라고 생각했다. 아이들은 그의 입만 쳐다보고 있었으며 세하웅은 그 순간 자신이 주목받고 있다는 사실을 즐겼다. 단지 한 명만이——키가 작고 촌스러우며 거칠었다——약간 옆으로 서서 세하웅의 말에 거의 신경 쓰지 않았다.

페르나웅 드 마갈량이스(페르디난드 마젤란의 포르투갈식 이름, 후에 에스카냐로 가서는 페르난도 데 마가야네스라는 이름을 사용한다——옮긴이)는 이곳이 여전히 낯설게 느껴졌다. 얼마 전 신부가 그를 이리로 보냈다. 고향, 그가 기어오르던 산의 광활함이 그리웠다. 그는 양치기와 사냥꾼들을 따라다녔다. 마을의 아이들을 데리고 다니며 개를 쫓고 야수들을 찾아다녔다. 그렇게 헤매고 다니다 굶주리기도 했으며 겨울의 차가운 바람이 부는 황량한 고원에서 동상에 걸리기도 했다. 그 고원은 항상 지독하게 추웠으며 1년에 아홉 달은 겨울이었다. 마갈량이스는 거칠지만 자유분방하고 아름다운 어린 시절을 보냈다. 그리고 바다에 접해 있지 않아 바다를 한 번도 볼 수 없는, 포르투갈의 유일한 지방에서 성장했다. 모든 것이 가난했으며 부족했다. 경작지는 수확이 적었으며 축사는 빈약했지만 그들은 피달고, 귀족이었다!

알트 도우루 지방의 트라스우스몽트스 출신의 소박한 시골귀족인 마갈량이스의 아버지는 아베이루 시의 시장이었다. 그는 1년 전에 세상을 떠났다. 어머니는 사브로사에 있는 소타의 포도농장에 살고 있었는데 그곳은 빌라 레알 지역의 작은 영지였다. 네 명의 형제들은 아직 집에 있었다. 가장 나이가 많은 테레사, 지네브라, 이사벨라 그리고 막내 남동생 디에고까지. 어머니는 신부가 마갈량이스를 시동학교의 학생으로 넣어준 것을 무척 기뻐했다. 시동학교에서는 모든 것이 멋질 것이다. 그러나 여기에도—그는 이미 그런 사실을 알고 있었다—사람들이 부딪쳐 넘어질 수 있는 장애물은 많았다. 교사는 어제 카이사르에 관해 이야기했다. 그의 이야기 중 마갈량이스의 기억 속에 오래 남는 문장 하나가 있었다.

"로마에서 둘째가 되느니 차라리 시골에서 첫째가 되어라!"

마침 세 파트리아칼 대성당의 새 종이 시내를 향해 세 번 울렸을 때—30분 모래시계의 모래는 이제 겨우 반이 흘러내렸다—대화가 갑자기 중단되었다. 궁전 내부에서 발자국 소리가 가까워지더니, 점점 크게 뚜벅거리는 소리를 내며 급하게 넓은 복도를 통해 울려 퍼졌다. 문이 열리면서 그 방이 갑자기 궁정 사람들로 가득 채워졌다. 절을 하는 사람들을 헤치고 왕대비인 도나 레오노르가 걸어 들어왔다. 그녀는 나이가 들어 등이 굽었으며, 가장자리에 밝은 색 주름 장식이 달린 어두운 색의 사그락 소리가 나는 비단 옷을 입었다. 수행원들이 그녀를 따라 그늘진 둥근 테라스로 나갔다.

시동들은 호기심 어린 눈으로 급하게 시종과 궁녀들 뒤로 몰려갔다. 성 앞, 정원으로 이어지는 야외계단 위에 갈색으로 그을린 피부에 알록달록하고 이상한 옷을 입은 멋진 사람들이 모여 있었다. 그들은 자신 있게 행동했다. 그들이 말하고 웃는 소리가 들렸다. 그들은 특이하고 이국적인 물건들이 끝없이 나오는 보따리를 열어 보여주었다. 그리고 색색의 박제 새들과 신기한 과일들을 나누어주었다. 그들은 활기 찬 몸 짓으로 화단 곁에 있는 흑인과 흑인 여자를 가리켰다. 흑인들은 허리춤까지 벌거벗은 채였다. 그들은 부끄러운 듯 서로 몸을 붙였다.

마갈량이스는 마법에 걸린 듯 소란스러운 그 광경을 쳐다보았다! 한 궁신이 왕대비에게 설명하는 말도 그에게는 들리지 않았다. 모험의 분위기가 완전히 그를 사로잡았다. 그의 눈길은 물건 꾸러미 위에 그려져 있는 알록달록한 것으로 향했다. 마갈량이스는 더 자세히 보기 위해 눈을 가늘게 떴다. 파란색 바탕 위에 황금색 별과 이국적인 새가 문장의 방패였다. 왕으로부터 귀족작위를 받은 원정 단장의 방패로, 별은 바다 항해의 상징이며 새는 미지의 대륙이라는 의미를 지니고 있었다.

그때 갑자기 그의 몸이 달아올랐다. 언젠가 나도 저기 밑에 있는 저 사람처럼 왕 앞에 서게 될 것이다. 그리고 낯선 세계에서 온 물건들 중 마갈량이스의 문장을 발견할 수 있게 될 것이다! 비스듬한 은색 바탕 위에 붉은색의 주사위 모양 무늬가 들어간 가로 띠가 세 개 그려져 있는 문장을!

탐험가의 나라 포르투갈

교사의 목소리가 무미건조한 강의실을 가득 채웠다. 사내아이들은 교단 위의 선생을 주목하여 쳐다보았다. 교단 위에는 두꺼운 대형 서적이 쌓여 있었다. 돼지가죽으로 묶인 세상의 지혜들이었다. 리스본에서 북쪽 멀리 위치한 독일 라인 강변의 상업도시 마인츠에서 천재적인 요하네스 구텐베르크가 텍스트를 식자하기 위해 동을 부어 만든 활자와 새로운 종류의 인쇄술을 발견하고 난 후, 오랜 시간에 걸쳐 먼지가 수

북이 쌓인 수도원 도서관과 무질서한 대학의 지하 묘지에 숨겨져 있던 지식과 인식은 이제 누구나 이용이 가능했다. 그러나 여전히 그 교사에게는 모든 책이 성스러운 대상이었다. 그의 강의는 그가 지니고 있는 지식의 집약적이며 교화적인 요약이다.

노 교사는 자신의 흥분을 애써 숨기려 했다. 자신이 말하려는 것을 이 아이들이 이해할 수 있을까? 그들이 위대한 시대에 태어났다는 것을 믿을까? 근본적인 변혁의 시대, 무기에 의지하는 게 아니라 오로지 정신에만 의지하며 이성이 맨주먹에 대해 승리를 거두는 그런 변혁의 시대에 태어났다는 것을 믿을 것인가?

교사는 고대에 관해 이야기했다. 지구가 공 모양이라는 이론을 만들어냈던 피타고라스에 관해 이야기했다. 지구는 조용히 움직이지 않고 우주에서 떠다니며 달과 태양, 별들이 매일 지구 주위를 돈다. 그는 아리스토텔레스가 그 체계에 얼마나 깊이 파고들었는지를 묘사했다. 지구의 표면은 틀림없이 휘어졌을 것이다. 그것은 수평선에 높은 대상물이 점차로 솟아오르는 것과 장소에 따라 월식과 일식의 개시 시간이 차이가 나는 것으로 보아 쉽게 증명될 수 있다.

교사는 아리스토텔레스의 말을 인용했다.

"아리스토텔레스가 이렇게 말한 바 있다. '몇몇 사람들이 헤라클레스의 기둥(지브롤터 해협 동쪽 끝 양쪽 해안에 치솟아 있는 두 개의 해각—옮긴이) 주위 지역이 인도 주위의 지역과 연결되어 있다. 즉 결론적으로 그 바다가 동일한 바다라는 주장을 하는데, 그것은 가능한 일이다.'"

그렇다면 어떤 가능성이 열리는가! 로카 곶에서 서쪽으로 항해한다면 비단국 진에 있는 동경의 해안이나 신비한 향료 군도를 만날 수 있을 것이다!

교사는 깜짝 놀라 말을 멈추었다. 그가 도취하여 추기경단의 규정에 어긋나는 말을 한 것은 아닌가? 그렇다면 바로 추방되거나, 파문되어 그의 고향에서 내쫓길 것이다. 학생들은 열광하여 그의 입술에서 나오는 말 한마디 한마디를 열심히 들었다. 포르투갈 선박들이 아프리카 원정에서 돌아온 것을 자주 보아왔으며 새로운 것에 익숙해 있던 학생들은 그들이 존경하는 스승의 말을 전혀 의심하지 않았다. 그들의 아버지에게는 이 지구가 유럽과 아시아의 일부, 아프리카의 일부로 구성되어 있다. 지구는 대양에 떠 있으며 둥근 천공에 둘러싸여 있다. 지구는 그 전체로 볼 때 하나의 원반 모양이라고 생각했다. 그러나 젊은이들은 매일 지식이 확장되며, 지리가 끝없는 공간이 된다는 것을 체험한다. 게다가 로마 교황청은 새로운 인쇄기술과 관련해서는 매우 근대적으로 대응했지만 누구라도 논문에서 확고한 결론을 끌어내려 하면 지나치게 예민해졌다. 성서는 지식의 유일한 원천이기 때문이다. 이사야는 이렇게 말했다.

"주는 지구의 원 위에 앉아 계신다. 그는 땅 위 궁창에 앉으시나니 땅의 거민들은 메뚜기 같으니라. 그가 하늘을 차일같이 펴셨으며 거할 천막같이 베푸셨고".

아무도 감히 삼위일체에 관해 의심하지 못한다. 노아는 지구를 그의 아들 셈과 함 그리고 야벳에게 나누어주었다. 그리고 이들이 지구에 있는 모든 인간의 조상——동양 민족, 아프리카 민족, 북쪽의 민족——이 아닌가? 세상의 중심도 이미 확정되어 있다.

"그 중심에 팔레스타인과 예루살렘이 있다."

창세기의 예언에 의하면 내세는 동쪽 멀리에 놓여 있으며 거기에는 갈 수 없는 낙원이 자리 잡고 있다.

학생들은 노 교사에게 생각할 시간을 주는 데 익숙해 있었다. 그들은 경험 많은 교사가 주제를 검사해보며 그것을 가르칠 만한 것으로 바꾸고 있다는 것을 잘 알고 있었다. 이토록 집중하여 듣는 학생들의 태도에 교사는 오래 계속되어온 오류를 맹렬히 비난하지 않을 수 없게 된다. 교사는 뺨이 벌개지도록 밤마다 새로운 책에 파묻혔다. 책들은 어디서나 그 이론에 관해 수긍했다. 밀라노와 피렌체, 파리와 뉘른베르크, 바젤, 그리고 암스테르담에서. 그가 감동을 받았다는 것을 아이들이 눈치챘을까?

선생은 마음을 가다듬고 조용히 계속 이야기했다. 130년경에 벌써 프톨레마이오스가 먼 아시아에 관해 기술했다. 말레이 반도, 헤르손의 황금, 그리고 식인종 섬인 자바-디우. 에라토스테네스는 기원전 250년에 알렉산드리아와 우리가 지금 아스완이라 부르는 시에네 사이의 거리를 측정했으며 이 거리가 지구 둘레의 7.2도에 해당된다는 것을 알아냈다. 그에 따르면 공 모양의 지구를 도는 지구 적도의 둘레는 2만 6천 640로마 마일이 된다! 일반적으로 통용되는 개념에 따르면 1로마 마일은 적도 경도 1도의 50분의 1이 된다. 그의 계산이 맞는가? 에라토스테네스가 거의 1.6 퍼센트를 잘못 측정했다는 것을 그 선생이 어떻게 알겠는가? 그러나 앞으로 그것을 조사하게 될 사람이 바로 그의 학생들 중 한 명이었다!

작게 한숨을 쉬면서 교사는 신부들을 화나게 할 수도 있는, 아주 예민한 그 주제를 접고 다시 현실로 돌아왔다.

"700년이 넘게 무어인들은 그들의 날쌘 배, 다우선, 붐선, 삼부크선 등을 타고 아라비아의 동쪽으로 항해를 떠났다. 수많은 카라반으로 그들은 인도 산, 아라비아 산의 값비싼 물건들을 지중해 연안의 시장으로 운반했다. 이탈리아 사람들, 특히 제노바 사람들과 베네치아 사람들은 레반트와 북아프리카의 항구에서 그 짐을 넘겨받았다. 그리고 그 짐들을 선복이 불룩한 배에 실어 그들의 교역장소로 가지고 갔다. 그래서 새로운 생산품들이 시장과 상점, 세습 귀족의 해외영업소, 해외지점, 창고에 등장했다. 화려하고 아주 부드러운 중국의 비단 옷, 여러 색으로 짜여진 호화로운 카펫, 신비의 치료제, 특별한 채소와 좋은 향이 나는 백단, 게다가 진짜 장신구와 귀한 보석들도 있었다. 페르시아 산 터키 옥, 옥수스 지역에 있는 아무다리야 강의 라피스라줄리, 인도 산 다이아몬드, 에메랄드 그리고 사파이어.”

교사는 젊은이들의 마음을 사로잡을 줄 알았다. 그는 생생한 단어들로 신비한 낯선 세계를 묘사했다. 물건들은 동양에서 생산되어 서양에서 팔릴 때까지 엄청나게 비싸진다. 십자군 전쟁 동안 서양과 동양과의 연결이 시도되었다. 사람들은 성지 해방뿐 아니라 동서간의 중간 교역을 배제하고 직접적인 통상관계를 만들어내기를 원했다. 고향에 돌아온 사람들은 비싼 물건, 향료, 직물 등과 함께 동양 사람들의 부에 관한 환상적인 이야기도 가져왔다.

성지는 장기간 다시 정복하지 못했다. 기사들은 살해당했으며 상인들만이 전과 마찬가지로 부를 얻었다. 제노바와 베네치아 사람들이 가격을 결정했다. 유럽은 모든 사치를 누리기에 충분한 부를 소유하고 있지 못했다. 관세 부담이 점점 커졌으며 서방의 보석 창고는 점점 비어 갔다. 무역 적자가 너무 일방적이었다. 많은 국가들——포르투갈 역시 ——경제 공황을 맞게 되었다. 그런데도 수요는 점점 증가했다.

동방의 향료가 가장 수요가 많았다. 수입할 수 있는 것 이상으로 수요가 많았다. 정향과 후추, 계피와 생강, 육두구 열매와 사프란 등. 평민들조차 음식을 만드는 데 그것을 필요로 했다. 향신료 가격은 가파르게 올라갔다. 인도에서 24년간 살았던 독일 상인 바르톨로메우스 플로렌틴은 ‘물건이 우리 손에 들어오기 전에 열두 번 다른 손을 거치게 된다’고 보고하고 있다. 거래라는 뜻의 독일어 한델(Handel)은 손이란 단어 한트(Hand)에서 파생한 것이다. 중간 상인들은 구입가의 열 배 이상을 벌었다. 그러나 포르투갈, 에스파냐, 이탈리아, 독일의 거대한 무역회사, 특히 막강한 세력의 푸거 가와 벨저 가는 활발한 사업을 벌였다. 향료의 획득은 상인 문제뿐만 아니라 정치적인 문제였다. 왜냐하면 향료에 지불하는 비용 때문에 정부의 금은 보유량이 줄어들기 때문이다.

포르투갈은 그 위험을 처음으로 인식했다. 항해자라 불렸던 돔 엔리케는 일관성 있게 인도로 가는 항로를 찾으려고 노력했다. 그는 이윤을 고려하는 상인들로부터 수요가 많은 품목을 사는 대신 물건의 원산지에서 물건을 싣고 오겠다는 목표를 가지고 있었다. 그러나 당시, 한 세기 전의 상황은 좋지 않았다. 포르투갈 사람들은 농부이며 어부였지 항해자가 아니었기 때문이다. 주앙 1세의 아들인 돔 엔리케는 엄격하면서도 힘든 항해 교육을 시작했다.

교사는 계속 이야기했다.

"사그레스의 그의 성에서 암석 곶인 상빈센테(세인트빈센트) 곶을 올려다보면서——이 곳은 파도가 높은 대양을 볼 수 있는 포르투갈의 가장 남서쪽 지점이다——엔리케는 유명한 학자들과 능력 있는 실무자, 즉 지도 제작자, 발명가와 배를 제작하는 사람들, 수학 도표를 이용하며, 자석 나침반과 아스트롤라베의 사용에 능숙한 사람들을 불러모았다. 크고 작은 방들이 지도와 도구들로 가득 찼다. 수로 안내인으로 적절해 보이는 사람을 왕자의 집으로 불러들였다. 해양학과 점성학, 바다에 관한 체험, 그리고 바다의 의외성 등이 그들이 나누는 대화 내용이었다. 모든 것이 기록되었고 비교되며 평가되었다."

아이들은 흥미진진하게 들었다. 교사가 설명하는 것에 그들을 경탄을 금치 못했다. 돔 엔리케는 그들의 우상이었다. 돔 엔리케와 오늘날 모두가 알고 있는 유명한 선장들인 이아네스, 발다이아, 곤살베스, 트리스타웅, 카다모스투, 고메스, 카웅, 그리고 물론 남쪽 곶 희망봉의 발견자 바르톨로메우 디아스까지. 그들은 포르투갈이 향료 군도로 가는 길의 안내자들이었다. 그런데 세우타가 처음으로 방해물이 되었다. 지브롤터를 마주보고 있는, 무어인의 번창하는 도시이며 강한 요새의 상업도시 세우타는 많은 해적들에게 은신처를 제공해주어 포르투갈 배의 안전을 위협했다. 그래서 엔리케 왕자는 1415년 무장한 함대로 세우타를 정복했다. 세우타의 정복으로 그 항로가 자유로워졌으며 엔리케 왕자는 자신의 배를 파견할 수 있었다.

이제 마침내 계속해서 원정대를 파견하는 것이 가능해졌다. 그러나 그것은 엄청난 액수의 자금이 들어갔다. 항해자 엔리케는 우선 자신의 재산을 투입했고, 1420년 이후로는 강력한 기독교 교단의 기사단장으로서 아프리카의 이슬람교도와 싸우기 위해 왕자에게 위임되어 있던 자금을 사용했다. 카라벨선이 천천히 아프리카 해안을 더듬으며 전진했다. 포르투갈 사람들은 그들이 상륙하는 곳에는 어디에나 멀리서도 보이게 파드라웅, 즉 그들 왕의 이름이 새겨진 돌 십자가를 세웠다. 그럼으로써 이 육지에 대한 포르투갈의 권리가 기록으로 명시되며, 돌 십자가들은 그 다음에 오는 항해자의 정확한 길 안내자가 되었다. 그러나 엔리케는 더 이상 그가 시작한 작업의 결실을 거둘 수가 없었다. 그의 후계자인 '지금 우리의 왕이신 은혜로운 주앙 2세 폐하의 지도하에' 가능했다. 노 교사는 그의 감동을 드러내지 않으려고 애썼다. 엔리케 왕자가 사망한 지 30년이 지났다. 그는 당시 젊은 학자로 포르투갈에 있는 주교의 신부학교에 초빙되어 그곳에서 시동들에게 열심히 라틴어 문법을 가르쳐야 했다.

그러나 아프리카는 엄청나게 컸다. 원정대가 계속 파견되었다. 마침내 1471년에 포르투갈의 배가 기니에 도착했다. 엔리케 왕자가 죽은 지 11년 후에야 그의 노력은 포르투갈에 이익을 가져오기 시작했다. 해안 지역의 이름들은 어떤 종류의 물건들이 그 이후에 포르투갈로 운반되느냐에 따라 결정되었다. 상아 해안, 황금 해안, 노예 해안, 후추 해안 등등. 배들은 점점 앞으로 나아갔다. 아프리카 대륙은 끝이 없는 것처럼 보였다. 그들은 적도를 통과했다. 태양은 북쪽 수평선 위로 뜨기 시작한다. 지구가 둥글다는 또 하나의 증거이다! 그리고 바르톨로메우 디아스가 4년 전에 희망봉을 발견했기 때문에 사람들은 이제 인도로 가는 길이 아프리카의 남쪽 끝을 돌아가는 것임을 알게 되었다. 그것은 포르투갈의 길이 될 것이다!

가운데가 볼록하게 나온 대형 서적 뒤에서 교사는 주의 깊게 아이들을 쳐다보았다.

"포르투갈은 탐험가의 나라이다! 중세에도 여전히 지중해가 실제로 항해해 본 적이 있는 유일한 바다라고 믿었다. 그러나 포르투갈은 지중해와 접하고 있지 않다! 자연이 포르투갈을 마치 의붓자식 취급한다고 말들을 하지만, 신의 길은 불가사의하며 신의 계획은 알 수가 없다! 모든 탐험의 발판이 된 포르투갈은 사람이 거주하는 모든 지역을 넘어서 뻗어가고 있다. 포르투갈은 세계의 심장이다! 하늘은 주 하나님의 것이며 땅은 용기 있는 자만의 것이다!"

그는 말을 멈추고, 잠시 생각에 잠겼다. 그리고 일어나 나갔다.

시동학교의 생활

이 아이들이 포르투갈의 미래를 만들어 나갈 것이다. 그들의 어깨에 국가의 운명이 걸려 있다. 언젠가 이 아이들 가운데 가장 재능 있는 아이가 포르투갈의 지도층을 형성할 것이다. 경박한 사람들은 지도층이 되기 위해서는 물론 좋은 관계를 유지해야 한다고 말한다. 수업 시간표에는 읽기, 쓰기, 계산하기, 종교, 지리 그리고 라틴어가 있다. 이 아이들이 열다섯 살이 되면 그들은 하급 시험을 치르게 된다. 그 시험에 합격하면 상급 학교로 진학한다. 그러면 기하와 대수 과목이 첨가된다.

그들이 열일곱 살이 되면 그들의 재능에 따라 군대에서 이력을 쌓거나 해군에서 봉사하는 데 적합한 사람과 행정업무를 담당해야 할 사람들로 나뉜다. 이것은 또 한 번의 시험을 통해 그 결과가 정해진다.

한쪽 그룹은 무기를 다루는 법을 배우게 된다. 싸우는 법, 총 쏘는 법을 배우며, 포병대에 관한 지식을 습득하고, 탄도 사정법도 배운다. 그리고 해리 계산법도 연습한다. 해양기구 사용법을 배우며 위도 측정 및 지리학 지도를 읽는 법도 익힌다. 다른 그룹은 산수의 고급 계산기술을 열심히 공부해야 하며, 야영지 관리, 서법, 거래 문서와 외교적 문서 작성 및 주판술을 익힌다. 거기에 나쁜 합금을 판별하기 위한, 귀금속과 귀금속 고유의 무게에 대한 지식이 추가된다. 서로 다른 가치를 지닌 귀금속, 즉 금과 은을 서로 차감 상쇄할 수 있도록 하기 위함이다. 그들은 진주, 향료, 상아, 비단과 다른 비싼 물건의 질을 평가할 수 있어야 한다. 시험에 합격하지 못하는 학생은 그 학교를 떠나야 한다. 집으로 돌아가거나 아니면 군대에 들어가야 한다.

모든 학생이 학교의 동일한 규율을 지켜야 한다. 여름에는 5시에, 겨울에는 6시에 일어난다. 짧은 아침 세수를 하고 난 후 그들은 학교 예배당에서 예배를 드린다. 저학년 학생과 중급반 학생들이 서로 번갈아가면서 복사에 투입된다. 그들은 바닥에 엎드려서, 신부와 함께 계단 기도를 드린다. '주여 우리를 불쌍히 여기소서'를 하면서 자신의 가슴을 두드린다. 설교에 귀를 기울이고 있다가 미사 경본을 편다. 향로를 흔들고, 라틴어로 된 교독 기도문에 대답한다. 입을 맞추어 사도신경을 외고, 봉헌할 때 무릎을 꿇는다. '하나님의 어린 양'으로 시작하는 기도문에서 성체가 실수로 땅에 떨어지지 않도록 하기 위해 성찬식에 참여하는 사람들의 턱 밑에 접시를 대고 있다. 그리고 마지막으로 신부와 함께 '미사는 끝났다'라는 가톨릭 미사의 마지막 말을 한다. 아름다운 목소리에 노래를 잘하는 사람은 합창단에 배정된다.

미사가 끝나면 소박한 수도원 식당에서 아침 식사가 있고 그 후에는 수업이 이어진다. 12시에 '하나님의 천사' 기도를 하고 난 후에 점심 식사를 한다. 그리고 나면 두 시간의 엄격한 휴식 시간이 시작된다. 그리고 다시 대부분 실용적인 과목의 수업. 오후 4시경에 저녁 기도를 드린다. 그 후 소년들은 자유로이 7시의 저녁 식사까지 휴식 시간을 가진다. 숙제와 복습은 22시경의 취침 시간까지 이어진다. 허가 없이 수업에 늦게 들어오거나, 식사 시간에 늦는 학생은 그 벌로 휴식 시간을 박탈당한다.

주일에만 모든 것이 조금 느슨하게 진행된다. 아침에 두 시간 더 잘 수 있으며 그 대신 미사는 두 시간에서 세 시간까지 지속된다. 그러나 주일에는 점심 식사 후 저녁까지 그들 마음대로 해도 된다. 상급반 학생들, 즉 일반적으로 열일곱 살을 넘은 사람을 부를 때 사용하는 '성인'들은 저녁 식사에 참석하지 않아도 된다. 외부의 삶을 조금이라도 배우는 것이 바로 '인생 학교'이다. 곧 배를 타고 포르투갈의 해외 원정에 참여하려는 자는 교실과 예배당 이외의 세상을 약간은 알아야 하기 때문이다.

세하웅과 마갈량이스는 이제 열두 살이 되었다. 그들의 교사는 사랑하는 마음과 감정이입 능력으로 자신의 지식을 잘 전달할 줄 아는, 친절하고 현명한 사람이었다. 그들은 라틴어를 열심히 공부했으며 즐거운 마음으로 계산했다. 종교 수업을 의무감을 가지고 마쳤으며 그들이 좋아하는 과목, 즉 지리에는 열정을 보였다. 이 소년들은 지리에 가장 많이 열광했다. 인도로 가는 길이라! 인도로 가는 길이 어디에 있는가? 아라비아 사람들은 비밀스럽게 그 길을 감추고 있다. 그들은 바쁘고 입이 무거운 상인들이며 훌륭한 계산가였다. 해외영업소에서는 믿지 않는 자들이 아무 노력도 들이지 않은 채 얼마나 많은 이익을 거두어들이고 있는지 추정해보았다. 궁정에서는 교황의 사절들이 십자가가 이슬람교의 상징인 반달 앞에서 치욕적으로 고개를 숙일 수밖에 없다는 사실에 흥분했다.

계속해서 무장을 한 원정대가 항구를 떠났다. 돛에는 교회의 수호신이 그려져 있었다. 기적을 행하는 성자들이 바다의 위험 속으로 나아가는 선원들을 보호하며 미지의 가파른 해안, 숲으로 덮인 해변, 이국적인 광경을 함께 바라본다. 그러나 얼마나 많은 배들이 난파되었는가? 얼마나 많은 사람들이 파도 속에서 불확실한 숙명을 맞이했던가? 얼마나 많은 시체들이 물결에 의해 육지로 밀려갔는가? 그 성과는 어디에 있는가? 후추 가격은 다시 상승했다. 정향, 생강, 육두구 열매 등이 부족했다. 사람들은 마치 취한 것 같았다. 사방에 투기꾼, 노름꾼, 잘난 체하는 사람들, 처세에 밝은 사람들이 널려 있었다. 그들은 사업주들의 심사를 받으며, 충만의 대륙으로 항해하기 위해 도시의 귀족 가문으로부터 무장한 배를 받고 싶어했다. 그들은 귀향 후 확실하게 수백 배의 이윤을 가져다줄 것을 약속했다.

그런데 서쪽으로 항해를 하게 된다면? 교사가 지구는 공 모양일 수 있다고 설명하지 않았던가? 마갈량이스는 그 교사의 신중함을 잘 알고 있었다. 포르투갈 민족에게 지구는 원반의 형태이다. '지구의 가장자리로 가는 것은 지옥으로 떨어지는 확실한 파멸의 길이다'라는 학설이 여전히 통용되고 있었다. 교회가 공식적으로 지구가 원반이라는 것을 확고하게 주장한다 할지라도 연구실에서는 지구의 구상에 대해 거의 의심하지 않고 있다. 단지 증거가 부족할 뿐이다. 누군가가 그것을 증명해야 한다.

3 티에라! 육지가 보인다!

두려움과 죽음에 대한 공포가 그들을 사로잡았다.
배들은 앞으로 나아가지 못한 채 해초에 갇혀 있었다.
어디에도 육지는 보이지 않았다.
끝없는 지옥의 나락에 관해 알고 있는 선원들은 스스로
끔찍한 지하세계와 선박의 판자만으로 분리되어 있다는 것을 알고 경악했다.
콜론은 등불을 키고 앉아 항해일지에 이렇게 기록했다.
"바람이 긴급하게 필요하다.
내 배의 선원들 사이에 반란의 조짐이 보인다."

되찾은 인도항해의 희망

마침내 그가 오랫동안 동경해왔던 확증의 순간이 손에 닿을 듯 가까이 다가왔다. 에스파냐의 왕실은 무어인에게 대승을 거둔 후 안달루시아의 모든 항만청에 항해자 크리스토발 콜론이 항해할 수 있는 선박을 구하는 데 도움을 주라는 명령을 내렸다. 의장(艤裝) 비용은 국고에서 지불될 것이라고 했다.

콜론은 믿을 수가 없었지만 사실이었다. 마침내 행운이 그를 선택한 것이다! 에스파냐에서도 그는 인내심을 시험받아야 했다. 그러나 그는 자신의 계획에 대한 믿음을 잃지 않았다. 그의 시선은 항상 서쪽, 지중해와 이 대륙의 경계 저편을 향하고 있었다. 우리 인간은 하나님의 방법을 알 수가 없다. 콜론이 에스파냐에서도 역시 절망에 빠져 더 이상 그들의 원조를 기대하지 않고 있는데, 갑자기 석달 전쯤 예기치 않게 그의 행운이 시작된 것이다.

1492년 1월 2일 안달루시아의 태양은 맑고 푸른 하늘을 배경으로 밝게 빛났다. 교황 알렉산더 6세가 부여한 명예직함인 가톨릭왕 부부는 화려한 복장으로 그라나다로 입성했다. 구경꾼들은 존경의 표시로 국왕 부부 앞에서 몸을 굽혔고, 금자갈과 금란으로 만든 귀한 안장을 훔쳐보며 감탄했다. 많은 사람들이 몰려들자 불안한지 페르난도 2세의 아라비아 순종 말은 춤추듯 껑충껑충 뛰었다. 그 옆에 느린 걸음으로 걷게끔 훈련된 여성용 말 위에는 카스티야의 이사벨 1세가 타고 있었다. 국왕 부부 뒤를 세계에서 가장 화려한 기사들의 무리가 따랐다. 추기경, 영주, 기사단장, 변경의 방백들, 백작과 귀족들이 무어인과 10년 동안 싸워왔다. 그라나다만 점령하는 데 여덟 달이 걸렸다. 이제 믿지 않는 자들의 마지막 요새도 무너졌다. 페르난도는 지금껏 빠져 있던 돌을 그의 왕관에 끼어 맞출 수 있었다. 그 화려한 행렬 뒤로 많은 고위관리들과 기사들이 따랐다. 화려한 갑옷들이 은색으로 반짝였다. 비단과 은사가 스치면서 사그락 소리가 났으며, 깃발과 군기가 머리 위에서 휘날렸다. 카스티야 왕기와 아라곤의 금색 십자가가 다른 모든 기의 선두에 섰다.

페르난도와 이사벨은 둘 다 평범한 사람이 아니었다. 에스파냐로서는 그들이 함께하며, 결혼을 통해 그들의 왕국을 하나의 왕국으로 통합시켰다는 것은 행운이었다. 700년 전에 무어인들은 에스파냐의 대부분을 정복했다. 700년 동안 나바라와 아스투리아스의 에스파냐왕들이 다시 에스파냐의 통일을 이루기 위해 싸웠다. 그러나 내부의 불화로 인해 에스파냐는 분열되었고 점점 약화되었다. 그러나 이제, 700년 동안의 꾸준한 저항과 위대한 희생, 그리고 힘든 노력 후에 가톨릭왕은 무어인에 의해 점령된 마지막 에스파냐 도시로서 그라나다를 해방시켰다. 굶주림이 결국 흑인들을 무릎 꿇게 만들었던 것이다. 10년간의 레콩키스타(국토회복운동), 즉 무어인들로부터 에스파냐 영토를 재정복하는 동안 대부분 그라나다의 주민들은 그들의 신앙과 재산을 유지할 수 있었다. 왕은 복수에 굶주린 살육을 원치 않았다. 그는 잉크의 힘을 더 신뢰했다.

정복된 도시는 축제의 분위기에 사로잡혀 있었다. 집집마다 깃발과 색색의 천으로 장식을 했으며, 골목길과 도로에 많은 사람들이 밀려들었다. 왕실 군대의 군인들도 구경꾼들과 뒤섞였다. 도시는 각 군대를 따라온 각양각층의 다양한 민중들로 가득 찼다. 옥수수 과자와 햄을 파는 행상, 포도주와 물을 파는 음료수 판매상들, 점쟁이, 창녀, 수도승, 수공업자, 사기꾼, 소매치기, 거기에 많은 말과 노새 그리고 수레와 마차를 끄는 짐승들. 알함브라 요새가 뒤엉킨 지붕들 위로 높이 솟아 있었다. 그 성곽은 금박을 입힌 지붕의 화려한 장식으로 반짝였으며, 요철형의 흉벽은 흰색 빛을 발했다. 성벽과 방루 위에도 사람들이 넘쳐났다. 패배한 무어 군인들, 무서워하는 여자들, 노인들과 의심 많은 아라비아 상인들이었다. 그들은 그들의 패전이 입증되는 슬픈 순간을 기다리고 있었다.

아무 말 없이 풀 죽은 수행원들 한가운데로 그라나다의 마지막 왕인 보압딜 아부 압드 알라 마호메트가 말을 타고 언덕을 내려갔다. 그가 가까이 다가가니 도시 전체에 정적이 깔렸다. 말하기 좋아하는 이민족의 떠드는 소리도 멈추었다. 에스파냐왕의 수행원들은 기대에 부풀어 그 자리에 꼼짝도 않고 서 있었다. 보압딜은 패배한 자로서 승리한 왕의 손에 키스하기 위해 페르난도 왕 앞에서 말을 세워 내리려고 했다. 그러나 페르난도는 거절하면서 오른손을 높이 들었다. 보압딜은 페르난도의 눈을 심각하게 쳐다보았다. 그리고 나서 왕비를 쳐다보았다. 마침내 그는 정중하게 절을 하고는 다음과 같은 말을 하면서 왕에게 그라나다의 열쇠를 넘겨주었다.

"이것은 당신의 것입니다, 폐하. 알라가 그렇게 결정했소. 행운을 절도 있게 그리고 온유하게 사용하라."

페르난도는 열쇠를 탄딜라 백작에게 넘겨주었다. 잠시 후 그는 팔을 올려 신호를 보냈다. 금 십자가, 그리고 카스티야와 아라곤의 문장이 그려져 있는 커다란 군기가 행렬의 선두에서 장엄하게 이동하였고, 왕 부부는 보압딜을 가운데로 인도했다. 그 행렬은 나스르 왕조의 붉은색 성인 알함브라 성으로 이동했다. 그 성은 에스파냐 영토에 있는 이슬람의 마지막 요새였다. 행렬은 정의의 문을 통해 성곽 안으로 들어갔다. 저수조 광장을 가로질러 오른쪽으로, 돌사자에 둘러싸인 화려한 분수가 있는 커다란 내부 정원으로 방향을 돌렸다. 성 안으로 들어서면서 승리자들은 양쪽에 늘어서 있는 탑들과 함께 막강한 방어기지 및 호화스런 궁전, 기도소와 목욕탕 등을 훔쳐보듯 쳐다보았다.

그들이 처음으로 본 그 궁전은 복도와 그 위에 작은 발코니로 둘러싸여 있었다. 아주 비싼 대리석 벽은 금색과 짙은 청색의 화려하게 반짝이는 모자이크로 장식되어 있었다. 국왕 부부가 사자의 궁전에 놓여 있는 자색을 덧입힌 높은 보좌에 자리를 잡았다. 보압딜은 페르난도 뒤에서 있었다. 그들 주위로 추기경, 영주, 기사단장과 다른 고위관리들이 무리를 지어 섰다. 모두들 황금색 흉갑을 입은 장교들이 두 가지 상징물인 십자가와 군기를 요새의 탑 위에 꽂을 때까지 기다렸다. 트럼펫소리도, 북소리도 들리지 않았다. 오로지 가슴에서 뛰는 심장 소리만들을 수 있었다.

마침내 의전관이 큰소리로 외쳤다.

"그라나다, 그라나다를 페르난도 왕과 이사벨 왕비에게!"

에스파냐 사람들은 환호를 질렀다. 잠시 후 이사벨이 손을 들었다. 합창단이 장엄한 테데움 라우다무스(라틴어로 하는 신의 찬미—옮긴이)를 불렀다. 왕비는 눈물을 참기가 힘들었다. 이제 무어인의 구속에서 벗어나서 에스파냐는 자유다. 국왕 부부는 희망을 가지고 미래를 바라보았다.

이사벨에게 다음 목표는 이미 정해져 있었다. 그것은 바다를 지배하는 것으로 추구해볼 만한 가치가 있는 목표였다. 그 목표를 잊어서는 안 된다. 왕비는 전략적인 면에서 많은 재능을 가지고 있었다. 무어인들이 지브롤터 해협을 매번 폐쇄하려고 시도했지만 지브롤터 해협을 열어두기 위해 육지에서 벌이는 지상전에서도 그녀의 재능은 중요한 역할을 했다. 카스티야의 해상권은 육군과 함께, 예를 들면 말라가(에스파냐 남부의 도시)를 봉쇄하고 폐쇄할 때처럼 여러 번 영향을 미치는 중요한 요인이 되었다. 그러나 이제 에스파냐는 해협을 건너 무어인들을 북아프리카의 해안에서도 몰아낼 것이다. 이미 포르투갈이 세우타의 점령과 함께 그 일을 최초로 시작했다. 나폴리와 시칠리아는 상속순위에 따르면 가톨릭왕 부부에게 속하게 된다. 북아프리카로 돌진함으로써——모로코와 튀니스 그리고 알제리에서——지중해는 점점 에스파냐의 바다가 될 것이다.

그러나 생각은 인간이 하지만 결정은 신이 한다! 상황은 달라졌다. 그라나다의 구경꾼들 중 역사의 바퀴를 다른 방향으로 돌려놓는 두 남자가 있었다. 한 사람은——키가 크고 말랐으며 우울한 표정의——토마스 토르케마다로 이전에 프란체스코 수도회의 수도사였으며 지금은 장크툼 오피치움, 즉 종교재판소의 막강한 재판장이다. 그리고 다른 한 사람은 크리스토발 콜론이었다.

종교재판소는 270년도 넘게 이단자, 개종자, 잘못된 믿음을 가진 자, 이교도, 마녀, 마술사, 유대인과 가짜 개종자들에 대한 법적 심문을 실시했다. 교황으로부터 특별임무를 받은 종교재판소장이 가톨릭 국가의 종교재판관을 임명하는데, 대부분 도미니크회 수사들이었다. 그들은 사방 각지에서 교회가 추측하는 신앙의 변절자를 찾아내는 책임을 맡고 있었다. 1215년 제4차 교황청 공의회는 이미 유죄판결을 받은, '카사 산타'(종교재판소 건물)에 수감된 이교도들을 세속적 권력에 내주라고 명령했다. 그 이후로 교회가 판결을 내렸으며 하수인으로 전락한 법정이 집행을 했다. 죄의 고백을 강요하기 위한 수단으로서의 고문은 정당한 것이었다. 피고인에게는 어떤 변호인도 도움을 줄 수 없었다. 밀고자와 증인의 이름은 비밀에 부쳐졌다. 드물게는 그다지 해가 되지 않는 교회의 징벌에서부터 자주 집행되는 화형 선고까지에 이른다. 특히 마녀로 소문난 여자들과 세례받은 유대인들이 의심을 받았다. 교회의 압박으로 인해 가톨릭으로 개종한 유대인들은 일반적으로 콘베르소, 즉 거짓 개종자로 간주되었다.

종교재판장인 토마스 토르케마다의 지휘하에 에스파냐는 열광적인 경건함의 나라가 되었다. 이제 가톨릭왕이 그라나다를 정복하고 나자, 토르케마다는 에스파냐를 오로지 가톨릭 신도만이 살 수 있는 나라로 만들려고 했다. 그는 에스파냐왕 부부가 항복한 그라나다의 주민들에게 신앙의 자유를 약속했던 것에 대해 걱정하지 않았다. 그들은 '가톨릭왕'이며, 그들 역시 신앙의 문제에 있어서는 교황과 교회에 복종해야 하기 때문이다. 세속적 권력은 무어인들을 몰아내고, 종교재판은 유대인을 추방했다.

토르케마다는 두려움의 대상이었다. 그의 이름이 '토레 크레마타,' 즉 불타는 탑에서 유래한 것이라는 험담이 나돌았다. 브라세로(Brasero, 화형장)——그것은 불타고 있는 탑과 닮지 않았는가? 콜론은 화형장의 불이 널름거리는 것을 여러 번 목격했으며, 속죄 옷을 입은, 즉 머리에 뾰족한 종이 모자인 카로사를 쓴 피고인들이 무장한 형리에게 끌려가는 것을 멀리서 바라보았다. 처형장 주변은 대부분 즐거운 소란스러움으로 넘쳐났다. 행상들이 기다리는 군중들에게 포도주와 소시지를 팔았으며 상인들이 물건을 사라고 미주알고주알 외쳐댔다. 그리고 정리들은 술 취한 사람들을 내쫓아야 했다. 접근 차단선 뒤로 장교와 '손님'들이 앉아 있다. 손님들은 대부분 어쩔 수 없이 참여한 가족들이었으며 그들은 그 비극을 쳐다보며 공포에 떨어야 했다.

에스파냐는 세례받지 않은 유대인들을 지금까지는 참아줄 수 있었다. 유대인들은 유대인 지역에서만 살 수 있었다. 그러나 이제 그들은 에스파냐에서 불청객이 되었다. 토마스 토르케마다는 세례받지 않은 유대인들에게 에스파냐를 떠나라며 아주 짧은 시간을 주었다. 1492년 3월 31일 교령을 내려 토르케마다는 유대인을 에스파냐에서 추방하라고 명령했다. 유대인들에게는 다섯 달의 시간이 주어졌다. 그들은 그들이 들고 갈 수 있는 것만 가지고 갈 수 있었다. 기독교인들은 그런 조처를 옳다고 생각했다. 유대인들에게 수공업자나 군인이라는 직업은 허용되지 않았다. 그래서 많은 사람들이 학업에 몰두했으며 의사와 학자로서 높은 명성을 얻었다. 그럼에도 대부분의 유대인들은 상인과 고리대금업자로서 그들의 생계를 유지해야 했다. 유대인들의 추방은 그들에게 진 빚을 차감해주는 좋은 기회였다.

그라나다를 정복한 후 왕과 왕비에게 도착한 축하의 편지 중에는 다음과 같이 시작되는 편지도 들어 있다.

가장 신앙이 깊으시며, 고귀하고 탁월한 가장 강력한 군주이시며, 에스파냐 대륙과 해양에 있는 섬의 왕과 왕비이시며 저의 군주이신 폐하께. 1492년 올해에 폐하는 유럽에서 통치하고 있는 마지막 무어인과의 전쟁을 치르셨습니다. 거대한 도시 그라나다에서 전쟁이 끝났지요. 그곳에서 저는 올해, 1월 2일에 승리의 상징으로 폐하의 문장이 든 왕기가 알함브라의 탑 위에 게양되는 것을 직접 보았습니다. (중략)

그 편지에는 크리스토발 콜론이라는 서명이 적혀 있었다.

콜론은 이 편지로 자신의 존재를 상기시켰다. 왜냐하면 그가 에스파냐 국왕 부부에게 서쪽 방향으로 대서양을 항해하면서 일본, 중국 그리고 인도에 도달하겠다는 그의 계획을 처음으로 설명한 이후, 별다른 진전이 없었기 때문이다. 왕비는 원정 위원회를 설립했으나 그 위원회는 수년 동안 협의만 했지 의견의 일치를 보지 못했다.

1492년 4월에도 조정의 신하들은 여전히 그라나다에 머물렀다. 콜론은 봄에 왕비로부터 거절의 답변을 받고 난 후 실망하여 프랑스에서 그의 계획을 이루어보려고 시도했다. 4월 11일, 콜론이 그라나다를 떠나자마자 그는 성문에서 2마일 지난 곳에서 왕비의 파발꾼의 부름을 받았다. 콜론이 에스파냐를 위해 서쪽 항로로 대서양을 건너가야 한다는 것이다! 이사벨은 자신을 방문하라고 요구했다. 콜론이 더 이상 왕비의 지시를 믿지 않게 되었을 때, 뜻밖에도 그는 자신의 위대한 목표를 이루게 된 것이다.

그러나 그가 알지 못했던 사실이 하나 있었다. 1492년 8월 2일로 토르케마다가 유대인에게 제시한 기한이 끝났다. 에스파냐 왕실은 돈이 거의 없었으며 사람들은 여전히 무어인과의 전쟁 후유증을 치르고 있었다. 그래서 첫 번째 원정은 아이러니컬하게도 루이스 데 산탕엘의 재정 지원을 받았다. 그는 세례받은 유대인으로 페르난도 왕의 재산 관리자이며 왕비의 신임받는 고문이었다. 그는 이사벨에게 콜론의 계획에 동의하도록 조언한 사람이었다. 아마도 에스파냐에서 자행되는 종교재판이라는 끔찍한 사건으로부터 세계의 관심을 벗어나게 하자는 논거를 제시했을 것이다. 에스파냐왕 부부는 마음속으로는 교황이 설립한 종교재판소의 분노에 동의할 수 없었다. 그러나 고귀한 교황청의 업무에 개입해서는 안 되었다. 아마도 콜론은 대서양을 건너 금과 향료와 함께 '이스라엘의 잃어버린 종족'을 찾고, 에스파냐에서 종교재판으로 위협받는 유대인을 위해 피난처와 망명지를 발견할 수 있을 것이다. 이미 마르코 폴로는 인도 왕국에 관해 코일룸이라는 이름으로 보고한 바 있었다.

"그곳에는 고유의 언어를 말하는 많은 유대인과 기독교인들이 살고 있다."

산탕엘은 무엇보다 콜론이 배에 태우고 갈 히브리어 통역사를 구해 주는 데 신경을 써야 했다!

출발, 산타마리오

팔로스 항구에 선복이 불룩한 화물선이 정박하고 있었는데, 그것은 노후한 플랑드르 선박인 산타마리아 호였다. 그 카라벨은 왕궁의 관리에게 징발된 상태였다. 선박의 소유주는 저명한 지도 제작자인 후안 데 코사로, 소식을 듣고 달려와 처음에는 당국의 조처에 대해 심하게 항의했다. 그러나 그 사업의 대담함에 감격하여 선원들과 함께 자신도 모험에 참여하겠다고 선언까지 했다.

크리스토발 콜론이 기함으로 산타마리아 호를 선택한 것은 좋은 선택이었다고 말할 수 없다. 그 카라벨은 항해에는 적합했지만 무겁고 흘수가 깊다. 그래서 깊이를 알 수 없는 해안에서는 위험할 수 있다. 그 배의 길이는 72피트, 넓이는 24피트, 깊이는 9피트였다. 150라스트(적재량의 단위로 독일에서는 2톤임—옮긴이)의 짐을 실을 수 있었다.

콜론의 원정팀에 소속되기를 원하는 사업가가 두 명 더 있었다. 그들은 원정 경비의 8분의 1을 부담하고 대신 그만큼의 이익을 배당받기로 약속을 받았다. 그들이 소유하고 있는 배 두 척은 핀타 호——100라스트의 민첩하고 길쭉한 배——그리고 니냐 호——75라스트의 유동성이 좋은 작은 배——였다. 핀타 호는 그 배의 소유주이며 선장인 마르틴 알론소 핀손이, 니냐 호는 그의 형제인 빈센테 핀손이 지휘했다. 선장들은 선미루, 즉 배의 선미에 있는 탑처럼 생긴 높은 건물에서 숙박했으며 함께 항해하게 될 장교들 역시 그곳에서 묵었다. 기함인 산타마리아에는 왕실 관리 여러 명이 탔다. 감독관인 로드리고 산체스, 왕실 공증인 로드리고 데 에스코베도, 왕의 재판권 소유자인 디에고 데 아라나, 신부이며 의사, 그리고 외과의이기도 한 페드로 데 아르네아스 및 보석 전문가로서의 금 세공가 한 명.

핀손의 노력으로 선원들은 항구의 술집에서 보충되었다. 70명이 산타마리아 호에, 다른 작은 배 두 척에 총 50명의 선원들이 고용되었다.

짐을 싣는 데는 많은 시간이 걸리지 않았다. 팔로스의 관세 창고에는 콜론을 위한 물건들이 이미 준비되어 있었다. 의장, 밧줄, 보충 돛, 비축식량, 무기, 대포와 폭약, 원주민을 위해 알록달록한 유리구슬과 뉘른베르크의 장신구로 가득 찬 통들.

이런 모든 준비를 하는 데는 선원들의 저항, 핀손의 고집, 항만청의 관료주의적인 반대들로 야기될 수 있는 수많은 어려움이 있었다. 콜론은 지치지 않고 끈질기게 이런 마지막 방해물들을 극복해냈으며, 마침내 8월 초 항만청에 그의 원정대 출항을 확실하게 신고할 수 있었다.

8월 2일 저녁 콜론은 그의 장교들과 선원 전부를, 몇 년 전 도망자였던 그에게 은신처와 도움을 주었던 라 라비다 수도원으로 데리고 갔다. 은발의 원장 후안 페레스는 열정적으로 이 시간의 중요성에 관해 설교했다. 그리고 나서 그는 선원들에게 성체를 나누어주었다. 밤에 선원들은 틴토 강 계곡에서 팔로스로 행진해 돌아왔다. 횃불이 흔들리면서 타고 있었다. 늦은 밤 사람들의 행렬이 거의 소리도 내지 않고 지나가는 것을 보고 사람들은 장례식 행렬이라고 생각했을 것이다.

항구에 선원들의 아내와 아이들, 가족들과 친척들이 모여들었다. 선원들의 무리가 등장했을 때 군중들 사이에서 한숨이 새어 나왔다. 절망적인 한탄이 뒤섞인 흐느낌이 나지막하게 들렸다. 장교들은 미신을 믿는 선원 몇 명을 배에 태우지 않을 수 없었다. 그들은 대부분 서쪽 바다로의 끝없는 항해에서 절대 돌아올 수 없을 것이라고 확신하고 있었다. 여자들과 아이들의 울부짖음은 점점 더 커졌다. 배의 그림자가 부두에 높이 솟았으며 동쪽에는 여명의 붉은 띠가 올라오고 있었다.

밀물이 시작되는 시간이었다. 갑판에서 명령 소리가 들렸다. 산타마리아 호의 선루 위로 키가 큰 콜론의 모습이 보였다.

니냐 호가 맨 처음, 이어서 핀타 호가 지삭을 풀었다. 선박들은 틴토 강의 조류와 함께 항구의 진입로로 천천히 미끄러져 갔다. 사각가로돛이 펼쳐지면서 아침의 동풍을 받아 펄럭거렸다. 그것과 거의 동시에 산타마리아 호가 출발했다.

한 점의 바람, 바람만 불어준다면

서쪽 하늘 위로는 여전히 어둠이 무겁게 깔려 있다. 콜론은 작은 선대의 지휘를 기함의 항해자인 산초 루이스에게 맡기고, 카펫이 깔려 있는 선루의 작은 선실에 앉아 있었다. 접이식 책상에 달린 석유 램프가 카라벨의 흔들거리는 리듬에 따라 깜박거렸다. 콜론은 새 깃털을 깎아 잉크에 집어넣고, 에스파냐왕 부부를 위해 비밀 항해일지를 처음으로 작성했다.

주 예수 그리스도의 이름으로.

가장 높으시며, 가장 경건하며, 가장 고귀하며, 가장 강력한 군주이신 에스파냐 대륙과 섬의 왕과 왕비이시며, 나의 군주께.

폐하는 올해 유럽을 지배하고 있는 무어인들과의 전쟁을 끝내셨습니다. 저는 금년 1월 2일 대도시 그라나다의 알함브라 요새 탑에서 승리의 신호로 폐하의 군기가 펄럭이는 것을 보았습니다. 그리고 무어인의 왕이 폐하의 손에 키스하기 위해 도시의 성문 밖으로 행렬을 지어 나가는 것을 보았습니다. (중략)

그래서 저는 토요일, 즉 올해 1492년 5월 12일에 그라나다를 떠나서 항구가 있는 팔로스로 갔지요. 거기서 저는 원정에 적합한 배 세 척의 장비를 모두 갖추었습니다. 많은 생필품을 싣고 수많은 선원들과 함께 저는 1492년 8월 3일 금요일, 해뜨기 30분 전에 항구를 출발하여 폐하의 소유인, 대서양의 카나리아 제도로 방향을 잡았습니다. 거기서부터 인도에 도달할 때까지 제 항로를 따라가야겠지요.

그래서 저는 매일매일 아주 정확하게 모든 것을 기록하려 합니다. 제가 행하고, 보고, 들은 것을, 그리고 앞으로 어떤 일들이 일어날지를……

배들은 아프리카 해안을 따라 조심스럽게 항해를 했으며 카나리아 제도를 향해 나아갔다. 출항한 지 나흘째 되던 날 처음으로 사고가 일어났다. 핀타 호의 키가 대서양의 높은 파도에 부딪쳐 부러졌다. 태업이 아닌가 하는 의심이 들었다. 왜냐하면 무모한 항해를 방해하기 위해 어떤 짓이라도 할 준비가 되어 있는 사람들이 배에 타고 있었기 때문이다. 부러진 키는 원양에서 임시로 수리되었다. 카라벨들은 천천히 항해하다 8월 9일, 그란 카나리아 섬에 도착했다. 낙원과 같은 이 조그마한 섬의 내부에서는 종교재판의 참혹한 싸움이 벌어지고 있었으며, 테네리파 섬은 반란자들의 손에 들어갔다.

콜론의 선박들은 돛을 접은 채 카나리아 군도의 정박장에서 태풍이 지나가기를 기다려야만 했다. 바다가 조용해지자 마침내 키가 망가져 조정 능력이 없는 핀타 호는 항구에 정박할 수 있었다. 9월 2일, 콜론의 선대는 다시 출항하여 고메라로 향했다. 고메라에서 식수를 채우고, 야채 저장고를 보충했다. 9월 6일 아침, 세 척의 선박이 옛 세계의 마지막 거점을 떠났다. 닻을 올리고, 항로는 정확하게 서쪽으로 향했다.

수평선까지 회녹색으로 보이는 대서양의 큰 파도들이 밀려왔다. 고메라의 산꼭대기는 천천히 그들 뒤로 사라졌다. 정오가 되어도 동쪽으로 수평선만 지속될 뿐 전혀 육지는 보이지 않았다. 배들은 파도 치는 무한함 속에 갇혀버린 감옥과 같았다. 갑판에서 크게 떠드는 소리는 사라졌으며, 불안에 사로잡힌 사람들은 그들의 두려움을 서로 속삭거렸다. 그들은 가슴 위에 차고 있던 성유물 주머니를 만지작거렸으며 그들의 시선은 아무 희망 없이 끝없이 넓은 바다를 둘러보았다.

콜론은 선원들이 망설이고 있음을 알아챘다. 그는 선원들을 더 이상 불안하게 하고 싶지 않았다. 그래서 콜론은 그때부터 또 다른 항해일지를 쓰기 시작한다. 공식적인 항해일지에는 그가 위조한 위치와 거리를 기입했으며 비밀 항해일지, 즉 자신만이 사용하는 일지에는 실제로 항해한 거리를 기록했다. 토스카넬리의 지도에 따르면 지팡구 섬까지의 거리는 750리그일 것이다. 토스카넬리 역시 아직 그곳에 가보지 못했기 때문에 콜론은 신중하게 200리그 정도 더 계산했다. 그러나 그의 선원들은 750리그로 알고 있어야 한다. 콜론은 처음부터 일주야 항정(하루에 지나가는 거리)을 조금 짧게 선원들에게 가르쳐줄 것이다. 더 먼 거리를 가기 위한 적당한 시간을 얻기 위해서였다.

수일간 배들은 계속 밀려오는 파도를 가르며 나아갔다. 선원들 머리 위로 구름 한 점 없는 파란 하늘이 걸려 있었다. 그러나 예견하지 못했던 새로운 걱정이 제독의 마음을 짓눌렀다. 콜론은 하늘이 구름에 가릴 경우에는 유일하며 안전한 항해 수단인 나침반 침이 제대로 작동하지 않는다는 것을 발견했다. 나침반 바늘이 북향에서 벗어나 약간 북서쪽을 가리키고 있었다.

핀손 형제 역시 그 사실을 확인했으며 나침반이 제대로 작동되고 있지 않다며 그들의 선박으로부터 신호를 보내왔다. 이런 경우 선원들의 소요를 막기 위해서는 명령자의 권위가 필요했다. 9월 11일 난파한 배의 주돛대가 기름으로 더러워진 파도에 밀려왔다. 15일 밤에는 거대한 혜성이 하늘 위에 불꽃 궤도를 그리며 푸른빛을 띠는 바닷속으로 빠졌다. 선루의 그림자 속에서 콜론은 선원들의 무리가 말없이 성호를 그리는 것을 보았다.

그러나 바람은 계속 유리하게 북동쪽에서 불었다. 9월 16일 수평으로 넓게 깔린 안개를 통과해갈 때 보슬보슬 내리는 비로 인해 시야가 차단되자 새로운 공포가 선원들 사이로 스며들었다. 바다의 끝없는 파도 소리와 콸콸거리는 소리가 고독한 세 척의 배를 둘러싸고 있었다. 제독이 지옥을 향해 나아가는 것인가? 그가 카라벨들을 인간세계의 가장자리를 넘어서 우주의 심연으로 이끌어가는가? 공포가 선원들의 목을 죄었으며, 돌아가자는, 동쪽으로 항해하자는 목소리가 처음으로 크게 들리기 시작했다.

　그러나 선장 외투를 입은 키 큰 남자가 선교에 나타나면 웅얼거림은 이내 사라졌다. 밤마다 그의 선실은 환하게 불이 켜졌다. 콜론은 그들의 위치를 측정하고 두 가지의 항해일지를 기록했던 것이다.

　9월 17일 갑자기 안개가 그들 뒤로 사라졌다. 그들은 안개를 뚫고 나온 것이다. 안달루시아의 봄처럼 공기는 온화하고 부드러웠다. 16일에 핀타 호의 선원들이 떠내려가는 풀덤불을 보았다고 보고했다. 가까이 육지가 있다는 신호가 점점 증가했다. 니냐 호에서는 바다제비와 열대 새들의 출현을 보고해왔다. 갑자기 모두들 해안이 가까이 있다고 믿었다. 포르투갈 사람들이 남쪽으로 항해할 때 새의 인도를 받았다고 하지 않던가?

　항해사들은 북쪽의 방위를 정했으며 나침반 침이 북서쪽으로 4분의 1 정도 치우친다는 것을 확인했다. 그들은 그 일로 인해 상당히 당황했다. 그러나 그 이유를 말하지는 않았다. (중략)

　이날 아침 바다에는 지금까지보다 더 빽빽한 해초가 많이 보였다. 그 해초들은 강에서 나는 것이 틀림없었다. 그 해초 안에서 살아 있는 게를 발견했기 때문이다. 나는 그 게들을 잡아서 그것이 해안이 가까이 있다는 보다 확실한 징후라고 말했다. 왜냐하면 이 게는 육지로부터 절대 80마일 이상 떨어지지 않기 때문이다. 바닷물은——선원들이 그렇다고 확인했다——카나리아 제도에서 항해를 시작한 이후 지금처럼 그렇게 짜지 않은 적이 없었다. 공기 역시 점점 온화해졌다.

　이런 모든 징후는 서쪽에서 온 것이다! 전지전능하신 신이 곧 우리로 하여금 육지를 발견하게 해주실 것이다. 모든 것의 성공은 신의 손에 달려 있기 때문이다.

마르틴 핀손은 9월 18일 아침에 핀타 호로부터 신호를 보내왔다. 그가 많은 무리의 육서 조류가 서쪽으로 날아가는 것을 보았으며 그것으로 보아 육지는 틀림없이 아주 가까이 있다. 자신의 배가 좀더 빠르니 앞서가겠다는 내용의 신호였다.

그것은 약속과 명령에 위배되는 것이긴 했지만 고집 센 핀손은 제독의 답변을 기다리지 않고 전속력으로 항해했다. 그의 카라벨이 가장 빨랐다. 이렇게 성급하게 행동하는 이유는 이사벨 왕비가 한 약속 때문이었다. 그녀는 서쪽 대륙의 해안을 처음으로 보는 사람에게 500마라베디의 평생 연금을 약속했다. 핀타 호는 이내 수평선에서 사라져버렸다. 산타마리아 호와 니냐 호 역시 전속력으로 서쪽으로 달렸다.

육지의 징후는 점점 명확해졌다. 펠리컨과 다른 육서 조류들이 배 주위를 날아다녔으며 돛대의 활대 위에는 알록달록한 작은 새떼들이 앉았다. 물을 높이 뿜어내는 고래들도 보였다. 이런 동물이 육지 근처에 살고 있음을 선원들은 잘 알고 있었다. 배 위의 망대에서 보초를 서는 사람이 가끔 '육지가 보인다'고 알리기도 했지만 매번 그것은 멀리 있는 짙은 안개 제방을 해안으로 잘못 본 것임이 밝혀졌다.

9월 19일 새로운 위험 요소가 등장했다. 사르가소해에는 해초가 아주 많았다. 그 해초들이 해파리 같은 초록색 거품을 내며 조개가 자라난 선체를 둘러쌌다. 항해는 점점 늦어졌으며 그들은 앞서 항해하던 핀타 호를 만날 수 있었다. 핀타 호는 사르가소해의 해초 때문에 정지한 상태였다.

다시 두려움과 죽음에 대한 공포가 그들을 사로잡았다. '귀향'이란 단어가 다시 크게 들려왔다. 북동풍은 잠들었으며 돛은 바람을 받지 못한 채 느슨하게 매달려 있었다. 배들은 앞으로 나아가지도 못한 채 해초에 갇혀 있었다. 어디에도 육지는 보이지 않았다. 콜론은 측연으로 수심을 재라고 명령했다. 그러나 190길을 내려가도 측연은 바닥에 닿지 않았다. 끝없는 지옥의 나락에 관해 알고 있는 선원들은 끔찍한 지하세계와 선박의 판자만으로 분리되어 있다는 것을 알고 경악했다.

다른 두 배에 있는 선원들이 산타마리아 호에 대고 소리를 질러댔다.

"제독이 뭐라고 그러는데?"

멀리서 이렇게 외쳤다.

"돌아가자고 제독을 설득해봐!"

콜론은 선원들을 진정시켰다. 담대한 말과 강인한 마음으로 그는 공포를 극복했으며 이 지구의 끝까지 죽어서라도 그의 희망을 따르겠다고 한 맹세를 상기시켰다. 그럼에도 갑판 위의 불안은 점점 커져갔다. 선루 앞에 있는 선원들의 웅얼거림이 위협적으로 들렸다. 콜론은 그들에게 믿음을 가지라고 말했으며, 그들이 지팡구를 발견하고 나서 귀향할 경우 명예와 부를 얻게 될 것이라고 약속했다. 그리고 곧 바람이 불어오면 선대가 해초의 포위로부터 풀려날 것이라고 말했다.

저녁이 되자 멀리서 파도 소리가 들려왔다. 섬세한 공기의 변화를 감지할 수 있었다. 돛이 활대에서 움직이면서 펄럭였으며, 배들이 움직이기 시작했다. 배들은 다시 물결을 헤치고 나갔다. 바람을 받으며 그들은 해초 더미를 갈랐다. 길이 열렸다.

선루의 작은 방에서 콜론은 등불을 키고 앉아 항해일지에 '바람이 긴급하게 필요하다. 내 배의 선원들 사이에 반란의 조짐이 보이기 때문이다'라고 기록했다.

육지를 발견하다, 새로운 세계의 문을 열다

선원들은 선수에서 김이 올라오는 콩 수프 냄비 주위에 쪼그리고 앉아 있었다. 참모부 보급장교가 가죽부대를 들고 돌아다니면서 푸른빛을 띤 적색의 틴토 포도주를 사람들의 나무잔에 부어주었다. 분위기는 다시 고조되기 시작했다. 선원들은 큰소리로 열광하며 제독을 찬양했다. 그들의 머리 속은 금은보석, 이국적인 궁전, 서쪽 해안에서 포획물이 되기를 기다리고 있는 갈색 피부의 여자들에 관한 몽상적 생각들로 가득 찼다.

그러나 며칠 후 돛은 다시 느슨하게 돛대에 매달려 있었다. 바다는 마치 기름처럼 회색빛을 띤 채 미동도 하지 않았다. 거대한 죽음의 거울 같았다. 일요일이었기 때문에 페드로 데 아르네아스 신부가 갑판에서 미사를 주관했으며, 선원들에게 인내심을 가지고 하나님을 의지하라고 격려했다. 그러나 선원들은 반항적으로 머리를 비스듬하게 기울인 채 제단 앞에 서서 검게 탄 주먹으로 그들의 모자를 돌렸다. 그리고 마음의 문을 닫은 채 타르가 묻은 재킷으로 몸을 감싸고, 거울처럼 반짝이는 수면을 절망적인 눈으로 쳐다보았다.

미사가 끝난 후 콜론은 바람이 잔잔하니 바다에서 목욕을 하자고 제안했다. 그것이 승무원들에게 다시 활기를 불어넣어주었다. 그들은 옷을 벗고 밧줄 사다리를 타고 내려갔다. 물 속에서 수영을 하며 장난을 쳤다. 그러나 잠시 후 그들은 다시 불만스럽고 언짢은 표정으로 갑판에 서 있었다.

제독은 용기를 북돋아주는 연설을 했지만 그에게 돌아오는 것은 침묵뿐이었다. 야유하는 소리가 뒤쪽에서 들려왔다. 콜론은 그 소리를 의도적으로 못 들은 척했다. 반란으로 인해 그의 꿈이 중단될 수도 있다는 것을 그는 잘 알고 있었다. 목적지를 바로 눈앞에 두고——그렇다고 그는 확신했다——그럴 수는 없었다. 그는 생각했다. 기적, 기적이 필요해! 하나님이여, 우리에게 바람을 보내주소서. 약간의 바람이라도! 그때 생각지도 못한 일이 벌어졌다. 바람이 기름처럼 매끈한 바다의 수면에 잔물결을 일으켰다. 돛의 가장자리가 움직이더니 아딧줄(돛을 풍향에 맞게 조정하는 밧줄——옮긴이)이 팽팽하게 당겨졌다. 바람이 범포를 가득 채웠다. 배가 움직이면서 항해를 시작했다. 차츰 바람이 강해졌다. 카라벨선은 거품이 이는 바다를 가르며 서쪽 항로로 이동했다.

콜론은 감사의 마음을 일기에 이렇게 기록했다.

그런 기적은 모세가 유대인을 포로상태에서 이끌어냈던 그 시대 이후로 일어나지 않았다. 유대인들에게 그러했듯이 오늘 만조가 나를 구해주었다.

갑판 당직 근무자들의 발걸음 소리가 선루 지붕 위에서 둔탁하게 울렸다. 등불이 켜졌다. 산타마리아 호의 선체 측면으로 파도가 부딪치며 철썩거리는 소리가 났다. 키 조정실에서 조타수가 암폴레타, 즉 모래시계를 돌렸다. 그의 단조로운 노랫소리가 제독의 방에도 들려왔다.

보초가 근무중이다.

모래가 계속 유리를 통해 흘러내린다.

우리는 즐거운 여행을 하고 있으며

하나님의 보호를 받고 있다!

밤낮으로 바다는 쏴쏴 소리를 냈다. 어떤 유럽 선박도 대서양을 건너 그렇게 멀리까지 나가본 적이 없다. 서쪽으로, 서쪽으로 세 척의 선박은 고독한 항해를 계속했다. 그들은 여러 번 육지를 보았다고 믿었지만, 매번 착각임이 밝혀졌다. 그들의 항로를 가로질러 가는 철새들의 이동조차도 그들을 속이는 것처럼 보였다. 바다의 회색빛 광대함이 끝없이 이어졌으며, 태양은 매일 아침 대양의 파도 치는 끝없는 수면만을 비추었다.

10월 1일, 월요일.

제독의 수로 안내인이 오늘 우리가 페로 섬에서부터 568리그를 지나왔다고 말하며 두려움을 표명했다. 제독이 승무원들에게 보여준 계산에 따르면 그것은 584리그였지만 그가 자신을 위해 보관하고 있는 진짜 기록에 따르면 그것은 707리그였다.

그들은 출발할 때 예상했던 750리그를 이미 지나왔던 것이다. 조타실에 놓여 있는 항해일지에도 이 숫자는 구세계(유럽)의 가장 서쪽에 놓여 있는 지점까지의 거리라고 나와 있다. 그러나 콜론의 비밀 항해일지에는 훨씬 더 높은 숫자, 즉 880이라는 숫자가 기록되어 있다.

선장들은 제독에게 앞으로 어떻게 할 것인지를 물었다. 토스카넬리의 지도에는 비밀스런 섬인 안틸리아가 유럽 대륙에 상당히 가까이 그려져 있지 않은가. 그런데 그 섬들은 어디에 있는가?

"우리는 9월 19일 밤에 이미 그 섬을 지나쳤소."

콜론이 대답했다. 그러나 선원들 사이에 점점 긴장감이 고조되고 있다는 것을 감지한 마르틴 핀손이 주장했다. 토스카넬리의 지도에 보면 남서쪽에 다른 섬들이 있는 것으로 기록되어 있으니 가능한 한 빨리 육지로 진로를 돌려야 한다고.

"우리는 남서쪽으로 항로를 변경시켜야 합니다."

핀손이 요구했다

"그렇게 하면 우리는 좀더 빨리 해안을 만날 수 있을 겁니다."

긴 논쟁 끝에 콜론은 그 제안에 동의했다. 그 당시 배들의 항로가 정확하게 북아메리카 대륙을 향하고 있었다는 사실을 그가 어떻게 알겠는가? 남쪽으로 방향을 바꾸게 됨으로써 그들은 서인도 군도로 향하게 되는 것이다.

10월 7일 니냐 호가 작은 선대의 선두를 맡게 되었다. 갑자기 그 배의 측면에서 흰색 연기가 솟아오르면서 바다 위로 대포가 발사되었다. 육지를 보았을 때 하기로 약속한 신호였다. 니냐 호는 전속력으로 달렸다. 다른 카라벨 두 척도 그 뒤를 따라갔다. 하루종일 경주하듯 항해했다. 동경에 찬 눈들이 서쪽을 응시했으며 약속의 땅을 찾았다. 대양에서 밤의 장막이 걷혔을 때 니냐는 배를 돌렸다. 선장 빈센테 핀손은 이번에도 착각한 것이라고 인정하지 않을 수 없었다. 그러나 근처에 육지가 있다는 징후는 점점 많이 나타났다. 콜론 자신도 산타마리아 위로 앵무새가 날아다니는 것을 보았다고 믿을 정도였다. 서쪽 방향으로 이동하는 철새의 무리들이 많아졌다.

승무원들 사이에 흥분이 고조되었다. 그들은 조타실에 비치되어 있는 항해일지에 이미 약속한 것보다 200리그 이상을 더 지나왔다고 기록되어 있음을 알고 있다. 그들은 사람이 사는 곳으로부터 1천 리그나 떨어진 황량한 대양에 떠 있다는 것이 도무지 믿어지지 않았다. 지금까지 순항할 수 있게 해주었던 순조로운 바람과 조류는 귀향을 생각한다면 앞으로 공포의 전조가 될 것이다. 그 바람과 조류에 대항하여 어떻게 동쪽으로 돌아갈 것인가? 그들 중 누구도 고향을 다시 볼 수 없을 것이다.

10월 10일, 수요일.
선원들이 긴 여정에 대해 불평했다. 제독은 앞으로 그들이 받게 될 부와 명성에 대한 희망을 일깨우면서 그들을 격려했다. 제독은 이렇게 덧붙였다. 그는 인도로 가기로 마음을 굳혔기 때문에 불평해보았자 아무 소용 없을 것이다, 그리고 주의 도우심으로 인도 대륙에 도달할 때까지 그의 길을 따라야 할 것이라고.

다음날 아침 콜론은 핀타 호에 아주 가까이 다가갔다. 선원들의 반란을 선동하는 분위기 때문에 마르틴 핀손과 이야기를 하기 위해서였다. 핀손은 무사태평하게 말했다.

"내 배와 니냐 호의 갑판에는 아무 이상 없습니다. 그 사람들 때문에 신경이 쓰인다면 그들 중 몇 명을 목매달거나 바다에 던질 수도 있습니다. 그러나 각하께서 과감하게 그렇게 할 용기가 없으시다면 이 일을 저와 제 동생에게 맡겨주십시오."

콜론은 원래의 위치로 돌아가라고 명령했다. 그는 인도의 해안을 발견하고 선원들과 함께 승리의 환성을 올리며 에스파냐로 돌아가고 싶었다. 그러기 위해서는 그들의 도움이 필요했으며 그렇기 때문에 그는 그들을 목매달 수 없었다. 그들이 두려워하는 것을 그는 이해할 수 있었다. 그러나 곧 그들이 성공으로 보상받게 될 것도 알고 있었다.

11일, 그들 앞에 벼락과 번개를 동반한 전선이 지나갔다. 폭풍 뒤의 큰 파도로 인해 배가 심하게 흔들리며 삐걱거렸고, 파도는 이번 항해 중 어느 때보다도 높이 일었다. 파도가 갑판까지 거품을 내며 올라왔으며, 선루 위로 넘실거렸다. 초록색 가지 하나가 산타마리아 옆으로 밀려갔다.

한 시간 후 핀타 호가 갈대 덤불과 나뭇가지를 물에서 건져냈다는 소식을 보내왔다. 거의 동시에 니냐 호 선원들은 아주 놀라운 것을 건져올렸다. 꽃이 핀 붉은 장미 가지였다. 그것이 서쪽에 있는 신대륙에서 온 첫 번째 인사였다.

그들의 꿈이 실현될 징후들이 점점 많아졌다. 승무원들의 불평은 사라졌다. 이제 편편하고 챙 없는 털모자가 다시 대담하게 선원들의 머리 위에 얹혀졌다. 구릿빛 피부의 선원들은 금 도금한 귀고리를 찰랑거리며 갑판 위를 활기차게 걸어다녔다. 오랜만에 다시 아스트리아와 안달루시아의 노랫소리가 들렸으며 기쁘고 희망에 찬 눈길이 제독의 눈과 마주쳤다.

제독이 그의 선대를 약속의 땅, 금은보석이 가득한 전설의 나라로 이끌어갈 것이다! 몇 마일만 더 가면 대칸의 궁전이 파도 속에서 솟아오를 것이다. 비단과 비로드, 진주로 치장한 아름다운 여자들이 용감한 항해자들에게 인사할 것이며 그들 각자가 부자가 되어 고향으로 돌아갈 것이다.

저녁이 가까워오자 콜론이 돛을 접으라는 명령을 내렸다. 어두운 밤 동안 배들이 암초에 부딪치지 않도록 하기 위해서였다. 이날 밤 선박에 탄 대부분의 사람들이 잠을 이루지 못하고 있었다. 수많은 눈들이 어둠의 푸른 벽을 통해 서쪽을 쳐다보았다. 처음으로 신대륙을 본 사람에게 주는 상을 받기 위해서는 신세계의 문 앞에 아주 가까이 있어야 했기 때문이다.

크리스토발 콜론 역시 선수루에 서 있었다. 외투로 몸을 감싼 채 생각에 깊이 잠겨서. 이제 그의 행운이 이루어질 것처럼 보이는 순간 그의 몸을 경직시켰던 긴장이 풀렸다. 문을 통해 그의 존재의 새로운 단계로 걸어 들어가는 듯한 느낌이 들었다.

지금까지는 모든 것이 투쟁이었고 고난이었다. 고독과 저항이 지금 이 순간까지 마치 솜으로 된 벽처럼 그를 둘러싸고 있었다. 아무리 기어오르려고 해도 소용이 없으며 그 안에서 질식하거나 아니면 떨어지게 되는 그런 벽이었다. 그러나 이제 그는 모든 것을 극복해냈다. 그의 운명은 세계 위로 떠오르게 될 것이다. 콜론이라는 이름이 역사의 새로운 장을 이끌게 될 것이다.

그런데 이상했다. 그렇게 오래 기다려왔으며 바라왔던 그 남자의 마음속에 어떤 승리의 감정도 일어나지 않았다. 그는 신의 의지의 도구로 사용하기 위해 많은 사람들 중에서 그를 선택했던, 이 지상의 모든 사건을 지배하는 알 수 없는 힘에 대한 감사를 느꼈을 뿐이다.

그가 밤바람을 맞으며 머리를 들었을 때, 멀리서 불빛이 보이는 것

같았다. 서쪽 수평선 너머로 멀리 붉은 빛이 반짝거리며 사라졌다 다시
켜졌다. 타오르다 꺼지는 불꽃처럼, 그리고 원을 그리며 흔들리면서 빛
을 바다에 던지는 횃불처럼.

빛이다! 서쪽에 빛이 보인다!

제독은 밤늦게까지 어슬렁거리는 사람 한 명을 갑판에서 불러올렸
다. 그는 왕의 시종인 페드로 구티에레스였다. 왕의 감독관인 로드리고
산체스가 그 뒤를 따랐다. 그들 역시 바다 너머 먼 불빛을 알아보았던
것이다. 선수루에서 보초가 시간을 알렸다. 밤 2시였다. 시간이 느릿느
릿 움직였다. 여명과 함께 1492년 10월 12일이 대양의 안개 속에서 밝
아왔다.

그때 번쩍하면서 포성이 들렸다. 그 포탄은 바다 위에서 굉음을 내며
터졌다. 핀타 호가 쏜 것이다. 육지가 보인다! 서쪽으로 가장 멀리 위치
한 그 배의 주돛대에서 선원 로드리고 디 트리아나가 수평선에 희미한
선이 나타나는 것을 보았다. 티에라!(육지다!) 티에라! 서쪽에 육지가
보인다!

환호성이 선대로 퍼져나갔다. 핀타 호 사람들은 북을 쳤고, 니냐 호
에서는 백파이프 소리가 들렸다. 감사, 열광 그리고 구원의 기쁨에 승
무원들은 테데움 라우다무스를 합창했다.

배들은 천천히 해안으로 다가갔다. 그 해안은 눈에 띄게 바다 위로
솟아오르고 있었다. 몇 주 만에 그것은 눈을 고정시킬 수 있는 최초의
고정점이 되었다. 육지에 가까이 다가가보니 그것은 평평한 모래해안
과 꽃으로 덮인 초록색의 초원지대였으며 그 뒤로 마치 높은 담처럼 열
대림이 둘러싸고 있었다.

각양각색의 새들과 갈매기들이 높고 날카로운 소리로 울면서 오르내
렸다. 그러나 제일 흥분한 사람들은 갈색 피부의 원시인 무리였다. 그
들은 소리를 지르고 이상한 몸짓을 하면서 물 속으로 달려들었다. 그리

고는 극도로 흥분한 듯 여러 가지 표시를 하면서 다시 숲으로 돌아갔다.

닻을 바닥에 던졌다. 사슬이 팽팽하게 당겨졌다. 갑판 위로 명령 소리가 들려왔다. 상륙하라는 명령을 받은 일부 선원들이 급하게 무장을 갖추었다. 더 낮은 위치에 있는 중갑판의 선원들은 쇠를 박은 가죽조끼와 각지고 평평한 테의 투구를 쓰거나 아니면 흉갑을 입고 높은 에스파냐 투구로 무장했다. 도끼가 아침 햇빛을 받아 반짝였다. 화승총과 머스켓총을 시험해보고, 폭약과 총알이 든 주머니를 넓은 혁대에 고정시키고 칼을 찼다.

장교들은 갑옷 안쪽에 두껍고 튼튼한 비로드 조끼를 입고 허리에 칼을 찼다. 그들은 뽕을 넣은 알록달록한 소매의 화려한 제복, 줄무늬 바지, 가느다랗게 주름을 넣은 높은 모자를 자랑스럽게 착용했다. 사슬갑옷이나 양각무늬가 새겨진 귀한 흉갑을 입은 사람도 많았다.

제독은 어두운 색의 비로드 연회복, 좁은 왈롱식의 주름장식이 달린 옷깃, 자색 비단 스타킹과 넓은 망토를 입고 선실에서 나왔다. 가슴에는 이사벨 왕비가 선물한 금색 부적이 반짝였다. 오른손에는 왕의 군기를, 왼손에는 칼을 잡고 콜론은 보트에 앉았다. 상륙의 순간에 '협정', 즉 콜론과 에스파냐 왕가와의 계약이 발동된다. 콜론은 이제부터 대서양의 총제독이며, 새로 발견한 모든 대륙의 총독이 된다. 그의 귀족 직함은 '돈 크리스토발 콜론'이다.

니냐와 핀타 호에서도 상륙 보트가 내려졌다. 핀손 형제는 초록색과 금색으로 수놓아진 십자가기, 그리고 아라곤 가와 카스티야 가의 왕관과 함께 F와 I라는 이니셜이 들어 있는 기를 들었다.

제독의 피니스가 처음으로 마찰음을 내는 모래에 부딪쳤다. 다른 사람들은 콜론이 일어나서 첫 번째로 서쪽의 새로운 땅을 밟을 때까지 기다렸다. 콜론은 바닥에 몸을 던져 땅에 감사의 키스를 했다. 그 뒤로 선장과 선원들이 무리를 지어 해안으로 이동했다. 그들 역시 무릎을 꿇고

기도를 드렸다.

그리고 나서야 명령 소리가 들려왔다. 그들은 눈을 반짝이며 호기심에 가득 차 주위를 돌아보면서 대열을 이루었다. 그리고 트럼펫 소리가 울려 퍼지는 가운데 작은 초지 언덕으로 행진을 했다. 언덕 위에 돈 크리스토발 콜론은 왕기를 꽂고 에스파냐왕의 이름으로 이 땅과 대서양의 모든 대륙의 소유권을 획득했다.

왕실 공증인은 이날 문서에 이렇게 기록했다.

제독은 왕기를 들고 선장들은 각각 초록색 십자가가 그려진 기를 들었다. 그들은 나무와 풍부한 식수, 그리고 여러 종류의 많은 과일을 발견했다. 제독은 두 선장과 그 땅을 밟은 모든 사람들, 즉 제독의 공증인인 로드리고 데 에스코베도와 세고비아의 로드리고 산체스를 불렀다. 그리고 그가 공식적으로 그들의 군주인 에스파냐의 왕과 왕비를 위해 이 모든 섬의 소유권을 획득했다는 것과 앞으로 어떤 다른 탐험가도 이 권리를 침해할 수 없다는 것에 대한 증인이 되어달라고 그들에게 말했다. 벌거벗은 많은 섬 원주민들이 그들 주위로 몰려들었다.

상륙에 성공한 데 대한 감사로 콜론은 이 섬을 산 살바도르——성 구세주——섬이라 칭했다.

두려워하면서 숲에서 나와 다가오는 벌거벗은 갈색 사람들의 손짓과 이상한 음으로 재잘거리는 소리를 통해 에스파냐 사람들은 원주민들이 '구아나하니'라고 부르는 섬에 상륙했다는 것을 알게 되었다. 에스파냐 사람들은 그들이 인도의 서해안에 도달했다고 너무 확고하게 믿고 있었기 때문에 '서인도 섬'에 관해서만 이야기를 했다. 그들은 갈색 원주민들을 '인디언'이라 불렀다.

많은 사건이 일어났던 이날 저녁, 크리스토발 콜론은 그의 일기에 이렇게 기록했다.

그들이 우리와 친교를 맺기 원하기 때문에, 그리고 이 민족이 폭력보다는 온유함과 설득을 통해 우리의 성스런 믿음으로 개종할 것임을 잘 알고 있기 때문에 나는 그들 중 몇 명에게 알록달록한 모자와 유리구슬——그들은 그것을 곧바로 목에 걸었다——그리고 다른 작은 물건들을 한 아름 주었더니 무척 좋아했다. 그들과 서로 좋은 친구가 되다니 놀라운 일이다. (중략) 결국 그들은 모든 것을 받았으며 기분 좋게 그들이 가진 모든 것을 주었다. 그들은 아주 가난한 사람들인 것처럼 보였다. 남자든 여자든 벌거벗은 채 다녔다. (중략) 그들은 체격이 좋았으며 아름다운 육체와 얼굴을 가지고 있었다. 그들의 머리카락은 거의 말총처럼 뻣뻣했다. 앞머리를 짧게 눈썹까지 기르고 있었으며 뒤로는 한 번도 자르지 않은 머리카락을 땋아 길게 늘어뜨렸다. (중략) 그들은 전혀 무기를 가지고 있지 않았으며 무기라는 것을 알지도 못했다. 그들에게 칼을 보여주자 칼날을 잡아서 손을 베인 것으로 보아 그런 사실을 알 수 있었다. 그들에게는 철이 없었다. 그들의 창은 철이 달려 있지 않은 막대기였다. 그 창들 중 몇 개는 물고기의 이빨, 혹은 촉과는 다른 어떤 것이 붙어 있었다. 우리 군주가 허락한다면 나는 여기서 떠날 때 원주민 중 여섯 명을 폐하를 위해 데리고 가려고 한다. 그들에게 말하는 것을 가르치기 위해서이다. 이 섬에는 앵무새 이외에 어떤 종류의 동물도 보이지 않는다.

선박들은 조심스럽게 군도로 들어갔다. 멀리 해안이 나타났으며, 금과 부에 관한 전설이 마치 구름처럼 에스파냐 함대 주위에 피어올랐다. 그들은 많은 섬들을 발견했으며 그 섬들은 모두 다 아름다웠지만 금은 거의 없었다. 불행히도 산타마리아 호가 해안에 좌초했다. 1492년 12월 25일 밤 그들은 히스파니올라 섬 앞에 있는 만에 정박했다. 닻이 모랫바닥에 충분히 깊게 박히지 않았던 것 같다. 모두들 자고 있을 때 산타마리아 호가 조류에 의해 얕은 곳으로 밀려갔기 때문이다. 사람들은 구조될 수 있었지만 배는 침몰했다. 콜론이 니냐 호의 지휘를 맡고 빈센테 핀손이 그의 형이 있는 핀타 호로 갔다.

기함이 가라앉았을 때 선대의 결속력도 함께 무너졌다. 앞으로의 약탈의 역사를 규정하게 될, 더 빨리 재물을 얻으려는 욕망이 콜론과 핀손 사이의 결속력을 깨뜨렸다. 핀타 호의 마르틴 핀손은 제독에게 복종을 거부했다. 자신의 손으로 약탈을 하고, 발견하고, 죽이고, 축재하기 위해 콜론을 떠났다.

마르틴 핀손은 1493년 봄 폭풍우 속에서 도항한 이후, 포르투갈 해안에 닻을 내렸을 때, 대서양의 제독인 돈 크리스토발 콜론이 이미 얼마 전에 니냐 호를 이끌고 팔로스 항에 정박해 있으며 세상을 놀라게 할 발견을 했다는 소식을 최초로 전했다는 이야기를 듣게 된다.

귀향할 때 작은 니냐 호는 많은 모험을 겪었다. 처음에는 엄청난 폭풍을 맞아 며칠 동안 파도에 휩쓸려 놀이 공처럼 이리저리 내던져졌다. 콜론은 그의 발견이 자신과 함께 대서양의 물 속에 매장되어버릴까봐 두려워한 나머지 서쪽 나라에 관한 소식을 밀폐된 병 속에 넣어 바다에 던졌다. 태풍의 지류에 의해 그 배는 마침내 아조레스 군도의 어느 항구로 밀려갔다.

그곳에는 새로운 난관과 분규가 제독을 기다리고 있었다. 이 포르투갈령 군도의 총독은 콜론의 성공으로 인한 특권을 확보하기 위해 그 탐험가를 사로잡으라는 비밀 명령을 받았다.

돌발적인 사건을 통해 콜론은 겨우 구금 상태에서 벗어날 수 있었다. 그가 위험한 항구에서 도망쳤을 때 심하게 일렁이는 파도 마루에는 여전히 거품이 일고 있었다. 폭풍우용 돛을 달고도 니냐 호는 자꾸 포르투갈의 해안으로 밀려갔으며 해난을 당하지 않기 위해 니냐 호는 테주강의 하구를 향해 항해하지 않을 수 없었다.

테주 강 하구의 정박장인 라스텔루에 도착하자마자 무장한 범선 한 척이 니냐 호의 측면으로 다가왔다. 전쟁 준비를 마치고 출항 직전에 있는 포르투갈의 가장 큰 전쟁선의 제독이 갑판에 나타났다. 그는 콜론이 리스본 시절에 개인적으로 알고 지내던 사람으로 위대한 발견자인 바르톨로메우 디아스였다

디아스 역시 콜론에게 그의 행위를 변호하기 위해서는 자기를 따라와야 한다고 포르투갈 왕실의 이름으로 요구했다. 포르투갈은 대서양에 있는 모든 대륙에 대해 독점적인 권리를 가지고 있기 때문에 외국의 탐험가들이 포르투갈 지역에 들어오지 못하도록 방어할 것이라고 말했다. 제독이며 총독인 콜론은 자신의 높은 신분을 암시하며 그 요구를 거절하고 대포로 엄호하게 했다.

배 한 척이 인도에서 대서양을 거쳐 들어왔다는 소식이 리스본에 불길처럼 번졌다. 수많은 사람들이 니냐 호와 그들이 가져온 인도 보화를 구경하기 위해 라스텔루로 달려왔다. 그리고 콜론이 거절할 수 없는 주앙 왕의 초대가 있었다. 원하든 원치 않든 간에 그는 '초대'에 응해야 했으며, 과거에 그를 배반했던 주앙 왕에게 성공한 자신의 탐험 항해에 관해 보고해야 했다. 왕은 서쪽에서 새로이 발견된 모든 대륙은 포르투갈에 속한다는 1479년의 계약을 주장했다. 콜론은 자신은 오로지 에스파냐 국왕 폐하의 의지를 수행한 것뿐이라고 대답했다.

주앙 왕은 에스파냐와 어떤 갈등도 불러일으키고 싶지 않았다. 현명한 정치가로서 그는 콜론 제독의 의견을 존중했으며, 그에게 많은 선물을 하사하여 그를 풀어주었다. 콜론은 아무런 방해도 받지 않고 니냐 호로 돌아왔다. 3월 12일 저녁 출항하여 해안을 따라 항해하다 태양이

떠오를 때 살테스의 사주에 도착했다. 만조와 함께 제독은 여러 가지 깃발로 장식한 채 일곱 달 전에 떠났던 팔로스 항으로 들어갔다.

콜론이 돌아왔으며 그가 인도 항로를 발견했다는 소식이 그보다 앞서 팔로스에 전해졌다. 팔로스에서부터 세비야와 코르도바를 거쳐 왕이 체류하고 있는 먼 바르셀로나로 가는 길은 보기 드문 승리의 행진으로 이어졌다. 종들이 사방에서 울려 퍼지고 수많은 사람들이 거리를 가득 메웠다. 모두 미개한 인디언들을 구경하려고 몰려들었다. 군중들의 환호 소리가 들리는 가운데 비밀스런 짐을 잔뜩 실은 무거운 마차가 삐걱거리며 지나갔다. 알록달록한 새들, 기이한 기구들과 깃털 왕관이 사람들의 경탄을 불러일으켰다.

북 치는 사람과 나팔수들이 그 행렬을 따라갔다. 바르셀로나에 도착했을 때 그 행렬은 사람들의 물결로 넘쳐났다. 어느 연대기 기록자는 콜론의 승리 행진을 이렇게 묘사했다.

새로운 세계에서 가져온 부의 견본들을 지고 가는 짐꾼들의 긴 대열이 이어졌다. 금덩어리와 금가루, 원시적인 형태의 금으로 만든 왕관 고리와 금빛 눈과 코가 달려 있으며 혀를 내밀고 있는 기이한 가면들, 이방민족들의 활, 화살, 창, 그들의 집기와 고기 잡는 데 사용하는 도구들, 살아 있는 앵무새와 아주 화려한 색의 박제로 만든 다른 새들, 가공한 것과 가공하지 않은 어마어마한 면 뭉치들, 알 수 없는 식물을 말린 것, 인도라는 나라의 웅장함을 보여주는, 처음 보는 나무로 만든 짐차와 문이 닫힌 가마, 함 등등. 이어서 콜론이 직접 말을 탄 채 행진했다. 그 뒤로 그의 수로 안내인과 장교, 귀족들과 궁중 관리들의 긴 기마행렬이 이어졌다. 정말 당당한 행렬이었다. 무장한 군대가 마지막을 장식했다.

국왕 부부 앞에 성대하고 화려한 행렬과 함께 발견자가 모습을 나타
냈다. 그는 폐하의 손에 키스할 수 있으며 용개(龍蓋) 밑, 왕 부부 옆에
앉을 수 있었다.

쥐 죽은 듯이 고요한 궁정에서 크리스토발 콜론은 그의 보고를 시작
했다. 그의 연설은 오래 계속되었다. 그리고 그는 점점 더 열광했다. 그
를 보호해주었던 영원한 신에게 바치는 겸손한 찬양으로 세심하게 준
비한 그의 연설이 끝났다.

"이제 우리의 지고하신 국왕 폐하와 전 기독교도가 이 승리와 성과에
대해 우리 구주 예수 그리스도에게 기쁨의 감사를 드려야 합니다. 행진
과 장엄하고 성스런 축제를 베풀고 교회를 5월주와 꽃으로 장식합시
다. 하늘에 계신 하나님께서 이 땅에 대해, 그리고 이방민족이 그의 제
국이 확장되는 것을 기뻐하도록 말입니다."

제독은 머리를 숙이고 무릎을 꿇었다. 그 옆에서 페르난도와 이사벨
왕 부부가 무릎을 꿇고 찬미가를 불렀다. 왕실 예배당, 궁정, 민족이 모
두 함께 그 노래를 불렀다.

문이 열린 것이다.

포르투갈의 야심 찬 미소

대서양을 건넌 콜론의 항해에 관한 소식이 서방으로 퍼져 나갔다. 그
엄청난 사건은 점점 더 많은 동화와 전설로 장식되었다. 상인들은 서쪽
에 있는 해안 국가에서 온 모든 소식에 주목했다. 베니스의 향료 거래
소는 점점 물건을 적게 제공했으며, 금화는 걱정스러울 정도로 시세가
올랐다. 인도가 서쪽 항로를 통해 발견되었다면 그것은 어쨌든 강력한
경제의 변화, 가격의 하락, 시세의 변화를 가져올 것이다. 교육받은 자

들에게는 탐험과 학습의 새로운 세계가 열렸다. 그리고 먼 나라의 기적에 관한 인쇄물들은 폭발적인 수요를 보였다. 에스파냐 사람들의 승리의 함성인 '성 야곱의 에스파냐'가 서구세계를 가득 채웠다. 콜론의 탐험 성공에 관한 소식, 대양의 저편에서 대담한 항해자를 기다리는 어마어마한 재물에 관한 소문들이 항구와 원양선을 소유하고 있는 모든 나라를 들쑤셔놓았다. 그러나 그 소식은 인접한 포르투갈을 제일 당황스럽게 만들었다.

주앙 왕의 궁정에서 콜론이 신중하게 처신하지 못했으며, 외교적으로 행동하지 못했기 때문이다. 콜론이 페르난도와 이사벨에게 보고하기 위해 포르투갈 항구를 피해 에스파냐 항구에 곧바로 들어갔다면 상황은 좀더 나았을 것이다. 주앙 왕이 탐험에 관한 세부 사항들을 콜론이 뻐기고 자랑하는 것을 통해서가 아니라 에스파냐왕으로부터 듣게 되었다면, 그는 그렇게까지 당황하지는 않았을 것이다. 콜론이 극복한 많은 어려움들을 감안할 때 성공에 대한 그의 자부심은 틀림없이 인정할 수 있다. 그러나 콜론이 주앙 왕에게 그토록 거만스럽게 행동했던 것은 매우 현명하지 못한 일이었다. 실제로 에스파냐와 포르투갈 사이에 전쟁이 발발할 뻔했다. 그러나 1495년 10월 주앙 왕이 사망했으며 그의 후계자가 전쟁을 중지시켰다.

빠르게 문제점을 찾아낸 것은 바로 소매 상인들이었다. 콜론이 무엇을 가져왔는가? 몇 명의 미개인과 앵무새밖에 없었다. 그가 약속했던 금은 어디 있는가? 시간이 지나면서 리스본의 의회들도 그것이 진실임을 확인했다. 과거 왕에게 이 사업에 개입하지 말고 충고하지 않았던가! 그들은 웃으면서 고개를 흔들었다. 누가 더 멀리 본 것인가? 그들인가 아니면 환상가인 콜론인가? 그가 발견한 것이 도대체 무엇인가? 서쪽에 있는 황야는 절대 인도가 아니다. 향료 산지는 여전히 발견되지 않은 채 남아 있다. 인도에서 향료를 발견할 수 있다는 것에 대해서는 의심의 여지가 없다. 게다가 사람들은 아라비아의 소식통으로부터 믿을 만한 보고를 받았다. 그 후 이 낙원은 완전히 달라 보였다. 지구는 틀림없이 원반인 것이다!

인도의 보물에 대한 추적은 계속되었다. 포르투갈이 왕관을 차지하게 될 것이다! 포르투갈 왕국은 에스파냐에 대해 승리하기 위해 신이 선택한 나라이다. 포르투갈 사람들은 에스파냐 사람들보다 오래 전에 흑인들로부터 그들의 나라를 해방시켰다. 이미 1147년에 리스본을 정복했다. 호엔슈타우펜 왕조(신성로마제국을 지배한 독일의 왕조—옮긴이)의 별이 지던 시절 포르투갈에 흑인의 세력권은 거의 한 뼘도 존재하지 않았다.

국가의 통일에 있어서 포르투갈은 에스파냐보다 200년 가량이나 앞섰다. 포르투갈은 에스파냐보다 먼저 대양을 항해했고 이미 15세기 초에 아프리카 땅을 밟았다. 항해자 엔리케가 아프리카 해안에 있는 세우타를 정복했으며 바다의 영웅들을 먼 대서양과 남태평양으로 보냈다. 크리스토발 콜론이라는 이 사람을 쫓아내서 에스파냐 사람들의 손에 넘겨준 것은 확실히 중대한 실수였다. 그러나 한 번 말을 잘못 놓았다고 해서 그것이 그 게임에서 졌다는 것을 의미하지는 않는다.

금과 향료의 부족으로 인해 포르투갈 사람들은 이윤을 가져다주는 사업을 위해 모든 것을 감행할 준비가 되어 있었다.

4 제2의 마르코 폴로들

대칸의 나라는 얼마나 멀까? 마갈량이스와 세하웅의 생각은
여전히 풀리지 않는 수수께끼 주변을 맴돌았다.
열일곱 살이 된 그들은 이제 더 이상 아이들이 아니었다.
최초의 포르투갈 선박이 간절하게 갈망하던 목적지에
언제 도착할 것인가 하는 문제가 그들의 최고 관심사였다.
"그런데 카타이까지는 얼마나 먼 거지? 크리스토발 콜론처럼 서쪽으로
가야 하는 거야, 아니면 마르코 폴로 가족들처럼 동쪽으로 가야 하는 거야?"

버림받은 이단자들

두려움을 모르는 선원들, 명성을 얻은 제독들, 매일 새로운 일들이 수없이 일어났다! 사내아이들은 가능한 한 자주 항구 주변을 돌아다녔다. 그들은 이제 열여섯 살이 되었다. 그들은 어렵지 않게 하급시험에 붙었으며 중급학교 생활은 그들에게 전혀 힘들지 않았다. 페르나웅 드 마갈량이스와 프란시스쿠 세하웅은 서로 친해졌다. 세하웅은 아주 명랑하고 활발한 성격이었다. 반면, 마갈량이스는 남의 말을 잘 들어주고 생각하기를 더 좋아했다. 교사는 지구의 구상에 관해 이야기할 때 마갈량이스처럼 세심하게 귀기울여 듣는 학생이 없다는 것을 놓치지 않았다.

"결국 콜론이 발견한 새로운 섬은 절대 인도가 아니야!"

세하웅은 이렇게 생각했다.

"그렇다면 그 섬 뒤에 무엇이 있는지를 확인해봐야 할 거야. 그곳에 후추가 자라는지도!"

마갈량이스는 생각에 잠겨 말했다.

"왕이 너에게 배를 준다면 네가 그것을 조사해볼 수 있겠지."

세하웅이 거만하게 그를 비웃었다.

그런데도 마갈량이스는 그를 쳐다보기만 했다. 그것은 아마 그의 가장 큰 소망일 것이다! 주앙 왕이 사망한 후 스물여섯 살짜리 마누엘이 주교로부터 포르투갈의 왕관을 받았다. 마누엘 역시 그의 위대한 선조인 항해자 엔리케의 전통을 이어받았지만 그의 선조처럼 그렇게 쉽게 접근할 수는 없었다. 이제 세계의 운명을 규정하게 될 마누엘 1세는 자주 교실에 나타나서 경외심에 가득 찬 눈으로 쳐다보는 소년들과 굽실거리는 교사들에게 멋진 제스처로 수업을 계속 진행할 것을 요구했다. 그는 아무 말 없이 수업에 참여하다 잠시 후 다시 사라졌다.

왕은 그들에게 불가사의로 남아 있었다. 심지어 아이들은 그를 두려워했다. 마누엘은 경건했으며 항상 조심스러웠고 의심이 많았다. 귀족 계급이 앞으로 그에게 복종할 것인지는 아무도 장담할 수 없었다. 그러나 왕은 권력의 중심이었다. 그의 선조들이 이루지 못했던 것을 그는 이루려고 했다. 즉 포르투갈을 부유하게 하며, 포르투갈의 재산과 세력 범위를 확대하고, 세계의 대양, 동아시아의 바다 교역과 무역에 대한 지배권을 확보하는 것이다. 게다가 인도로 가는 항로를 발견해야 한다! 향료 무역은 여전히 아라비아 사람들이 독점했다.

2년 전 포르투갈과 에스파냐는 새로 발견한 대륙들을 분할했다. 바야돌리드 주의 토르데시야스에서 교황인 알렉산더 6세는 중재 판결을 내려 에스파냐와 포르투갈의 소유지를 구분했다. 그 경계선은 카보베르데 군도 서쪽으로 400리그 거리에서 남북 방향으로 이어지며, 극점에서 극점을 잇는 가상의 자오선이다. 앞으로 이 경계선의 서쪽에서 새로 발견될 나라들은 에스파냐에, 동쪽에 놓여 있는 지역은 포르투갈에 속한다는 것이다. 후추의 가격은 엄청나게 상승했다.

일요일, 성스런 믿음의 날에 순회 설교자인 에스파냐 도미니크회 수도사 한 명이 이교도, 마술사, 마녀, 가짜 신들과 유대인들을 심하게 꾸짖고 있었다. 소년들은 이미 종교수업 시간에 프란체스코회 수도사로부터 믿음을 순수하게 유지시키기 위해 지켜야 할 과정에 관해 들었다. '이교도 추방.' 세하웅은 경멸적으로 이에 대해 언급했다. 그는 항시 이런 사건에 대해 마갈량이스보다 더 많은 정보를 가지고 있었다. 마갈량이스는 다른 무엇보다 먼 나라에 대해 관심이 많았다.

몸이 비쩍 마른 도미니크회 수도사는 조용한 어조로 설교를 시작하더니 갑자기 열정적으로 열변을 토했다. 그는 자신의 장광설을 분주한 몸짓으로 강조했으며, 설교단에서 열광적으로 청중들을 내려다보았다.

"이런 인간들은 신을 추종하지 않기 때문에 이들의 정신적인 타락을 폭로해야 합니다."

교회 제단실의 성직자 석에 앉아 왕대비와 마누엘 왕이 귀를 기울였다. 궁정의 성직자들이 그 주위를 빙 둘러섰으며, 맨 앞에는 곤살브스 추기경이 있다. 본 제단의 맨 앞줄에는 영주의 세속 수행원들이 그들의 아내와 함께 앉아 있고 그 뒤로 시종과 궁내대신, 궁내관, 의전 담당관, 기사와 장교들이 계급과 명성에 따라 차례대로 앉아 있다. 그 뒤에 선생들은 학생들과 함께 있는데 이런 경우는 학생들이 미사에서 복사 역할을 하지 않거나, 합창을 하지 않는 경우이다. 그리고 마지막으로 없어도 되는 무리들이 있다. 종, 하녀, 하인, 군인들. 모든 다른 사람들은 이미 새벽 미사에 참여했으며, 이런 열정적인 설교자의 말을 귀기울여 듣기 위해 오래 참고 견디어야 할 필요가 없었다.

"교회는 위험에 빠져 있습니다!"

수도사가 외쳤다.

"믿음이 위험합니다! 신자들을 타락시키기 위해 악마가 돌아다니고 있습니다! 벌써 많은 사람들이 악마의 덫에 걸렸습니다. 마치 새가 그물에 걸리듯 말입니다. 악마가 다가갈 때 여러분은 그것이 악마인지 바로 알아보지 못합니다! 악마는 여러 가지 형상으로 나타납니다. 뱀으로, 시꺼먼 개로, 아름다운 젊은이로, 바보로, 수산양으로, 고양이로, 쥐로 혹은 작고 뚱뚱한 난쟁이로! 악마는 아름다운 형체로도 나타나고 잘 베푸는 사람이나 아니면 매력적인 녀석으로도 나타납니다! 그러나 우리는 그의 정체를 밝힐 수 있습니다. 모세가 이미 말한 바 있습니다. 선지자나 꿈꾸는 자가 일어나서 네게 말하기를 네가 본래 알지 못하던 다른 신들을 좇아 섬기고자 하면 그 선지자나 꿈꾸는 자는 죽이라. 네 동복형제나 네 자녀나 네 품의 아내나(이 말을 듣고 젊은이들이 히죽거렸다) 너와 생명을 함께하는 친구가 가만히 너를 꾀어 이르기를 다른 신들을 섬기자 할지라도 너는 그를 좇지 말며 듣지 말라. 긍휼히 여기

116

지 말며 마법사와 마녀를 살려두지 말라."

설교자는 자제력을 잃을 정도로 격분했다.

"주의 애제자인 요한이 우리에게 전한 바에 따르면 우리 주 예수 그리스도 역시 이렇게 말했습니다. 사람이 내 안에 거하지 아니하면 가지처럼 밖에 버리워 말라지나니 사람들이 이것을 모아다가 불에 던져 사르느니라. 하나님의 아들 예수 그리스도에 의해 설립된 교회는 자신에 대한 모든 공격을 하나님에 대한 공격으로 느끼게 되지요. 하늘의 사업을 파괴하려는 자는 오로지 악마가 보낸 자로서 악마와 결속을 맺어서는 안 됩니다. 이단자들은 하나님과의 결합을 포기했으며 그들은 더 이상 유일하고 성스러운 교회를 믿지 않고 하나님 아버지의 확실한 심판을 믿지 않습니다. 그들은 화형시켜야 합니다! 교황청과는 다른 교리를 퍼뜨리는 수도사들이 있습니다! 그들을 화형장에 보내야 합니다! 마법사와 마녀들은 악마의 화신과 결속하여 집회를 엽니다. 그 집회는 악마 숭배의식과 의식적인 부도덕함으로 이어집니다. 우리는 그 자들을 불속에 넣어야 합니다! 어떤 곳에서는 알을 낳는 수탉이 나타납니다. 그것을 불에 태워야 합니다! 어떤 곳에서는 지금껏 아무도 보지 못했던 이상한 개가 나타납니다. 그 개는 교회 문 앞마다 똥을 싸놓고 길가의 모든 십자가에 오줌을 쌉니다. 이런 악마 역시 불에 던져야 합니다!

우리는 유대인도 주의 깊게 살펴보아야 합니다. 도처에서 알 수 있듯이 특히 유대인 중에는 유일하게 신성하고 진실한 종교인 가톨릭으로 개종하고, 개종하려고 하는 사람들이 많습니다. 그러나 당나귀에 재갈을 물린다 해도 그것이 말이 될 수는 없습니다! 유대인이 세례를 받는다 해도 그들은 여전히 유대인으로 남지요! 콘베르소들은 절대 올바른 기독교인이 될 수 없습니다. 그들은 마라네스, 즉 거짓 그리스도인, 돼지같이 더러운 놈들입니다. 유대인들은 비밀리에 계속 그들의 유대 신앙을 추종합니다. 안식일에는 일을 하지 않고 요리도 하지 않지요. 그들은 아들에게 할례를 행하며, 월요일과 목요일마다 금식을 합니다. 모세가 그들에게 그렇게 명령했기 때문이지요. 그들은 누룩을 넣지 않은 빵을 먹고 유대교의 경전에 맞는 청정한 포도주를 마십니다. 그들 중 몇몇은 끔찍한 범죄를 저지르기까지 합니다. 기독교도의 어린아이들을 납치하여 유대인의 관습에 따라 도살하며 그 피를 마시고 인육을 먹습니다! 시체를 씻고 죽은 자의 머리 밑에 동전을 놓아두는 자들을 주의할지라!"

시동들은 지루해졌다. 그들은 장례식에 앞서 죽은 가족의 몸을 씻는 사람들을 고발하는 것이 비합리적이라고 생각했다. 그리고 기독교도의 아이를 훔친다는 이야기를 믿지 않았다. 악마가 말발굽을 하고 있으며 아마도 뿔이 나 있으리라는 것은 물론 그들도 잘 알고 있었다. 많은 악마들이 존재하며 사탄이 악마들의 우두머리라는 것도 알고 있었다. 사탄은 영리하며, 신의 교활한 적대자이다. 진심으로 하나님을 믿는 자는 사탄의 권세에 대한 믿음 역시 당장 포기할 수 없다. 어둠이 없는 빛은 존재하지 않는다. 하나님의 아들 그리스도의 반짝이는 광채를 볼 수 있는 사람은 지하세계의 군주들과 그들의 추종자가 존재함을 인정해야 한다. 종교수업을 통해 시동들은 사탄의 영약, 사탄 숭배와 사탄에게 기도하고 사악한 기도를 드리는 이단자들이 존재한다는 것을 알고 있다. 악마적인 사탄 숭배의식을 치르기 위해 그들은 하나님께 바친 성체를 훔친다. 이단자들은 상한 고기 속의 구더기들처럼 비밀스럽게 교회의 몸통 안에서 살아간다. 이단자들은 이미 십자가 원정의 적이며, 몇 년 전 에스파냐 국왕 부부인 페르난도와 이사벨이 에스파냐에서 몰아내었던, 기독교의 적 이슬람교도보다 더 나쁘다. 이슬람교도를 에스파냐에서 몰아냈던 그해, 즉 1492년에 가톨릭왕 부부는 모든 유대인을 에스파냐에서 추방하라는 명령을 내렸다. 그리고 이제 마누엘 왕은 유대인들을 포르투갈에서 몰아내려고 한다.

자신들의 생활 토대를 잃고 싶어하지 않는 많은 유대계 은행가와 상인들은 교회의 압박에 굴복하여 기독교로 개종했으며 세례를 받았다. 그 사실은 시동들에게 더 이상 새로운 것이 아니며, 그들의 흥미를 끌지도 못했다. 시동들의 관심을 끄는 것은 오직 포르투갈 항해자들의 용기가 이루어낸 신대륙의 발견이었으며 자신들에게 어떤 모험도 남아 있지 않을까봐 두려울 뿐이었다.

그러나 시동들은 유대인 개종자들이 여전히 금융 시장을 지배하고 있다는 것을 알지 못했다. 유대인 개종자들은 귀족의 사치스러운 처세에 필요한 재정을 대주었으며, 가난한 사람들에게 돈을 빌려주었다. 그들은 이자를 받았으며 그로 인해 에스파냐에서처럼 채무자로부터 미움을 받았다. 많은 개종자들이 결국 가야 할 곳은 화형장밖에 없었다. 그렇게 해야 유대인에게 빚을 진 채무자들의 빚을 변제해줄 수 있었기 때문에 왕실은 유죄 판결을 받은 개종자의 장부에 기재된 모든 채무의 효력 상실을 선언했다. 에스파냐에서는 유대인을 보호했으며 상인과 환전 상들을 성전에서 내쫓았던 예수와 그의 사도들 모두 유대인이었다고 주장했던 알론소 디아스 데 몬탈보를 화형에 처했다.

동시에 교회 내부에서는 위험 요소가 자라고 있었다. 영국 철학자 존 위클리프, 프라하의 요하네스 후스 신부, 피렌체의 사보나롤라 수도사 등이 교회와 교황청의 타락에 반대하는 설교를 했다. 그들은 이단자로서 화형장 위에서 생을 마감해야 했다. 그러나 그 이후로도 이름 없는 많은 수도사들이 대주교 관할구를 돌아다니면서 교회의 개혁을 요구했다. 그들은 자신을 하나님이 보낸 개혁자로 여겼다. 그들은 복음을 단어 그대로 받아들였으며 궁핍한 생활과 복종을 촉구했다. 그 민족이 하나가 되어 하나님이 임명한 정부, 즉 교회와 왕과 영주들에게 저항할 때까지.

종교재판소는 철저하게 작업에 임했다. 그들의 무자비한 냉혹함은 세속적인 공권력과 교회 공권력의 자기 보존에 기여했다. 첩자와 추적자들이 도처에 다니면서 민중 틈에 섞이어 경솔하게 내뱉은 말을 엿들었으며, 의심스러운 사람들을 신고했다. 그러나 이웃을 관찰하며 교회와 관련된 모든 말을 곧이곧대로 듣고서 도미니크회 수도사들에게—도미니 카네스, 즉 하나님의 사냥개—알려주었다. 도미니크회 수도사들과 프란체스코회 수도사들은 종교재판관으로서 교회에서 '불신과 위선의 종양을 제거하는 것'을 특히 가치 있는 일로 여겼다.

혐의자들은 카사 산타, 즉 종교재판소 건물로 소환되고 말을 탄 형리에게 끌려간다. 종교재판소는 그들의 죄를 고발하며 그들은 그들의 죄에 대해 진술해야 한다. 종교재판소는 그들의 '양심을 조사'할 수 있도록 그들에게 대부분 30일간의 유예기간을 준다. 사소한 범죄는 훌륭한 선행, 성지 참배나 아니면 벌금으로 그 죄값을 치를 수 있다. 그러나 자신의 잘못을 인정하지 않는 사람은 몇 년간 추방당해 노예선으로 가게 될 것이다. 그러나 그가 형기를 마치고 나서 그 배에서 자유인으로 풀려날 수 있을지는 의심스럽다. 그들 대부분은 죽거나 영원히 불구가 될 것이다.

대부분의 혐의자들은 감옥에 수감된다. 그들 사건은 종교재판소의 법정에서 판결을 받는다. 재판은 협의자가 없는 가운데 진행된다. 두 명의 증인이 그의 죄에 대해 진술하면 된다. 자신의 죄를 고백하지 않는 사람은 고문을 당한다. 고문관들은 고문을 통해 그들이 듣고 싶어하는 말을 끌어낼 수 있다. 잡아다니는 고문은 아주 효과적이었다. 피고를 판자 위에 묶어놓고 머리는 '목 바이올린'에 고정시키고 발은 밧줄로 묶는다. 그리고 밧줄의 끝을 권양기에 감는다. 고문 형리는 범죄자의 몸을 천천히 잡아당긴다. 관절이 관골구에서 빠져나올 때까지! 필요하다면 물 고문 기구인, 토카가 도움이 될 수도 있다. 고문 형리가 입에 헝겊 쪼가리를 강제로 집어넣고 물을 천천히 그 위로 붓는다. 헝겊이

목구멍 깊숙이 들어가도록. 죄수는 숨이 막히거나 거의 질식할 지경이다. 그러나 형리는 질식하기 전에 헝겊을 꺼낸다. 그리고 두세 번 숨을 쉬고 난 후 그 게임을 다시 시작한다.

범죄자의 팔에 밧줄을 매어 잡아다닐 수도 있다. 발에 무거운 것을 달아놓고 힘줄이 끊어질 때까지 사지를 잡아당긴다. 그러면 불쌍한 죄수들은 대부분 고백을 한다. 아주 고집이 센 사람이라 할지라도 종교재판관이 듣기 원하는 것을 고백하게 된다. 심하게 저항하는 사람과 고집불통인 사람들은 아마도 불타는 천사라면 고백하게 할 수 있을 것이다. 죄수의 발을——나무 살 속에 억지로 집어넣은 채——목탄의 불꽃에 가깝게 갖다대면 곧 비명 소리, 우는 소리, 울부짖는 소리가 난다. 그리고 마지막으로 고문 기구로 포트로라는 코르셋이 있다. 수감자를 나체로 의자에 앉히고는 정교하게 끈으로 묶는다. 끈이 살로 파고들어 수감자가 거의 숨을 쉬지 못할 정도로. 그리고는 여러 군데에 나무 재갈을 채워놓는다. 고문 형리는 단지 그것을 돌리기만 하면 된다. 그러면 그 끈이 팽팽해지면서 숨을 쉴 수 없게 만들고 그 끈이 살을 통과해 뼈까지 갉아먹는다!

고문과 용서해주겠다는 약속, 죽음의 위협을 이겨내는 사람, 카사 산타의 철 감옥에서 죽지 않는 사람, 심문관과 고문 형리의 압박에 굴복하지 않는 사람은 그가 악마의 힘과 결탁했다는 것을 증명하는 것이 된다. 결국 아우토다페와 브라세로, 즉 불쌍한 범죄자에 대한 엄격한 판결과 화형 집행이 기다리고 있다. 유죄 판결을 받은 자의 가족에 대해 종교재판소 소장인 토르케마다는 벌써 수년 전부터 공식적인 조치를 취했다.

"그 자녀와 자손들은 관청에서 일을 하거나 관직을 가질 수 없으며, 어떤 직업이나 명예직, 그리고 성직을 맡을 수 없다. 그리고 다음과 같은 직업도 가질 수 없다. 판사, 경찰, 치안 판사, 배심원, 병참 상사, 무게와 척도를 재는 관리, 상인, 공증인, 공식 서기, 변호사, 비서, 부기 계원, 경리 책임자, 의사, 외과 의사, 점포주, 중매인, 돈 환전상, 계량 하는 사람, 세관원 혹은 다른 공직의 취득.”

가난한 사람들과 추방당한 사람들의 무리가 점점 증가했다. 창립자인 예수 그리스도가 이웃사랑을 명령했던 바로 그 교회가 수천 명의 삶의 기반을 파괴했다. 그 저주받은 사람들은 사기꾼과 소매치기가 되어 시장을 전전했으며, 그들의 아내와 딸들은 도시의 창녀촌밖에 갈 데가 없었다. 남자들은 육지에서 받는 고통 대신 배에서의 노예생활을 선택했다.

마르코 폴로가 탐험한 세계의 기적

그들은 자신들이 특권을 받은 자임을 알지 못했다. 그들에게 전달되는 지식은 육지에 있는 소수의 사람들에게만 가능한 것이다. 시동에게 학교는 감옥이었고 삶은 바깥에 있었다. 그들이 정신적으로 시들해지는 동안 다른 사람들이 세계의 나머지를 발견할 것이다. 크리스토발 콜론은 사슬에 묶여 에스파냐로 호송되었다. 그는 오리노코 강의 하구, 아주 황량한 지역을 발견했을 뿐 금, 계피, 향료는 발견하지 못했다. 그러나 곧 에스파냐 사람들이 그것을 발견하게 될 것이다. 그것에 관해 젊은이들은 확신하고 있었다.

아주 많은 것들이 최근 몇 년 동안 발견되었다. 많은 미지의 것들은 더 이상 숨겨진 상태로 남아 있을 수 없다. 시동들은 수업 시간에 마르코 폴로와 칸의 제국으로의 위대한 여행에 관해 들었다.

“베니스 사람 마르코 폴로는 1254년에 베니스에서 태어났다.”

노 교사는 훈계조로 말했다.

"아버지 니콜로 폴로와 삼촌 마페오 폴로가 콘스탄티노플과 흑해의 항구인 수닥으로 사업 여행을 떠났을 때 마르코 폴로는 아직 어린아이였다. 그곳에 작은 베니스의 식민지가 있었는데 그곳에서 그들은 볼가 강 유역 사라이 시에 있는 바르카이 칸이라는 이름의 몽골왕에 관해 들었으며 그가 서양 상인들과의 교역을 원한다는 정보도 듣게 되었다. 그래서 니콜로와 마페오 폴로는 그곳으로 여행을 떠났으며 그곳에서 호의적인 환대를 받았다. 바르카이 칸은, 죽었지만 여전히 그 명성을 떨치고 있는 징기스칸의 손자였지. 그들이 그곳에 도착했을 때 마침 바르카이 칸과 경쟁관계에 있는 몽골왕 사이에 전쟁이 일어났다. 그래서 폴로 형제가 베니스로 돌아가는 길이 차단되었지. 그들은 우회로를 통해 귀향하기로 결정했어. 그들은 우선 부카라에 도착했는데 그곳에는 마침 카타이의 막강한 대칸인 쿠빌라이 칸의 사절이 체류하고 있었지. 그 사절은 쿠빌라이 칸의 보호하에 자신과 함께 가서 방문을 허락받자고 권했다. 폴로 형제는 그 권유를 받아들였으며, 1년의 여행 기간 동안 여러 가지 다양하면서도 기이한 기적을 체험한 후 대칸의 궁정에 도착했다."

교사는 눈을 들어 주위를 돌아보았다. 어린 학생들이 긴장한 채 자신의 이야기에 집중하고 있음을 알 수 있었다. 그는 만족하여 계속 이야기했다.

"쿠빌라이 칸은 이방 종교학자에게 교육을 받았으며, 서방에 관한 모든 것을 알기 원하는, 아주 개방적이며 호기심 많은 사람으로 자칭하고 있었다. 니콜로와 마페오는 틀림없이 몽골 군주에게 서방세계에 관해 아주 잘 보고했던 모양이야. 쿠빌라이 칸은 잠시 후 그들 형제에게 그의 사절로서 고향에 돌아가 교황을 방문하라고 요청했다. 그는 그 나라의 학자들이 기독교와 서방세계에 대해 알 수 있도록 일곱 가지 기술, 즉 문법, 수사학, 변론법, 산수, 기하, 천문학과 음악을 가르쳐줄 선교사 100명을 보내달라고 부탁하는 편지를 썼다. 그는 예루살렘 성묘의 등불에서 약간의 기름도 가져오길 원했지. 폴로 형제가 여행을 떠났을 때, 그들은 보다 확실한 안전을 보증하는 문서인 칸의 금판을 소지하고 있었다. 그러나 그들이 1269년 베니스에 돌아왔을 때 성부인 클레멘스 4세 교황은 사망했고 후계자의 선택과정이 끝없이 길게 이어졌다. 2년이 지나도록 새 교황이 선출되지 못했지. 칸을 매우 존중했던 폴로 형제는 칸에게 이 사실을 알리기 위해 지체하지 않고 중국으로 돌아가기로 결정했다. 니콜로의 아들인 마르코를 데리고 길을 떠나자마자 그들은 팔레스티나에서 그때 마침 그곳에 머물던 교황의 사절인 테달도가 그레고르 10세로 교황에 선출되었다는 소식을 들었다. 새 교황은 그들에게 축복을 해주었고, 쿠빌라이의 희망에 따라 100명의 기독교 학자 대신 두 명의 수도사를 보내주었다."

교사는 잠시 생각에 잠겨 학생들을 쳐다보았다. 100명 대신 두 명이라니, 그는 생각했다. 호의적이라 할 수 없는 조치였지. 그리고 그는 재빠르게 미안하다는 듯 이렇게 덧붙였다.

"교황은 더 많은 학자를 보낼 수가 없었다. 그리고 유감스럽게도 두 사람 중 누구도 그 힘든 여행을 이겨내지 못했지. 하지만 폴로 형제는 적어도 성유는 가져다줄 수 있었다."

프란시스쿠 세하웅은 손을 들었다.

"카타이까지는 얼마나 멉니까?"

"그래! 마르코 폴로는 그의 체험을 문서로 우리에게 남겨주었다. 마르코 폴로는 여행을 떠날 때 열네 살이었지. 팔레스티나에서 출발하여 그는 우선 페르시아 만의 호르무즈로 향했다. 그의 보고에서 나중에 항해자 엔리케로 하여금 원대한 탐험 여행을 계획하도록 자극했던 첫 번째 유혹을 확인할 수 있다. 마르코 폴로는 인도의 전 지역에서 온 상인들이 그 항구를 찾고 있다고 기록하고 있다. 그 상인들이 향료와 양념,

보석, 진주, 금과 비단, 상아와 많은 다른 물품들을 동방의 먼 나라에서 가지고 왔다. 이곳에서 그들은 유럽으로 길을 떠나기도 했다. 폴로 형제는 거기서 북쪽으로 페르시아의 케르만 황야를 거쳐 바닥스한의 추운 산으로 향했다. 맑은 산의 공기로 마르코 콜로의 병을 고치기 위해 그곳에 1년을 머무는 동안 그들은 루비와 청금석을 거래했다. 그리고 나서 7천 미터 이상의 많은 산봉우리와 빙하가 있는 나라를 통과해 그들은 점점 높이 올라갔다. 그것은 원주민들이 세계의 지붕이라 일컫는 파미르 고원이었다."

교사는 강단 위에서 몸을 숙이고 큰소리로 낭독했다.

"'근처에 있는 새들이 그 꼭대기를 볼 수 없을 정도로 산들은 매우 높았다. 그리고 차가운 바람 때문에 불꽃이 낮은 지역에서와 같은 열기를 주지 못하며, 음식을 만들 정도로 강력하지도 못하다는 것을 확인할 수 있었다.' 마르코 폴로는 우리에게 아주 상세하게 이야기해주고 있다. 예를 들면 여러 다른 지방의 산물에 관해 그리고 원주민들의 생계의 기반, 관습, 종교, 풍습 등에 관해. 폴로 가족은 계속 오래된 남쪽 캐러밴 길을 따라 유명한 제후국인 카슈미르를 거쳐갔다. 그리고 나서는 동쪽으로 고비 사막이라는 끔찍한 황야의 변두리에 있는 대상들의 숙소 롭으로 갔다. 그곳에서 그들은 일주일 동안 휴식을 취하면서 그들이 사막을 통과하기 위해 필요한 비축식량을 구입했다. 왜냐하면, 그의 기록에 따르면 그 사막에는 먹이가 없어서 네 발 달린 짐승과 새를 전혀 볼 수 없었기 때문이다. 그 사막을 통과해서 그들은 카타이의 북서쪽에 있는 탕구트에 도착했으며 거기서 그들은 위대한 칸의 군인들을 볼 수 있었다. 이제 그들은 왕의 파발꾼의 보호를 받으면서 몽골의 대초원을 안전하게 통과하여 1년 반 만에 다시 위대한 칸의 궁정에 도착했다.

마르코 폴로는 7.5미터나 되는 높은 흰 돌담에 둘러싸인 왕궁의 규모와 초록색 정원, 그리고 화려하게 옷을 입은 귀족들에 관해 경탄을 금치 못했다. 쿠빌라이 칸은 유럽 사람인 폴로 형제들과 기쁜 마음으로 재회했으며, 그들을 귀하게 맞이했다. 니콜로는 그 동안 커서 열여덟 살이 된 마르코 폴로를 '나의 아들이며 당신의 신하'라고 소개했다. 쿠빌라이 칸은 통역자의 도움을 받아 젊은 마르코 폴로와 이야기를 나누었다. 그는 마르코 폴로의 재능을 감지했다. 그에게 언어 교사를 붙여주었으며, 어려운 과제를 내주면서 시험도 해보았다.

마르코 폴로는 빠르게 왕의 신임을 얻었다. 특히 그의 외교적 능력과 세상을 보고 그것을 묘사하는 능력을 인정받았다. 칸은 영향력이 큰 그의 고문 중 한 명에게 이렇게 말했다고 한다. 마르코 폴로만이 그의 눈을 제대로 사용할 줄 아는 것처럼 보인다고. 한편 마르코 폴로는 칸을 숭배하며 그의 성실한 신하가 되었다. 마르코 폴로는 칸의 사절로 아주 먼 지방으로 파견되었다. 거기서 그는 외교적인, 그리고 아주 민감해 보이는 업무를 칸이 만족스러워할 만큼 훌륭하게 수행했다."

교사는 다시 물 한 모금을 마셨다. 학생들은——그들은 이제 벌써 청년들이었다——마법에 걸린 듯 꼼짝도 하지 않고 앉아 있었다. 노 교사는 학생들을 사랑스러운 듯 쳐다보았다. 그들에게 포르투갈의 미래가 달려 있다고 그는 생각했다. 아마도 이 중에 제2의 마르코 폴로가 있지 않을까? 그는 낮은 소리는 계속해서 말했다.

"마르코 폴로가 저술한 책의 말미에서 '내가 쓴 것은 내가 보았던 것의 절반도 되지 않는다!'고 대담하게 주장하긴 했지만, 그가 우리에게 전해준 모든 것이 전부 믿을 수 있는 것이라고는 생각지 않는다. 그는 우리가 믿기 힘든 것들에 관해서도 전해주고 있다. 예를 들면 '카타이 국의 여러 지역에는 산에서 파낸 검은 돌들이 있다. 그것에 불을 붙이면 그것은 마치 숯처럼 타지만 숯보다 불이 더 오래간다. 밤새도록 불이 꺼지지 않을 정도로.'——불이 붙는 돌에 관해 우리는 알지 못한다! 그리고 많은 학자들이 그런 것은 불가능하다고 말한다.'"

교사는 잠시 쉰 다음 그가 긴긴 밤에 몰래 연구했던 것을 생각했다. 지구의 모양이 구상이라는 에라토스테네스와 프톨레마이오스의 진술을. 그러나 그는 그에 대한 반론도 고려해보았다. 그들의 이론이 맞다면 지구 구상의 정반대쪽에 사는 사람들은 거꾸로 걸어가야 하기 때문이다. 콘스탄티누스 대제 아들의 스승인 존경하는 락탄티우스는 모든 사물이 아래를 향해 매달려 있고, 나무들이 거꾸로 자라거나 비가 위로 떨어지는 곳이 있다는 것은 말도 안 되는 소리로 여겼다. 성 아우구스티누스 역시 안티 포데스, 즉 지구의 정반대 쪽에는 사람들이 존재할 수 없다는 생각이었다. 누가 진실을 알고 있는가? 누가 알겠는가? 아마도 보지 못했기 때문에 의심하고 있는 것인지. 그렇다고 우리가 알고 있는 것만 존재한다고 할 수 있단 말인가? 교사는 혼자말을 하고는 계속 이렇게 말했다.

"마르코 폴로는 그 이외에 아주 많은 것을 보았다. 그는 자신의 책에서 카타이 주민들의 발명 능력을 칭찬했다. 그는 폭약과 우리도 잘 알고 있는 나침반에 대해 언급했으며 쿠빌라이 칸 국가의 자유로운 거래에서 깊은 인상을 받았다. '중국인들은 인쇄된 종이를 사용하는데 그것은 일정한 양의 금을 상징한다. 왕이 그에 상응하는 가치를 보장하기 때문에 그것은 매우 실용적이다. 그들은 많은 양의 비단 원사를 소유하고 있으며, 그들 자신이 사용하기 위해서뿐 아니라 팔기 위해서도 그 비단을 가공한다. (중략) 시장은 엄청나게 많은 사람들을 수용해야 하기 때문에 아주 많이 확장되었다. 일주일에 3일은 시장마다 필요한 물품을 마련하기 위해 5만 명까지 사람들이 모이기도 한다. 야생동물들도 많다. 노루, 사슴, 토끼, 산토끼, 자고, 꿩, 메추라기 및 많은 오리와 거위들. 그리고 거기에는 소, 양, 염소와 새끼 양 등의 가축이 도살되는 도살장도 있다. (중략) 시장은 모든 종류의 물건들, 특히 양념, 향료, 모든 종류의 장신구와 진주들이 쌓여 있으며 그것을 거래하는 상점으로

둘러싸여 있다.'

마르코 폴로의 아버지와 삼촌인 니콜로와 마페오 폴로가 그 시대에 어떻게 살았는지 우리는 잘 알지 못한다. 그들은 '아주 많은 보석과 금을' 획득했기 때문에 틀림없이 어느 정도의 자유를 누렸을 것이다. 그러나 그들은 그 나라를 떠날 수 없었다. '그들은 자주 왕에게 그 나라를 떠나 여행할 수 있게 해달라고 부탁했다. 왕은 그들을 사랑했고 그들과의 교제를 즐겼기 때문에 그들이 길을 떠나는 것을 허락지 않았다.' 1292년 몽골의 공주인 코카친이 페르시아왕과 결혼하기 위해 여행을 떠나야 했을 때 바다 여행을 호위해줄 수행단을 구성해야 했다. 페르시아왕의 사절들이 이미 육로로 가려고 시도해보았지만 전쟁의 불안 때문에 다시 돌아가야 했다. 마르코 폴로 일행은 수행단의 일부로 여행 허가를 받을 수 있었다. 페르시아 사절들은 항해자로서의 베니스인들의 명성을 잘 알고 있었기 때문이다. 쿠빌라이 칸은 열네 척의 배를 600명의 수행원과 2년간의 비축물량으로 가득 채웠다. 그리고 폴로 일행에게 안전한 호위를 보증하는 금판을 다시 주었다. 그들은 자이툰으로 항해를 시작했다.

그들은 남지나해를 통과해 수마트라로 가는 위험한 바다 여행 길에 올랐다. 계속 인도양을 거쳐 실론과 캘리컷으로 향했으며 마침내 호르무즈 항구에 도착했다. 이제 공주를 페르시아로 인도할 수 있었다. 마르코 폴로 일행은 손님으로 페르시아 궁정에 얼마간 체류할 수 있었다. 그때 그들의 위대한 친구이며 보호자인 쿠빌라이 칸이 사망했다는 나쁜 소식이 들려왔다. 그의 후계자는 낯선 이방인들에게 그다지 호의적이 아니었다. 마르코 폴로 일행은 슬픔에 잠겨 콘스탄티노플로 향했다. 거기서부터 그리스 해안을 따라 아드리아를 거쳐 베니스에 도착했다. 24년 만에 니콜로와 마페오, 그리고 마르코 폴로는 다시 집으로 돌아온 것이다. 이때가 1295년이었다. 하나님이 여행중인 그들을 많은 위험에서 구해주었고, 다시 집으로 안전하게 인도했기 때문에 그들은 하나님에게 감사를 드렸다."

마갈량이스는 이렇게 생각했다. 맞아, 당시 세계는 여전히 열려 있었고 발견되기를 원하고 있었다! 용감한 남자라면 모험을 감행하고 위험을 극복할 수 있어! 그들이 유럽에 도착했을 때는 노인이 되었고 다른 사람이 인도로 가는 길과 향료의 원산지로 가는 항로를 발견한 거야!

"그 후 바로 마르코 폴로가 그 책을 쓴 건가요?"

세하웅이 물었다.

"아니, 그 책은 4년이 지난 후에야 출간되었지. 마르코 폴로는 처음에는 자신의 체험을 글로 남기려고 하지 않았어. 그런데 1298년, 그가 귀향한 지 3년째 되던 해 그의 고향인 베니스와 제노바가 전쟁으로 대치하고 있던 상태에서 제노바 감옥에 감금되었다. 이 감옥에서 그는 동료 죄수인 피사 출신의 루스티첼로라는 작가에게 지금까지도 여전히 재미있는, 유명한 그 책을 받아쓰게 했던 거야. 그는 책에 『세계의 기적』이라는 제목을 붙였지."

잠시 휴식한 후 세하웅이 말했다.

"전쟁이 없었다면 그 책도 없었겠군요!"

"그렇지."

교사가 대답했다.

"하나님의 방법은 그렇게 아주 이상할 때가 많아."

어둠이 밀려왔다. 교사는 그 교실을 나왔다. 곧 저녁 식사 종이 울릴 것이다.

바스코 다 가마의 새로운 원정대

왕이 테주 강변의 아름다운 외곽도시인 벨렝으로 말을 타고 간다는 소문이 순식간에 퍼졌다. 왕이 훈타의 회의를 소집했기 때문이다. 무위도식자들과 거리의 부랑아들이 떠들면서 왕궁의 거대한 광장 근처에 있는 코스텔루 산으로 올라갔다. 화려한 기마 행진의 장관을 놓치고 싶지 않았기 때문이다.

대부분의 집들은 구운 벽돌과 막돌, 혹은 햇빛에 말린 진흙 골조로 되어 있었다. 길거리를 따라 죽 늘어선 집들은 앞으로 삐쳐 나오기도 하고 뒤로 들어가기도 하면서 불규칙하게 이어졌다. 구석구석마다 그리스도와 성모 마리아, 성자의 조각들이 서 있었다. 이른 아침이었기 때문에 밤새도록 희미한 빛을 비치고 있던 석유램프가 여기저기서 타고 있었다. 골목길은 포장되어 있지 않았으며, 더러웠고 쓰레기 더미로 가득 찼다. 주민들이 오물과 쓰레기를 전부 골목길에 내다버렸기 때문이다. 노새들이 긴 대열을 이루며 느릿느릿 걸어가자 먼지가 돌출해 있는 구조물까지 피어올랐다.

아카시아로 둘러싸인 커다란 광장인 코메르시우 광장에는 자주 볼 수 있는 축제 행렬이 지나가고 있었다. 트럼펫 소리가 울리고, 검은 옷을 입은 수도사들이 장엄한 행렬을 이루며 횃불을 든 채 걸어갔다. 수공업자 조합원들, 재판관, 시참사회 의원들, 성직자들, 경건한 수도사들과 많은 민중들이 밀초를 들고 화려하게 수놓아진 교회기를 따라가고 있었다.

지루해하는 사람들의 눈에 별로 띄지 않은 채, 체격이 좋은 흑인 노예 두 명이 어느 부인의 가마를 지고 사람들의 혼잡을 뚫고 지나갔다. 검은 옷을 입은 종교재판소 직원들이 경계의 눈초리로 나란히 걸어가면서 죄수를 눈에 띄지 않게 카사 산타의 본거지가 있는 로시우 광장으로 이끌고 갔다. 누가, 왜 그 불행한 자들을 신고했는지 아무도 모른다.

왕궁 앞에는 이미 수백 명의 사람들이 왕의 출현을 기다리고 있었다. 많은 마차와 가마들도 도착했다. 높이 쌓아올린 머리에 진주 장식 빗을 꽂고, 비단 안감을 댄 재킷 주위로 뾰족한 만틸라(머리와 어깨를 가리는 레이스 숄—옮긴이)를 두른, 화려한 차림의 귀족 부인들이 기사들과 함께 잡담을 하면서 소파 위에 앉아 있었다. 오렌지와 피렌체 산 사탕을 파는 상인들이 분주하게 물건을 팔았다.

새 마차가 지나가면, 마차에 탄 사람들은 호기심 어린 관찰의 대상이 되었다. 사람들은 은밀한 소문들을 귓속말로 속삭였다. 방문차 궁정에 머물고 있는 부르고뉴 여자가 가장 큰 주목을 불러일으켰다. 그녀는 최신 유행하는 연회복을 입고 있었다. 어민(족제비속의 일종) 모피로 가장자리를 장식하고, 질질 끌리는 긴 주름 옷자락이 달린 황금색 비단 옷이 자주색 패티코트 위로 꼭 맞았다. 목선은 깊고 대담했다. 그리고 검은 고수머리 위로 긴 타프타 베일이 달린 뾰족한 원추형 모자를 쓰고 있었다.

이제 북소리가 왕궁의 정원에 울려 퍼졌다. 청동 문 옆에 창을 든 사람들이 받들어총 자세를 취했다. 왕실 행렬의 기마자들이 절도 있게 성문을 통과해 지나갔다. 불꽃처럼 붉은색의 바람에 휘날리는 외투를 입은 왕이 그 행렬의 한가운데 있었다. 그 행렬은 항구로 내려갔다.

훈타의 소재지 앞, 벨렝의 제로니무스 수도원 건물 옆에서 궁정의 구호물자를 배포하는 사람이 소리를 지르는 거지들에게 남은 구리 동전 한 줌을 마지막으로 던졌다. 그리고 나서 그 사람은 금박을 입힌 격자창 뒤로 사라졌다. 마르고 아름다운 체형을 지닌 왕이 서둘러 야외계단을 올라갔다.

훈타의 의원들과 선장들은 칠해(七海)의 홀에서 모였다. 커다란 홀의 천장은 금박을 입힌 나무 장식으로 반짝였다. 값비싼 아프리카 산 나무로 만들어진 각재에는 그림이 그려져 있었으며, 아름다운 상감세공으로 장식되어 있었다. 높은 창문을 통해 식물학 정원이 눈에 들어왔다. 항해자의 삶을 묘사한 거대한 벽화들로 인해 마치 그 홀이 대양의 한가운데에 온실처럼 서 있다는 인상을 주었다.

마누엘 왕은 인사를 하면서 깊숙이 절을 하고 있는 사람들을 지나 비단 차양이 덮인, 높은 좌석으로 걸어갔다. 그는 천천히 몇 안 되는 집회 참석자들을 둘러보았다. 몇몇 의원들은 주름이 풍성하며, 짧으면서, 옆이 트이고, 부풀린 소매가 달린 이탈리아 남성복을 입고 있었다. 좁은 바지 가랑이는 앞이 뾰족하고 뒤가 굽어진 구두로 이어졌다. 다른 사람들은 금란이나 비로드로 된 외투를 입고 나타났다. 금박을 입힌 단도가 화려한 검대에서 반짝였다. 모두들 손에 뾰족한 비단 모자를 들고 있었다.

"여러분, 자리에 앉으시지요."

왕이 말했다.

"내가 여러분들을 훈타로 소집했소. 여러분에게 어떤 계획에 관해 알려주고, 그에 대한 충고가 필요하기 때문이오."

마누엘 왕의 시선은 건장한 체격의 바르톨로메우 디아스에게로 향했다. 주앙 왕으로부터 8년 전 희망봉을 발견한 공로로 수여받은 명예 훈장이 달린 검은색 금란 외투를 입은 그 유명한 항해자는 다리를 넓게 벌린 채 편안한 자세로 소파 위에 앉아 있었다. 그 옆에는 11년 전 콩고강의 하구를 발견했던 기사 디에고 카웅이, 그리고는 아폰수 알부케르케, 돔 페드로와 알바레스 카브랄이 줄지어 앉아 있었다. 그들과 마주하여, 무거운 떡갈나무 탁자의 맞은편에는 파울로 형제와 바스코 다 가마, 니콜라웅 코엘류 그리고 항해자 주앙 다 노바가 그들의 의자에 기대어 앉아 있었다. 계속해서 포르투갈의 왕실에서 일하고 있는 베니스 사람 아비스 다 카다모스투와 바르톨로메우의 동생인 디에고 디아스가 있었다.

마누엘 왕은 서기 토메 로페스에게 기록을 하라고 명령하고 나서 이야기하기 시작했다.

"여러분, 우리나라가 세계에서 유리한 자리를 차지하기 위해서는 무슨 일이든 해야 합니다. 경제 상황, 계속적으로 상승하는 금값 때문에 우리는 새로운 길을 찾지 않을 수 없습니다. 금광을 찾으러 우리는 얼마 전 기니 해안까지 갔습니다. 그러나 이 금광 역시 우리의 갈증을 더 이상 해소시켜주지 못하고 있습니다. 그 금광은 점차 고갈되고 있는 데다 탐욕스러운 안달루시아 사람이 거래에 개입하여, 흑인들과의 물물교환을 어렵게 하고 있기 때문입니다. 이제 황금 해안의 전성기는 지나갔습니다."

마누엘 왕이 에스파냐 사람들에 관해 말할 때 그의 얼굴에 불쾌함이 드러났다.

"크리스토발 콜론이라는 사람이 서쪽으로 항해한 이후로 섬을 둘러싼 분쟁이 끊이지 않고 있습니다. 교황은 토르데시야스 경계선을 그어 지구를 반으로 나누려고 시도했지만 아무 소용 없었고 아무도 그 계약에 주의를 기울이지 않고 있소. 심지어 영국, 프랑스와 네덜란드 상인들까지 대서양으로 그들의 함선을 내보내고 있소. 엄청난 경쟁, 지구의 재물을 둘러싼 싸움이 시작되었다는 것을 나는 알고 있소. 정찰자처럼 최초의 배를 해양으로 파견했던 포르투갈 왕국이 지금에 와서 물러서야 한단 말이오? 우리는 크리스토발 콜론이 에스파냐 왕실이 만족할 정도로 대답하지 못했던 바로 그 문제를 해결해야 합니다. 우리가 진짜 인도의 향료 군도를 찾아야 합니다. 첩자가 세비야에서 알려온 바에 의하면 아주 소량의 질 나쁜 향료가 서쪽에서 오고 있다고 합니다. 새로 발견된 서인도의 섬들은 동인도가 지닌 낙원의 풍요로움을 가지고 있지 않소."

왕 앞의 탁자에는 기사 마르틴 베하임의 지구의가 놓여 있었다. 나무판을 아교로 붙여 만든 구형에 종이와 풀회를 바르고 채색한 양피지를 덧씌운 것이다. 그 지구의는 쇠로 만든 삼각대 위에 놓여 있으며, 비스듬하게 세워진 축을 중심으로 회전했다. 철사로 만든 자오선이 그 지구의를 감싸고 있다. 그 구형의 지름은 대략 1.5피트 정도 되었다. 지구의에 그려진 그림과 글자들은 베하임의 고향인 뉘른베르크에서 숙련된 책 제조자와 지도 제작자가 그려넣은 것이다.

왕은 그 축을 중심으로 지구의를 돌렸다.

"당신들은 구형 위에 그려진 이 지도를 아시오? 우리의 성실한 가신이며 당시 파이알 섬의 총독이었던 마르틴 베하임이 이 지도를 우리를 위해 제작했소. 이 지구의 동쪽을 보시오. 수천 개의 섬들이 여기에 존재합니다. 풍요로운 숲과 수많은 향신료로 넘쳐나지 않는 섬은 거의 없소!"

왕의 손가락이 갠지스 강이 흘러드는 인도의 만 위에서 잠시 머물렀다.

"여기 이렇게 씌어 있군요. '저기에 세계에서 최고의 금이 자랄 것이다.' 성서의 「열왕기 상」에 보면 솔로몬 왕이 그의 배를 이리로 보냈다고 적혀 있소. '그리고 갠지스 강이나 기온의 물이 합쳐지는 곳인 오빌(구약성서에 나오는 지명으로 질 좋은 금으로 유명했던 확인되지 않은 지역—옮긴이)에서 이런 금, 비싼 진주와 보석들을 가져오게 했다.'"

"그러나 베하임은 그곳에 가본 적이 없습니다."

디에고 카웅이 이의를 제기했다.

"나와 함께했던 여행에서 그는 아프리카의 남쪽 끝까지밖에 가지 못했습니다."

"그렇소. 베하임은 거기에 가본 적이 없소. 그러나 포르투갈 기가 이런 항구들에서 휘날릴 때가 온 것 같소. 인도 섬에서 최고의 향료가 자란다는 것을 우리는 확실히 알고 있소. 무어인의 배가 향료를 해외영업소에서 메카의 항구도시인 지다로 운반합니다. 그 향료들은 그곳에서 홍해를 거쳐 이집트에 도착하지요. 이집트 술탄은 이 길이 유일한 길임을 잘 알고 있기 때문에, 그 물품들에 아주 높은 관세를 매겼고 그래서 이것이 채 알렉산드리아에 도착하기도 전에 그 값이 몇 배나 오릅니다. 그곳에서 향료를 가져오는 제노바 사람들과 베니스 사람들은 거기서 또 100퍼센트 이상의 이익을 남기고 있소. 이탈리아 사람들은 지중해 항해에서 터키 사람들과 해적들에게 공격받을 위험이 매우 높기 때문에 이런 이윤을 붙일 수밖에 없소. 베니스와 제노바에서 우리의 상점들이 향료를 구입하지만 그들 역시 그 물건에 대해 100퍼센트의 이윤을 남기고 있소. 유럽의 가장 서쪽에 있는 우리 포르투갈은 중간 상인들의 긴 사슬 중 마지막이 되며, 우리가 가장 비싼 가격을 지불하게 되는 겁니다. 나는 포르투갈이 이 사슬의 마지막이 아니라 첫 번째가 되기를 원하오. 그것은 우리에게 달려 있소!"

"죄송합니다만, 폐하."

카브랄이 발언을 신청했다.

"인도 무역에 개입하려는 우리의 시도가 무어인들의 적대감과 부딪치게 될 것이라는 것을 명확하게 아셔야 합니다. 이 이방의 악마들이 홍해뿐 아니라 동아프리카와 인도양을 지배하고 있습니다. 그렇습니다. 들리는 바에 의하면, 심지어 향료 섬에 있는 해외영업소까지도 지배하고 있다고 하더군요. 그리고 그 불신자들이 우리의 적이 될 뿐 아니라 에스파냐도 우리에게 적대적이 되겠지요. 베니스와 제노바가 시기할 것에 관해서는 더 말할 필요도 없고요."

거무스레한 피부에 구레나룻을 기른 바스코 다 가마가 말했다.

"제가 마누엘 폐하의 이야기를 제대로 이해했다면, 폐하께서는 아프리카의 서쪽 해안을 따라 진출하는 것을 염두에 두고 계신 건가요? 희망봉을 돌아 동쪽으로 바르톨로메우 디아스의 흔적을 따라가는 건가요? 그 길로 간다면 해적을 피해갈 수 있는 충분한 공간을 바다에서 찾을 수 있을 겁니다."

"이것이 우리의 목표가 될 것이오."

왕이 그의 말을 확인해주었다. 그의 손가락을 지구의 위로, 고래들이 물을 뿜고 바다의 신 트리톤과 바다 괴물들이 배를 위협하는 푸른 바다를 대각선으로 지나간다. 아프리카 해안가에는 타조들이 황야의 모래 위를 성큼성큼 걷고 있으며 시커먼 흑인들이 야자수 오두막 앞에서 엿보고 있다. 동쪽 해안에는 코끼리, 사자와 악어가 살고 있다. 쓸쓸한 야영지 위로 반달이 걸려 있고, 성 마테는 아프리카의 해안에 앉아 흑인들이 그리스도 앞에서 몸을 숙이는 것을 유심히 쳐다보고 있다. 그리고 나서 마누엘의 손가락은 다시 망망대해로 나가 인도로 향하는 범선들을 가리킨다.

세심한 성격의 카브랄이 이의를 제기했다.

"그런데 이 지도는 순전히 상상력의 산물이 아닙니까? 베하임은 이것을 남의 이야기를 듣고 나서 그린 겁니다."

"절대 그렇지 않소!"

바르톨로메우 디아스가 반대했다.

"인도로 가는 길이 바로 우리 앞에 놓여 있지 않았습니까? 내가 폭풍우 치는 곳을 돌았을 때 선원들이 그토록 약해지지만 않았다면, 나는 그리로 계속 갔을 겁니다."

마누엘은 무표정하게 그를 쳐다보고는 생각했다. '약해졌다'고. 그렇다면 반란자들의 저항에도 불구하고 자신의 의지를 관철했어야지! 그는 서기 토메 로페스에게 신호를 보냈다.

서기가 말을 시작했다.

"왕실 사무국에 이런 보고가 전달되었습니다. 몇 년 전 예루살렘과 아라비아, 이집트를 둘러보기 위해 여행을 떠났던 유대인 페드로 드 코빌랴웅이 에티오피아 사람들의 포로가 된 상태에서 한 수도사를 통해 이런 편지를 보냈습니다. 그는 이렇게 썼습니다. '기니로 항해하는 배들은 남쪽으로 충분히 멀리 항해한다면 육지가 끝나는 지점에 도달하게 될 겁니다. 그래서 그들이 동해를 보게 된다면 소팔라나 달 섬을 찾아가는 것이 가장 좋을 겁니다. 인도로 가는 항로를 가르쳐줄 수로 안내인을 그곳에서 찾을 수 있기 때문이지요.'"

왕이 말했다.

"달 섬은 달의 산 맞은편에서만 찾을 수 있소. 그리고 베하임은 이미 그것을 그의 지구의에 그려놓았소!"

"그러나 인도에서 선원들을 기다리고 있는 것이 무엇이겠습니까?"

카브랄이 물었다.

"무어인들은 수백 년 전부터 그 항구에 자리 잡고 있습니다. 도시는 그들로 북적거리고 군주들은 호전적이지요."

베니스 사람 카다모스투가 말했다.

"나의 동향인인 니콜로 콘티가 그의 여행 보고서에서 비제네갈리아란 도시에 대해 이렇게 기술하고 있습니다. '그 도시 둘레는 대략 60마일 정도 된다. 무어인들이 줄지어 산으로 오르고 그들의 발 아래 골짜기를 에워싼다. (중략) 무장한 남자들은 9만 명 정도로 추정된다. (중략) 그들의 왕은 인도의 다른 왕들보다 더 강하다. 왕은 1만 2천 명의 아내가 있고 그들 중 4천 명은 계속 걸어서 그의 뒤를 따라다닌다. (중략) 4천 명은 말을 타고 가고, 나머지 부인들은 가마를 타고 간다. 이 여자들 중 2천 내지 3천 명이 그의 정식 부인이다. 이들은 왕이 죽은 후 왕과 함께 태워질 것이며 그들은 그것을 큰 영광으로 여겼다.'"

"그것은 이미 잘 알려진 사실이오!"

왕이 손짓으로 베니스 사람의 보고를 중단시켰다. 소집된 고문관들, 귀족들과 명사들은 아무 말 없이 왕을 쳐다보았다. 마누엘은 근엄한 표정으로 주위를 둘러보았다.

"여러분! 영원한 것은 아무것도 없소! 300년 전 예루살렘을 정복하고 기독교의 성지를 탈환했던 십자군 기사들이 다 어디로 갔단 말이오? 예루살렘은 무어인에게 넘어갔소! 그러나 우리의 용감한 선조들이 우리나라에까지 침략해오는 무어인들을 다시 몰아냈소. 200년 전 그 유명한 알폰소 3세가 레콩키스타에서 무어족의 지배로부터 포르투갈을 해방시켜주었소. 나의 사촌인 페르난도와 카스티야 레온의 존경하는 이사벨 왕비가 그라나다에서 얼마 전에야 비로소 무어인들로부터 완전히 해방될 수 있었소. 그리고 콘스탄티노플은 어떻게 되었소? 과거 동로마제국의 가장 막강한 도시였던 그 도시는 40년 이상이나 오스만제국 술탄의 수도가 되어버렸소. 오스만제국의 경계는 그 동안 펠로폰네소스를 거쳐 발칸 반도까지 서쪽으로 확장되었소. 터키 사람들은 지중해 동쪽에서 해상권을 지배하면서 베니스와 제노바의 거래를 방해하고 있소. 포르투갈이 지금 그 사실을 유감스럽게 여겨야 할 필요가 없지만 말이오."

마누엘은 잠시 말을 멈추었다. 모두 웃으면서 당황한 듯 기침을 했다. 그들은 어떤 위대한 사건이 싹트기 시작함을 감지했다. 왕은 계속 말을 이었다.

"영원한 것은 아무것도 없소! 지금 존재하는 것과 영원히 계속될 것처럼 보이는 것도 언젠가는 바뀔 것이오. 빠르든 늦든 간에. 왜냐하면 모든 것은 지속적으로 변화하기 때문이오. 많게든 적게든! 여러분 우리들 역시 시대와 연관되어 있으며 일시적인 존재일 뿐이오. 우리나라가 영원한 명성을 누릴 수 있도록 노력하는 것이 우리, 즉 하나님의 은총으로 포르투갈의 왕이 된 나 마누엘이 전지전능하신 하나님으로부터 부여받은 과제입니다."

다시 왕은 침묵하면서 가신들을 차례로 둘러보았다. 바르톨로메우 디아스, 디에고 카옹, 알부케르케, 페드로와 알바레스 카브랄, 파울로와 바스코 다 가마, 니콜라옹 코엘류, 주앙 다 노바, 카다모스투와 디에고 디아스. 마누엘은 이들이 자신에게 복종한다는 것을 알고 있었다. 그들은 또한 자신의 의지를 완성해야 할 사람들이다. 회의실은 조용했다. 로페스가 양피지 위에 펜으로 끄적이는 소리밖에 들리지 않았다.

왕은 의자에서 일어났다.

"우리는 천명합니다. 좋은 장비를 갖춘 배 여러 척을 아프리카의 해안을 돌아 동인도로 원정 보내는 것이 우리의 의지라는 것을 말입니다. 우리의 위대한 선조인 항해자 엔리케의 계획들은 계속되어야 합니다. 바르톨로메우 디아스, 당신이 견고한 나무로 아주 튼튼한 배 세 척을 건조하는 것을 감독하시오. 당신이 그와 관련된 많은 경험을 가지고 있기 때문이오. 이 사업을 주도할 사람은 주앙 왕이 원정대장으로 임명했던, 그리고 그 사이 고인이 된 다 가마 장군의 아들, 즉 파울로 다 가마와 바스코 다 가마입니다. 바스코 다 가마가 총사령관직을 맡게 될 것이오. 이 사업은 최고의 기밀로 이를 유지해야 합니다."

이런 놀랄 만한 왕의 결정에 모두들 전폭적인 지지를 보였다. 대부분의 사람들이 사령관의 선택에 의아해하긴 했지만.

마누엘은 낮은 귀족 출신인 바스코 다 가마에 대한 가신들의 저항을 감지했다. 고문관들 중 많은 이들이 이 원정의 사령관으로 자신이 될 것이라고 생각했다. 그러나 바스코 다 가마는 이미 몇 가지 작은 업무를 처리하는 데 있어 항해자로서 그리고 외교관으로서 탁월한 능력을 발휘했다. 그 선장이 지닌 지식은 인적이 드문 아프리카의 해안에서는 충분했을지 모르지만 문명화된 인도의 실력가들과 거래를 하기에는 부족하다는 것을 왕은 잘 알고 있었다. 그러나 다 가마는 냉혹하고 격렬한 감정의 소유자였다. 특히 용감한 것으로도 유명했다. 그는 두려움이 많은 선원들과 지배욕이 강한 술탄을 다루는 데 있어 필요한 확고함을 키워줄 것이며, 통찰력을 유지할 수 있을 것이다.

마누엘 1세는 제대로 판단한 것이다.

성대한 출항

마누엘의 사업은 착수되었다. 기니 해안까지 이 함대와 동행해야 하는 바르톨로메우 디아스의 감독하에 아주 튼튼한 범선 세 척이 테주 강의 조선소에서 제작되었다. 그 배의 부품들은 알칸타라 강 근처의 목수실에서 만들어져 커다란 뗏목에 실려 잔잔한 강으로 옮겨졌으며, 그곳에서 조립되었다. 배의 늑재들이 마치 갈비뼈처럼 선골의 지주에서 점점 커져갔다. 선판이 둥근 갑판 위로 단단히 묶여졌다. 골조와 내부의 목공일도 빠르게 진척되었다. 거대한 뗏목은 분해되었다. 선체가 천천히 내려앉으면서 파도 위에서 흔들거렸다. 내부 건축도 곧바로 완료되었다.

리스본은 테주 강 하구의 만 주위로 거대한 옥외 원형극장처럼 5마일 이상 넓어졌다. 번잡한 항구에서부터 골목길들이 공원으로 뒤덮인 언덕을 거쳐 상조르제 성곽으로까지 이어졌다. 넓은 부두는 진초록색 오렌지나무와 아카시아로 가득 차 있었으며, 나뭇잎 속에 잘 익은 과일들과, 그 옆으로 미색의 꽃들이 반짝였다. 항구의 창고들 사이에서 지저분한 부랑아들이 장난을 치고 있었다. 해초와 뜨거운 송진, 타르 냄새가 밀려왔다. 바닷물과 야채 썩는 냄새, 생선 시장에서는 코를 찌르는 독한 냄새가 풍겨왔다.

볼품없는 선미루가 달린, 선복이 불룩한 높은 뱃전의 카라벨들이 화물선과 보트, 나룻배들로 혼잡한 가운데 우뚝 솟아 있다. 삭구의 혼란스런 금은선 격자 세공과 활대, 돛대가 진녹색의 물에 반사되었다. 선원들이 배의 외벽을 타르 색으로 칠하는 동안 이미 선적이 시작되었다. 노새 몰이꾼은 짐을 무겁게 실은 동물들을 줄지어 항구로 몰아가면서, 사람들 사이를 비집고 지나가려 할 때면 욕을 하며 저주를 퍼부었다.

부두 노동자들은 물건을 갑판으로 끌고 가서 그것을 참모부 보급장교의 감시를 받으며 선체의 어두운 선복 부분에 잘 쌓아올렸다. 교환할 물건들이——유리구슬, 거울, 칼, 도끼, 수건 꾸러미, 포도주 통과 성자의 그림들——배의 다리 위로 운반되는 동안 식량을 실은 화물선들이 배의 측면으로 다가갔다. 포르투갈 사람들에게서 흔히 볼 수 있는 왕실의 문장 기둥인 몇 개의 파드라옹 역시 갑판으로 옮겨졌다. 해군 하사관들은 선원들과 함께 삭구와 활대를 다루는 연습을 반복했다. 장교들이 항해 도구, 나침반, 포르투갈에서 희망봉까지 항로가 그려진 해도를 관리했으며 반시간 유리시계와 모래시계, 사분의(오늘날 더 이상 사용하지 않는 천체 고도 측정기—옮긴이), 아스트롤라베, 발레스틸라를 시험해보았다. 유명한 천문학자 자르코가 만든, 현 위치 측정을 할 수 있는 육지의 사인(정현, 正弦)표와 탄젠트(정접, 正接)표를 준비했으며, 선미루의 숙소에 그 도구들을 비치했다.

위험한 탐험 여행에 자원한 사람들이 충분치 않았기 때문에 왕은 감옥 문을 열고 수감자들을 원정단의 일원으로 참여한다는 조건하에 풀어주었다. 마지막으로 배에 대포를 설치하고 무기창고와 탄약창고를 가득 채웠다.

왕이 직접 지정했듯이 가마의 아들 중 동생인 바스코 다 가마가 사령관직을 맡았다. 그는 튼튼한 범선인 상가브리엘 호를 자신의 기함으로 선택했다. 파울로 다 가마는 상라파엘 호를 맡았다. 또 한 척의 카라벨인 베리오 호는 니콜라옹 코엘류가 담당했다. 비축식량을 선적한 배가 그 함대를 따라갈 것이며 다섯 번째 배에는 바르톨로메우 디아스가 엘미나의 황금해안까지 함께 가기로 했다.

1497년 7월 8일, 바다가 마치 불붙은 방패처럼 뜨겁게 펼쳐져 있는 몹시 뜨거운 여름날, 출발 명령이 떨어졌다. 리스본에는 많은 기가 게양되었고, 성곽에서 예포가 쏘아졌다. 수만 명의 사람들이 모자, 손수건 꽃다발을 흔들었다. 아주 약한 미풍만 불었다. 그래서 배들은 돛을 빽빽하게 전부 펼쳐야 했다. 흰색 돛 위에는 붉은 십자가가 그려져 있었다. 승무원들은 선미루 근처에 머리를 맞대고 서 있거나 아니면 삭구 장비에 매달려 있었다. 범선들은 천천히 위대한 모험을 향해 리스본의 정박장을 미끄러지듯 빠져나갔다.

지구는 원반인가, 구상인가

4월의 어느 일요일, 마갈량이스와 세하옹은 시동학교 건물의 날개부분 기숙사 뒤꼍의 황폐한 정원 의자에 앉아 있었다. 햇빛은 따뜻했으며, 빽빽한 숲의 나뭇가지 위에는 새들이 봄 노래를 부르고 있었다. 그리고 선명한 초록색 싹이 부드러운 향내를 풍기며 수풀과 나무에서 돋아났다. 첫눈에 보아도 정원은 왕궁에 걸맞은 것이 아니었다. 기숙학교의 뒤쪽은 상당히 단순하고 소박한 구조로 잘 손질된 왕궁의 전면과는 전혀 달랐다. 건물의 가장 아래층은 돌로 짜 맞추어졌고, 건물의 상부 구조는 나무로 되어 있는데 전체적으로 단순한 인상을 주었다. 그리고 침실의 작은 창문들은 창문이라기보다는 성벽 등에 뚫어놓은 포문 같았다.

시동들은 휴식 시간에 이곳에 머물기를 좋아했다. 사람들의 방해를 받지 않고 자신의 생각이나 꿈에 몰두할 수 있기 때문이다. 궁신이나 성에서 근무하는 장교가 길을 잃어 일명 학교 공원이라 일컬어지는 이곳에 오는 일은 거의 없었다. 왕궁을 드나드는 많은 명사들 중 누군가

142

가 이곳에 오는 일은 더군다나 드물었다.

대칸의 나라는 얼마나 멀까? 마갈량이스와 세하웅의 생각은 여전히 풀리지 않는 수수께끼 주변을 맴돌았다. 열일곱 살이 된 그들은 이제 더 이상 아이들이 아니었다. 최초의 포르투갈 선박이 간절하게 갈망하던 목적지에 언제 도착할 것인가 하는 문제가 그들의 최고 관심사였다. 목적지에 도착하려면 서쪽으로 항해해야 하는가 아니면 동쪽으로 항해해야 하는가? 학자들은 그 점에 있어 의견이 일치하지 않았다. 선생님은 수업 시간에 헤라클레스의 기둥과 카타이를 분리시키는 바다가 이것들을 다시 결합시킬 수도 있다고 언급한 바 있다. 선생님도 지구가 둥글다는 것을 믿는가?

그들이 열심히 토론을 하는 동안 자갈길에서 발자국 소리가 들렸다. 그들을 가르치는 노 교사가 가까이 다가와서 젊은 청년들 옆에 섰다. 그가 건물의 날개 부분에 위치한 그의 거처로 가려면 이곳을 지나쳐 가야 한다

"너희들, 다시 구름 위에서 항해를 하는가 보구나?"

포르투갈 왕실을 위해 과거에 이루어졌던, 그리고 앞으로 이루어질 탐험에 대해 자유로이 상상의 나래를 펴는 그들을——물론 그들은 탐험에 참여하여 포르투갈의 왕실에 도움을 주려고 생각했다——교사는 주시하고 있었다. 그는 그들을 '구름 잡는 사람'이라고 칭했다. 급우들은 교사의 이런 논평에 큰소리로 웃으면서 반응했지만 세하웅은 대담하게 이렇게 대답했다.

"구름 잡는 사람이 아니라 구름 항해자입니다, 선생님! 구름은 자유로워요. 국경도 대양도 구름이 가는 길을 막지 못하지요. 우리가 구름을 잡을 수는 없지만 그래도 구름은 거기 있어요. 마치 우리들의 꿈처럼요."

교사는 당시 세하웅의 대답을 약간 버릇없는 것으로 여겼었다. 포르

투갈은 꿈을 쫓는 사람들을 필요로 한다. 그래서 교사는 이렇게 묻는다.

"그런데 오늘 너희들의 생각은 어떤 항로로 항해하고 있지?"

"선생님께서는 카타이라는 나라가 얼마나 먼지 아십니까?"

"음, 그에 대해서는 추측만 할 수 있을 뿐이야."

교사는 생각에 잠겨 두 사람을 내려다보았다.

"우리의 지식은 부족하고 그에 대해서는 여러 가지 의견들이 분분하지. 나는 이미 늙었고 너희들은 지식욕으로 가득 차 있어."

그는 힘들게 의자에 앉았다.

잠시 침묵이 흐른 후 교사는 설명하기 시작했다.

"너희들의 질문에 대답하기 위해 먼 옛날까지 소급해서 올라가야겠군. 그건 지구에 대한 올바른 상을 둘러싸고 수천 년 동안 지속되어온 싸움이었다. 그리고 지금까지도 우리는 결정적인 것을 알지 못한다. 그것은 근동에서 4천 년 전에 시작되었을 것이다. 당시 나일 강이 이집트의 삶을 지배하고 있었다. 우리 주 예수 그리스도가 오시기 450년 전 이집트의 헤로도토스를 통해 알고 있듯이, 아주 큰 이 강은 옛날부터 매년 하류의 강변 지역에서 범람했다. 나일 강의 범람으로 인해 들에는 비옥한 늪지대가 생겨났다. 농부들의 생계는 그곳에서도 마찬가지로 물의 수위에 달려 있었다. 그래서 그들은 매년 돌에 나일 강의 수위를 기록했다. 수위가 너무 낮으면 강물이 밭으로 범람하지 않고 땅은 황폐해진다. 수위가 너무 높으면 땅에 뿌린 씨앗이 물에 잠기게 된다. 범람으로 인해 나일 강은 매번 경작지 경계를 넘어서며 커져갔다. 정부 관리들은 경계선을 매번 새로 만들었다. 그들은 고정되어 있는 돌 사이에 팽팽하게 밧줄을 치고는 그렇게 파라오에게 바쳐지는 세금을 관리했다. 그들은 아커라는 경작지 단위를 알지도 못했으며 이해할 수도 없었다. 그들에게 측정할 수 없는 이 세상은 단지 신성의 영원한 리듬 속에서만 파악할 수 있는 것이었다. 그들은 태양을 숭배했다. 고대 이집트에서 누트는 그녀의 아들인 태양을 밤에는 삼키고 아침에 다시 태어나게 하는 신의 어머니였다. 많은 사람들이 태양은 불이 붙은 배를 타고 하늘 위를 여행한다고 보았고, 어떤 사람들은 거대한 태양 주위를 도는 갑충석이 있다고 믿었다. 이집트 사람들 생각으로는 태양이 사각형의 평평한 지구 모서리에 세워진 거대한 탑 네 개에 의해 지지되고 있는, 하늘에서 빛을 발하는 것이었다."

"말도 안 되는 이야기군요."

조숙하게 자신의 의견을 말하는 것은 이번에도 세하웅이었다. 그러나 그는 곧바로 교사에게 물었다.

"지구는 물론 구상이지요, 아닌가요?"

"인간의 지식은 절대 완전하지 않다. 우리의 지식도 마찬가지다."

교사는 회피하는 듯한 답변을 했다.

"누구도 교만에 빠져서는 안 된다. 그리고 과거 문화의 신앙을 비웃어서도 안 된다. 계속 들어보거라! 지구는 바빌로니아 사람들 눈에는 평평한 접시 같아 보였다. 지구에 대한 그들의 상은 우리가 알고 있듯이 우리가 가지고 있는 상과 상당히 비슷했다. 그러나 바빌로니아 사람들은 우리가 성서에서 알 수 있듯이 이방인들이었다. 바빌론에서 점성가들은 높은 탑, 즉 지구라트(바빌로니아의 독특한 고층 종교 건축물—옮긴이)에서 하늘을 관찰했으며 인간의 운명을 별에게 물어보았다. 바빌론 사람들에게 별들은 초지상적인 중요성을 지닌 그런 존재였다."

젊은 청년들은 교사의 입술만 쳐다보았다. 그러나 교사는 파악할 수 없는 먼 곳을 쳐다보고 있었으며 마치 자기 자신에게 이야기하는 것 같았다.

"그리스 사람들은 그들의 신에게 인간적인 특징과 약점을 부여했으며, 신을 위해 멋진 사원을 지었다. 그러나 세계에 대한 설명은 자연과학자들에게 맡겼다. 지구에 대한 설명을 처음 시도한 곳은 기원전 6세기에 밀레에 생겨난 소아시아이다. 밀레는 2천 년 전에 항구와 대상들의 숙소가 있는 부유한 상업수도였다. 여기서 처음으로 지구를 이성적으로 설명하려고 시도했던 사람들이 살았다. 마치 하나님의 창조물을 이성적으로 설명할 수 있을 것처럼 말이야!"

마갈량이스와 세하웅은 서로를 쳐다보았으며, 아무 말 하지 않고도 서로를 이해할 수 있었다. 선생님이 말했던 마지막 문장은 공식적인 이론을 존중하기 위해 단지 지나가는 말로 언급되었을 뿐이라는 사실을 그들은 오래 전부터 알고 있었다. 실제로 그들은 다른 지식, 즉 교회가 퍼뜨리지 못하게 하지만 연구실과 행정실, 그리고 비밀 교회 회의 문 뒤에서 이미 논의되었던 그런 지식에 관해 특별 강의를 받았다.

교사가 계속해서 말을 이었다.

"배 한 척이 바다로 나가기 전에 사람은 신들에게 기도했으며, 신에게 희생물, 심지어 인간 제물도 바쳤다. 탈레스와 아낙시만드로스 그리고 아르키메데스 같은 사람들로부터 실제 지구에 대한 연구가 시작되었다. 탈레스는 북쪽에서 북극성을 찾으라고 선원들에게 가르쳤다. 그리고 아낙시만드로스는 최초의 지도를 그렸다. 이런 철학자들이 세계를 파악하려고 시도하면서 많은 잘못된 결론이 나왔다. 탈레스는 지구가 바다 위에 뗏목처럼 부유하는 것으로 파악했으며, 아낙시만드로스는 지구를 거대한 소용돌이 운동을 통해 무한한 것에서 생성되는, 공중에 매달린 실린더라고 상상했다. 그들의 답변은 중요하지 않다. 중요한 것은 이들이 제시했던 질문들이다. 즉 이런 것이다. 지구가 무엇으로 형성되었는가? 그것이 어떤 모습을 하고 있는가?"

두 학생은 바짝 긴장하여 들었다. 교사는 이들이 무척 지식욕이 강한 학생이라는 것을 알고 있었다. 이 아이들이 자신이 밤에 몰래 고독하게 몰두해온 연구를 계속하게 될 것이다. 이들 중 한 명이 지구에 대한 결정적인 답변을 밝혀내리라는 것을 그가 어떻게 알겠는가? 교사는 말을 이었다.

"지중해와 소아시아 이외의 다른 세계를 거의 알지 못하는 사람들은 이런 질문에 답변할 수가 없었다. 이집트의 피라미드에서 바빌로니아의 지구라트를 거쳐 기독교의 강력한 돔 구조에 이르기까지, 사람들은 항상 높이 기어오르려 했으며 위로부터 사물을 내려다보려고 했다. 그리스 사람들은 지구라는 비밀에 가까이 다가가기 위해 독자적인 길을 택했다. 지구 외에도 별, 달 그리고 태양이 있다. 그것들 모두가 함께 우주를 형성한다. 기원전 500년경에 그리스 철학자 피타고라스는 우주를 최초로 분류했다. 이 분류는 위대한 아리스토텔레스에 의해 계속 발전되었다. 그래서 하프 현의 길이가 음의 높이를 규정하듯이 그렇게 음악적 거리가 피타고라스적인 우주를 규정한다."

교사는 의미심장하게 잠시 쉬고는 손을 들고 말했다.

"중앙에 공 모양의 지구가 떠 있다!"

그는 손을 내리고 귀기울여 듣고 있는 소년들을 쳐다보았다. 그리고 잠시 후에 말했다.

"피타고라스에 의하면 지구는 구상이다. 지구는 우주에 의해 둘러싸여 있다. 달, 수성과 금성, 태양과 별에 의해. 그들의 자전은 지속적이며 조화로운 합, 즉 우주의 조화를 생성한다. 우주의 음악은 신과 천사를 기쁘게 한다. 지구가 구상이라는 생각은 직관적이며 매우 오래된 것이다. 그러나 우리는 극점 주위를 돌고 있지만 절대 지평선 아래로 사라지지 않는 별들을 본다. 그래서 그런 별들은 극 주위를 도는 별들이라는 뜻으로 주극성이라 불린다. 우리는 이 별들이 원호형 아치를 그리고 있다는 것을 안다. 만일 모든 별이 그렇게 움직인다면, 떴다 지는 별들조차도 하나의 구상을 그리고 있으며, 우리가 그 안을 바라보고 있음이 확실하다. 그러므로 우리는 그 구상이 별이 총총한 밤하늘의 형태를 하늘에 반사하고 있다고 쉽게 상상할 수 있다. 여기서 다음과 같은 결론이 나올 수 있다. 우주가 구상이라면 지구는 우주의 중심에서 구상의 형태를 하고 있음에 틀림없다! 그리고 그리스 사람들 역시 우리처럼 월식에서 지구의 아치형 그림자를 관찰한 바 있다."

잠시 휴식이 있었다.

"그런데 카타이까지는 얼마나 먼 거지? 크리스토발 콜론처럼 서쪽으로 가야 하는 거야, 아니면 마르코 폴로 가족들처럼 동쪽으로 가야 하는 거야?"

마갈량이스가 속삭였다.

"맞아. 동쪽으로 가야 하나요, 아니면 서쪽으로 가야 하나요?"

세하웅이 물었다.

"그것이 정말 문제야!"

교사가 대답했다.

"그리스 사람들은 지구의 구상을 확인한 후 다음과 같은 질문 때문에 불안해졌다. 즉 지구 위에 무엇이 있는가? 어떤 대륙과 어떤 바다가 있는가? 여행자와 상인에게 그것에 관해 물어 그들의 이야기와 관찰들을 하나의 상으로 짜 맞추어야 했다. 지중해에 있는 부유한 도시인 알렉산드리아는 다양한 정보의 수집장이 되었다. 50만 개의 문서 두루마리를 소장한 그 유명한 도서관은 고대세계 문학과 지식의 귀중한 재보였다. 그것이 지금까지 존재한다면 우리는 아마 더 많은 것을 알 수 있을 것이다."

마갈량이스는 손을 들고 물었다.

"그것들이 다 어디로 갔는데요?"

"그것들은 전쟁의 희생물이 되었지. 이런 귀중한 자료들의 대부분이 카이사르의 입성 때 불에 타버렸단다. 남아 있는 것 들 중 일부만 유스티니아누스 1세가 콘스탄티노플로 안전하게 운반했지만 그것도 642년 알렉산더의 아라비아 정복 때 파괴되었다. 그러나 이 분야에서 영향을 미쳤던 사람, 즉 클라우디우스 프톨레마이오스의 명성은 절대 사라지지 않았다. 그의 주저서의 제목은 『지리학』이다. 그 저서를 저술하고 난 후에 그린 지도들은 그의 일반적인 동시대인들은 거의 이해할 수 없는 특이한 프톨레마이오스의 세계상을 보여주고 있다. 그 지도에는 유럽과 지중해가 아주 상세하게 그려져 있다. 프톨레마이오스는 에스파냐와 포르투갈, 그리고 이탈리아를 지금 우리가 잘 알고 있는 형태로 그려넣었단다. 단지 그 주변국들의 정확성이 부족할 뿐이지. 프톨레마이오스는 최초로 그의 지도 위에 남북 방향과 동서 방향을 나누는 바둑눈금을 그려넣었다. 전자는 자오선, 혹은 경도라 불리고 후자는 위도라고 하지. 너희들은 그 선들이 어디에 사용되는지 알고 있겠지?"

"지구의 모든 지점을 그것의 지리학적인 위치로 말할 수가 있습니다."

세하웅이 대답했다.

그리고 마갈량이스가 질문했다.

"우리의 항해자들이 프톨레마이오스의 지도를 사용했나요?"

"아니, 그들은 항해에 그것을 사용되지 않았다. 왜냐하면 프톨레마이오스 역시 몇 가지 점에서 착각을 했기 때문이야. 그는 아프리카가 남극 지방의 극점과 연결되어 있다고 생각했지만 우리는 디아스의 발견 이후 남위 34도에서 아프리카 대륙이 동쪽으로 비껴 있다는 것을 알고 있다. 그리고 프톨레마이오스의 지도에는 아직 증명되지 않은 것도 있다. 그는 인도양이 거대한 내륙해라고 생각했다. 그 뒤에 거대한 남쪽 대륙이 놓여 있으며 아시아라는 북쪽 대륙과 대칭을 이루며 존재할 거라고."

"그것은 오류군요. 내륙해라니요!"

세하웅이 외쳤다.

"디아스는 1488년 아프리카 희망봉 주위를 돌아 항해를 했지요. 희망봉 뒤에 그는 대양이 있는 것을 보았어요. 틀림없이 그 대양은 인도로 향할 겁니다!"

"아니다."

교사가 말했다.

"그것이 바다였는지는 확실치 않아. 아마 내륙해일지도 몰라. 왜냐하면 그 대륙이 나중에 다시 남쪽으로 남극 지방을 향할 수도 있기 때문이지. 너희들도 알다시피 우리의 마누엘 폐하께서 몇 주 전 바스코 다가마에게 희망봉을 돌아, 미지의 대륙이 인도로 가는 길을 차단하고 있는지 살펴보고 오라는 임무를 맡겼다. 그 함대가 출발했으니 우리는 그들이 가져오는 소식을 인내를 가지고 기다려야 한다. 그가 2, 3년 후에 돌아온다면 우리는 그로부터 소식을 듣게 될 것이다. 우선 지구를 정확하게 묘사하기 위해서는 아직도 우리의 지식이 많이 부족하다는 것을 잘 알아야 한다. 여행자들과 우리의 선장들이 고향에서 멀리 떨어지면 떨어질수록, 지리를 모르기 때문에 배의 파손과 죽음의 위험은 더욱 커진다. 그런데도 동쪽에는——우리가 마르코 폴로 가족에게서 들어 알고 있듯이——특히 매력적인 비밀, 이미 알려진 세계의 가장자리에 위치한 동화 같은 문명의 징후가 존재한다! 그 멋진 비단이 동쪽의 먼 나라에서 오는 것이 아닌가?"

"진이라는 나라에서지요!"

마갈량이스가 대답했다.

"프톨레마이오스는 지구 구상의 크기에 관해 언급했나요?"

"그래, 그 외에도 다른 사람들도 있지."

"다른 사람들이라고요?"

"너희들이 수학시간에 배웠듯이 우리는 원에 관해 알고 있다. 지구의 표면은——지구가 실제로 구상이라면——360도로 나누어진다. 크고 작은 두 개의 공을 생각해봐라. 어떤 것이 적도에 더 가까이 있으며, 위도, 경도가 더 붙어 있겠는가?"

150

"작은 공이요!",

세하웅이 대답했다.

"그 공의 표면이 더 작기 때문이지요."

마갈량이스가 확인했다.

"맞아. 말로르카 섬은 정확한 지도 제작자들이 있는 것으로 유명하지. 아주 유명한 사람 중 한 명인 아브라함 크레스크는 1375년, 즉 족히 120년 전에 프랑스왕을 위해 아주 훌륭한 카탈로니아 지도를 그렸다. 그 지도는 그림으로 장식되어 있지. 모든 해양을 항해하는 선박들, 인도 해안의 진주 교환상. 산의 틈새에서 다이아몬드를 파내는 사람, 특히 동쪽에서 서쪽을 가로질러 아프리카를 관통해서 흐르는 황금의 강. 아브라함 크레스크에 따르면 그 강은 서쪽 사하라 해안, 카나리아 군도 맞은편에 위치하며, 우리의 탐험가들이 주지하다시피 아직 발견하지 못한 대서양으로 흘러 들어간다. 크레스크의 지도에는 지구의 적도 둘레가 2만 160카탈로니아 마일로 측정되고 있다."

두 청년은 생각에 잠겼다.

"그러면 대략 5천400리그쯤 되는데요."

마갈량이스가 잠시 후에 말했다.

"그래. 정확하게 5천370리그야."

교사가 대답했다.

"50년 전 베니스 앞의 생 미셸 섬에 우리 시대의 아주 박식한 지도 제작자인 프라 마우로 수도사가 있었다. 1457년 우리의 선박들이 카보 베르데 군도로 들어갔을 때 이미 고인이 된 알폰소 5세는 그의 선박들이 계속 남쪽으로 항해하게 된다면 어디에 상륙해야 하는지를 알고 싶어했다. 그래서 그는 프라 마우로에게 최근까지 알려진 사실을 토대로 세계지도를 주문했지. 그는 지구 둘레를 2만 4천120마일 혹은 6천425 리그로 계산했어. 그래서 우리는 벌써 우리 시대에 만들어진 세계지도를 두 장이나 가지고 있지만, 이 지도들은 그 측량치가 서로 상당히 다르다."

"그리고 프톨레마이오스는요?"

세하웅이 참견했다.

"그는 1만 5천480마일이라고 생각했지. 프톨레마이오스보다 350년 전에 그리스 사람인 에라토스테네스가 그림자 방식에 따라 지구의 크기를 측정했다는 것 때문에 더욱 혼란스럽다는 것을 너희들에게 이야기해야겠군. 에라토스테네스는 2만 1천600마일로 계산했다."

청년들은 어찌할 바를 모르고 쳐다보았다.

"정말 혼란스러운데요."

마갈량이스가 말했다.

"페르나웅이 직접 확인해야 합니다."

세하웅이 빈정댔다.

"침착해라, 사랑스런 제자들아. 바스코가 돌아온다면 우리는 아마 조금 더 알 수 있을 것이다. 하나님, 성모님과 성령이 그와 함께하기를."

"아마도 이 세계는 우리가 상상하는 것보다 더 클 거예요."

마갈량이스가 생각에 잠겨 말했다.

교사가 웃었다.

"베니스 공화국 총독의 고문관 한 명이 프라 마우로의 지도를 보고 충격을 받았다고 한다. 지도 위에 그의 위대한 베니스가 얼마나 작고 초라해 보였던지! 그는 이것을 모욕으로 느끼고 괴로워했다. 곤돌라와 운하가 있는 베니스가 지구에서 가장 큰 것이 아니었던가? 그러나 포르투갈왕에게 프라 마우로의 지도는 좋은 정보였다. 그 수도사는 우리가 아프리카의 남쪽 끝을 돌아 인도로, 그리고 더 먼 곳으로 계속 항해할 수 있다고 생각했다."

잔잔하게 일어나는 개혁의 움직임

"기다리시오, 여러분! 내가 말하는 것을 들어보시오! 하나님의 포도원은 잡초로 가득 차 있소! 교회는 여러분에게 빵 대신 돌을 주고 있소!"

세하웅은 고개를 빼고 그 소리에 귀를 기울였다. 그는 친구인 마갈량이스의 팔을 잡고 있었지만, 마갈량이스는 주위의 혼잡스런 사람들 틈을 뚫고 앞으로 나아갔다.

"기다려봐!"

"안 돼, 가자. 이미 늦었어, 프란시스쿠."

"잠깐 더 있어도 돼, 페르나웅. 나중에 좀더 빨리 뛰어가면 되지."

원래 그들은 낮잠 시간에 시동학교 침실에 누워 있어야 했다. 그러나 영리한 이 청년들에게는 발각되지 않고 그곳에서 도망 나올 기회가 항상 있었다. 그들은 항만 시설을 여기저기 돌아다녔다. 어느 인도 항해자가 도착했다. 물론 두 청년은 충분히 살펴보고 난 후 이제 구시가지의 사람들 사이로 뚫고 지나갔다.

다시 이렇게 외치는 목소리가 들렸다.

"들어보시오! 신부들, 주교와 추기경들은 더더욱 군주처럼 살고 있소. 가난, 소박, 겸손이란 찾아볼 수가 없습니다!"

두 청년은 외치는 사람을 쳐다보았다. 젊은 탁발승이 분수의 수반 가장자리로 뛰어올랐다. 너덜너덜한 갈색 수도복을 입은 그 탁발승은 높은 곳에 서 있어서 골목길을 통해 몰려드는 수공업자, 하녀, 농부, 무위도식자들의 무리에게 다 보였다.

사람들은 주목하고 멈추어 섰다. 무리를 지어 몸짓을 하고 고개를 끄덕이며 그의 말이 옳다고 인정했다.

"우리 인간은 주가 기쁨으로 심은 포도나무가 되어야 합니다!"

수도사가 외쳤다.

"그런데 보시오. 정의는 어디를 가든 땅에 떨어졌고, 재물만 쫓아다니며, 거짓 맹세가 난무하고 있소! 새로 시작해야 합니다. 교황청과 교단, 그리고 철책이 둘러져 있는 수도원들은 정화되어야 합니다!"

그때 갑자기 다른 수도사가 사람들 사이에서 나타났다. 깡마른 몸을 위로 뻗치고, 수도복의 모자를 얼굴 깊숙이 눌러 썼다.

"거기서 무슨 이야기를 하는 거냐? 신부와 주교, 추기경들이 하나님의 종이 아니라면, 민중들이 그것을 용납하겠는가!"

그는 팔을 펴고 주위에 둘러서 있는 사람들을 향해 매섭게 공격했다.

"여러분들 역시 성모의 품인 교회에서 등을 돌리려는가! 여러분들도 참회하고 순수한 믿음으로 돌아가서 다시 하나님의 도구가 되어야 합니다! 여러분들이 하나님의 의지를 충족시켜야 합니다. 우리의 삶 전체에 다시 성스런 신앙이 배어들어야 합니다!"

그의 얼굴을 볼 수는 없었지만 목소리는 중년 남자의 목소리였다.

"체, 진부한 소리를 하는군!"

첫 번째 수도사가 대답했다.

"신의 의지와 기적에 관한 이야기, 예수의 부름, 마리아와 모든 성자들, 이것들은 모두 외면적인 것에 불과한 것이오! 영혼은 그런 것에 감동받지 않소. 지금도 형식만을 중요시할 뿐 우리는 그 내용을 잊어버렸소!"

"그래, 네 말이 맞다. 템푸스 에닥스 레룸——시간이 모든 것을 갉아먹고 있다! 그러나 올바른 사람들의 마음까지도 교란시키는 그런 폐해만을 고발하지 마라. 여전히 신과 영적인 교류를 유지하고 있는 신자들도 있다!"

세하웅은 마갈량이스를 약간 밀쳤다.

"그들은 한패야."

그가 속삭였다.

"선동하는 거야. 그들은 사람들에게 무엇인가를 똑똑히 보여주려 하고 있어!"

"그래? 그렇다면 그런 신자들이 어디 있는데?"

다른 수도사가 외쳤다.

"무지한 민중들 사이에서는 미신이 횡행하고 있으며, 배운 자들은 간음하고, 술에 취해 흥청거린다. 사방에 점성가와 예언자들이 나타나서는 별점을 치고 사람들은 그것을 하나님의 말보다 더 믿는다. 거기, 너!"

수도사는 양 한 마리를 밧줄에 매어 끌고 가면서 하품을 하고 있는 농부 한 사람을 가리켰다.

"오늘도 벌써 별점을 보았겠지?"

그 불쌍한 사람은 깜짝 놀랐다. 그는 양의 밧줄을 끌지 않는 다른 손으로 자신의 가슴을 가리키며 말했다.

"나 말이야?"

"그래, 당신."

"내가 무엇을 가졌느냐고?"

그의 옆에 있던 수공업자가 선의로 그의 어깨를 치며 말했다.

"저 수도사가 오늘 네가 벌써 점을 봤는지 물어보잖아, 이 녀석아."

주위에 둘러서 있는 사람들이 웃음을 터뜨렸다.

"아, 아니."

농부가 더듬거렸다. 사람들이 자신의 말에 귀기울이고 있다는 것을 눈치챈 그는 용감하게 이렇게 말했다.

"그러나 이 양을 여기서 판다면 나는 집시 여인에게 가서 점을 볼 거야."

그는 엄지손가락으로 어깨 너머를 가리켰다.

웃음 소리가 울려 퍼졌다.

"자, 당신들도 들었지!"

분수대에서 수도사가 외쳤다.

"민중의 지도자들이 더 이상 모범이 되지 못하는데 이 민중에게서 무엇을 원할 수 있단 말인가? 신성하다고 자칭하는 교회는 샘물처럼 순수하고 맑아야 한다. 그러나 예배의식은 단지 형식적인 것에 불과하고 주교와 신부는 세상의 쾌락에 몸을 맡기고 있어!"

"맞아. 그들은 모범이 되지 못하지."

나이 든 다른 수도사가 동의했다.

"그리스도를 따르는 사람들은 방종한 생활을 하고 있어. 그래도 우리 주 예수 그리스도는 그들에게 신앙을 권했지. 그리스도를 따르는 자는 저녁에 머리 둘 곳이 없어야 한다고 했어."

"그들은 돈을 받고 죄를 사해주고 있어! 사방에 위선적인 짓거리만 난무하며, 정의는 짓밟혀지고 있다! 교회는 올바른 길을 제시할 능력이 없다. 도대체 우리에게 믿음이 무슨 의미가 있단 말인가? 여기 정직한 사람들에게 물어보라. 내 말이 옳은지 아닌지를."

"옳소!"

사람들 틈에서 누군가 외쳤다.

"그래, 신부들은 다 기생동물이다."

다른 사람들이 외쳤다. 마음의 동요가 번져갔다.

그러나 젊은 수도사는 강한 목소리로 자신의 생각을 관철시켰다.

"너희 위선자들이여, 성직자를 어떻게 비난할 수 있는가? 너희들이 그들보다 낫단 말인가? 신부들이 속죄부를 팔고 추기경들이 사면권을 판다는 것은 사실이다. 그런데 너희들은 어떤가? 아버지는 딸을 팔아넘긴다. 과부들은 몸을 팔고 상인들은 나쁜 물건과 누구도 필요로 하지 않는 서비스를 판다. 용병들은 그들의 피와 생명을 판다. 그러나 실제로 그들은 모두 어느 누군가를 속이고 있는 것이다. 모두가 속이고 속임을 당하며 처음부터 지킬 마음이 전혀 없는 약속을 한다. 그리고 훔칠 수 있는 것은 무엇이든 훔친다. 훔쳐가게 내버려두는 바보 같은 누군가에게서. 그에 비하면 교황은 아직 의롭다. 그는 추기경 모자만을 팔고 있기 때문이지."

"언제 배우게 되겠는가. 화형장으로 끌려갈 수 있는 그런 말을 하지 않고 참을 수 있는 방법을 말이야?"

나이 든 수도사가 두건을 쓴 채 소리쳤다.

"고위 성직자들이 우리 돈으로 살아가면서 세속적인 정책만 세운다는 것이 사실이 아니란 말인가? 그들 중에도 많은 사람들이 점성술사의 예언에 따라 결정한다. 교회 문제를 걱정하는 대신 그들은 왕처럼 정치를 하고, 백작처럼 옷을 입고, 성에서 살면서 애첩을 두고 그들의 권세를 강화시킨다. 그들은 민중들에 대해서는 전혀 신경을 쓰지 않는다!"

"바로 죄가 있기 때문에 사죄가 존재하는 것이다."

두 번째 수도사가 말했다.

"그러나 사죄에는 고백, 후회, 속죄, 개선 등이 들어 있어야 한다."

젊은 수도사가 주장한다.

"리스본의 주교나 벨렝의 수도원장에게서 나는 그런 것을 보지 못했다. 부가 곧 죄다! 예수가 말하기를 하늘에 보물을 쌓으려는 자는 가서, 가진 모든 것을 버리고 가난한 사람에게 주라고 말했다. 그리고 예수는 이렇게 덧붙였다. '부자는 하늘나라로 들어가기가 힘들다.'"

"네가 교회에 대해 의심한다 해도 여기 있는 이 용감한 사람들에 대해서는 의심할 필요가 없을 것이다. 생각을 하나님에게만 의지하는 사람은 하루종일 기도할 필요가 없다! 그렇다면 더 이상 말할 필요가 없지 않은가?"

"그렇다. 네 말이 옳다. 우리는 여러 가지 방식으로 하나님에게 가까이 다가갈 수 있다. 아마도 각자 스스로 하나님을 찾아야 할 것이다."

"저기 카사 산타의 추적자들이 오고 있어! 빨리 피하는 것이 좋을 걸. 하나님 손 안에 든 지푸라기 같으니!"

종교재판소의 기사들이 나타나 소음을 내면서 사람들 사이를 뚫고 골목길로 접어들었을 때, 수도사들은 갑자기 사라져버렸다. 세하웅과 마갈량이스 역시 옆 골목으로 몸을 피했다.

세하웅과 마갈량이스는 성으로 가는 길가의 낮은 담 위에 쪼그리고 앉아 숨을 몰아쉬었다. 구부러진 올리브나무, 마른 실측백나무와 아주 큰 소나무 밑에서 그들은 대서양에서 살랑살랑 불어오는 시원한 바람을 맞았다. 그들은 사람들의 왕래가 많은 거리와 수도사 두 명이 불안한 분위기를 조장했던 도시를 내려다보았다. 잠시 후 다시 조용해진 다음 세하웅은 그의 친구에게 물었다.

"왜 성직자들은 계속 인간의 죄성만 강조하는 거지? 어떻게 하나님 자신은 완벽한데 그렇게 결점투성이의 존재를 만들 수 있었을까?"

마갈량이스는 풀줄기를 잡아뜯으면서, 생각에 잠겨 그것을 천천히 씹었다.

"그래, 저기 있는 수도사가 말했어. 신이 우리에게 자유 의지도 주었다고."

그는 잠시 후에 대꾸했다.

"그러니 우리는 항상 두 개의 길 사이에서 선택을 해야 해."

"그래, 올바른 길과 잘못된 길. 두 수도승이 설교했던 것처럼 그렇게 산다면 인생은 암울하고 아무런 즐거움도 없을 거야. 그러나 기쁨도 인생에 속해야 하는 것 아니야! 내가 왜 고해를 해야 하지? 나는 아무 죄도 범하지 않았는데! 그렇다면 어떤 것이 옳은 길인가?"

"학교에서 우리는 소크라테스와 플라톤에 관해 배웠어. 그들은 이성이 우리의 행위를 규정해야 한다고 말했지."

"그러나 내가 보기에는 많은 사람들이 이성을 가지고 있지 않아. 아까 그 농부를 생각해봐도 알 수 있잖아."

"사람들은 이성을 제대로 사용할 줄 모르는 것 같아. 농부는 그의 양이 새끼를 뱄다면 무엇이 중요한지 벌써 알았을 거야. 그리고 우리는 양심이라는 것도 가지고 있잖아."

"아마도 사람을 괴롭히는 것은 양심의 가책 이상일 거야. 물건을 훔치면 도둑, 사람을 죽이면 살인자, 속이면 사기꾼이지!"

세하웅은 생각을 하느라 잠시 멈추었다가 마음의 결정을 한 듯이 말했다.

"그렇다면 양심이 올바른 길이 어떤 것인지 정해주어야 해, 페르나웅. 누구도 행복하게 사는 것에 반대하지 않아!"

"우리에게 양심이 있다면, 우리가 옳게 행동하는지 나쁘게 행동하는지를 우리에게 말해주는 무엇인가를 가지고 있는 거야. 그렇기 때문에 소크라테스는 자신의 확신에 어긋나게 사는 사람은 절대 만족하며 살 수 없다고 생각했어."

"그런데 양심이 어떻게 작용하는 거니, 페르나웅?"

"모르겠어. 양심은 단순히 존재하는 거야. 우리 인간은 많은 일에 있어 선택을 하지. 아마도 그것이 우리 인간이 동물과 다른 점일 거야."

"모두가 상당히 복잡해. 페르나웅, 너는 어떻게 생각하니?"

"그래, 믿음만이 도움을 줄 때가 많지. 우리의 이성으로 이해할 수 없는 일들이 있으니까."

"씨앗을 보면 벌써 거기서 포도나무가 자랄지 장미가 자랄지 알 수 있잖아. 우리는 그것을 보고 알 수는 있지만 설명하지는 못하지!"

"하나님의 의지와 기적을 파악하기 위해서는 많은 점에서 우리의 이성은 너무 약해. 그럴 때면 신앙심만이 우리를 도와줄 뿐이지."

"예를 들어 하나님이 세계를 일주일 만에 창조했다는 것!"

"아마 하나님의 시간과 우리 시간은 다를 거야. 프란시스쿠, 주위를 둘러봐. 이 세상이 여기 존재하잖아! 그렇다면 그것도 믿어!"

다시 침묵이 이어졌다. 마침내 세하웅이 기지개를 켜며 말했다.

"너는 기독교 신앙에 관해서 말하고 있잖아! 무어인들은 알라를 믿고 유대인들은 여호와를 믿지. 그런데 왜 기독교만 옳고 다른 종교는 잘못된 믿음이지?"

"프란시스쿠, 아마도 알라는 하나님을 지칭하는 다른 단어가 아닐까?"

"그럴지도 모르지. 그런데 악마는? 악마가 존재할까?"

"루시퍼는 타락한 천사야. 그는 바로 신이 되고자 했으며, 하늘에서 지옥으로 떨어졌지. 그는 우리 인생의 어두운 면이야."

"그렇다면 악마가 존재할까?"

"그래."

"하지만 악마가 검은 개나 수염소로 나타나 마녀와 잠을 잘 수 있다는 게 말이 돼?"

"이교도 사냥꾼들이 들으면 큰일나겠다! 가자!"

오후 수업 시작을 알리는 종소리가 차가운 복도에 울려 퍼졌다. 교사의 눈총을 받으며 세하웅과 마갈량이스는 얼굴이 빨개진 채 교실로 들어갔다. 마갈량이스는 용기를 내어 미안하다는 몸짓을 했다. 교사의 얼굴에는 웃음이 스쳤다. 수업이 시작되었다.

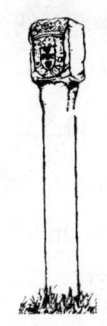

5 캘리컷에 닻을 내리다

1498년 5월 20일 아침, 천둥 번개를 동반한 날씨가 물러갔다.
그리고 동쪽으로 그들이 동경하던 항구가 명확하게 보였다.
바스코 다 가마는 닻을 내리라고 명령했다.
포르투갈 선박들이 캘리컷의 정박장 위에서 흔들거렸다.
모랫바닥에 닻을 내리자마자 해안에서부터
형형색색의 돛을 단 보트들이 선대로 다가왔다.
반나체의 갈색 사람들이 사다리를 기어 올라와
여러 가지 다른 말로 그 배가 어디서 왔는지를 물었다.

인도 땅을 밟다

바스코 다 가마는 역풍과 반대 조류에 맞서 커다란 원호를 그리면서 남대서양을 지나갔다. 출발하기 전에 그는 그렇게 결정했다. 평상시처럼 아프리카 해안을 따라 항해하는 것이 아니라 처음으로 대서양의 중간을 통과해 넓은 원호를 그리며 카보베르데 군도에서 희망봉으로 가는 루트를 3천700해리 단축시키기로 한 것이다. 그것은 과감한 모험이었고 미신을 믿는 선원들에게는 혹독한 시험이었다.

선대는 순풍을 받으며 카보베르데 군도를 지나갔다. 3주 동안 선대는 빠르게 앞으로 전진했으며, 그 뒤부터는 마치 유리벽 위를 지나는 것 같은 무풍지대로 들어섰다. 순풍을 받으며 진행했던 3주 동안 그들은 돛을 모두 편 채, 노래부르며 즐거워했다. 바다에는 파도가 일었으며 배가 지나간 자리에는 흰 거품을 일으키는 줄이 그어졌다. 그러나 태양이 하늘에서 거의 수직으로 움직이는 적도 지역에서 바다는 잔잔해지며 탁해졌다. 돛이 펄럭였으며, 나무와 기움돛대에서 삐걱거리는 소리가 났다. 아딧줄과 밧줄들이 느슨하게 매달려 있으며, 선수에서 들리는 활기찬 소리도 들리지 않았다.

모두들 불안한 시선으로 돛과 끈적끈적하고 고요한 바닷물을 바라보았으며, 노랫소리와 즐거운 대화 소리도 점차 시들해졌다. 열기로 인해 거의 선판이 갈라질 지경이었다. 그러다가 전혀 예상치 않게 갑자기 시커먼 구름이 하늘을 뒤덮더니 이내 소나기가 쏟아져 선판을 적시고 배수구를 통해 바다로 흘러 내려갔다. 어느 새 다시 반짝이는 하얀 태양이 떠올랐고 키를 조작하지 않아도 저절로 돌아가는 배에서 증기가 올라갔다. 많은 선원들이 넋이 나간 듯 동경에 가득 찬 시선으로 선미 쪽을 쳐다보면서, 그들을 그토록 쉽게 멀리까지 데려다준 물거품과 흩날리는 구름을 눈으로 좇았다.

그런데 그들은 배들이 조류에 의해 남서쪽으로 조금씩 이동하고 있음을 전혀 감지하지 못했다. 고통스런 4주일이 지난 후 마침내 돛이 미세하게 조금씩 움직였다. 그러다가 펄럭이기 시작하면서 부풀어올랐다. 미풍이 불어왔다. 그들은 서풍지대에 도달했던 것이다. 그 선대는 쇄쇄 소리를 내며 아프리카 해안의 서쪽 항로로 다가갔다. 바다 위에서 93일을 지낸 후 그들은 희망봉에서 하루 거리밖에 되지 않는 성 헬레나 만에 도착했다. 그때까지는 이에 비견할 만한 규모의 항해 업적이 없었다. 순풍을 받으며 카나리아 군도의 고메라에서 출발하여 바다 위에서 37일 동안 서쪽으로 항해했던 크리스토발 콜론의 항해도 이들의 항해와는 비교가 안 되었다.

며칠 동안 휴식을 취하자 유리한 북서풍이 불기 시작했다. 그 바람은 항해 속도를 가속시켰으며, 그들은 빠르게 검은 대륙의 가장 끝지점인 희망봉을 지날 수 있었다. 디아스와 함께 처음으로 희망봉을 돌았던 늙은 갑판장은 그 곳을 이내 알아보았다. 나침반은 처음에는 동쪽을 가리켰지만 곧 북동쪽으로 바뀌었다. 크리스마스 무렵에 좌현으로 험한 산맥들과 함께 해안이 나타났다. 바스코 다 가마는 그곳을 '주의 탄생'이란 뜻으로 '나탈'이라 불렀다. 태양은 매일 그들 머리 위로 강하게 내리쬐었으며, 북쪽 하늘 위로 지나갔다. 선박들은 계속 그들의 항로를 따라갔다. 그러나 2월에 그들은 식수와 신선한 과일을 얻기 위해 해안에 정박해야 했다.

그때까지 이 탐험자들은 아프리카 대륙에서 흑인들만 보았다. 그런데 강 하구에 흰색 회칠을 한 견고한 주택들이 모여 있는 이 주거지에는 '흰색 무어인들', 즉 아라비아 사람들이 살고 있었다. 처음에 포르투갈 사람들은 퀼론 족장의 부유한 상업도시인 모잠비크에서 친절한 환대를 받았다. 그러나 그들을 친절하게 맞아준 것이 오해 때문이었음이 밝혀졌다. 아라비아 사람들은 이들을 무어인들로 착각하여 환대했지만 기독교인임을 알았을 때 그들의 태도는 적대적으로 바뀌었다. 카라벨에서 위협적인 대포를 발사하고 난 후에야 아라비아 사람들의 공격에서 벗어날 수 있었다. 3월에 포르투갈 사람들은 다시 여행을 시작했다.

바다는 아주 조용했다. 바스코 다 가마는 작은 선대를 이끌고 더 이상 해양 멀리까지 나아갈 수가 없었다. 4월 7일 그들은 다시 몸바사라는 이름의 아라비아 요새 앞에 정박했다. 불신과 은밀한 적대감의 게임이 반복되었다. 수로 안내인을 구한다는 것은 불가능해 보였다. 그러나 그들은 근처에 말린디라는 항구가 있다는 이야기를 들었다. 아라비아 상선들이 기적의 나라 인도로 가기 위한 발판으로 그 항구를 사용한다고 한다. 아마도 몸바사의 군주가 이 성가신 방문자들로부터 벗어나기 위해 그들에게 이런 소식을 전하라고 허락해준 것 같았다. 바스코 다 가마는 곧바로 북쪽을 향해 출발했다.

말린디도 아라비아의 군주가 지배하고 있었다. 긴 협상과 선물 공세, 대포를 쏘아 항구에 무자비한 협박을 한 후에야 비로소 아라비아의 성실한 수로 안내인을 배에 태울 수 있었다. 1498년 4월 24일 남서 몬순이 아프리카의 고원에서 인도 쪽으로 불기 시작할 때 바스코 다 가마는 돛을 펴고 동쪽 항로로 나아갔다.

한 달 내내 포르투갈의 배 위로 거의 구름 한 점 없는 하늘이 반짝였다. 주위에는 바다의 부드러운 파도가 밀려갔다. 그리고 배 옆을 지나가는 물이 뱃전 외벽에 가볍게 부딪치며 철썩거리는 소리를 냈다. 선박들은 계속 순항했다. 5월 18일, 육지에 있는 낙원 같은 군도들이 시야에 들어왔다. 야자수들이 붉은 해안에 부채 모양으로 옆으로 기울어져 있었으며, 기이한 모양의 거대한 나무들이 비밀스런 만을 둘러싸고 있었다. 정신을 몽롱하게 하는 꽃 향기가 흘러나왔다. 수로 안내인의 충고에 따라 그들은 다시 남동쪽 항로를 택해 향료 도시인 캘리컷으로 향했다.

쏴 하고 소리를 내며 갑자기 비가 쏟아졌다. 마치 동화의 나라가 자신의 아름다움에 마지막 베일을 가리려고 시도하는 것 같았다. 갈라진 하늘 위로 번개가 파랗게 번쩍였다. 1498년 5월 20일 아침, 천둥 번개를 동반한 날씨가 물러갔다. 그리고 동쪽으로 그들이 동경하던 항구가 명확하게 보였다. 바스코 다 가마는 닻을 내리라고 명령했다. 포르투갈 선박들이 캘리컷의 정박장 위에서 흔들거렸다.

모랫바닥에 닻을 내리자마자 해안에서부터 형형색색의 돛을 단 보트들이 선대로 다가왔다. 그들은 상가브리엘 호에 배를 붙였다. 반나체의 갈색 사람들이 사다리를 기어 올라와 여러 가지 다른 말로 그 배가 어디서 왔는지를 물었다. 몇몇 선원이 아라비아어를 할 줄 알았기 때문에 그들은 곧 의사소통을 할 수 있었다.

다음날 보트가 다시 오자 선대의 선장은 그들에게 포르투갈 사람 한 명을 육지로 데리고 가라고 요청했다. 그는 죄수로서 선장에게 캘리컷의 분위기를 알려줘야 할 의무가 있었다. 육지에 도착하자 그는 바로 카스티야 말과 제노바 말을 할 줄 아는 튀니스 출신의 무어인 두 명에게로 끌려갔다. 그들이 말했다.

"빌어먹을! 어떻게 여기까지 왔느냐?"

"포르투갈왕의 배를 타고 왔다."

정찰자가 대답했다.

"그런데 이렇게 멀리 떨어진 곳에서 너희들이 찾고자 하는 것이 도대체 무엇이냐?"

"기독교인과 향료다."

"오만방자하게도 정신을 못 차리는군. 이곳에 기독교인은 한 사람도 없다. 그리고 거래에 관해서는, 이곳은 우리 구역이다! 너희 선장이 누구냐?"

"바스코 다 가마다. 그는 포르투갈의 기독교 황제인 마누엘 폐하의 선장이다. 완전무장한 선박 네 척과 함께 캘리컷의 정박장에 정박해 있다."

포르투갈 사람은 자랑스럽게 가르쳐주었다.

흑인들은 그 은밀한 경고를 놓치지 않았다. 그들은 이미 포르투갈 선박의 화력에 관한 정보를 들어 알고 있었다. 그리고 그들은 더 이상의 싸움을 원치 않았다.

"왜 카스티야의 왕이나 프랑스왕, 베니스 시 의회는 배를 보내지 않았는가?"

"세계에서 가장 막강한 함대를 소유하고 있는 포르투갈왕이 그것을 절대 허락지 않았을 것이다."

"그건 너희 왕이 잘한 일이다!"

그들은 포르투갈 사람에게 빵과 꿀을 주었고, 식사가 끝나자 다시 배로 돌려보냈다.

처음부터 무어인들은 적대적이었다. 서양 선박의 출현은 그들의 독점에 대한 협박을 의미했다. 그러나 이들은 캘리컷을 지배하는 라자, 사모린의 손님일 뿐이다. 캘리컷의 라자는 궁정 관리 중 한 명을 상가브리엘 호로 보냈다. 인도 사람은 침착한 걸음걸이로 갑판에 올랐다. 예복을 입은 선장과 완전무장을 한 장교들이 그를 맞이했다. 인도 사람은 깊게 몸을 숙이고 절을 하고 나서 인사의 표시로 이마를 만졌다.

"운이 좋았군요!"

인도 사람이 서투른 포르투갈어로 말했다.

"많은 루비, 많은 에메랄드! 이렇게 부유한 나라로 당신들을 인도한 신에게 감사해야 합니다!"

그들은 포르투갈어를 듣고 매우 놀랐다. 자신들의 언어가 이렇게 먼 곳에서까지 사용되고 있을 줄 상상도 하지 못했기 때문이다. 인도 사람은 정중하게 포르투갈 사람들을 캘리컷으로 초대했다.

다음날 아침 5월 28일, 바스코 다 가마는 니콜라웅 코엘류, 디에고 디아스, 그리고 여러 명의 장교와 무장한 선원 여러 명을 대동하고 캘리컷의 항구에 상륙했다. 인도 관리들은 많은 수행원들을 데리고 마중을 나왔다. 그들은 대부분 구릿빛 상체에 아무것도 걸치지 않았다. 귀족들은 검은 머리 주위로 왜가리 깃이 달린 비단 끈을 두르고 있었다. 그들은 구멍을 뚫은 코끝의 양쪽 부분과 비근(코가 이마와 접히는 부분) 혹은 귀에 귀한 보석을 달았다.

그들은 선장을 위해 정교한 조각이 들어간 가마를 준비했다. 흑인 노예들이 금박을 입힌 가마를 지고 갔다. 바스코 다 가마는 비단 커튼 뒤에 숨어서 휴식을 취했다. 금란 외투 밑으로는 갑옷을 입고 있었으며, 그의 주먹은 칼자루를 꽉 쥐고 있었다. 가마 옆에는 포르투갈의 선원들이 발사 준비를 마친 화승총을 들고 장교를 따라갔다.

도시의 거리로 가까이 다가갈수록 사람들은 점점 더 시끄러운 소리를 내며 몰려들었다. 흰 막대기를 든 인도 관리들이 사람들 사이로 가마가 지나갈 수 있는 길을 내기가 힘들 정도였다. 밀려드는 군중들은 암갈색의 사람들, 더부룩한 머리에 낮은 코의 거지들, 긴 사롱을 입은 키가 큰 남자들과 검은 속눈썹의 큰 눈을 가진 여자들, 아이들의 무리로 이루어져 있었다. 군중들은 가끔 화환을 가마 앞으로 던졌다. 그들은 평화로워 보였다.

이상한 사원, 조화롭게 조성한 수련 연못과 기괴한 돌상들이 있는 탑들을 지나쳐갔다. 낯선 형태의 기둥들이 평평한 지붕을 이고 있었으며, 싸우는 뱀, 용, 팔이 여러 개 달린 신, 왕좌에 앉아 있는 왕, 정신을 혼란스럽게 하는 오너먼트의 격자 세공으로 덮여 있는 피라미드만이 우뚝 솟아 있었다.

바스코 다 가마는 한 사원 앞에서 가마를 멈추게 했다. 중요한 행보에 앞서 기도를 하기 위해서였다. 그리고 그는 모든 포르투갈 사람들처럼 원주민들이 기독교 분파에 속한다고 믿고 있었기 때문에 이런 사원에서 하나님에게 도움을 청하는 것이 전혀 하나님에 대한 모독이 될 수 없다고 생각했다.

그러나 서늘하고 어두운 사원 안으로 들어가 장식과 돌 오너먼트로 가득 찬 천장, 들보, 둥근 아치, 조각들로 덮인 기둥을 보았을 때 그들은 잠시 주저하지 않을 수 없었다.

그러나 한 예배당에서 아이를 안은 성모의 입상을 보고 그들은 마음을 놓았다. 그곳에는 다른 성자들도 많았다. 머리에 왕관을 쓴 성자들이 벽에 그려져 있었는데 그들은 기이하게도 이빨이 입에서 반 치 정도 튀어나와 있거나 아니면 네다섯 개의 팔을 가지고 있었다.

그들은 시원한 저녁에 다시 출발했다. 시내는 알록달록한 세탁물이 나부끼는 좁은 통로로 이어져 있으며, 주사위 모양의 사각형 돌집과 진흙집들로 이루어진 주거지가 성문 아치까지 연결되어 있었다. 정원 담 뒤로는 꽃이 핀 덤불들이 무성했다. 몰려드는 사람들로 인해 걱정이 될 정도였다. 호기심에 가득 찬 사람들이 평평한 지붕 위에까지 올라가 소리를 지르며 난리를 쳤다. 포르투갈 사람들은 아주 천천히 많은 조상들로 장식된 커다란 궁전으로 들어섰다. 정신을 잃을 정도로 화려한 방을 거쳐 그들은 사모린의 접견실로 인도되었다.

군주는 초록색 비로드로 덮인 낮은 안락의자에 책상다리를 하고 앉아 있었다. 오른쪽으로 구장 열매 바구니를 든 시종 한 명이 서 있었으며, 군주는 바구니에서 열매를 꺼내어 계속 깨물어 먹었다. 그는 호기심에 가득 찬 눈으로 이방인들을 관찰하면서 금잔에 구장 껍질을 뱉었다. 잠시 후 그는 아라비아 통역을 거쳐 다 가마가 원하는 것이 무엇인지를 물어보았다.

바스코 다 가마 선장은 이렇게 대답했다. 자신은 포르투갈왕의 사절로 포르투갈왕은 많은 나라를 지배하는 강력한 지배자이며 엄청나게 많은 부의 소유자이다. 60년 전부터 선왕들이 인도 방향으로 탐험을 하기 위해 매년 선박을 원정 보냈다. 포르투갈의 마누엘 왕이 그에게 배세 척을 건조하라고 명령했으며, 그 선대의 사령관으로 그를 임명했다. 그리고 마누엘 왕은 지금 앞에 계신 군주를 발견하기 전에는 포르투갈로 돌아오지 말라고 했다. 그렇지 않으면 자신은 생명을 잃을지도 모른다. 여기 두 장의 편지는 캘리컷의 고귀한 사모린에게 전하라고 포르투갈의 마누엘 왕이 그에게 맡긴 것이다. 특히 마누엘 왕은 사모린의 친구와 형제가 되고 싶다고 전하라고 했다.

군주는 외국인들에게 카펫과 방석 위에 앉으라고 손짓을 했다. 다 가마가 군주의 오른쪽 상석에 앉고 왼쪽으로는 예언자의 후예임을 증명하는 초록색 터번을 쓴 수염이 더부룩한 물라(이슬람교의 법률, 종교학자에 대한 존칭—옮긴이)가 앉았다. 그리고 왼쪽과 오른쪽으로 귀족들과 사모린의 신임을 받는 사람들이 줄지어 앉았다. 아름답게 짜여진 카펫 위에는 귀한 음식과 음료가 차려져 있었다. 하인들은 우선 사프란과 아몬드를 간 것, 계피와 건포도로 양념을 한 밥을 은쟁반에 날라왔다. 그림이 그려진 질그릇에는 야채가 뿌려진 검은 콩이 가득 쌓였다. 작은 접시에 여러 가지 다른 소스들이 제공되었다. 이 소스들은 여러 가지 고기 요리에 곁들여지는 것이다. 완전히 구운 수양도 있고, 대추로 속을 가득 채운 비둘기와 메추라기 알이 커다란 은그릇에 가득 쌓여 있었다. 신선한 과일이 곁들여진 꿩, 갈색으로 구운 어린 거위와 오리의 가슴살도 있었다. 음료수로는 물, 아몬드 우유, 여러 종류의 과일 주스가 제공되었다. 식당의 한쪽 벽에는 연주자들이 앉아 있었다.

사모린의 손짓에 사람들은 이야기를 멈추었다. 턱수염을 기른 물라가 기도를 하면서 손을 들었고 코란의 한 구절을 읽었다. 그리고 나서 그는 군주 앞에서 세 번, 바스코 다 가마 앞에서 한 번 절을 하고는 소파에 몸을 기댔다.

이제 향연이 시작되었다. 군주는 관습에 따라 손님에게 가끔 특별한 요리를 접시에 담아주었다. 예를 들면 수양의 눈을 구운 것이나 거위의 특별히 기름진 부위를. 그러는 사이에 음악이 연주되기 시작했는데 그 음악은 포르투갈 사람들의 귀에는 아주 기이하게 들렸다. 식사는 많은 시간이 걸렸다. 식사가 끝나자 하인들이 꿀로 요리한 과일, 밤, 파인애플 과자 그리고 말린 자두, 대추와 포도를 내왔다. 신선한 오렌지, 살구, 앵두와 딸기 등이 은쟁반의 눈 위에 담겨 있었다. 눈이 어디서 났느냐는 선장의 질문에 통역이 대답했다. 빨리 달리는 사람이 겨울에 산에서 운반해온 것을 깊고 차가운 지하실에 짚으로 묶어서 몇 달 동안 보관한 것이라고. 게다가 쓴맛이 나는 뜨거운 음료가 색색가지의 유리 용괴(溶塊)로 장식된 작은 잔에 담겨 있었다. 군주는 그것을 카와라고 불렀다. 에티오피아에서 마른 초록색 콩의 형태로 운반되어온 것을 잘 볶아 아주 가는 입자로 간다. 그 위에 끓는 물을 부어 취향에 따라 꿀을 첨가해서 마신다고 군주가 설명했다.

"마호메트가 모든 신자들에게 포도주를 금지시켰기 때문에 알라는 선하시고 지혜롭게도 우리에게 이런 음료를 선물로 주었다. 이것은 정신을 맑게 한다. 기분을 돋우어주며 근육과 심장을 강화시킨다. 아무리 많이 마셔도 나쁜 영향을 미치지 않는다. 그렇다면 포도주를 능가하는 것이 아닌가?"

바스코 다 가마 일행이 인도에 온 최초의 유럽인은 아니었다. 몇 천 년 전 아리아 사람들이 북서쪽 산맥에서 이 평야로 침략해온 적이 있었다. 그 후에는 알렉산더 대제의 군대가 펀자브 지방을 공격했으며, 지금은 포르투갈 사람들이 케랄라의 해안에 정박하고 있었다. 다른 민족들도 이곳에 온 적이 있었다. 페르시아 사람, 그리스 사람, 스키타이 사람, 쿠스하나족, 아프가니스탄 사람, 훈족, 아라비아 사람들이 인도로 밀려들어왔으며 엄청나게 큰 대륙의 소용돌이 속으로 사라졌다. 이슬

170

람교도만이 살아남았다. 마호메트를 믿는 사람들은——아라비아, 터키, 그리고 아프가니스탄 사람들은 알라에 대한 믿음으로 연합하여——계급과 사회적 오해로 서로 싸우며 분열된 힌두교 국가에서 정착할 수 있었다.

풍성한 식사 후 다 가마 차례가 되어 그는 라자와 그의 궁신들에게 선물을 주었다. 선원들은 보잘것없는 거울, 유리구슬과 뉘른베르크 산 장신구를 내놓았다. 포르투갈왕 마누엘의 편지와 함께 그는 캘리컷의 군주에게 플랑드르 산과 플로렌스 산 수건, 부르군드 모자 몇 개, 세숫대야 여섯 개, 산호 목걸이, 설탕, 꿀, 기름 등을 주었다.

사모린은 싸구려 선물들을 자신에 대한 모욕으로 여겼다. 다 가마가 자신을 유리구슬, 작은 종, 싸구려 장신구를 주는 정도로밖에 존중하지 않는다는 것에 굴욕감을 느꼈다. 진주가 바구니로 거래되는 이곳에서 유리구슬은 모욕이었다. 인도 사람들의 분노가 가라앉고 난 후 사모린은 관리를 통해 이렇게 전하게 했다.

"메카나 인도의 어느 다른 도시에서 온 아주 가난한 상인이라도 라자에게 더 큰 선물을 제공했을 것이다. 너희 이방인들이 라자에게 선물하기를 원한다면 그것은 적어도 금으로 된 것이어야 한다. 그런 허접쓰레기와 싸구려 장신구들을 우리는 받지 않는다."

자존심 강한 포르투갈의 귀족 바스코 다 가마는 인도 신하들의 조롱 섞인 웃음 소리를 들으며 기니 해안에서는 충분히 제몫을 해냈던 싸구려 물품들을 다시 싸서 자신의 배로 돌아가야 했다. 인도의 거래 습관에 관해 잘 알고 있는 아라비아의 경쟁 상대들은 손을 비비면서, 포르투갈 사람들의 참패에 관한 소식을 캘리컷 전체에 퍼뜨렸다. 포르투갈의 항해자들이 나타나는 곳이면 어디서나 사람들은 침을 뱉으며 경멸조로 말했다.

"포르투갈! 거지 나라!"

성년이 된 마갈량이스

리스본의 시동들은 이제 열여덟 살이 되었고 통상적 의미로 성년이 되었다. 지구가 구상이냐 원반이냐는 하는 문제는 여전히 해결되지 않은 채로 남아 있었다. 세하웅과 마갈량이스는 군인으로 결정되었다. 그들은 그 결정이 알려지자 안도의 한숨을 쉬었다. 행정 관청 사무실에 쪼그리고 앉아 있는 것은 그들에게 죽음을 의미했기 때문이다.

마누엘 1세는 재능을 가진 젊은이들을 직접 관리했다. 그가 강의 과목을 정했다. 해양학, 탄도학, 기하학, 산술, 지리학—해양학, 에스파냐어, 라틴어—해양학, 지도 제작술, 천지학—해양학, 해양학, 해양학. 마누엘 왕은 자주 수업 시간에 나타나서 귀기울여 듣다가 가끔 질문을 하기도 했다. 마누엘 왕은 그 젊은이들의 마음을 사로잡았으며 그것은 그의 정책이었다. 수업 시간 중에 학생들의 귀에는 파도 소리가 점점 강하게 들려왔다. 망할 놈의 이론들! 밖에는 삶이 쏜살같이 지나가는데, 그들은 되풀이해서 연습하고, 태양의 위치를 아스트롤라베와 사분의로 관측하고 계산하고 수학 도표들을 비교한다. 얼마나 필요 없는 일이며 지루한 일인가! 그들이 교수가 될 것인가?

마누엘은 시동들이 필요하기 때문에 그들을 방문한다. 그러나 그는 그들에 대한 애정이 없었으며 시간도 없었다. 에스파냐와 포르투갈은 지구에서 유럽을 제외한, 사람이 사는 지역을 둘로 나누었다. 새로운 재산가, 대저택, 모임, 상점들이 생겨났다. 한편 어떤 사람들은 파산 상태에 빠졌다. 어제까지도 부유했던 사람들이 오늘은 마지막 모아둔 것까지 다 날렸다. 확실한 것은 아무것도 없었다. 모든 것을 다 잃어버릴 수도 있으며, 커다란 위험부담과 함께 다시 얻을 수도 있었다. 가족 모임에서는 희미한 촛불 아래 돈을 벌 수 있는 기회가 어떻게 바뀔지 논의했고, 교회의 둥근 천장에서 비치는 서늘한 어스름 빛을 받으면서도 사람들은 사기성이 농후한 선물 거래에 관해 희망적인 정보를 속삭였다.

모두들 인도로 가는 직접 항로를 고대했다. 희망봉은 아프리카지 인도가 아니다. 그러나 인도는 분명 더 가까워졌다! 리스본 의회는 아프리카의 희망봉을 한 순간도 눈에서 놓치지 않았다.

그러는 동안 크리스토발 콜론은 바야돌리드 사람들이 자신을 중상모략한 데 대해 이렇게 변명했다. 자신은 잔인하게 행동하지도 않았으며 불복종하지도 않았다. 에스파냐는 영토를 확장시켜준 데 대해 자신에게 감사해야 한다. 황금 나라에 아직 도착하지 못하긴 했지만 그곳은 틀림없이 그렇게 먼 곳이 아니다. 재산이란 것은 이익이 생기기 전에 획득해야 한다. 다시 한 번 항해할 수 있게 해준다면 자신은 틀림없이 목적지에 도달할 수 있을 것이다.

검은 노예시장의 확대

기니 해안에 달도 뜨지 않고, 비가 부슬부슬 내리는 밤이 되었다. 낮에는 구름이 그 지역의 평평한 지붕 위로 밀려왔다. 그때 소리 없이 누군가가 장화를 동여맨 채 다가왔다. 갑옷과 무기에서 낮게 절거덕거리는 소리가 났다. 사람 그림자들이 유령처럼 가까이 다가왔다. 장전한 총기를 든 그들은 잠들어 고요한 마을을 포위했다. 검은 파도가 철썩거리는 해변에서 갑자기 날카로운 소리가 울렸다. 섬광이 번쩍였다. 총성이 비바람 속에서 위협적으로 들렸다. 중대장이 튀어나왔고 나머지 군인들이 그를 뒤따랐다. 그들은 재빨리 칼을 꺼내들고 앞으로 나아갔다. 갑옷을 입고 둥그런 투구를 쓴 군인들이 느릿느릿 중대장을 따라갔다.

흑인들은 기겁을 하여 오두막에서 몰려 나왔다. 원주민 전사들이 활을 당겼다. 화살이 쉿 하고 소리를 내며 날아갔다. 비명 소리. 아이를 안고 도망가는 여자들. 그러나 노예 사냥꾼의 포위망을 뚫고 나갈 수는 없었다. 갑옷을 입은 사람들이 아무 상처도 입지 않고 가까이 다가왔다. 날카로운 총성이 들렸다. 총구에서 불을 뿜어냈다. 호각 소리가 울리고 북소리가 둔탁하게 들렸다. 그리고 나서 오두막 사이사이를 횃불이 에워쌌다. 횃불을 공중을 향해 흔들다가 오두막 지붕 위로 던졌다. 불꽃이 높이 솟아올랐다. 포르투갈 사람들이 소리를 지르며 다가왔다.

그때 수문이 열린 듯 깜깜한 하늘에서 비가 쏟아졌다. 점화관의 화약에 더 이상 불이 붙지 않았다. 몇 발의 총성만이 약하게 들렸다. 원주민 전사들이 다가왔다. 그들이 인간 사냥꾼에게 창을 던졌다. 창은 갑옷에 부딪쳐 튀어나왔다. 그래도 갑옷으로 보호하지 못한 부분에 창을 맞은 몇 명이 바닥에 구르면서 쓰러졌다. 다른 사람들은 싸우면서 앞으로 달려갔다. 그들의 칼이 마치 파란 뱀처럼 번득였다.

"총에 산탄을 장전시켜!"

수류탄이 큰소리를 내며 불꽃과 함께 터졌다. 그것이 원주민의 저항을 중단시켰다. 잔인하고 냉혹한 아침이 밝았을 때 모든 것이 끝났다. 포르투갈 사람들은 지쳐 해변에서 야영했다. 두려움에 사로잡혀 어쩔 줄을 모르는 흑인들은 몸을 떨면서 알 수 없는 숙명을 기다렸다. 그들 중 많은 사람들이 카라벨의 선복에 갇혀 포르투갈까지 가는 항해를 견디어내지 못하고 죽을 것이다. 해변에는 연기 나는 잔해와 부패하기 시작한 시체만 남겨졌다.

포르투갈의 상인들이 여전히 인도 산 물품의 풍요로운 축복을 기다리는 동안, 오래 전부터 다른 거래가 100배의 이익을 가져다주었다. 그것은 검은 상아로 불리는 노예였다. 영지를 수여받은 귀족 출신의 선장들이 그런 거래를 했는데, 그들이 흑인들을 야수처럼 잡아오는 업무를 아주 잘 처리했기 때문이다. 그들의 선박은 백인 정복자를 위해 근육질의 튼튼한 흑인들을 대양을 건너 데려왔다. 인간의 생명을 거래하는 무역의 새로운 분야가 가파르게 성장했다. 리스본의 부자와 세력가 중 체면치레를 소중히 여기는 사람들은 집과 정원, 마구간과 들에서 하는 모든 천한 일을 흑인들에게 맡겼다. 벨렝의 산책로에는 마치 개처럼 노예의 목에 끈을 묶고 다니는 우아한 사람들을 자주 볼 수 있었다.

동인도의 향료 군도를 손에 쥐다

조롱과 조소에도 불구하고 포르투갈 왕실의 사절은 외교적 노련함으로 그 수치를 극복했다. 그는 배의 선적 공간을 향료로 가득 채울 수 있을 정도로 많은 향료를 구입할 수 있었다. 사모린은 다 가마로부터 벗어나기 위해 심지어 그와 거래 계약을 체결하기까지 했다. 물론 그 계약을 지킬 생각은 전혀 없었다.

상황은 긴박했다. 변덕스러운 사모린이 바스코 다 가마가 그의 배로 돌아가는 것을 허락하지 않았기 때문이다. 다 가마는 배의 선원들에게 자신의 상황을 알리며, 포병대로 하여금 전투 준비를 하도록 명령했다. 그러자 사모린이 다 가마 선장을 풀어주어 그는 상가브리엘 호로 돌아갈 수 있었다. 인도의 군주 역시 한 가지만은 확실하게 알고 있었기 때문이다. 즉 인도의 무기는 포르투갈의 그것과 비교가 되지 않는다는 것을. 다 가마는 대포로 그 지역을 제압했다.

8월 29일, 선대는 주위를 둘러싼 인도 배의 위협을 받으면서 고향으로 출항했다. 다 가마 선장이 포문을 열게 하고, 따라오는 배들에게 대포 구멍을 위협적으로 갖다대고 나서야 비로소 아라비아의 디우선과 삼부크선들이 바다로 나가는 길을 열어주었다. 폭풍우가 다가오고 있었기 때문에 카라벨은 빠르게 서쪽으로 나아갔다.

그러나 귀향은 쉽지 않았다. 유리한 계절풍의 시기가 지나갔기 때문이다. 배들은 엄청나게 먼 거리를 힘들게 지그재그로 항해해야 했다. 결국 원정선 중 한 척만 리스본으로 돌아왔다. 바스코 다 가마는 아프리카의 서쪽 해안에서 상라파엘 호를 소각했다. 괴혈병과 흑수열(오줌이 까맣게 나오는 말라리아)이 발병했기 때문이다. 파울로 다 가마 역시 병이 들어 사망했다. 바스코 다 가마는 상가브리엘 호를 이끌고 파울로가 사망한 장소인 카보베르데 군도의 산티아고에 머물렀다. 니콜라용 코엘류만이 유일하게 그의 카라벨선인 베리오 호를 1499년 7월 16일 테주 강의 안곡으로 이끌고 왔다. 그래서 그는 세계 왕실의 주목을 끌 수 있었으며, 그것은 거의 믿을 수 없는 새로운 소식이 되어 전 대륙으로 퍼져 나갔다. 열광의 파도가 포르투갈 전역에 물결쳤다.

탐험 항해에 참여한 사람들은 모두 넉넉한 보상을 받았다. 바스코 다 가마가 9월에 돌아왔을 때 그는 제독으로 임명되었으며 백작의 직위로 신분이 상승했다. 모든 교회의 종소리가 리스본의 지붕과 거리, 광장에 울려 퍼졌다. 요새에서는 우뢰와 같은 축포가 불을 뿜었다. 하늘은 금빛으로 빛나는 햇빛을 받으며 구름 한 점 없었다. 거리마다 소나무 화환과 꽃다발이 매달려 있고, 기사와 귀족들이 사는 지역에서는 문장이 휘날렸다. 대성당의 종소리가 오전 9시임을 알릴 때 왕궁의 문이 열렸다. 비디게이라 백작이 된 돔 바스코 다 가마는 화려한 성장을 한 채 선장들과 함께 리스본의 대공들, 즉 궁성 수비대장, 궁내대신 두 명과 궁수 단장에 둘러싸여 상세바스찬 대성당으로 향했다.

스테인드 글래스 속에 돌 장미가 화려하게 반짝이는 정문 아래에 대주교가 포르투갈의 고위 성직자들과 함께 기다리고 있었다. 행운왕 마누엘은 이미 그의 보좌에 앉아 기다리고 있었다. 신비의 숲에서 나온 튼튼한 가지처럼 대성당의 기둥들이 둥근 천장을 향해 솟아 있었다. 오르간의 화음이 강하게 울리며, 수백 명의 가수로 이루어진 합창단이 감사의 '글로리아 인 엑셀시스 데오'를 함께 불렀다.

감사의 예배가 시작되었다. 유럽의 모든 민족이 꿈꾸어왔던 것이 이루어졌다. 동인도의 향료 군도로 가는 항로가 발견된 것이다. 사람들은 이제 그 항로를 알았고 다시 그곳으로 가게 될 것이다. 보석 같은 인도가 포르투갈의 왕실에서 빛나고 있다!

에스파냐에게 보내는 승리의 편지

1498년 바스코 다 가마의 선구적인 인도 항해는 포르투갈의 역사에 새로운 장을 열어주었다. 새로 발견된 인도 항로로 인해 동방의 부가 포르투갈의 영향권으로 들어오게 되었다. 이제 포르투갈 사람들은 이 항로를 이용하면서 향료 무역의 상당 부분을 다른 방향으로 유도할 수 있으며, 그럼으로써 그들의 오랜 적인 이슬람교도들에게 결정적인 경제적 치명타를 날릴 수 있었다. 마누엘 1세는 이런 전망에 대해 매우 기뻐했다. 우쭐해진 그는 코엘류가 리스본에 도착한 직후, 아직 다 가마가 도착하기도 전에 에스파냐의 경쟁자인 페르난도 왕과 이사벨 왕비에게 승리의 편지를 쓰지 않을 수 없었다.

존귀하시고 훌륭하신 국왕 부처께.

폐하께서는 이미 아시고 계시겠지요. 우리는 왕실 귀족인 바스코 다 가마와 그의 형제 파울로 다 가마에게 네 척의 선박과 함께 탐험 여행을 하도록 명령했습니다. 그리고 그들이 출항한 지 2년이 지났습니다. 이 사업의 주동기가 전지전능하신 하나님에 대한 봉사였기 때문에, 그리고 우리 자신의 이익만을 위한 것이 아니었기 때문에 하나님께서는 은혜로 항해자들의 길을 인도하여주셨습니다. 한 선장이 보내온 전갈을 통해 우리는 항해자들이 인도에 도착했으며, 인도와 국경을 접하고 있는 다른 제국과 군주를 발견했다는 것을 알게 되었습니다. 또한 그들이 그곳 영해를 항해하면서 대도시, 거대한 건물들과 강, 그리고 아주 많은 민족을 발견했으며 그 민족들 사이에서 향료와 보석의 거래가 이루어지고 있다는 사실도 알게 되었습니다. 그 물품들은——우리의 발견자들은 이런 물품들을 상당히 많이 보았답니다——배에 실려 메카로, 그곳에서 다시 카이로로 운반될 겁니다. 카이로에서 그 물품들이 전세계로 분배되지요. 항해자들은 이런 (향료 등) 물품들 중에서 많은 것들을 가져왔습니다. 계피, 정향, 생강, 육두구 열매와 후추, 그리고 이런 식물의 가지와 잎 등등. 물론 여러 종류의 많은 보석들, 루비 등도 가지고 왔지요. (중략)

게다가 우리는 하나님의 도움으로 무어인들을 부자로 만들어주었으며, 그들이 다른 민족의 간섭을 받지 않고 직접 관리했던 그 엄청난 거래가 우리가 정한 법령에 따라 우리 제국의 시민과 선박으로 방향을 전환하게 되어, 유럽에 큰 집단을 이루고 사는 기독교도들이 이런 향료와 보석들을 스스로 공급할 수 있게 되기를 바랍니다. 이것은 무한한 은혜를 베풀어 그렇게 예정했던 하나님의 도우심으로 이루어질 겁니다. 우리는 우리가 정복했던 지역의 무어인들과의 전쟁에 더욱 심혈을 기울이고자 합니다. 이것은 폐하가 결정해야 할 사안이며 우리도 그에 관해 마찬가지로 이 사안에 대해 열광하고 있습니다.

눈이 두렵게 하거든 그것을 빼버려라!

성삼위 일체의 일요일에 코르테 레알(왕궁)의 언덕에서 시내로 급히 달려 내려가자 축제 분위기가 그들의 눈에 띄었다. 모든 탑에서 종소리

가 울렸다. 그 메아리는 초여름날의 청명함을 통해 울려 퍼지면서 뒷골
목까지 파고들었다. 사람들이 사방에서 마조르 광장으로 몰려들었다.
광장에는 커다란 연단이 설치되어 있었다. 광장의 좁은 쪽에 자리 잡은
제단도 눈에 띄었다. 깃발들이 바람에 펄럭였다. 연단 앞에는 검과 올
리브나무 가지 사이로 초록색 십자가가 그려져 있는 군기가 펄럭였다.
군기 주위로는 다음과 같은 표어가 적혀 있었다.

'하나님께서 일어나셔서 당신의 죄를 심판하신다.'

"종교 재판소의 깃발인데."

세하웅이 외쳤다.

"종교재판 처형이야!"

많은 사람들이 광장 주위로 몰려들었다. 행상들은 옥수수 케이크와
햄, 포도주와 음료수를 팔았다. 그 사이로 점쟁이, 창녀, 농부, 군인, 부
랑아들과 수도사들, 수공업자, 시장 아낙네, 사기꾼, 성실한 시민과 소
매치기 등이 돌아다녔다. 세하웅과 마갈량이스는 호기심 때문에 밀려
드는 사람들로 봉쇄되어 있는 곳까지 밀려갔다. 그들은 흥미진진하게
광장을 쳐다보았다. 그리고 밀려드는 사람들을 막고 있는 갑옷 입은 군
인들과 파란색, 붉은색, 노란색 옷을 입은 의전관들을 보았다. 그들은
전면에 걸려 있는 왕실 문장과 연단 위에 자리 잡고 있는 명사들을 살
펴보았다. 맨 앞줄의 세 좌석과 가운데의 왕좌가 비어 있었다.

그들 주위에 있는 사람들이 소리를 지르며 격렬하게 토론을 벌였다.
이번에는 몇 명의 이단자들이 화형을 당하는가? 2주일 전 종교재판관
은 어느 집시 가족을 모두 감금시켰다. 칼을 갈며 냄비를 닦아주는 아
버지, 손금을 보거나 점을 쳐주는 엄마와 소매치기 아이 아홉 명을. 가
장 큰 아이는 제법 컸지만 막내는 여섯 달 내지 일곱 달밖에 되지 않았
다. 그들이 이단자에 속한단 말인가? 빌어먹을 고리대금업자와 환전상
유대인을 화형시키는 것이 차라리 더 나을 것이다!

주위에 서 있던 사람들이 웃으면서 이 말에 동의했다. 그때 의전관의 팡파르가 울렸다. 사람들은 멍청하게 연단 위를 쳐다보며 숨을 죽였다. 무장한 군인들에 둘러싸여, 매 사냥꾼 네 명을 대동하고 마누엘 1세가 진지한 표정으로 흰색 말을 타고 다가왔다. 화려한 복장의 수행원들이 그의 뒤를 따랐다. 연단 앞에서 왕이 말을 세웠다. 왕은 품위 있게 말에서 내려 적절한 걸음걸이로 중앙 통로의 계단을 올라갔다. 왕의 딱 벌어진 체격은 그를 따라오는 귀족들 앞에서 두드러져 보였다. 그러나 그는 많은 귀족, 고위 성직자들, 관리와 수행 장교들보다 수수한 복장이었다. 그의 옆에 있는 대주교의 법복이 새빨갛게 빛났다. 민중들은 왕을 우러러보았으며 몇몇은 모자를 벗었다. 수행원들의 발걸음 소리가 연단의 나무판 위로 공허하게 울렸다. 덜커덩거리고 삐걱거리는 소리, 두드리는 소리와 긁는 소리, 기침 소리와 옷깃 스치는 소리를 내며 왕과 수행원들은 연단 위에 조심스럽게 자리를 잡았다. 군중들 중 누군가가 큰소리로 "폐하 만세"를 외쳤다. 그러나 마누엘은 조용히 하라는 손짓을 했다. 곧바로 조용해졌다. 몇 분 후 왕이 시작하라는 수신호를 보냈다.

다시 팡파르가 울려 퍼졌다. 골목길에서 인상적인 축제 퍼레이드가 몰려나왔다. 그 행렬은 이미 준비를 마치고 기다리고 있었다. 무장을 한 연료상인이 맨 먼저 달려왔다. 그들은 화형장에 필요한 나무를 제공했다. 이제 연료상인들은 분열행진을 해야 했다. 그 다음 흰색 십자가가 운반되었다. 그 뒤로 손을 수도사복의 넓은 소매 속에 넣은 도미니크회 수도사들이 따랐다. 모두들 진지하고 조용하게 연단 아래의 광장으로 갔으며, 그곳의 한 구석에서 정렬했다. 그 다음에 춤추듯 껑충껑충 뛰는 말을 타고 고급 옷을 입은 무서운 표정의 성직자들이 가까이 다가왔다.

"도미니크 수도회 관구장이며 종교재판소장이야."

세하웅이 속삭였다.

족히 50명에 달하는, 털로 짠 수도복을 입은 카프친 교단 수도사들이 그 뒤를 따라갔다. 뾰족한 두건이 이마까지 내려와 있으며 손에는 촛불을 들고 있었다. 수도사들은 슬픈 목소리로 '하나님이여, 나를 불쌍히 여기소서'를 부르기 시작했다. 그 뒤를 대학 교수들, 조합의 최연장자와 리스본에 주둔하는 교단의 대표들이 따랐다. 도미니크회, 프란체스코회, 아우구스티누스 교단, 카프친 교단, 카르멜 교단, 시토 교단, 베네딕트 교단, 카르토우센스 교단, 제로니무스 수도원, 프레몽트레 수도회. 모두들 촛불을 들고 있었다. 재속 수사들은 거대한 십자가와 교회기를 끌고 갔다.

마침내 열네 명의 수감자들이 거칠게 짠 참회복인 삼비엔토를 입고 모습을 드러냈다. 머리에는 뾰족한 종이 모자인 카로사를 쓴 채 그 가련한 악마들은 판결을 받기 위해 비틀거리며 걸어갔다. 흰색의 교회 의식용 가운을 입은 신부들이 힘들게 걸어가는 수감자들을 인도했다. 죄수들은 목에 밧줄이 묶인 채 대부분 절룩거렸다. 똑바로 걸을 수 있는 네 명은 낮은 수레를 끌고 가야 했다. 수레 위에는 측은한 모습의 사람들이 쪼그리고 있었다. 가까이 가보니 남자 두 명과 여자 한 명임을 알 수 있었는데, 그들은 사지가 고문으로 인해 비틀려서 더 이상 걸을 수가 없는 상태였다. 그들 중 한 명, 특히 뉘우침이 없었던 한 사람은 재갈이 물린 채 수레의 적재함에 사슬로 묶여 있었다. 그가 신을 모독하는 어떤 저주의 말도 내뱉지 못하게 하기 위해서였다. 그 비극적인 행렬은 카사 산타의 기수들에게 양쪽으로 둘러싸였다. 시동학교의 생도 두 명에게는 사슬에 묶인 그 초라한 사람이 얼마 전 분수 가장자리에서 심하게 욕을 하던 젊은 수도사처럼 보였다. 그 뒤로 죄수 다섯 명이 사람 크기의 판지 그림을 들고 따라갔다. 그들은 마지막 순간에 '후회했으며' 그렇기 때문에 은혜로운 판결을 기대할 수 있을 것이다.

"저 그림들은 감옥에서 죽어간 죄수들을 그린 거야. 그들의 뼈가 이제 운반되어올 거야."

빙 둘러 서 있는 사람들 중 한 명이 아는 체를 했다.

"차라리 죽는 게 더 낫지."

옆에 서 있던 사람이 말했다.

"이번에 집시 가족은 없는데."

"다음 순서인가 보지!"

"집시들은 교활해! 그들은 고문을 받고 몸을 뒤틀지만, 쉽게 고백하지 않아!"

"그래, 그들은 훔치고 속이고 사기를 치지. 어떤 집시는 에스쿠도 두 개를 내 주머니에서 훔쳐갔어. 여관에서 돈을 낼 때가 되어서야 그걸 알아차렸지 뭐야."

"내가 그걸 봤어야 했는데. 네가 바보같이 도둑질당하는 것을 말이야."

그때 나무로 만든 뼈 상자와 죽었거나 도망쳐서 법정에서 벗어난 죄수들의 그림이 실린 소 수레가 다가왔다. 그들은 그림 속에서라도 화형을 당해야 한다. 종교재판소의 기사들이 다시 그 행렬의 마지막을 장식했다.

마침내 모두들 연단 앞 광장에 모였다. 수도회 관구장은 말에서 내렸다. 주교좌 성당의 참사회원 두 명이 주교의 예복을 입혀주었다. 옆에 설치된 제단에서 그는 짧은 미사를 드렸다. 한 도미니크회 수도사가 다음 주제에 관해 설교했다.

"눈이 너를 두렵게 하거든 그것을 빼어버려라!"

세하웅과 마갈량이스는 그를 잘 알고 있었다. 그는 매년 성 믿음의 날 궁전의 설교단에서 분노했던 그 사람이다.

마누엘은 무표정한 얼굴로 왕좌 위에 앉아 있었다. 그는 미동도 없이 교황청 최고 관청의 수도사가 낭독하는 악투스 피데이, 즉 믿음의 행위에 귀를 기울였다. 개전의 정이 있는 사람 두 명에게는 체형 100대가,

다른 한 사람에게는 10년간의 감옥 행이 선고되었고, 나머지 두 사람은 불쌍하게도 화형하기 전에 가루차(교형틀)로 교살하라는 판결을 받았다. 그들의 시체는 전혀 회개의 기색이 없는 열네 명과 함께 불 속에 던져질 것이다.

왕은 그것에 관심을 가질 시간이 없었다. 그는 일어나서 몸을 돌렸다. 궁신들이 그의 뒤를 따랐다. 중요한 국사가 그를 기다리고 있다. 마누엘이 계단을 내려가고, 무장한 수행원들이 말을 타는 동안 죄수들은 노새 위로 옮겨졌다. 그리고 나서 그 대열은 형장으로 이동했다. 민중들은 선정적인 것을 탐하며 그 뒤를 쫓았다. 많은 구경꾼들이 무리를 지어 앞서갔다. 종교재판 처형, 성문 앞에서 벌어지는 볼거리를 사람들은 놓칠 수가 없었다. 화형장에는 형리와 고문 형리, 조서 작성자가 기다리고 있었다. 죄수들이 대중들의 조롱을 받으며 판지 그림, 죽은 죄수들의 뼈와 함께 태워지고 있었다.

6 신대륙 아메리카를 발견하다

이미 발견된 지구의 대륙들은 철저하게 연구되었으며
네 번째 대륙이 아메리고 베스푸치에 의해 발견되었다.
이 대륙을 그 발견자, 상상력이 풍부하고 현명한 아메리고의 이름을 따서
아메리고 대륙이라 명명하는 데 대해 누구도 반대하지 않으리라 생각한다.
유럽과 아시아가 여자의 이름을 딴 것이기 때문에
이 대륙도 '아메리카'라 불려야 한다.

희망과 환상을 바꾼 콜론

바스코 다 가마의 행운은 다시 한 번 크리스토발 콜론의 운명에 빛을 밝혀주었다. 에스파냐는 포르투갈과 경쟁을 감행해야 했으며 추월당하기를 원치 않았다. 많은 배들이 콜론에게 위임되었다. 그에게 부과된 임무는 짧고 간결했다. 그가 발견했던 군도를 통과해 마침내 일본과 중국으로 향하는, 위대한 칸의 제국으로 가는 통로를 발견하는 것이다.

여러 번 실패를 했지만 그래도 제독이며 서인도 총독인 콜론은 지금까지 그의 믿음을 잃지 않았다. 고집과 종교적인 신뢰가 그의 특징적인 성격이었다. 그러나 성취되지 않은 성공은 이성적인 탐험가를 혼란스런 환상가로 만들었다. 그가 다시 신대륙을 발견했을 때 그는 희망을 환상과 바꾸었다. 그가 본 산등성이는 그의 확신에 따르면 틀림없이 중국의 구릉 맥이다. 그는 중앙아메리카의 해안을 아시아 대륙으로 여겼다. 파발꾼의 보트로 그는 소식을 보냈다. 그가 발견한 곳은 '대칸의 본거지인 페킹과 성 갠지스 강에서 며칠 거리밖에 떨어지지 않았다'고.

캘리컷과의 외교

마누엘 1세는 캘리컷의 왕과 거래를 트려고 시도했다. 그래서 1500년 3월 초에 새로운 원정대를 인도로 보냈다. 원정대장은 페드로 알바레스 카브랄이었다. 바스코 다 가마는 카브랄에게 충고했다. 나미비아 사막 앞에서 남동 무역풍과 벤구엘라 반대 조류를 피하려면 멀리 대서양 남서쪽으로 가다가 희망봉을 돌아가라고. 그리고 대략 남위 25도까지 내려가서 동쪽 항로를 택하라고 말했다. 카브랄은 이 충고를 따랐다. 그런데 서쪽으로 너무 깊게 돌다가 풍요로운 대륙을 만났으며 그 대륙이 포르투갈 왕실의 소유임을 선언했다. 그 대륙은 토르데시야스 조약에서 합의된 경계선의 동쪽에 자리 잡고 있었기 때문이다. 카브랄은 그 해안을 테라 데 라 베라 크루스라 이름붙이고 남동쪽으로 계속 희망봉과 인도 방향으로 항해를 계속했다(나중에 그 대륙은 브라질리아라고 이름이 바뀌었다. 거기서 매우 수요가 많은, 염료를 함유한 브라질나무가 대량으로 발견되었기 때문이다).

그해 12월, 카브랄은 캘리컷에 도착하여 사모린에게 마누엘 왕의 편지를 전해주었다. 마누엘은 외교적 수단을 통해 자신의 목적을 이루려고 시도했다. 그는 기독교의 다복함에 관해 묘사했지만 그것은 인도왕의 관심을 거의 끌지 못했다. 그런 다음 그는 서양의 항해술의 발전에 관해 설명하기 시작했다. 그것은 사모린에게 포르투갈의 우월성을 확실하게 보여주었다. 그럼에도 그것은 일시적인 공포를 불러일으켰을 뿐이다. 또한 마누엘 왕의 편지는 지금까지의 모든 성과를 수포로 돌아가게 만들었다. 그는 이 편지를 가지고 온 자신의 신하를 잘 대접해달라고 요청했다. 왜냐하면 '아주 오래 전부터 당신과의 우정, 당신과의 교류, 거래를 시도하고, 당신이 어떤 다른 나라로부터도 받을 수 없었던 아주 많은 이익을 당신에게 가져다주었던 그 민족에 관해 기뻐하는 것이 인간의 도리에 합당한 것'이기 때문이라고.

평화적으로 무역관계를 맺으려는 마누엘의 시도는 동양을 약한 자로 생각했기 때문이다. 카브랄이 다 가마보다 훨씬 비싼 선물을 가지고 왔음에도 불구하고 사모린은 적대적인 태도를 취했다. 카브랄은 선박의 포병대에게 그 도시에 대포를 쏘라고 명령하고 나서 캘리컷의 정박장을 떠나 더 남쪽에 위치한 코친에 정박했다.

코친의 군주는 캘리컷의 사모린과 적대관계였기 때문에 포르투갈 사람들을 동맹군으로 환영했다. 카브랄이 몇 주 후 귀향하기 위해 닻을 올렸을 때 배의 선복은 후추, 생강, 계피와 다른 귀한 물건들로 가득 찼다.

탐험심을 잃어버린, 감금당한 콜론

콜론의 탐험에 대한 열광은 이미 사라졌다. 향료와 보석 등 그들이 기대했던 보물들은 아직 발견되지 않았다. 그리고 포르투갈 인도 여행자의 여행 보고를 통해 부풀어오른, 금의 도시와 풍요로운 시장에 대한 환상적인 기대는 실망만을 안겨주었다. 후추, 육두구, 생강, 사프란과 계피로 선박을 채우는 대신, 그리고 금과 은 대신, 그 함대는 갈색 노예만을 싣고 돌아왔다.

희망이 충족되지 못함으로 인해 제독이며 대서양의 총독인 콜론은 그의 권위 중 상당부분을 상실했다. 다른 사람들의 질투와 미움이 벼락 출세한 사람의 지위를 약화시켰다. 에스파냐 왕궁에서 사람들은 끊임 없이 속삭였다. 제노바 출신의 항해자였던 크리스토발 콜론이 해외의 제국을 통치할 능력을 가진 사람이 못된다고. 서인도 군도에서는 모험을 찾아온 사람들 사이에 불만과 반란의 분위기가 지배적이었다. 그 무리들은 풍요로운 노획물에 대한 희망을 가지고 항해를 시작했지만 이제는 황금의 서쪽에서도 일을 해야만 부자가 될 수 있다는 것을 깨닫게 되었다.

제독은 이미 대양을 세 번이나 항해했다. 다른 사람들의 의심이 점점 증가할수록 콜론의 고집은 더욱 세졌다. 그는 섬으로 밝혀졌으며 쿠바라고 불렸던 그 육지가 아시아의 동쪽 변두리라고 여전히 믿고 있었다.

그는 연대기 기록자에게 이렇게 받아쓰게 했다.

제독은 그 해안을 알파와 오메가라고 칭했다. 왜냐하면 그는 태양이 지는 곳에서 우리의 동쪽이 끝나며, 태양이 떠오르는 곳에서 우리의 서쪽이 시작된다고 확신하고 있었기 때문이다. (중략) 그는 곧 페르시아의 동쪽에 위치한 황금 헤르손에 도착할 것이라고 기대했다. 그는 우리가 알지 못하는 태양 운행 궤도의 열두 시간 중 두 시간만 잃어버렸다고 믿었다.

지상의 낙원을 찾겠다는 꿈에 사로잡힌 콜론은 인간적 탐욕이라는 현실과 계속 싸워야 했다. 백인들의 잔인함과 비인간적인 행동 때문에 처음으로 인디언들의 반란이 일어났다. 콜론은 인간의 사욕이 빚어낸 사태를 제어해보려고 시도했지만 소용 없었다. 그는 엄격한 재판관을 보내달라고 에스파냐로 편지를 보냈다.

궁정에 있는 그의 적들은 프란시스쿠 데 보바딜라를 선택했다. 그 왕실의 대변자는 범죄자에 대해 맞서는 대신 자신의 전권을 콜론을 무너뜨리는 데 사용했다. 몇 번의 모욕적인 싸움 끝에 에스파냐에 있는 친구들의 영향력을 확신한 보바딜라는 콜론을 감금하여 사슬에 묶어놓았다. 그리고 그를 동쪽으로 가는 카라벨에 태웠다. 그 배의 선장인 빌레조가 바다 위에서 몰락한 총독의 사슬을 풀어주려 하자 콜론은 이렇게 말했다.

"안 됩니다! 국왕 부처께서 제게 명령하셨지요. 보바딜라가 그들의 이름으로 나에게 부과한 모든 것을 지키라고요. 그들의 이름으로 그는 나를 사슬에 묶었습니다. 나는 사슬에 묶인 채 갈 것입니다. 폐하 부처께서 이 사슬을 풀어주라고 명령할 때까지요. 그리고 나는 그것을 내 봉사의 대가에 대한 기념으로 성유물처럼 보관할 겁니다."

11월 23일, 배가 카디스에 도착했다.

콜론이 사슬에 묶여 돌아온 그때 페르난도와 이사벨은 황제의 아들인 필립과 결혼한 딸 요한나가 헨트에서 사내아이를 낳았다는 기쁜 소식을 전해들었다. 그 아이의 이름은 증조 할아버지인 부르고뉴의 대담왕 카를로스의 이름을 따서 지었다고 한다. 그러나 기쁜 소식에 이어 곧 죽음의 소식이 전해졌다. 22개월밖에 되지 않은 왕자이며 후계자인 미구엘이 갑자기 죽었다는 소식이었다. 이런 슬픈 소식에도 불구하고 가톨릭왕의 제국인 에스파냐에는 미래에 대한 강력한 전망이 생겨났다. 막시밀리안의 손자인 카를로스가 살아남는다면 그는 엄청나게 큰 대륙을 지배하게 될 것이다——독일, 부르고뉴, 네덜란드, 이탈리아의 반, 에스파냐와 식민지들.

에스파냐의 왕궁으로 탐험가 콜론의 사건에 대해 격분한 항의가 세계 각지에서 밀려들었다. 국왕 부처는 그라나다에 머물면서 재판관 보바딜라의 실책에 관해 보고받고 매우 당황했다. 노인이 된 콜론의, 정의와 잃어버린 자신의 권리를 회복시켜줄 것을 간청하는 장황한 편지가 낭독되었다.

7년 동안 저는 폐하의 왕실에 봉사했습니다. 폐하의 궁정에서 저의 사업계획을 들은 사람들은 누구나 그것을 말도 안 되는 소리로 여겼습니다. 그러나 지금은 가난한 재단사까지도 탐험가가 되기 위해 허가를 받으려 합니다. 그들이 탐험 여행을 하려는 것은 단지 노획물을 노리기 때문이라고 그 이유를 추측할 수 있습니다. 그리고 그들에게는 나의 명예를 격하시키고 그 사업 자체에 해를 끼칠 수 있는 일을 하는 것이 허락되었습니다.

하나님의 몫은 하나님께 드리는 것이 정당합니다. 그리고 개개인은 각자에게 속한 것을 받는 것이 마땅합니다. 그것이 올바른 생각이며 올바른 사고에서 나오는 것입니다. 지금 폐하의 지배를 받고 있는 지역은 어떤 다른 기독교 세력이 지배하는 지역보다 더 많아졌으며 훨씬 확장되었습니다. 그리고 제가 하나님의 뜻을 통해 그 대륙들을 고귀하신 폐하의 지배권에 편입시키고 난 후 저는 구금되어 사슬에 묶였습니다. 배에 내던져지고 모든 명예를 잃어버렸으며 거칠게 다루어졌습니다. 변명할 기회도 주지 않은 채 말입니다. 어느 불쌍한 외국인이 아무 이유나 근거도 없이 폐하에게 반항한다면 누가 믿겠습니까. 제가 폐하께 봉사하면서 항상 보여드렸던 올바른 헌신과 그 대가로 받은 부당한 모욕 때문에 조용히 있을 수가 없습니다. 제가 원하는 전부는 바로 이것입니다.

저의 불평을 용서해달라고 폐하께 간청합니다. 저는 실제로 제가 보고했던 대로 아주 치명적인 판결을 받았습니다. 지금까지 저는 다른 사람으로 인해 고통받아왔습니다. 하늘이 저에게 은혜를 베푸시고 땅이 나를 위해 울어주기를…….

항상 콜론의 특별한 친구였던 이사벨 왕비는 곧바로 콜론을 풀어주기 위해 그녀의 시종을 카디스의 감옥으로 보냈다. 콜론은 첫 번째 보상금으로 2천 두카텐을 받았다.

그는 절룩거리며 궁정에 나타났다. 한탄하면서 보좌의 계단 위에 쓰러져 경련을 일으켰다. 왕은 그에게 계속 일정한 소득을 주고 개인 재산을 넘겨주기로 했다. 그러나 총독의 직위는 왕실과 더 가까운 사람에게로 넘어갔다.

포르투갈의 향료 무역권

엄청난 이윤을 가져온 카브랄의 인도 통상사절단에 관한 소식이 베니스에 도착했다. 포르투갈의 새로운 항로는 유럽의 향료 무역에 있어서 베니스의 독점권을 위협했다. 리스본에 있는 베니스 사절인 지롤라미 프리울리는 이 점을 재빨리 간파했다. 그는 속달 우편으로 대의회에 다음과 같은 소식을 보냈다.

1502년 9월. 이달 9일에 포르투갈 함대가 리스본에 도착했다. 제노바와 리옹, 그리고 다른 나라에서 온 편지에서 향료를 가득 실은 카라벨이 인도에서 돌아오고 있는 중이라는 사실을 알 수 있었다.

이 향료가 얼마나 많은지는 이제 별로 중요하지 않다. 중요한 것은 항로의 발견과 매년 많은 양의 향료를 가져오게 될 거래의 시작이다. 이런 새로운 소식은 위에 말했듯이 베니스 시에서는 매우 나쁜 소식으로 간주될 수밖에 없다. 그리고 아주 현명한 몇몇 사람들은 이런 상황이 베니스 몰락의 위험을 내포하고 있다고 믿는 경향이 있다. (중략)

이제는 포르투갈 왕실의 새로운 항로 발견으로 인해 지금까지 카이로를 거쳐 (베니스로) 왔던 모든 향료들이 포르투갈에서 통제된다. 왜냐하면 인도와 캘리컷과 이외의 다른 장소로 가는 포르투갈의 카라벨이 그 향료를 거래할 것이기 때문이다. 그리고 베니스의 향료 무역이 감소한다면 그로 인한 이익과 자금 역시 줄어들게 될 것이다. 실제로 베니스 무역에 종사하는 사람들의 전망은 좋지 않다. (포르투갈의) 항해가 그들을 매우 가난하게 만들 수 있기 때문이다.

기다리고, 희망하고, 다시 기다리고

백발의 콜론은 다시 한 번 발견자로서의 행운을 시도했다. 그는 서쪽으로 항해하기 위해 몇 척의 선박을 준비시켰다. 그러나 산도밍고의 새 총독이 그의 상륙을 거부했다. 그는 추방되어 대양에서 자신이 찾아낸 군도들 사이를 돌아다녀야 했다. 수많은 불행한 사건 후 그의 마지막 배가 침몰했으며 살아남은 사람들은 겨우 구조될 수 있었다. 모든 것을 감행했지만 대양은 실패한 그를 거지처럼 토해냈다. 그가 카딕스로 들어갔을 때 아무도 그에게 관심을 두지 않았다. 그는 사람들의 조롱을 받으며 기피당한 채 도시의 거리를 배회했다. 그를 반대하는 막강한 적들이 많았다. 바로 이어서 궁정에서의 그의 유일한 지지자인 이사벨 여왕이 사망하자, 포르투갈 왕실은 심지어 그에게 약속했던 수입을 지불할 것을 거절했다. 그는 여러 번 청원하고 애를 써보았지만 아무 답변도 없었다.

기다리고, 희망하고, 다시 기다리고. 그것은 이제 노령의 그에게 계속적으로 반복되는 일이었다. 그는 고리대금업으로 먹고 살았으며 국가에 대해 제기했던 끝없는 재판의 판결을 재촉했다. 모든 것이 힘들었으며, 진 빠지게 만드는 재판의 순서를 따라야 했다. 이 재판소에서 저 재판소로 순례하며 접견실에서 시간을 소비하는 콜론은 그의 나머지 인생이 손가락 사이로 새어나가고 있음을 감지했다.

편안함과 집중력을 겸비한 미래의 항해자

교사는 이제 백발의 노인이 되었다. 이빨이 없어 자주 침을 흘리고, 불명확한 소리를 중얼거리는 그는 더 이상 수업에 참여하지 않았다. 그는 왕실의 배려로 4년 전부터 카사 세닐리시마, 즉 소수 형제의 교단이 운영하는 양로원에서 지내고 있었다. 이제 강단에서는 새로운 교사가 강의를 했다. 그는 그 시대에 알맞는 매우 명석한 사람 중 한 명으로 뉘른베르크 출신의 독일 사람이었다. 그는 훈타 도스 마테마티코스의 일원으로 세계 각지를 여행했다. 또한 지리학자로 그리고 고등 해양학 분야에서 권위자로 인정받았다. 그의 이름은 마르틴 베하임이었다.

왕의 위임을 받은 베하임은 선장들에게 조언을 해주며, 언젠가 포르투갈의 기를 달고 세계 만방에 가게 될 상급 학생들을 가르치기도 했다. 젊은이들은 흥미를 가지고 그의 강의에 귀를 기울였다. 그 독일인은 활발하고 명확하게 이야기했다. 그는 인상적으로 강의했으며 그것은 그의 위대한 체험에서 우러나온 것이었다. 그의 말에서 대양의 파도소리가 들리는 듯했다.

"여러분, 하필이면 왜 포르투갈이 위대한 발견을 할 소명을 받았겠는가? 한쪽에는 육지가 펼쳐져 있다. 다른 쪽은 오세아노 테네브로소(어둠의 대양)인 대서양이 포르투갈의 해안에 파도를 던지고 있다. 이미 프톨레마이오스는 더운 아프리카 대륙을 극복할 수 없는 방해물로 설명한 적이 있다. 왜냐하면 이 황폐한 대륙이 남극 근처까지 이르기 때문이다. 매번 포르투갈의 해안에는 이상한 나무와 식물 가지들이 밀려왔다. 이것들이 어디서 오는 것일까?"

베하임은 주목하며 귀를 기울이는 젊은이들을 둘러보았다. 학생들은 주저하면서 몇 가지 질문을 했다.

"아마도 콜론이 발견한 섬에서 온 것이 아닐까?"

"아니면 콜론이 아직껏 찾고 있는 지팡구에서 온 건가요?"

"아니면 아프리카에서?"

교사는 아무 말도 하지 않았다. 교실 안에 정적이 감돌기 시작하자 그가 계속 말을 이었다.

"엔리크 왕자 역시 그런 질문을 했었지. 너희들은 자신의 인생을 아프리카의 비밀을 벗기는 데 바쳤던 이 훌륭한 왕자의 이야기를 알고 있을 거야! 항해자 엔리크는 이븐 바투타와 마르코 폴로의 페르시아와 인도, 그리고 중국에 관한 보고를 연구했고, 스트라보와 헤로도토스의 책을 통해 페니키아의 함대에 관해 알게 되었다. 그 함대는 이미 기원전

600년 전에 홍해를 항해했으며 2년 후 헤라클레스의 기둥 앞에 다시 나타났다. 위대한 알렉산더 대왕 역시 아나톨리아, 아프가니스탄, 페르시아를 거쳐 인도의 국경선까지 갔다. 그래서 엔리크 왕자는 포르투갈을 신이 선택한, 인도로 가는 발판으로 여겼다. 그는 그의 첩자들이 아라비아의 시장과 대상의 숙소에서 상빈센테 곶의 사그레스에 있는 그의 사령부에 전달했던 모든 이야기와 소문들을 알고 있었다. 그리고 그는 향료들이 유럽 시장에 도달할 때까지 몇 배로 값이 올라, 어떤 경로를 통해 오는지도 알고 있었다. 향료는 적어도 열두 번의 중개상을 거치며 매번 가격이 올라간다. 아주 작은 선박이라도 짐을 가득 실은 채 리알토의 해변에 도달하면 그 이윤은 그 동안 투자된 모든 돈을 메워준다!"

베하임은 강의를 중단했다. 그는 자신이 하는 이야기가 학생들에게 전혀 새로운 것이 아님을 확실히 감지했다. 검은 후추와 흰 후추, 계피, 무스카트, 생강, 정향들이 문제였다. 사람들은 특히 정향을 많이 찾았다. 그것은 페스트의 치료수단으로 통용되었기 때문이다. 유럽에서는 점점 페스트가 횡행했다. 특히——그것은 선원들에게도 중요했다——정향이 있으면 고기를 몇 주간이나 저장할 수 있었다. 포르투갈은 후추를 아프리카에서도 발견했지만 질 좋은 제품은——그 사이에 알게 되었듯이——인도와 말라바르 해안에서 오는 것이다. 계피는 실론 산이다. 다른 향료의 원산지는 동아시아의 미지의 지역에 있었다.

베하임은 주위를 둘러보며 물었다.

"왜 너희들은 포르투갈이 엔리케 왕자의 지도하에 이 모든 노력을 감행했다고 생각하는가?"

"베니스와 제노바가 얻는 이익을 같이 나누기 위해서지요."

한 학생이 대답했다.

"그것은 동기로서는 충분치 못해."

교사가 말했다.

"베니스와 제노바가 이집트와 시리아의 믿을 수 없는 자들과 거래를 하기 때문인가요?"

다른 학생이 물었다.

"또 다른 이유는 없을까?"

마갈량이스가 대답했다.

"그 당시에는 향료가 나는 나라에 어떻게 갈 수 있는지 아직 밝혀지지 않았습니다. 아프리카가 남극까지 이어진다고 생각했거든요."

베하임은 고개를 끄덕였다.

"지금 말한 모든 것이 전부 이에 대한 답변이 된다. 너희들은 곧 학교를 졸업하고 너희들의 조국을 위해 일하게 될 것이다. 너희들은 책임을 지게 될 것이며, 정치와 이상이 많이 다르다는 것을 체험하게 될 것이다."

그는 알려주었다.

"내가 말하는 것을 잘 명심해라. 마호메트 사람들이 향료를 운반하는 유일한 사람들이라고 해서, 그리고 베니스와 제노바가 거기서 많은 이윤을 얻었다고 해서 그것을 나쁘다고 말할 수는 없다. 문제는 그들이 모든 것을 독점하고 있다는 점이다. 오로지 그들을 통해서만 향료를 살 수 있다. 그들의 가격 정책 때문에 다른 나라의 국고는 황폐화되고 있다! 다른 기독교 국가의 보석 보유량은 마치 햇빛을 받은 눈처럼 녹아내리고 있다."

"그렇기 때문에 바스코 다 가마는 인도로 가는 길을 찾아야만 했어요."

세하웅이 말했다.

"이탈리아 사람들의 독점을 깨고 그들의 이익을 빼앗아오기 위해서지요."

"맞아."

베하임이 대답했다.

"큰 이윤을 남길 수 있는 가능성이 모든 사업의 최고 동기가 되니까."

"엔리크 왕자가 옳았어요. 포르투갈이 오늘날 이토록 막강해진 것은 그의 덕분이지요!"

"엔리크 왕자는 자신이 세운 계획이 성공하는 것을 더 이상 보지 못했지."

교사가 계속 말했다.

"엔리크 왕자는 1460년에 돌아가셨다. 오늘날 그의 덕분이라는 명성을 얻지도 못한 채 말이야. 그러나 1434년 이후 질 에아네스 선장의 보자도르 곶 일주를 통해 더 이상 중단될 수 없었던 것, 그리고 포르투갈의 명성과 세력의 기반이 되었던 것을 그가 준비했다. 아프리카는 남극에 붙은 대륙이 아니었다! 너희들은 그 연도를 알고 있다. 1471년 우리의 배가 적도를 지나 항해했으며 1484년 카웅이 콩고에 도착했다. 1486년에 바르톨로메우 디아스가 아프리카의 희망봉을 정복했으며, 마침내 1498년 5월 20일 바스코 다 가마가 인도의 캘리컷에 도착했다. 그 이후 우리의 선박들이 후추를 포르투갈로 운반해왔다. 그러나 후추는 캘리컷에서 자라지 않고 다만 그곳에서 거래될 뿐이다. 후추는 그 대륙의 남쪽에서 온 것이다. 우리는 생강, 소두구 향료, 계피를 몇몇 아라비아 사람들은 세렌딥, 다른 사람들은 실론이라 부르는 어떤 섬에서 가져왔다는 것도 알고 있다. 육두구 열매와 향료 중 가장 비싼 정향은 동쪽 깊숙이 멀리 위치한 나라에서 생산된다는 것을 우리는 믿을 수 있는 정보를 통해 알고 있다."

그러니까 아직 발견되지 않은 나라들이 존재한다! 젊은이들은 정신이 번쩍 들었다. 그들은 인도로 가는 항로에 관해 명확한 정보를 들을 수 있는 기회가 별로 없었다. 포르투갈은 해양학적 정보와 지도를 국가기밀로 선언했기 때문이다. 당국은 사방에 첩자를 심어두었다. 1479년의 왕령에는 심지어 남쪽 항로로 가는 포르투갈 배에 승선한 모든 외국인 선원을 물 속에 던져버리고, 새로 발견된 대륙을 더 이상 일반 지도에 기입해서는 안 된다고 되어 있다. 마누엘 왕, '행운왕, 기니와 다른 점령지의 군주이며, 항로와 에티오피아, 아라비아, 페르시아, 인도 무역의 지배자'라 일컬어지는 그는 발견자들의 모든 새로운 지식을 리스본에서 활용하고 지도로 남겨두게 했다. 이 지도를 복사하여 다른 사람에게 넘기는 것은 국사범에 해당되었다.

그런데도 어느 날 베하임은 학생들의 눈앞에 포르톨라노, 즉 지중해가 그려져 있는 알록달록한 커다란 종이를 펼쳐 보였다. 거기에는 로마 문자체로 국가명과 도시명이 기입되어 있었다. 학생들은 여러 가지 색의 방위 지시판을 보고, 눈으로 거미줄처럼 얽힌 선들을 따라가면서, 그 지도가 전문가의 훌륭한 역작임을 알아차렸다. 여기에 우연히 혹은 성의 없이 기입되어 있는 것은 아무것도 없다. 이 포르톨라노의 놀라운 정밀함, 이 지도가 그려진 지중해로부터 측정된 거리는 지도 제작자의 지식과 지혜를 증명해준다. 베하임은 학생들에게 이 지도의 사용법을 설명해주었다.

"이 선들은 방위에 따른 항로, 항해중에 따라가야 하는 항로를 그려넣은 것이다. 해양학자는 두 지점 사이에 그의 항로를 표시하고 원으로 거리를 측정한다. 그러나 그 항로를 정확하게 지키기는 힘들다. 모든 항해법에는 허용오차를 고려해야 한다. 또 하나의 문제는 방향을 이미 아는 경우 자신의 위치를 산출하는 것이다. 나침반으로 항로를 유지하는 것만으로는 충분치 않다. 나침반의 자석 침은 정확하게 북쪽을 가리키지 않는다. 그것은 세계의 여러 지역에서 정북향에서 약간 벗어난다. 게다가 바람과 조류로 인해 전혀 눈치채지 못한 채 선박이 항로에서 벗어나 알 수 없는 지점으로 밀려갈 수 있기 때문이다. 더 나아가 선장은 항로를 지나가는 배의 속도를 알아야 한다. 그렇게 해야만 마지막으로 위치를 확인한 후 그의 배가 얼마를 더 갔는지 추정할 수 있기 때문이다. 지금까지는 예를 들면 물에 떠서 지나가는 대상을 보고 배의 속도를 짐작할 수 있었다. 그러나 이제는 속도를 측정할 수 있는 기구가 있다. 나는 독일 영해와 영국 영해를 항해하는 선박에서 보았다. 그 기구는 측정판이라 불리는데 어림짐작보다 훨씬 더 정확한 결과를 알려준다. 측정판은 세 군데에 가는 밧줄이 묶여 있는 판이다. 이 끈의 긴 끝은 고물의 물레에 감겨 있다. 항해하는 동안 그 판을 배가 지나간 자국에 던지면 그 밧줄이 물레에서 풀려 나온다. 측정판이 끌어당기는 줄에 묶인 채 선미의 바닷물 속에서 수직으로 설 때까지. 선원은 모래시계로 이에 소요되는 시간을 측정하고, 그 결과 배가 지금 몇 노트 혹은 몇 해리로 달리고 있는지를 예측할 수 있다. 그러나 도구보다 중요한 것은 수로 안내인과 선장의 경험이다."

베하임은 발레스틸라를 사용하는 법도 가르쳤다.

"선장은 선상에서 모든 사람이 복종해야 하는 지배자이며 인도자이다. 장교들이 선장을 잘 보좌해야 한다."

그가 설명했다.

"배가 대양을 가로질러가거나, 항해중 오랫동안 육지를 보지 못했다면 수로 안내인과 조타수가 선장을 도와주어야 한다. 수로 안내인은 포르톨라노를 해독할 줄 알아야 한다. 그리고 수로 안내인은 태양의 방위각을 수정하기 위해서 적위를 정할 줄 알아야 한다. 또한 위도를 확인하는 법, 경도를 기입하는 법을 알고 있어야 한다. 어려운 항로나 확실치 않은 결정을 할 때는 성좌가 그 계획에 유리한지를 알기 위해 별점을 친다. 수로 안내인은 별자리와 12궁을 알고 있어야 한다. 점성술과 천문학의 대가로서 수로 안내인은 배와 함대에 유용한 결정을 할 때 자신의 지식을 이용해 선장에게 조언을 한다. 그들이 사용하는 기구는 나침반, 지도, 아스트롤라베와 발레스틸라이다."

베하임은 학생들이 지식욕에 사로잡혀 그의 입술에서 눈을 떼지 못하고 있다는 것을 알아차렸다.

"레기오몬타누스가 발견한 새로운 수학 도표의 도움으로 발레스틸라는 태양의 자오선 높이와 북극성의 높이 측정에 확실하게 이용될 수 있으며 여기서 관찰자의 위도를 계산해낼 수 있다. 발레스틸라는 다 가마와 바로스가 아프리카와 인도에서 보았던 아라비아의 카말과 비슷하게 사용된다. 그러나 그것보다 훨씬 더 정확하다. 그리고 사분의나 아스트롤라베로 위도를 측정하는 것보다 더 정확하다. 왜냐하면 이 기구들에서는 연추가 눈금의 치수를 가리키지만, 연추가 배 위에서 흔들리지 않을 정도로 조용히 있는 경우는 극히 드물기 때문이다."

교사가 그들에게 가르쳐준 것을 학생들은 열광하여 연습을 해본다. 베하임은 학생들을 칭찬하고, 평가하고, 실수할 경우에는 암시를 해주지만 학생들 스스로가 그들의 체험을 수집할 수 있게 한다. 프란시스쿠 세하웅은 아주 조직에 능한 사람이다. 그의 안에는 심지어 지도자의 재능이 숨어 있는 것 같았다. 그러나 그는 발레스틸라 때문에 진이 빠졌다. 그는 절대적으로 필요한 계산을 싫어했다. 그의 친구, 마갈량이스가 계산은 더 잘했다. 그는 훨씬 자제심이 강했으며 계산에 필요한 편안함과 집중력을 소유하고 있다. 그에게는 이론과 직관을 겸비한 실제가 잘 맞물려 있었다. 베하임은 그가 훌륭한 항해자가 될 것이라고 생각했다.

아메리고 베스푸치의 신대륙 아메리카

크리스토발 콜론이 발견한 섬과 대륙들이 실제로 아시아에 속하는가 아닌가 하는 질문에 대해 명확한 답변이 가능해졌다. 3년 전 아메리고 베스푸치가 중남미의 탐험을 시작했다. 베스푸치는 프톨레마이오스가 아시아 대륙의 남쪽 끝으로 묘사했으며 카티가라 곶이라 불렀던 대륙의 돌출부를 돌아갈 수 있는지 확인하고자 했다. 콜론이 도착했던 지역의 남쪽에서 그는 육지를 보았고 새로운 해안을 따라 남동쪽으로 대략 1천200마일을 더 항해했다. 그러나 그는 결국 돌아가야 했다. 비축식량이 바닥났으며, 좀조개가 배 두 척의 두꺼운 선판에 심하게 구멍을 뚫어놓았기 때문이다. 베스푸치는 이것이 아시아가 아닐 수도 있다는 의심이 들었다. 2년 후 시동들이 유명한 새 교사의 말에 귀를 기울이는 동안 그는 다시 한 번 이 항로로 항해를 시도했다. 이번에는 세 척의 배를 가지고 갔다. 베스푸치는 지난번보다 2천400마일을 더 항해했으며 남위 50도까지 내려갔다. 그는 일지에 이렇게 기록했다.

우리는 새로운 대륙에 도착했다. 우리는 다음과 같은 여러 가지 이유에서 이것을 하나의 대륙으로 간주할 수 있다. 우리는 이 대양에서 계속 순항했다. 뜨거운 적도를 넘어 남쪽으로, 밤낮의 길이가 같은 위치와 염소자리의 회귀선에 도착할 때까지, 남극이 나의 수평선 너머 50도에 올 때까지 계속 이 대양에서 순항을 했다. 우리는 남반구에서 아홉 달 27일을 항해했다. 거기서 우리는 큰곰자리든 작은곰자리든 전혀 보지 못했다. (중략) 나는 안티 포데스의 편에 있었다. 내가 항해한 거리는 지구의 4분의 1을 넘는 것이었다.

아메리고 베스푸치는 그 대륙이 인도나 중국이 아니라 서로 이어지는 새로운 대륙에 속한다는 것을 알았다. 그는 귀향한 후 그에 관해 보고했다. 그때까지 무명이었던 마르틴 발트제뮐러는 엘자스 생디 출신의 신부로서 지리학과 인쇄술에 남다른 열정을 가지고 있었다. 그는 베스푸치의 보고에 관해 알게 되었다. 그는 바로 남아메리카라는 신대륙이 그려진 지도를 그렸으며 각주에 이렇게 설명을 덧붙였다.

(중략) 이미 발견된 지구의 대륙들(유럽, 아프리카 그리고 아시아)은 철저하게 연구되었으며 네 번째 대륙이 아메리고 베스푸치에 의해 발견되었다. 이 대륙을 그 발견자, 상상력이 풍부하고 현명한 아메리고의 이름을 따서 아메리고 대륙이라 명명하는 데 대해 누구도 반대하지 않으리라 생각한다. 유럽과 아시아가 여자의 이름을 딴 것이기 때문에 이 대륙도 '아메리카'라 불려야 한다.

발트제뮐러는 베스푸치에게 경의를 표하기 위해 새로 발견한 서쪽 대륙에 이 이름을 붙였다. 아메리카는 콜론이 생각했던 것처럼 아시아가 아니며 중요하지 않은 섬으로 구성된 것도 아니었다. 아메리카는 신대륙이다! 발트제뮐러의 지도에 그려진 남아메리카 대륙의 윤곽은 그 대륙의 실제 모양과 놀랄 정도로 비슷하다. 서쪽으로 더 나가면 대서양보다 넓은 새로운 대양이 보이고 그 뒤로 한참 더 가야 아시아가 나타난다.

세계는 경탄했다. 발트제뮐러의 지도는 아주 인기가 높아서 지도가 출판된 지 반년 후에 2쇄가 나왔다. 그는 그 지도가 전세계적으로 유명해졌다는 것에 자부심을 느꼈다. 그러나 발명된 지 50년밖에 안 된 인쇄기는 널리 퍼뜨릴 수는 있지만 되돌릴 수는 없었다. 발트제뮐러는 어떤 의견이 새로운 인쇄기술을 통해 전파되고 나면 뒤집어질 수 없다는 것을 알고 분노했다. 그가 베스푸치가 아메리카를 대륙으로 인정했지만, 대륙의 발견자라는 명성은 다른 사람에게 가야 마땅하다는 결론에 도달했을 때는 이미 너무 늦었다. 나중에 출판된 3쇄 지도에 아메리카는 '문두스 노부스'(신대륙)로 대치되었다. 그러나 이미 인쇄된 지도는 벌써 수천 배로 퍼져 나갔으며 '아메리카'라는 이름을 사람들의 머리 속에서 지울 수는 없었다.

마누엘 왕의 결단

배움의 시기는 점점 끝나가고 있었다. 스무 살이 된 청년들은 곧 졸업시험을 치르게 된다. 젊은이들은 성급하게 미래의 모험에 관해 꿈꾸었다. 그들이 궁정의 시동학교에서 학업에 몰두하고 있는 동안 에스파냐와 포르투갈은 상호간에 국제적인 경쟁심을 느꼈다. 에스파냐의 신대륙 발견과 포르투갈의 인도 항로의 탐험은 경쟁심과 자부심에 불을 붙였다. 대양에서 선박들의 우연한 충돌은 항복한 미개인들로부터 무기를 빼앗는 것으로 충분하다. 마누엘은 막강한 이웃나라인 포르투갈과의 전쟁을 원치 않았다. 아라비아 사람들이 여전히 향료의 가격을 결정했으며 캘리컷은 생산국이 아니라 단지 선적장일 뿐이었다. 그러나 에스파냐의 가톨릭왕 페르난도 역시——이사벨은 얼마 전 사망했다——전쟁을 할 의향이 없었다. 국고는 비었으며 무어인들을 이베리아에서 추방시킨 것과 서인도 사업에 너무 많은 자금이 소요되었다.

교황은 서로 경쟁을 벌이는 두 국가에게 평화를 유지하라고 경고했다. 그는 공표했다.

"하나님과 우리에게 중요한 것은 이방인들의 개종이다."

상인들도 역시 이번에는 교황과 같은 생각이었다. '후추가 자라는 곳'에는 불신자와 우상 숭배자들이 살고 있다! 교황의 중재 판결을 통해 이루어졌던 토르데시야스 조약 이후 새로 발견된 남아메리카는 수직으로 나누어진다. 브라질은 포르투갈의 소유였다. 그에 비해 원동의 모든 것은 해명되지 않은 채 미해결로 남아 있었다. 지구의 둘레를 알지 못하는데 어떻게 지구 뒷면의 경계선을 알 수 있단 말인가?

시동학교의 교실에서는 격렬한 토론이 벌어졌다. 지구는 포르투갈의 것이다! 그들은 그것을 확신했다. 학생들은 이제 무기 다루는 법을 익혔고 발레스틸라를 사용할 수 있으며 배의 위치를 계산할 줄 알았다.

그들은 졸업시험에 합격하여 그들의 노력과 능력을 입증하는 증명서를 받았다. 이제 그들은 초조하게 기다렸다. 그들은 왕에게 월급을 받는 궁신의 목록에 올라갔다. 그러나 세하웅과 마갈량이스는 네 번째 귀족 계급 출신이며 피달고스 데 코타 데 아르메스이기 때문에 중요하지 않은 소브레살리엔테, 즉 하급 군인이 되었다. 그들은 많은 다른 군인들과 함께 성의 한 방에서 먹고 자야만 했다.

세하웅은 몇 번의 사랑을 하느라 많은 시간을 소비했다. 마갈량이스는 자유시간을 이용할 수 있는 다른 가능성을 찾았다. 시동학교를 졸업한 사람이 테소라리아, 즉 왕실의 자료실을 방문하여 지도, 보고서, 책 등에 빠져 있는 모습은 이제 별로 새로울 것이 없었다. 어느 날 그는 신대륙 아메리카의 지도를 발견했으며, 세심하게 콜론이 발견한 섬을 관찰하다가 아메리카 대륙이 얼마나 넓게 남쪽으로 펼쳐져 있는지를 보고 놀랐다. 지도의 맨 아래는 흰색으로 되어 있어 그 대륙이 남극 지역까지 이어지는지 아닌지 비워놓은 상태였다. 그때 지도를 그린 사람의 사인이 그의 눈에 띄었다. 그것은 마르틴 베하임이 그린 것이었다.

그는 집중하여 그 양피지를 연구했다. 여기는 제노바 사람 콜론이 5주 만에 정복했던 어둠의 대양, 대서양이다. 여기는 수직의 검은 선으로 토르데시야스 경계선이 카보베르데 군도 서쪽 400리그 되는 지점을 지나간다. 그 경계선은 1494년 6월 7일 알렉산더 교황이 정한 것이다. 교황이 대륙과 민족을 나누어주었다. 얼마나 큰 힘을 가졌는가! 그러나 그것을 통해 6년 후 카브랄이 발견한 남미의 브라질은 포르투갈의 소유가 될 수 있었다.

마갈량이스는 손가락으로 아프리카 해안을 따라 내려갔다. 그는 꼼꼼하게 살펴보면서 포르투갈이 발견한 땅을 추적해본다. 여기 수백 년 동안 세계의 끝으로 간주되었던 유명한 보자도르 곶이 있고, 저기에 리비아 사막이 있다. 참을 수 없는 열기를 내뿜는 황폐한 모래사막. 그리고 나면 그 해안은 동쪽으로 빌라트, 가나, 기니, 카메룬으로 이어진다. 이곳에서 '검은 상아', 힘센 흑인 노예들이 실려온다. 그리고 나서 다시 남쪽으로 가본다. 수천 마일을 지나 디아스가 발견했던 희망봉까지. 다 가마는 인도에 도착했다. 언제 자신을 위해, 즉 페르나웅 드 마갈량이스를 위해 세계가 열릴 것인가? 저 밖의 현실에 관해 그는 무엇을 알고 있는가? 왜 그들은 수년 동안 계산과 지리, 싸우는 법과 쏘는 법을 연습했는가? 그런데도 그들의 시대는 아직 오지 않았다.

조약과 번거로운 자금조달 문제에 휘말린 마누엘 왕은 다른 걱정이 있었다. 그는 캘리컷을 소유했다. 그러나 정확하게 말하자면 명목상으로도 그의 소유가 되지 못했다. 캘리컷의 술탄을 믿을 수가 없었다. 그는 선물을 탐하며 그에게 더 큰 이득을 제공할 수 있는 이슬람교도에 예속되어 있었다. 여전히 무어인들이 향료의 거래를 독점하고 있으며, 원주민들은 서방에서 온 사람들에게 적대적이었다. 더 많은 재외상관과 상품창고를 세울 수 있었지만——캘리컷과 가까이 있는 코친에——포르투갈의 무역과 수요를 만족시키기에는 너무 적었다.

당시 정세로 볼 때 하나의 해결책밖에 없었다. 아라비아 사람들이 이집트 술탄의 지휘하에 포르투갈에 대적할 함대를 준비중이라는 소식이 전해져왔다. 마누엘은 전쟁을 피하고 싶었다. 그러나 그가 모든 것을 다시 잃지 않으려면 그에게는 선택의 여지가 없었다. 그는 조처를 취해야 한다! 바스코 다 가마의 원정대는 아직도 항로를 찾고 있으며, 탐험에 몰두하고 있다. 원정대를 따르는 포르투갈의 모든 배들은 거래를 트려고 시도했다. 포르투갈 사람들은 재외상관을 설립했다. 이제 그들은 신변보호를 위해 요새가 필요했다. 포르투갈은 거의 100년 동안 그들의 제일 훌륭한 아들들을 희생시켜 획득했던 그 열매를 빼앗기지 않을 것이다. 포르투갈 이외의 어떤 다른 나라도 인도에서 무역을 해서는 안 된다! 포르투갈에서 캘리컷까지, 리스본에서 말라카까지 포르투갈 배 이외의 어떤 다른 배들도 지나가서는 안 된다! 동방의 부는 포르투갈에 소속되어야 한다! 사람들은 그를 마누엘 엘 포르투나도, 즉 행운왕이라 불렀다. 아마도 그는 이 이름에 합당한 사람이 되도록 노력할 것이다.

왕은 서기에게 바스코 다 가마를 다음날 아침 10시까지 왕궁으로 부르라고 명령했다. 마누엘은 결정을 내렸다. 이제 '인도양의 제독'이 그에게 조언해줄 것이다.

첫 항해의 시작

시험 증명서는 양피지 조각에 불과하다. 이런 낡은 종이로 무엇을 할 수 있단 말인가? 적어도 관직 발령이나, 조타수, 부항해사, 아니면 수로 안내인의 조수로 고용된 고용 계약서라면 얼마나 좋을까! 여기서 이렇게 아무 할 일 없이 돌아다녀야 한다면 왜 그들은 몇 년 동안 그토록 열심히 공부했는가! 그들은 방파제 위에 서 있다. 저 너머 넓은 부두의 창고 옆에서 상선들이 물건을 내리고 있다. 향료용 채소와 짠물 냄새, 타르와 해초 냄새가 풍겨왔다. 길쭉한 보트들이 만에서 반짝였다. 썰물이 해안의 절벽에서 바닷물을 삼키는 것처럼 그렇게 젊은 남자의 마음도 바다로 이끌리고 있었다. 하루하루가 느리게 지나갔다. 스물다섯 살이 된 그들은 이제 아무 부담도 느끼지 않는 과거의 어린아이가 아니었다. 궁정에서의 삶은 답답했다. 다른 사람들의 하찮은 시종이 된다는 미래가 그들의 기분을 억눌렀다. 그때 예기치 않게 해결의 실마리가 생겼다.

세하웅은 흥분하여 마갈량이스에게 달려왔다.

"우리는 새장 같은 좁은 궁전에서 벗어날 수 있어! 마갈량이스, 이 친구야, 이제 때가 됐어! 무어인과의 전쟁이 시작되었대! 술집과 저기 아래 항구에서 포르투갈 지원군을 모집한다는군!"

그는 숨도 쉬지 않고 말을 내뱉었다.

"지원할 수 있는 해군 대장의 목록이 전국에 깔려 있대."

그들은 자원군에 등록했으며 어떤 교육을 받았고 어떤 능력이 있는지 신고했다. 계급도 없는 자원병으로서 그들은 카라벨 상미구엘에 승선 명령을 받았다. 학교 졸업 증명서는 아무런 영향도 미치지 못했다. 엘리트와 포르투갈의 미래 같은 것은 아무 상관없었다. 그들은 가난한 가문 출신이며 명성도 영향력도 없었다. 세하웅에게는 그런 것이 별 문제가 되지 않았다. 다만 그는 동료인 마갈량이스가 그토록 침착하게 행동하는 것이 놀라울 따름이었다.

마갈량이스는 기꺼이 궁정을 떠났다. 저녁에 다른 사람들이 탁자에 앉아 앞으로의 승리를 축하하면서 술을 마시는 동안 그는 자신의 유언장을 적었다. 이제 그는 시동도 아니고 군인도 아니며, 단지 농부일 뿐이다. 아버지가 농사지었던 작은 경작지가 그에게 유산으로 주어졌다. 깊은 종교심과 강한 혈족의식. 어머니는 이미 오래 전에 돌아가셨다. 그는 사브로사에 있는 동안 두세 번밖에 어머니를 방문하지 못했다. 누이들은 결혼했다. 막내인 이사벨라만 아직 결혼 전이었으며 남동생 디에고는 몇 년 전 독감으로 죽었다. 마갈량이스는 남자로서는 마갈량이스 가의 마지막 후손이었다. 그는 자세히 '내가 소유하고 있는 작은 재산'을 셈해보았다. 주앙 데 실바 텔레스와 결혼한 누나 테레사가 그의 제1상속자가 된다. 그러나 매형에게는 마갈량이스 문장을 그의 문장에 추가해야 하는 의무가 부과된다.

"포르투갈 왕국에서 아주 탁월하고 가장 오래된 가문인 우리 성이 사라진다는 생각은 참기 힘들었다."

포도 농장, 트라스우스몽트스의 영지를 그는 사브로사에 있는 성 살바도르 교회에 희사했다.

"그 대신 신부는 매년 나를 위해 열두 번, 즉 한 달에 한 번씩 미사를 드려야 한다."

그는 자신의 집을 정리하고 모든 것을 증여했다. 테주 강에서 포르투갈의 가장 큰 함대가 출항을 기다리고 있었다. 중무장한 카라벨 22척, 장교, 조타수, 선원, 견습수부, 견습선원 1천600명, 좋은 장비를 갖춘 군인 1천500명, 그 중에는 500명의 포병과 포수도 있다. 거기에 건조 수공업자, 특히 목수, 뱃밥 메우는 사람, 대장장이, 술 창고지기 등이 포함된다. 사형 선고를 받은 자나 노예선 선고를 받은 사람들이 정찰자의 역할을 맡았다. 그들은 먼저 육지로 보내져 그곳 사람들의 접대가 친절한지 적대적인지를 알아봐야 한다. 그 선대에는 보급선으로 추가적인 양식 지급과 또 다른 준비물을 선적한 상선 여덟 척이 보충되었다. 그 중 세척은 무역 장비를 갖추었다. 그들이 투자한 만큼 이익을 얻을 수 있을 것인가?

그 선대의 제독인 프란시스쿠 알메이다는 강력한 목표를 설정했다. 왕은 서면상으로, 명확하고 직접적인 언어로 그에게 명령을 내렸다. 포르투갈을 위해 인도로 가는 길을 지켜야 한다. 이집트 술탄과 인도 군주들의 함대는 파멸되어야 하고, 항구 전체가 현재는 물론 앞으로도 계속 포르투갈의 통제하에 있어야 한다. 아프리카 해안과 인도에 있는 모든 이슬람의 상업도시는 가능하면 모두 점령해야 하며, 지속적인 공격력을 갖춘 요새가 되도록 안전 조치를 취해야 한다. 반란이 일어난다면 봉쇄해야 하며 필요한 경우 도시를 파괴할 수도 있다. 기독교를 그들이 정복한 나라 전체로 전파해야 하며 무역은 단지 포르투갈의 선박에만 허락되어야 한다.

모든 교회의 탑에서 종이 울렸다. 3월의 대성당은 사람으로 가득 찼다. 반짝이는 비단과 화려하게 수놓은 법복을 입은 대주교가 미사를 드렸다. 향료와 유향은 향내 나는 연기를 피우며 둥근 천장의 홀에 떠다녔다. 대성당 합창단의 성스런 노랫소리가 장엄하게 울렸다. 복사들의 희미한 종소리는 거의 들리지 않았다. 그리고 나서——문장이 들어 있는 화려한 가운을 입고——의전관이 교회 제단실의 성가대석 사이에서 나왔다. 손에는 그 선대에 헌정된 군기를 들고 있었다. 그의 그림자가 크게 바닥의 돌판 위로 드리워졌다. 스테인드 글래스에서 따뜻한 빛이 비쳐 들어왔다. 갑자기 조용해졌다. 정적. 왕실의 선포자가 큰소리로 마누엘 1세의 입장을 알렸다. 그는 선대의 명령권자인 프란시스쿠 알메이다 제독을 인도 총독으로 임명했다. 영리한 왕은 알메이다가 정말 인도 총독이 되려면 그 전에 포르투갈을 위해 그의 지배 영역인 인도를 정복해야 한다는 것을 염두에 두었다.

알메이다는 판단력이 뛰어나며, 영리하고 냉정한 것으로 알려졌다. 그는 폭풍우가 몰아치는 바다와 공격적인 무어인과 인도인의 공격에 대항할 수 있으며, 선원, 질병, 예측할 수 없는 원정에 대해 자신의 주장을 관철할 수 있는 사람이었다. 아마도 그는 정치적인 계략을 항상 극복하지는 못할 것이다. 그러나 마누엘은 알메이다가 포르투갈과 왕에게 충성스럽게 헌신하리라는 것을 잘 알고 있었다.

다음날 선대는 행진대열을 갖추었다. 맨 앞에 제독의 기함인 플로르 데라마르 호가 자리 잡고 있었다. 가장 강력하며, 175톤 무게의 돛 세 개가 달린 갈레온이었다. 앞돛대와 주돛대, 그리고 바우스프릿돛에 사각가로돛을 세울 수 있었다. 그리고 뒷돛대에는 큰 삼각돛을 달 수 있었다. 20개의 대포와 이동 가능한 사석포들이 갑판에 있었으며 다른 카라벨 역시 무장이 잘되어 있었다. 모든 배들은 위에 홀수선이 있다. 전쟁에 대비하고 강한 선판으로 보강하기 위해서이다.

축포가 쏘아졌다. 봄바람에 작은 신호용 기들이 흔들렸다. 방파제로부터 금박을 입한 국가의 범선이 풀려났다. 마누엘은 그 배를 타고 배웅하기 위해 기함의 제독을 방문했다. 자부심 강하고 허영심 많은 왕이 모든 사람들 앞에서 알메이다를 방문함으로써 그의 명예를 높여준다는 것은 쉽지 않은 일이었다. 그러나 그는 너무 많은 것을 잃어버릴 위험에 처해 있었다. 30분 후 갤리선이 천천히 다시 돌아갔다. 선원들의 축호가 들리는 가운데 리스본의 모든 교회 종소리들이 울려 퍼졌다. 그리고 나서 돛이 펄럭이며 펼쳐졌다. 배가 차례대로 출발했으며 천천히 테주 강의 만을 벗어났다. 카스카이스(리스본 중앙에서 서쪽으로 2킬로미터 지점에 위치한 도시—옮긴이) 위도에서 제독은 급하게 남쪽으로 방향을 돌렸다. 그날은 대천사 가브리엘의 날로 1505년 3월 18일로 기록되어 있다.

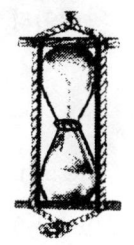

7 목숨을 건 우정

마갈량이스는 더 이상 알부케르케와 함께할 수 없었다.

"왜 그가 나를 돌려보내려는 거지?"

"너는 네가 공격할 수 없는 사람에게 불손하게 대했어.
너의 적수가 동시에 너의 심판자라면 너는 아무것도 할 수 없어!"

"우리가 다시 만날 수 있을까?"

"하나님의 도움이 함께한다면 그럴 거야. 그리고 네가 살아 있다면."

"신이 너를 보호할 거야, 프란시스쿠."

"신의 축복이 너와 함께할 거야, 페르나웅."

알메이다, 인도 총독이 되다

선대가 출항한 후 대서양에서 강력한 봄의 폭풍을 만난 사람들은 처음으로 바다에 대해 두려움과 공포를 느꼈으며, 신참들은 배멀미인 마레오와 싸워야 했다. 그러나 카나리아 군도의 위도에 오니 이미 구름들은 사라졌으며 선대는 쾌적한 날씨를 즐기며 항해할 수 있었다. 바람은 북서풍으로——유리한 풍향이다——자리를 잡아서 선대는 순항을 했다. 15일과 16일 선박들은 카보베르데 군도를 지나서 4월 26일, 그들이 여행한 지 39일째 되는 날, 황금해안의 상조르제다미나에 도착했다. 상조르제는 오래 전부터 포르투갈의 거점이었다.

엔리케 왕자가 사망하기 5년 전 1455년에 이미 엔리케 왕자의 카라벨이 여기에 온 적이 있다. 주앙 2세는 막강한 요새를 통해 이 정박지를 유지하려 했다. 알메이다의 함대는 거의 항구 전체를 가득 채웠다. 그들은 담수와 야채, 과일과 고기를 보급받았다. 세하웅과 마갈량이스, 그리고 다른 신참들은 이미 리스본에서 매번 새로운 볼거리에 익숙해졌지만 이곳의 이국적인 인상, 항구의 분주함, 시장의 번잡스러움, 밤에 가까운 원시림에서 들려오는 새들의 소음은 그들을 더욱 강하게 사로잡았다. 마치 언젠가 이런 꿈을 꾸었던 것처럼. 태양은 정확하게 동쪽에서 떠올랐다. 한낮에 태양은 머리 꼭대기에 서 있었고 어떤 그림자도 만들지 않았다. 그리고 저녁에 태양은 정확하게 서쪽으로 졌다. 열대의 밤이 성급하게 다가왔다.

프란시스쿠 알메이다는 지체하지 않았다. 열흘 후 그들은 다시 돛을 올렸다. 함대는 직접 남쪽을 향해 희망봉의 위도까지 가서 거기서 방향을 동쪽으로 돌렸다. 그 곳을 지나는 데는 아무 어려움도 없었다. 제독의 수로 안내인이 8년 전 바스코 다 가마와 함께 이곳에 와본 적이 있어서 이 길을 아주 잘 알고 있었다. 마침내 성 막달레나의 날에 그들은 상브라스 만에 도착했다. 거기서 그들은 다시 한 번 신선한 물을 보충했다. 그들은 작은 보트를 이용하여 물통을 육지로 운반해서 물을 가득 채웠으며, 그것을 다시 배에 싣고 왔다. 마갈량이스와 세하웅 역시 노예처럼 악착같이 일했다.

그들이 무거운 물통을 들고 씨름하는 동안 처음으로 흑인 원주민들과 접촉하게 되었다. 갑자기 흑인들이 그곳에 나타난 것이다. 처음에는 세 사람, 그리고 나서 다시 두 사람. 마침내 대략 열두 명의 키가 크고 마른, 거의 벌거벗은 사람들이 해안의 모래 언덕에서 그들을 쳐다보고 있었다. 그 중 한 사람만이 어깨에 너덜너덜한 표범 가죽을 걸치고 있었다.

"흑인들이 나타났다! 저기를 봐! 저기 모래 언덕 위를!"

군인 한 명이 그들을 쳐다보았다. 작업의 소음이 멈추었다. 사람들은 일을 중단하고 천천히 몸을 일으켜 방패를 잡았다. 그리고 놀라서 흑인들을 올려다보았다. 근무중인 장교가 알메이다에게 알렸다. 원주민들은 꼼짝하지 않고 서서 그 장면을 쳐다보았다. 포르투갈 사람들은 긴장한 채 전령이 작은 배를 타고 돌아올 때까지 기다렸다. 제독은 가능하다면 그들과 접촉해보라고 명령했다. 장교는 흑인들에게 가까이 다가오라는 신호를 보냈다. 그러자 그들은 천천히 겁도 내지 않고 한 발자국씩 다가왔다. 그들은 무기를 가지고 있지 않았다. 몇몇 사람은 손에 나무 막대를 들고 있었고, 나머지 사람은 부채질을 하는 데 사용하는 여우꼬리를 가지고 있었다.

포르투갈 사람들은 여전히 의심을 풀지 않았다. 수풀 어딘가에서 나뭇잎이 흔들렸다.

"중위님, 저쪽에 이런 녀석들이 더 숨어 있습니다!"

선원이 수풀 쪽을 가리켰다.

"조심해야 합니다!"

실제로 수풀 속에는 더 많은 흑인들이 쪼그리고 있었다. 창, 투석기구, 곤봉을 든 젊은 전사들이.

"석궁 사수와 포병대 나서라!"

장교는 무장한 사람들을 불러모았다.

"무기를 준비해라! 측면을 지켜라!"

군인들은 권총을 장전하고 자세를 취했다. 선원들은 허리춤에서 단도를 빼들었다. 그러나 원주민들은 조용히 물러서서 이방인과 그들의 전쟁 훈련을 놀란 모습으로 쳐다보았다.

중위가 명령했다.

"조용히 해!"

그리고 나서 그는 작은 방울과 붉은색 모자를 나누어주었다. 원주민들을 대신 그들에게 상아로 만든 반지를 선물로 주었다. 표범 가죽을 걸친 키 큰 흑인이——그가 틀림없이 추장인 것 같았다——몸짓과 후음을 내면서 이야기했으며, 종과 모자를 가리켰다.

"더 많은 것을 달라는 겁니다!"

선원 중 한 명이 말했다. 추장은 수풀을 건너다보면서 젊은 전사들에게 무엇인가를 외쳤다.

"포병대 발사 준비. 그러나 아직 쏘지는 마라!"

중위와 그의 소대원들은 의심스러운 눈으로 그 현장을 쳐다보았다. 잠시 정적이 흘렀다. 그리고 나서 잡초 더미 속에서 무슨 소리가 들렸다. 가지가 흔들리면서 옆으로 기울어졌다. 사내아이 둘이 황소 한 마리를 가지고 왔다. 군인들은 안심하며 그들의 무기를 내려놓았다.

추장은 황소를 더 많은 장신구들과 바꾸기를 원한다고 그들에게 말했다. 흥정과 거래가 오랫동안 계속되었다. 결국 그 황소는 작은 종 열개, 모자 열 개, 작은 거울과 추장 자신이 쓸 싸구려 칼과 교환되었다. 거래가 끝나자 원주민들은 수풀 속으로 사라졌다.

곧바로 야영지의 파수를 설 보초가 세워졌다. 그리고 나서 그들은 다시 그들의 일에 몰두했다.

바르톨로메우 디아스가 1488년에 세워놓았던 파드라웅은 쓰러져 있었다. 알메이다는 그것을 다시 세우게 했다. 파드라웅에는 항해자 엔리크 왕자가 80년도 더 전에 항해자들에게 명령했던 대로 비문이 세워져 있다.

제국의 문장과 포르투갈어와 라틴어로 비문을 새긴 어른 남자 두 명 높이의 돌기둥이 세워져야 한다. 비문에는 이 육지를 발견하게 한 왕이 누구이며 어떤 시기에, 어떤 선장에 의해 그 기둥이 세워졌는지 적혀 있어야 한다. 돌기둥의 꼭대기에는 돌 십자가를 동으로 접합시켜야 한다.

모든 것을 세심하게 고려한 조치였다. 왕의 명성, 선장의 능력, 이 땅의 점유가 그리스도의 이름으로 이루어졌다는 것을.

알메이다는 미사를 드리게 했다. 신부는 순항에 대해 신에게 감사했으며, 앞으로의 항해에 신의 가호가 함께하기를 간구했다. 선원들은 열정적으로 주기도문을 외우고 나서 고해하고 영성체를 받았다. 그리고 나서 이번에는 북동향으로 계속 항해가 시작되었다. 다음날 그들은 태풍을 만났고 망망대해에서 앞돛을 접은 채 표류했다. 그러다 그들은 배 세 척을 시야에서 놓쳤다. 사흘 후 바람이 조용해지고 난 후에야 그들은 다시 해안에 다가갈 수 있었다.

다시 한 번 그들은 육지에 파드라웅이 세워져 있는 것을 보았다. 그것은 바다 위 깎아지른 듯한 돌 산록 위에 있었다. 나이든 선원이 말했다.

"저게 인도로 가는 우리 항로에 세워진 마지막 파드라웅이야."

"그것을 어떻게 알았소, 잘난 체하는 양반?"

다른 사람이 웃으면서 외쳤다.

"그때 거기 있었거든."

"언제 어디서요?"

"1497년 바스코 다 가마와 함께 항해했지. 그가 저 돌기둥을 세우게 했어."

경험 많은 다른 선원들은 그의 말을 믿지 않았다. 그들은 그 노인을 허풍쟁이로 여겼다. 그러나 신참들은 경이의 눈으로 그를 쳐다보았다.

암벽 아래 하얀 해변 위에 남자 두 명이 그들이 항해하는 방향으로 뛰어가고 있었다. 선원들은 손짓을 했다. 흑인들도 손을 흔들어주었다. 가끔 풀을 뜯고 있는 가축과 마을도 보였다. 좁다란 어선들이 해변에 높게 줄지어 서 있었다. 가까이 다가갈수록 그곳은 아름다웠으며 나무들은 더욱 **빽빽**했다.

선원들의 숙소에서 전염병이 발병했다. 처음에는 몇몇의 선원만 병에 걸렸지만 점차 환자의 수가 늘어났다. 손과 발이 부었으며 잇몸은 이빨 위로 부풀어올랐다. 그래서 거의 먹을 수가 없었다. 의사는 그 병을 전염병으로 간주했다. 이 시기의 사람들은 아직 비타민 결핍과 괴혈병에 관해 알지 못했다. 알메이다는 유황으로 배에서 해충을 몰아내고, 모든 방을 식초로 씻으라고 명령했다. 마갈량이스와 세하웅은 다행히도 병에 걸리지 않았다. 그러나 병에 걸린 사람들은 전혀 나아지는 기미가 보이지 않았다.

중무장을 한 포르투갈 함대가 마누엘 왕을 위해 인도를 정복하려고 항해하는 동안 1506년 5월 21일 대서양의 발견자이며 제독이었던 크리스토발 콜론이——감사할 줄 모르는 세상으로부터 잊혀진 채——에스파냐의 바야돌리드에서 사망했다. 그의 시신은 세비야의 산타마

216

리아데라스쿠에바스 수도원으로 인도되었다. 그의 관 위에는 이런 비문이 적혀 있었다.

'카스티야와 레온을 위해 콜론이 새로운 세계를 발견했다.'

아프리카를 일주하는 데 넉달 조금 못 되게 걸렸다. 7월 15일, 성 보나벤추라의 날에 선대는 모잠비크 시의 정박장에 닻을 내렸다. 다음날 태풍으로 인해 항로를 이탈했던 배들도 도착했다. 제독이 외교적 과제에 전념하는 동안 선원들은 선박을 수리했다. 이슬람 군주의 성은 강철같이 위협적으로 그 도시의 하늘 위로 솟아 있었다. 그곳에서는 틀림없이 포르투갈의 선박을 잘 관찰할 수 있을 것이다. 분주하게 왔다갔다하는 아라비아의 무역선들 역시 엄청나게 많았다. 시장에는 각양각색의 물건들로 넘쳐났다.

강력한 포르투갈왕의 대변자로서 알메이다는 이슬람 군주인 에미르를 고위 관직자들과 함께 갑판으로 초대했다. 제독은 훌륭한 식사와 풍부한 선물로 손님들을 기분 좋게 했다. 그런데도 에미르는 건방지고 오만하게 행동했다. 유럽인이 준 선물은 그들에게 보잘것없어 보였다. 모자, 외투, 산호, 붉은색 챙 없는 모자, 칼, 작은 종들. 이런 것을 선물이라고 가져오는 포르투갈의 왕은 아마도 제독이 이야기하는 것처럼 그렇게 강력하지 않으리라!

에미르, 그는 부유한 상업도시의 주인이다. 그의 선물은 비싼 것이며, 그 중에는 다마스쿠스의 철로 만든 단도도 있었으며 그 손잡이는 상아로 장식되어 있었다. 이런 단도가 붉은 방석 위에 전시되었을 때 알메이다는 단도 옆에 세공이 된 루비 은반지를 발견할 수 있었다. 그는 바로 자신이 받은 선물이 매우 귀한 것임을 알 수 있었다. 그가 선물에 대해 감사의 마음을 전하는 동안 하인 네 명이 유럽인들이 구하던 것을 마침내 가져왔다. 대략 1키탈(켄탈, 옛 중량 단위, 100킬로그램)

중량의 후추 자루와 각각 4분의 1키탈쯤 되는 생강, 계피, 정향이 들은 작은 자루 세 개였다.

에미르는 그 물건에 대한 알메이다의 호기심을 곧바로 알아차렸다. 그는 그의 호기심을 이용하기로 했다. 그는 계속 묵주를 가지고 장난치면서 말했다. 이 향료들, 특히 생강과 후추는 인도의 캘리컷에서 온 것이다. 외국인들의 여행 목적지인 그곳에는 생강과 후추가 많다. 최상의 계피는 캘리컷에서 8일 거리에 있는, 실론이라 불리는 섬에서 나온다. 원래 실론에서 생산되는 계피의 총생산량이 캘리컷과 말라카라 불리는 동쪽의 한 섬으로 운반된다. 그곳에서 정향도 구입할 수 있다.

"그런데 어떻게 이 물건들이 모잠비크까지 올 수 있소?"

알메이다는 알고 싶었다.

"메카와 호르무즈에서 온 아라비아 상인들은 서방 나라에만 향료를 조달하는 것이 아니라 항구와 시장에서 볼 수 있는 것처럼 같은 믿음의 형제들인 우리에게도 많은 물건을 가져다주지요."

군주가 부드럽게 대답했다. 그럼에도 알메이다는 그의 말 속에 경고가 숨겨져 있다고 생각했다.

"그렇다면 어떻게 이 향료들이 유럽으로 운반됩니까?"

그가 물었다.

"메카에서 온 선박들이 말라카까지 가는 데 75일이 걸립니다. 중간에 항구에는 한 번도 들리지 않습니다. 그들은 말라카에서 정향을 신고, 12일 후 인도의 남해안 앞에 있는 실론에 도착합니다. 거기서 계피를 배에 싣습니다. 다시 8일 후 검은 후추와 생강, 알로에를 구입할 수 있는 캘리컷에 도착하지요. 그리고 나면 그들은 북동풍 몬순을 받으며 40일 후면 아프리카 곶에 도착하며, 열흘을 더 가면 지다에 도착하지요. 그 도시는 홍해의 메카 근처에 위치하고 있습니다. 거기서 선원들은 짐을 내리고, 상인들은 술탄에게 세금을 바쳐야 합니다. 그리고 나야 물품들이 작은 배에 실려 홍해의 정점인 수에즈로 운반될 수 있습니다."

하인이 들어와 물과 멜론 주스, 포도주를 은잔에 부었다. 에미르는 그 중에서 포도주를 단숨에 마시고 나서 기분 좋게 숨을 내쉬었다.

알메이다 역시 포도주 잔을 들면서 빈정거리듯 이렇게 말하지 않을 수 없었다.

"당신들의 예언자가 포도주 마시는 것을 금하지 않았나요?"

에미르는 웃었다.

"우리 예언자는 그것을 금하지 않았소! 알라의 자녀들은 하루에 다섯 번 기도를 하지요. 우리는 매년 라마단 기간 동안 금식을 합니다! 그리고 평생 한 번은 메카로의 순례 여행을 해야 합니다. 우리는 분수에 맞게 그리고 올바르게 살아야 하며, 신의 적들에 대해 항상 주의를 기울입니다. 돼지고기만 먹지 않으면 됩니다. 돼지는 깨끗하지 못하니까요."

그는 자신의 묵주에 입을 맞추며 덧붙였다.

"알라 일 알라, 마호메트 라술 알라!"

알 수 없는 사람이라고 제독은 생각했다. 그것을 예견했어야 했는데! 그는 다시 본래의 주제로 돌아갔다.

"그런데 향료들이 수에즈에서부터는 어떻게 운반됩니까?"

"우선 다시 관세를 지불해야 합니다. 그리고 나면 상인들이 낙타를 임대해서 물건들을 옮겨 싣습니다. 낙타 한 마리당 당신들이 네 크루자도라 칭하는 액수가 듭니다. 카라반은 열흘 안에 나일 강변에 있는 카이로 시에 도착합니다. 그 길은 도적질하는 베두인족이 위협하고 있기 때문에 위험하다고 할 수 있지요. 카이로에서 그 물건들을 다시 배로 옮겨 실어야 합니다. 나일 강을 타고 카이로에서 알렉산드리아로 가는데 사흘이 걸립니다. 거기서 다시 한 번 관세를 지불해야 합니다. 다른 카라반 길은 수에즈에서 출발하여 팔레스타인과 시리아의 항구도시로 향합니다. 베니스와 제노바의 갈레온선들이 이 향료들을 사기 위해 그 도시들과 알렉산드리아로 오지요."

그렇다. 알메이다는 그 목적지를 알고 있었지만, 인도와 말라카로 가는 데 걸리는 시간은 리스본에서 예측했던 것보다 짧았다. 에미르의 말이 맞다면——그의 말을 의심할 필요가 있는가?——아라비아의 항해자들은 여섯 달 후면 다시 메카로 돌아온다. 매년 두 번의 여행이 이루어질 수 있는 것이다!

"1년에 몇 번이나 인도와 말라카로 갑니까? 두 번이오?"

에미르는 포르투갈 사람들을 가능한 한 많은 이익을 가져다주는 항로로 유인하려고 했다. 그러나 그들은 이전의 항해 경험을 통해 이미 몬순 바람을 알고 있을 것이다. 그래서 그는 사실대로 대답했다.

"아닙니다. 그것은 불가능합니다. 알라는 아주 지혜롭게도 인간이 너무 지나치게 소유욕에 사로잡히지 않도록 배려했습니다."

"이해가 안 되는데요."

"자, 4월에서 9월까지는 바람이 남쪽과 남서쪽에서 붑니다. 그것은 배가 가는 방향이지요. 공기는 습기차고 비가 많이 옵니다. 9월부터 4월까지는 그 반대의 바람이 붑니다. 건조하고 차가운 바람이 북동쪽에서 불어오지요. 그때 배들이 돌아옵니다."

"무역선은 얼마나 많은 짐을 실을 수 있습니까?"

"포르투갈의 카라벨 정도입니다."

알메이다는 인도가 포르투갈의 손에 확고하게 들어온다면 물품들이 제노바와 베니스로 가는 대신 리스본으로 가는 것을 상상해보았다.

"전체 여정에서 얼마나 많은 관세를 지불해야 합니까?"

알메이다가 물었다.

"추정에 의하면 메카의 칼리프(마호메트교의 교주)는 매년 28만 크루자도의 수입을 올린다더군요."

에미르가 대답하면서 교활하게 덧붙였다.

"그러나 그것은 카이로의 위대한 술탄의 수입에 비하면 아무것도 아니지요. 그는 매년 60만 크루자도를 받습니다."

28만과 60만 크루자도라! 그것은 합해서 88만 크루자도이고 3억 5천만 레이보다 더 많은 것이다. 앞으로 포르투갈은 이 엄청난 액수를 받을 수 있을 것이다. 알메이다는 모든 것을 정확하게 왕에게 보고할 것이다.

그들은 서로를 은밀하게 살펴보았다. 알메이다는 자신의 선물이 너무 빈약하다는 것을 잘 알고 있었다. 값비싼 선물들을 더 가지고 와야 한다. 모잠비크는 인도가 아니다. 이 에미르의 영광은 인도 군주의 그것에 비하면 아무것도 아니다. 한편 에미르는 호기심 많은 이 침입자로부터 벗어나고 싶어하며, 인도와 말라카에 관해 많은 이야기를 했다. 아라비아의 상인들이 에미르에게 귀띔해주었다. 이집트 제독인 호세인이 포르투갈 사람들을 인도양에서 몰아내기 위해 함대를 집결시켰다고. 그러나 그는 이 놀라운 소식을 건방진 포르투갈 제독에게 알려주고 싶지 않았다.

알메이다는 자신의 입장에서 모잠비크의 전략적 중요성을 인식했다. 포르투갈은 인도로 가는 길의 거점으로서 모잠비크를 포기할 수 없었다. 이곳에는 식수, 생필품, 선원들을 위한 과일 및 선박을 수리할 때 필요한 좋은 나무 등이 있다. 이집트 함대를 물리치면 이곳에 요새를 설립해야지라고 알메이다는 혼자말로 중얼거렸다. 그리고 나면 이 녀석의 건방진 태도도 사라지겠지.

모잠비크는 평온했다. 지금까지의 전쟁은 그들에게 소풍을 나온 것과 같았다. 그들은 짠 바닷바람에 무기가 녹슬지 않도록 잘 닦기만 하면 되었다. 선원들은 무리를 지어 시내를 돌아다녔으며 시장에서 몇 가지 물건을 사기도 하고, 음식점에서 그 고장 음식을 먹어보기도 했다. 주민들은 흑인과 아라비아 사람들로 이루어져 있다. 흑인들은 이교도들이며 불쌍한 존재들이다. 그들이 거주하는, 무너질 것 같은 판잣집들은 요새 옆과 에미르의 궁전 밑에 자리 잡고 있다.

갈색 피부의 상인들은 이와는 반대로 마호메트의 신앙을 믿었다. 그들은 아라비아어로 말하고 상류층에 속했다. 화려한 저택들, 그늘진 정원이 딸린 저택들은 도시 외곽에 자리 잡고 있었다. 매일 그들은 외국 선박들의 갑판으로 와서 물건을 팔고 산다. 각종 몸짓과 소리를 내면서 이물과 고물 사이를 돌아다녔으며 싸구려 쓰레기 같은 물건들로 선원들의 주머니에서 얼마 안 되는 봉급을 끌어냈다. 마와 면으로 만든 그들의 옷은 아주 정교하게 짜여져 있었으며, 색색으로 줄이 쳐져 있고 섬세하게 바느질 된 것이다. 그들은 거대한 터번으로 머리를 보호했다. 많은 사람들이 부유함의 상징으로 금사로 짜여진 비단을 휘감고 있다. 여자들은 베일로 얼굴을 숨기고 다녀서 잘 알 수가 없었다.

항구에는 많은 다우선들이 정박해 있었다. 그 배들은 지붕이 덮여 있었지만 선루가 없었다. 선판은 못으로 짜 맞춘 것이 아니라, 일부는 식물의 내피로 만든 끈으로 묶고, 일부는 꿰매어 붙였다. 돛은 야자섬유를 엮은 매트로 만들어졌다. 선원들은 이 기이한 조선기술을 비웃듯이 쳐다보았지만 이미 바스코 다 가마와 함께 배를 탔던 늙은 선원은 이 배들이 아주 바다에 잘 적응하며, 아라비아 선장들은 진짜 능력 있는 선장이라고 말했다. 그들은 유럽인들처럼 방향을 정해주는 제노바식 나침반을 사용하며 사분의 및 해도를 이용한다.

포르투갈 사람들은 원주민들의 언어를 이해하지 못했지만 아라비아 사람들이 그들의 선박에서 금, 은, 정향, 후추, 생강, 그리고 진주와 루비 같은 보석이 달린 반지를 거룻배로 운반한다는 것 정도는 알아차릴 수 있었다. 모든 것이 인도에서 건너온 것이며 금만 아프리카의 다른 지역에서——그러나 어디인지는 정확치 않다——온 것이다. 이제 그들은 내륙지방(오지)의 생산품, 상아, 색색의 면직물, 밀, 기장, 코프라(말린 야자열매의 배유)와 사이잘 삼을 그들의 배에 실었다.

알메이다는 마음이 급해져서 출발 날짜를 곧바로 정했다. 그들은 다시 출항했다. 그들이 유리구슬, 거울, 싸구려 팔찌를 주고 바꿀 수 있었던 닭과 비둘기, 염소 몇 마리와 함께. 선대는 모잠비크에서 북쪽으로 향했다. 배의 용골이 열대의 바다를 갈랐다. 세하웅은 포르투갈 여자들이 흥얼거리곤 하던 자유분방한 노래를 혼자 휘파람으로 불었다. 그러나 마갈량이스는 모잠비크를 떠난 이후로 생각에 잠겨 있었다. 고향 시장의 번잡스러움과 이곳 아프리카 상인들의 끈질김, 그 차이는 무엇일까?

카라벨선 상미구엘은 초만원이었다. 알메이다는 선원들을 다른 배로 옮기게 했다. 그래서 두 친구는 모잠비크에서 떠난 이후 제독의 아들인 로렌수 알메이다의 카라벨 일하데레그냥 호에서 숙식했다. 한낮에는 뜨거웠지만 항해 바람으로 쾌적한 온도를 유지했다. 시커먼 숲들이 해안까지 펼쳐져 있다. 그 앞에는 흰색 물거품이 부서지는 붉은 암초가 있다. 낮에는 반짝이는 흰 태양이 하늘의 천공을 지나갔다. 태양이 북쪽 하늘 위를 지나가는 것에 대해 선원들은 상조르제 이후로 놀라지 않았다. 물고기들이 물 밖으로 튀어오르면서 마치 활대에서 쏜 활처럼 날아갔다. 정어리와 청어 같은 큰 물고기들이 밤이면 갑판으로 올려져 생을 끝마쳤다. 그것들을 구워 먹어보니 아주 맛이 좋았다. 그들은 그때부터 매일 아침 배에서 그 생선들을 찾게 되었다.

그들이 통과해가고 있는 이국적 세계의 풍광이 근무의 혹독함을 잊게 해주었다. 처음에는 이런 혹독한 근무에 익숙해 있지 않았기 때문에 두 배나 더 힘들게 느껴졌었다. 그러나 이곳 동아프리카 해안을 바라보며 오래 전부터 그들은 숙명을 참아냈다. 그들은 소브레살리엔테, 즉 하급 군인으로 계급도 없었으며 엄격하게 다루어졌다. 그들은 배에서 어떤 일이라도 해야 했다. 보초를 섰으며, 바람과 태풍에 따라 돛을 올리고 내렸다. 배의 바닥으로부터 냄새나는 물을 퍼내야 했으며, 물이 새는 선판에 뱃밥을 메워야 했다.

그것은 그래도 참을 만했다. 더욱 고통스러웠던 것은 그들이 선원실에서 의심을 받는 것이다. 사람들은 그들을 조롱했으며, 예의 바른 신사들이 선원들의 분위기를 탐지하려는 첩자들인지 누가 아냐며 빈정댔다. 식사 배급을 받을 때도 그들은 뒤로 밀렸으며, 사람들이 기피하는 시간대, 즉 한낮의 열기 속이나 혹은 아침 여명 전의 보초는 그들에게 먼저 배정되었다. 안면이 있는 궁정 사람들조차 갑판에서 서로 부딪칠 때면 아는 체하지 않았다. 그들은 아시아의 보물과 노획물을 노리고 이 원정에 참여한 것이다. 계급 없는 선원은 그들에게 중요하지 않았다.

조용한 날씨에는 힘이 들지 않은 키 보초 서는 것을 사람들이 가장 좋아했다. 마갈량이스 역시 즐거운 마음으로 톨딜라의 키 옆에 서 있었다. 거기서는 배 전체를 조망할 수 있었다. 사람들은 비타코라, 즉 갑판 위에 튼튼하게 고정된 나침반 함에서 움직이는 나침반 침에 따라 키를 조정했다. 조타수는 모래시계도 감독했으며 모래가 다 내려가면 암포텔라를 돌려놓았다. 그러면서 모래시계 노래를 불렀다.

주 예수여, 우리의 배를 보호하소서
불과 폭풍 그리고 암초에서
우리를 죽음과 고통에서 지켜주소서.
모래시계를 첫 번째로 돌립니다!

물론 그 다음에는 '두 번째'가 되고, 몇 번 그 모래시계를 뒤집었는가에 따라 몇 번째라고 말하게 된다. 당직 근무중인 장교는 이런 방식으로 보초 선 시간을 잰다. 그는 배가 지나온 거리도 계산할 수 있다. 모래시계를 제때에 뒤집어놓지 않으면 죄를 짓는 것과 마찬가지로 그에 상응하는 벌을 받게 된다. 보초 한 번 서는 데 여덟 개의 암포텔라, 즉 여덟 번 모래시계를 돌려야 한다. 마갈량이스는 학교에서 배운 해양학 수업을 기억했다. 이곳에서 그는 자신이 배운 이론이 실제로 어떻게 적용되는지를 확인하게 되는 것이다. 그는 장교가 배의 속도를 어떻게 측정하는지를 잘 살펴보았다.

가슴 높이의 난간인 현장(舷牆) 위에는 눈에 띄지 않는 두 개의 부호가 그려져 있다. 그 간격은 1카탈로니아 마일의 100분의 1이었다. 장교가 뱃머리에서 나무 한 조각을 바다에 던지게 한다. 배가 앞으로 항해하면서 그 나무를 추월하게 된다. 장교는 나무 조각이 앞에 표시되어 있는 부호에 도달할 때까지 기다린다. 나무 조각이 앞의 부호에 도달하면 그는 큰소리로 나무 조각이 뒤의 부호를 지나칠 때까지 몇 초의 시간이 걸리는지를 센다. 36초 걸리면 카라벨은 두 번의 암포텔라, 즉 한 시간에 1해리를 가는 것이다. 18초 걸리면 시간당 2해리를 가는 것이며, 12초 걸리면 배의 속도는 3해리가 된다. 계산하기가 아주 쉽다. 앞의 부호에서 뒤의 보호까지 몇 초 걸렸는지를 재고 그것을 36으로 나누면 배의 시속을 구할 수 있다.

경험이 많은 선원들은 흘러가는 물거품을 보고도 한번에 알 수 있다. 돛의 펄럭거림이나 배가 물살을 가르며 지나가는 소리를 듣고도 배의 속도를 알 수 있다.

당직 장교는 항로와 속도를 수로 안내인에게 보고한다. 수로 안내인은 갑판에서 가장 중요한 사람이다. 선장인 로렌수 알메이다는 뱃사람이라기보다는 군인으로 해양학에 관해 많은 것을 알지 못한다. 그가 선장으로 임명된 것은 그의 아버지 덕이었다. 그러나 수로 안내인은 점성술과 천문학에 아주 조예가 깊었으며 해도 제작술에 통달했다. 그는 컴퍼스와 항로 직독표를 사용할 줄 알았다. 매일 정오에 수로 안내인은 태양의 고도를 '측정한다'. 태양이 구름에 가리지 않는 한 그는 발레스틸라로 태양의 최고 위치를 잰다. 태양이 최고 위치에 올 때 그는 '8암포텔라'를 외친다. 같은 순간 조타수가 모래시계를 다시 뒤집고 그럼으로써 12시라는 지역 시간을 확인한다. 수로 안내인은 태양의 높이에서 지리학적인 위도를 계산해내고 하루에 지나온 구간을 항해일지에 기록한다. 배의 위치를 측정하여 기입하고 안전상 중요한 모든 것, 전체적인 관찰과 중요한 사건 등도 기록한다. 필요할 경우 별점을 치며 로렌수 선장의 운명을 점치기도 한다.

매일같이 검은 대륙이 왼쪽으로 미끄러져 지나갔다. 파도가 해안으로 느리게 굴러가면서 흰색 물거품 선을 그렸다. 카라벨들은 퀼론으로 항로를 잡고 그 도시를 향해 다가갔다. 퀼론 시는 단절된 채 만곡 안에 자리 잡고 있었다. 오두막에서는 아무런 연기도 올라오지 않았으며, 골목길은 황폐해 보였다. 한 부대의 군인이 보트를 타고 해안에 상륙했다. 그러나 사람이라고는 그림자도 볼 수 없었다. 가까운 주변 지역을 돌아다니면서 그들은 수줍어하는 원주민 몇 명을 붙잡았다. 그러나 그들에게서 필요한 어떤 정보도 얻을 수 없었다. 그래도 어쨌든 그들은 식수를 얻었으며 비축식량을 위해 야생동물을 많이 확보할 수 있었다. 그 도시는 거점으로 적합했다. 알메이다는 작은 보루를 세우라고 명령했다. 상미구엘의 선원들은 배와 함께 점령군으로 그 도시에 남았다. 마갈량이스와 세하웅은 운이 좋았다. 상미구엘 선원이었다면 그들은 퀼론에 머물러야 했기 때문이다.

알메이다의 선대는 해안을 따라 몸바사로 항해를 계속했다. 몸바사 역시 주민들이 모두 떠난 상태였다. 알메이다에게 맡겨진 과제는 이제 실현 불가능한 것이 되었다. 적들이 내륙, 즉 늪이나 원시림으로 후퇴

한다면 그가 어떻게 인도로 가는 길을 확신하며, 동아프리카의 모든 항구를 어떻게 통제할 수 있겠는가? 게다가 군인으로서 그는 자신이 끌고 다녀야 하는 많은 손님들이 부담스럽게 느껴졌다. 대공과 귀족들도 기분이 좋지 않았다. 배들이 해안 근처에서는 파도 때문에 심하게 흔들렸기 때문에 다시 배멀미를 했다. 제독은 그의 아들과 이야기를 나누었다.

제독이 말했다.

"저런 쓸데없는 녀석들, 저 인간 쓰레기들은 물에 빠져 죽게 놔두는 것이 제일 좋은데. 비축식량에도 도움이 되고 말이야."

배 안이 갑자기 소란스러워졌다. 정찰선이 다가왔다. 우현으로 반나절 거리에 적의 전함이 보인다는 것이다. 경보가 울렸다. 화덕의 불도 모두 껐다. 단단히 매어놓은 대포를 풀고 쏠 준비를 했다. 탄약이 장전되었으며 모두가 전쟁 준비를 위해 자신의 자리로 달려갔다. 귀족들만 갑판 밑으로 숨어들었다. 단조로운 리듬의 북소리가 위협적으로 들렸다. 공기는 수평선 위로 미세하게 떨렸다. 카라벨은 아라비아 배에 가까이 다가갔다.

일하데레그냥 호에서 마갈량이스는 세하웅과 함께, 보루 뒤 지정된 발사 장소에 서 있었다. 놀랍게도 그는 걱정이 되는 게 아니라 오히려 마음이 놓였다. 아라비아의 유연한 다우선들이 이미 시야에 들어왔다. 약한 바람을 받으며 다우는 포르투갈 배를 향하고 있었다. 점점 가까워졌다. 벌써 첫 번째 예포가 바다 위에서 터졌다. 알메이다의 함선이 아라비아 배의 대열을 무너뜨렸다. 그러자 아라비아 배들은 기민하게 방향을 돌렸다. 그들은 포르투갈 배에 비해 무기가 훨씬 빈약했으며, 경대포밖에 없었기 때문에 대포의 사격을 피해야 했다.

거대한 카라벨이 천천히 방향을 바꿨다. 새로운 공격 항로를 찾아 흔들리는 아라비아 배들과 충돌하려고 시도했다. 총소리와 울부짖는 소리가 들려왔다. 옆부분에서 우지직 소리가 났다. 다우 한 척이 불꽃에 휩싸였다. 연기가 더욱 진하게 배와 바다 위를 덮었다. 사람들이 바다 속에서 허우적거리며 도움을 청했다. 그러나 함대는 다시 출발했다. 대포에서 불을 뿜었다. 전투력이 약한 아라비아 배 두 척이 대포에 맞았으며, 불에 타면서 방향을 잡지 못하고 해안으로 향했다.

두 시간 후 이슬람교도 배들은 산산이 흩어졌다. 포르투갈 선대는 북쪽으로 향했다. 그러다 갑자기 알메이다는 커다란 원호를 그리며 반대 항로를 택해 몸바사로 돌아가라고 명령했다. 카라벨에도 전투의 흔적이 남았다. 기함인 플로르데라마르의 돛이 찢어져 새로운 돛으로 대치되었다. 포르투갈 사람 네 명이 사망했고 70명이 부상당했다. 몸바사 시는 완전히 약탈당했으며 사방에 불이 붙었다. 이틀 내내 도시는 불에 탔으며, 연기 나는 잿더미 속으로 사라졌다.

마갈량이스와 세하웅은 보초를 자원하여 갑판에 머물렀다. 해변에서 선원들과 군인들이 시끄럽게 떠들며 소란을 피웠다. 밤에는 검은 바다 위로 붉은 불빛이 춤추는 것처럼 보였다. 흔들리는 불꽃이 가볍게 잔물결 치는 바다의 수면 위에 비쳤다. 하루종일 그들은 내륙 쪽으로 물결쳐 들어가는 짙은 연기를 볼 수 있었다. 공포에 사로잡힌 사람들의 비명이 들렸으며 검은 그림자들이 도망치는 모습이 보였다. 전쟁의 또 다른 추악한 모습이 과격하고 무자비하게 그들을 사로잡았다.

그들은 다시 출범했다. 선대는 넓게 옆으로 흩어지면서 페르시아까지의 해안을 통제했다. 포르투갈 기를 보여주지 않는 무역선은 모두 쫓겨났다. 도망치려던 사람들, 구멍이나 만에 숨어 있던 사람들은 모두 사로잡혀 사살되었으며, 땅에 묻히거나 불에 태워졌다. 인도로 가는 아라비아 부두인 오만의 골드에서—적의 은신처였다—수백 척의 배가 불태워졌다. 물에 뜨거나 사람들을 실어 나를 수 있는 것은 모두 파괴되었다. 그리고 다시 무스카트 시가 화염에 휩싸였다. 두려움과 공포가 벨루시안과 힌두교도 사이로 번져갔다. 이슬람교도들은 그들의 우선권을 포기해야 했다. 인도의 라자와 술탄들은 불안해졌다. 배의 적재함에는 물건들이 가득 쌓였다. 그제서야 귀족들은 만족해했다.

충적사 때문에 인더스 강의 하구를 멀리 돌아서 그들은 마침내 인도에 도착했다. 선대는 포르반다르의 언덕에 집결했다. 알메이다는 유럽식으로 의식을 치렀다. 파도 치는 하구에 단위 부대들이 대형을 이루었다. 좌우로 흔들리는 카라벨들이 넓게 대열의 앞줄에 자리 잡고 있었다. 제독의 카라벨이 열병식을 받았다. 음악이 그들의 갑판에서 울려 퍼졌다. 가로 들보 밑에서 여러 깃발이 올라갔다. 그리고 뭍에서 바다로 부는 바람을 받으며 장엄하게 펄럭거렸다. 기함은 축포를 쏘고 주돛대에 총독에게 헌정된 깃발을 걸었다. 프란시스쿠 알메이다는 인도 총독이라는 직함을 받게 되었던 것이다.

그 후 배들은 코친으로 항로를 잡았다. 흐리고 습한 바람으로 인해 해안은 날카롭게 파이며 물결 모양을 이루었다. 어마어마하게 높은 산이 나타났으며 해안까지 계단을 이루며 내려갔다. 코친은 친근한 장소였다. 라자의 부친이 바스코 다 가마를 통해 1502년 마누엘 왕에게 편지를 보낸 적이 있었다. 편지에는 이렇게 적혀 있었다.

당신 왕실의 귀족인 바스코 다 가마가 우리나라에 도착한 것을 환영합니다. 우리나라에는 계피, 정향, 후추, 보석들이 많습니다. 당신 나라에서 내가 기대하는 것은 금, 산호, 진홍색입니다.

선대는 그곳에 정박했으며 선원들은 휴식을 취했다. 물은 충분했다. 사람들은 목욕하고 빨래를 했으며, 고요한 수면 위의 흔들리지 않는 배에서 잠을 청했다.

카나노르 전투

어디를 둘러봐도 몹시 북적거렸다. 광장과 골목길의 시장 가판대는 각양각색의 물건들로 넘쳤다. 즙이 많은 과일들, 이국적인 향신료, 그리고 매끄럽게 흘러내리는 직물. 머리에 큰 바구니를 이고 다니는 행상들이 자신의 물건을 사라며 큰소리로 떠들어댔다. 금 세공사와 동 세공사, 양탄자 상인, 멜론과 물을 파는 장사꾼, 구두장이, 플라덴(동그랗고 납작한 과자)을 굽는 사람, 재단사, 이발사 겸 외과의사, 도공, 동화 구연가, 거지, 사기꾼, 마술사, 조제 물약 판매상, 학자, 예언가, 글자를 쓸 줄 아는 사람들. 낯설고 이상한 냄새들이 코를 찔렀다.

화려한 옷을 입고 터번을 두른 마른 남자들이 위엄 있게 거래를 했다. 베일을 쓴 여자들, 장딴지 하부에 가볍게 짤그락거리는 고리를 한 여자들이 스쳐 지나간다. 얇은 비단 뒤로 보이는 검은 눈이 매혹적이다. 보석 브로치가 반짝였으며 보석과 다이아몬드 장신구가 빛을 발했다. 당초 무늬의 조각들이 화려한 저택과 궁정을 장식하고 있었다. 그늘진 정원에서 분수가 찰싹거리며 뿜어져 나왔다. 그리고 긴 야자나무들이 후덥지근한 바람을 받아 흔들리고 있었다.

코친에서의 생활은 축제의 연속이었다. 알메이다는 총독 업무에 해당하는 대표적인 의무들을 넘겨받았다. 그는 공포심을 퍼뜨리고 난 후 자신이 보상할 줄도 안다는 것을 보여주려고 했다. 항복하여 곧바로 그의 가신이 된 사람들 한가운데 서서, 옆으로는 귀족들을 세우고, 성장을 한 호위병에 둘러싸여, 깃발과 음악, 예포를 쏘아대는 포병중대로 포르투갈의 우월성을 과시했다. 알메이다는 인도의 군주를 맞이하면서 그의 충정에 대한 감사의 표시로 금관과 동전이 가득 든 술잔을 하사했다. 카브랄이 이곳에 온 이후로 유럽인들은 군주에게 선물을 하사하고 외교적 미사여구를 사용하면서 정중하게 표현하는 법을 배웠다. 라자는 요새의 건축을 허용했다. 그 역시 군대의 보호가 필요했기 때문이다. 제독은 지체하지 않고 바로 작업에 착수했다. 마침내 포르투갈의 카라벨 네 척과 기함에 향료를 가득 채워 선대는 고향으로 출발했다. 그들은 여러 가지 소식, 특히 총독의 승리에 관한 소식을 가지고 리스본으로 돌아갔다.

코친의 군주는 스케일 면에서 포르투갈 사람에게 뒤지고 싶지 않았다. 그래서 알메이다와 장교, 귀족들을 초대해 거대하고 화려한 성의 홀에서 향연을 베풀었다. 벽에는 금박을 입힌 모자이크로 장식되어 있으며 바닥은 푸른색과 흰색의 대리석이 측면의 열주랑까지 깔려 있다. 그 한가운데 분수가 인공의 샘물을 뿜어냈다. 그리고 성문 높이의 히말라야 삼목재로 만든 출입구는 실물보다 큰 설화 석고 동상들이 보초를 서고 있다. 출입구마다 호랑이, 사자, 원숭이, 코끼리 두 마리가 지키고 있었다. 자존심 강한 포르투갈 사람들은 그들의 경탄을 겉으로 드러내지 않았다.

인도의 군주는 그들을 진심으로 환영하며 맛있는 식사를 대접했다. 잠두(누에콩), 양의 버터로 몇 시간 동안 반죽하여 거칠게 간 슈트루델(설탕을 넣어서 찐 과일로 만 롤파이), 사프란 소스를 친 생선, 여러 가지 반찬들이 곁들여져 있는 쌀, 요구르트, 발효유, 꿀을 넣고 구운 간식, 놀랍도록 단 대추야자 열매, 즙이 많은 멜론과 빨간 딸기. 무어인들의 종교에서 금지되는 것은 전혀 식탁에 올라오지 않았다. 호박, 토마토, 토끼, 가젤 영양, 돼지로 만든 요리는 찾아볼 수 없었다.

"당신들은 어디서 포도를 구합니까?"

알메이다가 통역을 통해 질문했다. 포르투갈 사람들은 이 지방에서 야자열매, 오렌지, 석류, 바나나, 대추야자, 그 밖의 다른 과일들 중 아직 포도를 보지 못했다. 그들에게 돌아온 답변은 놀라운 것이었다. 이 과일들이 내륙에서 운반되어 온다고 했다. 여행을 잘 견뎌내기 위해 과

일을 납으로 만든 상자에 넣어, 얼음을 가득 채운 채 낙타에 실어 이리로 운반해온다는 것이다.

"그렇다면 얼음은 어디서 구합니까? 여기에는 어디를 둘러봐도 얼음을 얻을 만큼 그렇게 높은 산이 없던데."

"우리는 진나라에서 온 상인들에게서 얼음을 삽니다. 진나라의 상인들은 납으로 만든 상자에 얼음을 실어 정크(중국의 돛단배)로 운반하지요."

코친의 군주는 총독에게 주지시켰다. 후추, 계피, 생강의 생산자들이 포르투갈과 집중적인 물물교환을 환영하게 될 것이라는 사실을. 그는 무어 상인들이 이기적이고 양심이 없기 때문에 원주민들과 말라바르 해안 사람들이 좋아하지 않는다는 것도 알려주었다. 인도의 포르투갈 총독인 프란시스쿠 알메이다는 인도인의 친절함에 속지 않았다. 그는 포르투갈령 아시아는 안전하다고 생각했다. 그러나 그가 마누엘 왕의 소유라고 선언했던 그 지역은 광대했으며 소수의 유럽인에 의해서는 통제될 수가 없었다.

해안선을 따라 수백 마일을 계속 감시해야 했다. 매일 좋지 않은 소식들이 들어왔다. 특히 외진 곳에서 심각한 소요가 있었다. 그곳의 재외상관들이 습격을 받고, 약탈당했으며 화재로 파괴되었다. 작은 소요들이 여기저기서 계속 일어났다. 군대들도 동요했다. 제독은 두려웠다. 그는 자신이 왕에게 청했던 지원군이 포르투갈에서 오기만을 기다렸다. 그때까지 그는 그의 선대를 나누어야 했다. 그는 로렌수를 그의 카라벨 일하데레그냥과 다른 카라벨 열 척과 함께 북쪽으로 보냈다. 제독에게는 열한 척의 배가 남았다. 세하웅과 마갈량이스는 다시 로렌수 알메이다의 배로 가라는 명령을 받았다. 로렌수가 그들을 눈여겨보았던 것이다. 그들이 근무하며 적응하는 데 있어 보여준 성실한 태도가 선장의 눈에 띄었다.

두 친구는 서로 헤어지지 않게 된 것을 기뻐했다. 그들은 함께 보초를 섰다. 나란히 잠을 잤으며 함께 식사를 했다. 그들은 다행히도 갑판 아래 닫힌 선창 앞에 있는 구석진 곳을 침상으로 사용할 수 있었다. 선실들은 오로지 선장, 귀족과 장교들에게만 배정되었다. 그 외의 다른 사람들은 배 위의 어딘가에 쉴 곳을 찾아야 했다. 몇 주 전 리스본에서 출발했을 때 가장 좋은 자리들은 이미 경험 많은 선원들이 차지했다. 신참들은 이물에서 고물까지 덮은 카라벨의 갑판 위에 자리를 차지하려 시도했지만 헛수고였다. 결국 동정심 많은 어느 선원이 이불과 몇 개의 밧줄 뭉치로 어느 정도 쾌적한 침상을 마련하는 방법을 그들에게 가르쳐주었다.

그들은 적을 볼 수가 없었다. 포르투갈 배가 나타나는 곳이면 바다는 마치 싹 쓸어낸 것처럼 깨끗했다. 겨우 작은 보트 한 척만을 약탈할 수 있었다. 그렇다면 아라비아 함대는 어디에 있는가?

카나노르 앞에서 항해 커터(함재정의 일종) 한 대가 카라벨로 다가왔다. 밝은 색의 두건이 달린 외투를 입은 아라비아 사람이 키 옆에 서서 활기차게 손을 흔들어보였다. 로렌수는 배의 속도를 늦추었다. 커터는 현제로 다가왔다. 선원들이 그리로 뛰어가서 배를 맞이했다. 아라비아 사람은 배로 기어오르고, 로렌수는 그를 반갑게 맞아주었다. 그들은 서둘러 사령관실로 사라졌다. 반시간 후 장교 한 명이 로렌수 알메이다의 선실에서 달려나왔다. 휘파람 소리가 나고 신호기가 성급하게 난간 위로 올려졌다. 모든 선장들은 명령을 수령하라!

그 주목할 사건은 벌써 선대 전체로 퍼져 나갔다. 장교로부터 선원과 졸병들을 거쳐 견습선원에게까지 빠르게 전파되었다. 그 아라비아 사람은 변장한 베니스 상인으로 수십 년 전부터 동양에 살고있는 루도비코 디 바르테마였다. 그는 아라비아어와 동양의 여러 나라 말을 할 줄 알며, 이집트와 시리아, 아라비아, 페르시아에 관해 잘 알고 있었다. 그리고 벵갈, 말라카, 자바와 순다 섬에도 가본 적이 있었다. 바르테마는 경각심을 일깨워주는 소식을 가져왔다. 즉 이집트 제독인 에미르 호세인이 유럽인들과 대적하기 위해 캘리컷의 사모린, 망갈로르의 군주들와 연맹을 맺었으며, 이미 84척의 전쟁선, 125척의 작은 프라우(동남아시아와 폴리네시아 원주민이 사용하는 돛 달린 카누—옮긴이)를 거느리고 카나노르를 향해 출발했다는 것이다. 오만에서 온 막강한 삼부크, 단단한 선수가 있는 무거운 당기, 거대한 강스필, 뾰족한 구조의 붐이 달린 코티아, 그리고 전형적인 삼각돛이 달린 운전하기 쉬운 다우. 베니스 사람이 약간 앞질러 왔으니 곧이어 그 배들이 들이닥칠 것이라고 했다.

다시 명령이 하달되었다. 포병중대는 전투 준비를 갖추어라! 파도가 높지 않은 바다에서 선대가 방향을 돌렸다. 바람은 약했으며 선미에서 갑자기 바람이 일어났다. 그들은 거의 앞으로 나아가지 못했다. 망루의 보초들이 외쳤다. 수평선에 범선들이 길게 늘어서서 다가오는 것이 보였다. 로렌수는 직접 망대에 기어 올라가서 적의 배들이 알메이다의 카라벨들과 자신의 카라벨들을 갈라놓으려고 위협한다는 것을 알았다. 게다가 포르투갈 선박들은 전략적으로 불리했다. 아라비아 배들은 바람을 받고 항해하며 그들에게 유리하게 조류를 이용할 수 있었지만 포르투갈의 카라벨들은 게으른 개구리처럼 파도가 없는 바다에 그냥 떠 있었다.

그들은 바람을 더 잘 받기 위해 해안에 더욱 가까이 붙으려고 시도했다. 아라비아 함대가 이미 사정거리 안에 와 있을 때 포르투갈 배들은 겨우 삼각형으로 대형을 갖출 수 있었다. 활대에 빽빽하게 아딧줄을 돌린 거대한 삼각돛을 달고 다우가 빠르게 앞으로 나아갔다. 순식간에 포르투갈 선대가 포위당했다. 포격 소리가 들리고 나무가 튀어나갔다. 이제 그들은 전쟁의 한가운데로 휩쓸려 들어갔다. 아라비아 배들은 포르투갈의 전투대형을 갈라놓았으며 배들을 집결시켜 숫자상으로 불리한 포르투갈 선박들을 삼면에서 공격했다. 그들은 카라벨을 해안의 얕은 저지대와 낭떠러지로 밀어내려고 시도했다. 적은 강력하게 포르투갈의 선대로 부딪쳐왔다.

바다는 거칠어졌다. 납빛의 하늘에서 갑자기 돌풍이 몰려왔으며, 카라벨은 돌기 시작했다. 파도의 굴곡이 심해졌다. 배가 너무 심하게 흔들려서 포병들이 대포를 조준할 수가 없었다. 배들은 너무 가깝게 붙어 있어서 서로 방해가 됐다. 따라서 위험한 방향전환을 시도해서 간격을 멀리 유지하려고 애써야 했다. 아라비아 배들은 돛을 돌려 이물을 바람받이 쪽으로 바꿀 수 있는 시간이 충분했다. 다우들은 빠르게 반대 항로로 범선으로 다가왔으며 그들의 배를 포르투갈의 뱃전에 대고는 돛대 위로 기어올랐다. 선체가 우지직 소리를 내며 서로 부딪쳤다. 활대가 위에서부터 쓰러졌다.

아라비아 사람들은 전쟁의 광기로 인해 포효하며 족제비처럼 잽싸게 포르투갈 카라벨의 갑판 위로 올라왔다. 일 대 일의 싸움이 시작되었다. 칼이 번쩍이고 쇠가 부딪치는 소리가 났다. 부상자들이 비명을 질렀다. 죽어가는 사람들의 신음 소리가 들렸다. 온 사방이 피로 물들었다. 사람들은 갑판 위로 쓰러졌으며, 배의 벽 사이에 끼어 으스러졌다. 파도로 인해 배가 높이 들어올려졌다. 배의 늑재가 삐거덕 소리를 내며 신음했다. 널빤지가 부서졌다. 소총과 권총 소리가 날카롭게 들렸다. 대포 소리가 포효하는 것처럼 울렸다. 그리고 무엇이든지 삼킬 것 같은 폭탄 연기가 갑판 위에서 너울거리다 회색 구름이 되어 돛대까지 솟아올랐다.

포르투갈 사람들은 군사적으로 우세한 위치를 놓치지 않으려고 저항했다. 거대한 적함들의 뱃전이 점점 더 높아졌다. 아라비아 선원들이 갑판 위로 밀려왔다. 사람들은 가슴과 가슴을 맞대고 싸웠다. 전부(적선에 승선하여 밧줄을 끊고 적들을 살상하는 데 쓰는 손도끼—옮긴이)를 휘둘렀으며, 톱을 사용했다. 서로 싸우고 찔렀다. 뼈가 부딪치며 부러졌다. 사방에서 부상자들의 신음 소리가 들렸다. 사람들은 시체들에 채여서 비틀거렸으며 사방이 피바다를 이루었다. 손에는 창과 손도끼를 들거나 허리춤의 단도를 잡았다.

그 와중에 세하웅과 마갈량이스는 서로 헤어졌으며, 살육의 현장으로 휩쓸려 들어갔다. 그때 마갈량이스가 한 방을 맞았다. 두들겨맞은 것인가, 찔린 것인가, 아니면 총에 맞은 것인가? 그는 눈앞이 캄캄해지며 쓰러졌다. 그러나 아주 잠깐 정신을 잃었을 뿐이다. 잠시 후 다시 정신을 차려보니 숨이 가빴다. 그는 자신의 다리에서 피가 흐르는 것을 보았다. 정신을 차리고 확인해보니 허벅지에 찰과상을 입었다. 서둘러 상처 부위에 헝겊을 둘렀다. 그는 다시 칼을 꺼내 전쟁의 혼잡 속으로 뛰어들어갔다.

천천히 전쟁의 승세가 바뀌었다. 마갈량이스가 언뜻 보니 기함의 선장인 페레이라가 자신의 옆에 있었다. 제독의 배 위에서 대포 소리를 듣고 도와주러 온 것이다. 고물에서 로렌수가 심복 부하들과 함께 공격해오는 무어족과 싸우고 있었다. 피가 튀었고 머리카락은 헝클어졌으며 옷이 찢어졌다. 아라비아 사람들은 분노한 포르투갈 사람들의 끈질긴 공격을 이겨내지 못했다. 사방에서 유럽 사람들이 앞으로 밀고 나갔다. 날씨 역시 이제 포르투갈의 편이었다. 바람은 심하게 불기 시작했고 파도는 점점 높아졌다. 아라비아 함대의 가벼운 선체로 물이 들어왔다. 프라우선은 후퇴해서 빠르게 해변으로 돌아가지 않을 수 없었다.

마침내 해가 지고 저녁이 되었다. 로렌수와 알메이다가 승리했다. 그러나 얼마나 큰 대가를 치른 것인가! 선대는 심하게 손상되었다. 카라벨 세 척에 불이 붙었으며, 다른 카라벨 한 척도 파도에 밀려 해변에 너무 가까이 다가갔다. 난파자 87명을 구조했지만 225명이나 사망했다.

아라비아 사람들의 손실은 더욱 컸다. 25척의 배가 파괴되었으며 2천 800구의 시체가 다음날 파도에 밀려 해변으로 쓸려왔다. 적은 패배했고, 식민지는 확고하게 포르투갈의 소유가 되었다. 그 점령은 오래된 관습에 따라 파드라옹의 설치로 기록되었다.

퀼론에 고립되다

남아시아 대륙은 정복자의 힘과 권력 아래 굴복했다. 무겁게 짐을 실은 무역선들은 호위를 받으며 아프리카의 희망봉을 돌아 오랫동안 갈망하던 물건을 리스본으로 운반했다. 그러면서 향료 거래소는 환상적인 이득을 얻었다. 무어족의 중간 거래는 이제 배제된 것처럼 보였다. 강력한 거래소가 군인들의 살과 피를 바탕으로 이루어진 그들의 세력을 확장했다. 포르투갈의 행운왕 마누엘은 유럽의 가장 강력한 지배자가 되었다. 그때 아프리카 퀼론에서 반란이 일어났다. 쾌속 범선인 상미구엘 호가 포위되었고, 보루가 점령당했다는 소식을 알려왔다.

총독은 아들인 로렌수, 페레이라와 함께 '퀼론의 나쁜 소식'에 관해 이야기하고 있었다. 그는 회의를 소집했다.

"흑인 추장이 몇천 명의 군사들을 데리고 오지에서 해안으로 밀고 들어와 우리의 선원을 공격했다."

그것은 아주 나쁜 소식이었다. 모두들 그 이유를 알고 있다. 퀼론은 세계지도에서 아주 작은 점에 불과한 초라한 도시이지만 포르투갈에는 그들의 배가 포르투갈과 인도를 오가는 긴 여정에 있어 중요한 정거장이다.

"우리는 지원군을 보내야 합니다!"

페레이라가 말문을 열었다.

"대양을 가로질러서? 지원군을 그리로 보내기 위해 필요한 카라벨과 무기, 군인을 어떻게 구할 수 있단 말인가?"

알메이다가 주위를 둘러보았다.

"퀼론을 잃는다면 우리는 여기서 고립됩니다."

로렌수가 말했다.

"그렇긴 하지만 그래도 여기서 포기할 수는 없습니다."

"아프리카의 동해안에서 퀼론을 제외한다면 어디서도 식수를 구할 수 없습니다. 퀼론에서만 우리는 저장식수를 보충할 수 있습니다. 모잠비크는 너무 불안하니까요!"

페레이라가 고민했다.

"그것 역시 맞는 말이오. 그러나 그럼에도 불구하고 우리가 함대와 그에 소속된 군대를 약화시킨다면, 우리는 틀림없이 인도를 잃어버리게 될 것이오."

알메이다는 모든 사람의 말에 귀를 기울였다. 그럼에도 그들의 제안에 계속 머리를 흔들었다.

"우리에게는 카라벨 스물두 척이 있습니다."

로렌수가 마침내 입을 열었다.

"그 중에 세 척을 아프리카로 보냅시다!"

"그것도 불가능한 일이야! 여기 있는 배나 군인들은 모두 다 꼭 필요한 장비와 인원들이야."

"그러나 우리는 어떤 조치라도 취해야만 합니다!"

"물론이지. 카라벨 한 척만 보냅시다. 그 배의 선장은 특별한 용기와 대담함을 지닌 사람이어야 할 것이오."

총독은 믿을 수 없다는 표정을 하고 있는 사람들을 돌아보았다.

카라벨 한 척만 보낸다고? 제독의 생각이 옳았다. 인도 사람들을 통제하기 위해서 그들은 이 카라벨조차도 포기할 수 없는 형편이었다.

잠시 후 로렌수가 말을 했다.

"제가 이 임무를 맡겠습니다."

그러나 다시 알메이다가 거부했다.

"안 돼. 자네는 여기 있어야 해!"

그는 자신의 아들을 멀리 보내고 싶지 않았다.

그때 로렌수가 기함의 선장인 페레이라를 추천했다. 그는 무사이다. 용감하고 경험이 많으며 영리했다.

"우리는 그에게 일하데레그냥 호를 맡기겠습니다. 그 배는 전투에서 파손되지 않았습니다. 그 선박에는 훌륭한 무기가 갖추어져 있으며, 45명의 선원을 태울 수 있는 공간이 있지요. 그러면 제가 플로르데라마르 호를 맡겠습니다."

"좋다!"

총독이 동의했다. 로렌수의 제안은 아주 사심이 없는 것은 아니었지만 그럼에도 알메이다는 만족했다.

"선장은 40명의 선원을 직접 뽑으시오!"

그가 말했다.

페레이라는 이 사명을 완수하기 위해 카나노르 전투에서 자신의 옆에서 싸웠던 페르나웅 드 마갈량이스를 부관으로 임명했다. 갑자기 마갈량이스는 장교가 되었다. 물론 아주 낮은 계급이긴 하지만. 그의 부상은 거의 회복되었고 퀼론에 도착할 때까지 그는 완전히 회복할 수 있었다.

세하웅은 이 사실을 어떻게 받아들일까? 그들은 시동학교에서부터 지금까지 함께한 유일한 친구이다. 그러나 그들은 각자가 자신의 기회를 포착해야 한다고 서로 약속했다. 아마도 행운이 그들에게 신호를 보낸 것일 것이다. 한 사람은 인도에서, 다른 사람은 아프리카에서! 세하웅은 그에게 말했다.

"너는 기회를 잡아야 해!"

저녁이 되자 함께 앉았을 때 세하웅이 간절하게 말했다.

"선수루에서 장교 갑판으로 가는 거야. 누가 그런 행운을 이토록 빨리 잡을 수 있겠어? 페레이라는 네가 올바른 정신과 육체를 가지고 있다는 것을 알아차렸어. 그리고 아마도 너는 멋진 리스본으로 가거나 아니면 다시 이리로 오게 되겠지. 그러니 친구야, 기회를 잡아!"

10년 만에 그들은 처음으로 헤어졌다. 그들은 서로가 이별하는 것에 대해 슬퍼했지만, 서로에게나 자신에게 그와 같은 감정을 드러내지 않았다. 이곳에서는 세계가 유럽에서보다 더 가까이 놓여 있다. 아프리카, 인도, 그 사이에 위치한 유명한 대양——아프리카에서 인도로 가는 것이 브라간사(포르투갈 동북부에 있는 도시)에서 사그레스로 가는 것보다 더 가깝다고 생각할 수도 있다.

태풍을 동반한 북동풍 몬순을 받아 포르투갈 선대는 빠르게 아프리카로 이동했다. 그들은 순풍을 받았다. 여행은 특별한 사건 없이 순조롭게 진행되었다. 퀼론은 황폐한 도시가 되었다. 적은 다시 원시림으로 몸을 숨겼다. 아주 깊고 사람의 손길이 닿지 않으며 통행할 수 없는 원시림으로. 상미구엘 호는 난파선이 되어 해안 절벽에서 썩고 있었다. 요새의 사령관은 전사했으며, 선원들의 수는 줄어들었고 반은 굶주렸다. 그들은 환자들을 돌보고, 요새의 손상된 부분을 수리하며, 비축식량을 보충했다. 황폐해진 작은 정원에도 다시 채소를 심고 물을 주었다. 페레이라는 인도로 돌아갈 때 이 보루를 지키기 위해 군인 몇 명을 남겨두어야 했다.

그때 알메이다에게서 기별이 왔다. 제독은 귀향하는 화물선을 통해 다음과 같은 명령을 전달했다. 페레이라는 퀼론의 총독으로 임명되었으니, 카라벨선은 임시로 그곳에 정박하라. 페레이라 선장은 슬픈 표정을 지었다. 이런 저주받은 지역에서 무엇을 할 수 있겠는가? 마갈량이스 역시 기분이 좋지 않았다. 세하웅이 더 나은 선택을 한 것이다. 그들이 이 삭막한 곳에서 쪼그리고 앉아 있는 동안 세하웅은 다른 사람의 눈에 띌 수 있을 것이다. 그러나 앞만 쳐다보고 있을 수는 없었다. 할 일이 많았다. 잡초가 무성하게 자란 덤불은 습기 찬 기후라 보루의 담 밑까지 무성하게 자라나서 계속 개간해야 했다. 물은 소금기가 있었으며 갈색으로 미적지근했다. 그래서 마시기 힘들었다. 마갈량이스는 페레이라의 허락을 얻어 보루의 정원에 새로운 샘을 파게 했다. 샘에서 나온 물은 덜 짜기는 했지만 신맛이 났다.

해변의 진흙으로 만든 초라한 오두막에는 몇백 명의 원주민이 살고 있었다. 그들은 수줍어하며 의심스러운 눈으로 유럽인들을 관찰했다. 페레이라는 절대 요새를 무기 없이 혼자 떠나서는 안 된다고 명령했다. 원시림에 들어가는 것은 금지되었다. 그들은 모르고 접근한 사람들을 삼켜버리는 늪과 수렁에 관해 들었다. 숲에서 매일 낮과 밤이 지나갔다. 가까이 혹은 멀리서 북의 둔탁한 소리가 들렸다. 그 소리는 그렇지 않아도 몹시 긴장하고 있는 신경을 건드렸다.

게다가 날씨는 살인적으로 더웠다. 낮에는 흰색 태양이 그들 위로 내리쬐었다. 불붙은 창처럼 그 빛이 정수리에 내리꽂혔다. 습지에서는 악취가 올라왔으며 공기를 혼탁하게 만들었다. 수많은 곤충들이 주위를 돌아다니며 모든 생물체에게로 달려들었다. 콧구멍과 귀에 달라붙었으며 옷 밑으로 기어 들어가 살갗을 파고들었다. 군인 몇몇은 목구멍이 부풀어올랐다. 그들은 거의 삼킬 수도 없었으며 숨이 점점 가빠졌다. 부스럼이 생겼다. 세 명의 선원이 환각 중에 동료들을 공격했다. 그 불쌍한 녀석들은 사슬에 묶여야 했다.

장교들이──선장인 마샤리우 페레이라, 부선장 후안 몬토네스, 페르나웅 드 마갈량이스, 부관들──승무원을 고용했다. 배는 바다에 적응이 잘되도록 유지해야 하며, 선원들은 작업에 몰두시켜 다른 잡생각이

들지 않게 해야 한다. 요새는 점점 나아졌고 강화되었다. 잘라낸 돌로 작은 교회를 지었다. 마갈량이스는 점점 더 필요성이 부각되고 있는 병원을 지어달라고 요구했다. 병원은 완성되자마자 환자들로 가득 찼다. 아주 소수의 사람들만 병에 걸리지 않았으며, 페레이라와 마갈량이스도 다행히 이 중에 속했다. 인도에서 출발한 지 여덟 달 만에 그들은 처음으로 죽은 사람을 매장해야 했다.

마침내 거의 1년이 지난 후 호송선단이 수평선에 나타났다. 호송선단은 인도로 가고 있었으며 그 배들 중 한 척이 퀼론으로 가라는 명령을 받았다. 선장인 헬리오도루 아제베두가 요새의 새로운 사령관이 되었다. 일하데레그냥 호는 다시 인도로 향했다. 그들은 마침내 그곳에서 풀려났다! 그러나 구원의 소식을 가져다준 그 선박은 선원의 사기를 저하시키는 소식도 가져왔다. 카나노르 전쟁에서 패했다는 것이다. 포르투갈의 거점은 이슬람교도에 의해 공격받아 전부 정복당했다. 선원들이 끌려가 살해당하고 노예가 되었다. 카나노르는 아라비아 사람들에 의해 점령되고 내륙 쪽으로는 완전히 차단되었다. 그 선대는 큰 손해를 입었다. 1년 전에 이미 그 선대는 인도의 거대한 해안을 보호하기에 수적으로 충분치 않았다. 그런데 왕은 이제서야 구원군을 보내주었던 것이다.

아제베두 선장의 표정은 어두웠다. 아마도 마음에 들지 않는 소식을 들었기 때문이리라. 그는 정박장 너머를 가리켰다. 귀를 기울이고 있는 선원들에게 들리지 않도록 목소리를 낮추고 그는 말했다.

"저기 밖에 정박하고 있는 선박 중 한 척에 아폰수 알부케르케 공작이 타고 있다. 왕이 그를 알메이다의 후계자로 총독에 임명한다는 명령서를 가지고 왔다는 소문이 떠돌고 있다."

그것은 사실이 아닐 것이다! 그들은 알부케르케를 잘 알고 있었다. 그는 지배욕이 강하고 화를 잘 내며 허영심이 많은 사람으로 알려져 있다. 안 돼! 그 사실을 믿고 싶지 않았다.

디우 전투

코친의 정박장, 알메이다와 알부케르케는 기함에서 만났다. 왕족 출신인 쉰다섯 살의 공작은 총독을 매우 비난했다.

"프란시스쿠 경, 무기력하게 식민지를 잃어버리다니! 폐하께서 당신에게 모든 손해의 책임을 물을 것이오!"

"저의 성공에 대해서도 보상해주시기를 바랍니다."

제독이 품위 있게 대응했다.

"그런데 도대체 무엇을 성공했다는 것이오?"

공작이 화를 냈다.

"당신은 이 대륙을 지키지 못했소. 호르무즈는 다시 아라비아의 소유가 되었고, 인도는 잃어버린 것이나 마찬가지요. 몇 달 전부터 리스본에는 배들이 정박하지 않고 있소. 향료 거래는 다시 아라비아 사람을 거쳐 베니스로 가고 있소."

"누구도 내가 했던 것보다 더 잘할 수는 없었을 겁니다."

알메이다는 자신 있게 말했다.

"당신은 불리한 상황을 그럴듯한 변명으로 위장하는 기술을 가지고 있군!"

알부케르케가 대답했다. 알메이다의 목소리가 더욱 커졌다.

"우리 선대는 이 대륙을 지키기에는 너무 작았소. 선대에 있는 모든 사람들이 나에게는 꼭 필요한 사람들이었소. 어떻게 내가 이 나라를 정복할 수 있겠소? 포르투갈에 있는 사람들이 인도에 관해 무엇을 알고 있단 일이오? 인도는 포르투갈보다 100배 이상 큽니다. 주민들은 반항적이며 수백 마일 떨어진 곳에서 일어나는 싸움에 우리는 계속 휘말려 들었소. 그런 상황에서도 배들은 계속 포르투갈로 재물을 실어갔소. 한 척의 카라벨도 포기할 수 없어 그것이 불가능해질 때까지 말이오. 내 재량대로 할 수 있는 것이 무엇이오? 선박 22척과 대포 1천200대, 그리고 4천 명이 채 안 되는 군인들이오. 4천 대 10만이라니! 우리는 혹독한 전투를 견디어냈소. 우리의 손실은 아주 컸고 나는 매번 리스본에 인력 보강을 요구했소. 우리의 배들이 파괴되고 군인들이 전쟁에서 죽을 수 있다는 것을 포르투갈은 잊었단 말이오? 비난 대신 우리는 봉사와 지원을 기대했었소."

"그것은 폐하가 결정할 것이오. 이제 이곳은 더욱 중요해졌소!"

알부케르케는 뒤에서 기다리고 있는 서기의 손에서 양피지 두루말이를 빼앗았다.

"자, 명령을 받으시오. 이것은 나를 총독으로 임명한다는 임명장이오. 이제 내가 업무를 넘겨받겠소."

알메이다는 멍하니 알부케르케의 눈을 쳐다보았다.

"이 문서는 조작되었을 것이오. 마누엘 황제 폐하가 나를 총독으로 임명했으며, 그것은 올해 말까지 유효한 것이오. 그것을 증명하는 문서를 가지고 있으며 나는 그 명령을 따를 뿐이오!"

공작은 고집스럽게 자신이 왕의 승인을 받았음을 주장했다. 그럼에도 알메이다는 그를 쇠사슬에 묶어놓겠다고 위협했다. 알메이다는 자신이 법적으로뿐만 아니라 도덕적으로도 정당하다고 생각했다. 그는 어떤 사전조치도 태만히 하지 않았다. 그의 권력은 이 거대한 지역을 다스리기에는 너무 빈약했다. 존경할 만한 비평가라 하더라도 그를 비난할 수는 없다. 총독은 양심이 바른 사람이다. 알부케르케가 분노하여 카라벨의 키를 돌려 그의 선대와 함께 동쪽으로 멀어져갔다. 그는 무스카트와 호르무즈를 다시 정복하여 무어족에게——알메이다에게도——

아폰수 알부케르케 공작이 약자가 아님을 보여주려 했다.

"불씨는 아직 꺼지지 않았어."

마갈량이스가 세하웅에게 말했다. 둘은 재회의 감동으로 서로 껴안았다. 그들은 밤늦게까지 함께 앉아서 그들의 체험을 나누었다. 그들은 인도의 상황에 관해 토론하기 시작했다.

"뭐라고? 알메이다가 무엇을 하려 한다고?"

"그는 포르투갈 사람이야."

세하웅이 비꼬듯이 대답했다.

"포르투갈 사람은 자기 자신의 행동을 침묵으로 무시하는 것보다 다른 사람을 칭찬하는 것에 더 분노를 느끼지."

마갈량이스가 말을 받았다.

"그렇다면 너무 우유부단하게 행동했다는 알부케르케의 비난이 그에게 충격을 주었을 거야."

마갈량이스의 판단이 옳았다. 알메이다는 주저하지 않고 북쪽으로 출발해서 아침 여명이 틀 때 아라비아의 환적장인 다불을 공격했다. 그는 자신의 성격과는 어울리지 않게 잔인하게 도시를 파괴했다. 동방 사람들이 수백 년간 이날을 기억할 정도로 포르투갈 사람들은 야만적으로 행동했다. 공식적으로 모든 향료와 보석들을 내오라고 선언했다. 경고하기 위해, 그리고 요구사항을 강조하기 위해 40명의 주민을 교수형에 처했다. 그 도시는 4일 밤낮으로 화염에 휩싸였다.

알메이다 총독은 자신이 냉정할 수 있다는 것을 알부케르케에게 보여주고자 했다. 그러면서도 그는 적 앞에서는 자신의 불리한 상황을 숨기려 했다. 왜냐하면 그는 거의 사용이 불가능한 배 18척과 2천700명의 인원밖에 가지고 있지 않았기 때문이다. 페레이라가 굶주린 선원들과 함께 이에 합류했지만 그것은 그의 전투력에 거의 도움이 되지 않았다. 게다가 카라벨 알파마 호의 선장은 일주일 전에 부상당하여 사망했다. 노련한 지도력을 갖춘 사람이 부족했다. 알메이다는 가장 하고 싶지 않은 결정을 내렸다. 아들 로렌수에게 그 배의 선장직을 맡기지 않을 수 없게 된 것이다. 플로르데라마르 호는 제독이 직접 지휘했다.

이제 그들은 디우의 위도에서 지그재그로 항해했다. 카나노르의 적인 호세인 에미르는 자신의 장점을 잘 알고 있었으며 포르투갈의 도전을 받아들였다. 특히 그의 자부심이 패배에 대한 보복을 요구했다. 순찰 보트가 알려왔다. 아라비아의 배들이 디우로 향하고 있다고. 총독은 알부케르케에게 주장했던 자신의 직함을 무어인들로부터 억지로 받아내야 했다.

2월의 발렌타인 데이에 전위 카라벨들이 전투를 시작했다. 구름 한 점 없는 하늘에서 태양이 내리쬐었다. 가까운 대륙의 산 정상에 몇 개의 적운만이 걸려 있었다. 카나노르 앞에서처럼 바람은 아주 약했다. 해전에 이보다 더 좋은 조건은 없었다. 포르투갈의 기함이 신호를 보냈다.

"육지에서 출발!"

포르투갈 선박은 느리게 바다로 돌아갔다. 그러나 무어인들과의 거리는 유지했다. 그들과의 거리는 포격 사정거리보다 약간 더 멀었다. 그러나 호세인은 해전을 원치 않았다. 아라비아 함대는 육지를 따라 계속 아래로 항해했으며, 디우 항에 정박했다. 믿기 어려웠지만 모든 아라비아 배들이 항구로 들어왔다. 그곳에는 무장을 한 디우 술탄의 배들이 정박해 있었다. 호세인은 포르투갈 사람들이 감히 추격을 감행하리라고 예상하지 못했다. 그러나 천천히 지속적으로 포르투갈 선박은 아라비아 선박을 따라왔다.

그곳에는 거의 바람이 없었다. 그러나 카라벨들은 끊임없이 가까이 다가왔다. 뱃전 뒤로 투사들이 서로를 노리고 있었다. 저쪽에는 폭이 넓은 바지를 입고, 털이 많이 난 얼굴에 터번을 쓴 반나체의 구릿빛 사람들. 이쪽에는 철로 무장한 투구와 챙이 없는 평평한 모자를 쓰고 이빨까지 무장을 한 사람들. 그때 수직기류가 절벽을 따라 내려가 항구에서 거품을 일으켰다. 앞서가던 카라벨들이 옆으로 쓰러졌다. 그리고 갑자기 대포가 터졌다. 뱃전이 엄청난 소리를 내면서 갈라졌다. 양쪽 편에서 비명 소리가 났다. 연기가 자욱한 가운데 돛대가 쓰러지고 떨어져 나갔다. 지삭(돛대를 지탱하는 철사밧줄), 돛대, 마룻줄(돛대 꼭대기에서 활대와 연결된 줄—옮긴이), 돛, 아딧줄, 활대가 쓰러지면서 갑판 위에서 부서졌다. 선실의 벽에 금이 갔다. 불이 붙은 곳도 있었고, 나무조각과 파편들이 사방에서 지지직거렸다. 뱃전이 현판을 내리눌렀다. 너울거리는 연기 속에서, 밧줄과 아마포, 도르래와 각재들이 뒤섞인 가운데 사람들이 뛰쳐나왔다. 쏘고, 찌르고 서로 내리쳤다. 일 대 일로 싸우기도 하고 무리를 지어 싸우기도 했다. 돛대 뒤에서, 흔들리는 두꺼운 널빤지 위, 좁고 가파른 계단, 선실과 출입구 앞에서 싸웠다. 부상당한 자들의 신음 소리가 들렸으며 갑판 위로 피가 흘러 배수구를 통해 항구의 바다를 벌겋게 물들였다.

페레이라는 호세인의 기함을 공격하라는 임무를 받았다. 그러나 일하데레그냥 호는 이런 혼돈의 와중에서 앞으로도 뒤로도 꼼짝할 수가 없었다. 그럼에도 페레이라는 조심스럽게 그곳에서 벗어나려고 시도했다. 마갈량이스는 몇몇 사람들을 모아 막대기로 그들의 배를 조금씩 그 혼잡스런 무리에서 밀어냈다. 그들이 자유롭게 빠져나갈 수 있는 길을 확보할 때까지는 많은 시간이 걸렸다. 갑판 위에 있는 모든 것은 부서졌으며, 청소는 생각도 할 수 없었다. 선원들은 작동하는 데 방해만 되는 마룻줄과 지삭, 로프들을 잘라냈다. 페레이라는 힘들긴 했지만 운 좋게도 자신의 배를 아라비아 기함 옆으로 이동시킬 수 있었다.

로렌수의 카라벨인 알파마 호가 그들 바로 옆에서 한쪽으로 심하게 기울어진 채 불에 타고 있었다. 페레이라는 그들에게 구해주겠다고 소리쳤다.

"갑판으로 건너와라, 잡아줄 테니!"

로렌수는 거절한다는 신호를 보내고 적함을 향해 대포를 설치하라고 명령했다. 선원들은 대포를 비스듬하게 눕혀야 했다. 대포는 갑판 위에 반쯤 매달려 있었다. 화기 조종반이 선복에 누운 채 비스듬한 갑판에 매달려서 힘껏 불을 붙였다. 카라벨의 선체가 떨리면서 더 깊숙이 가라앉았다. 대포가 다시 불을 뿜었다. 그 난파선은 언제라도 전복될 수 있었다.

이제 일하데레그냥 호는 이집트 배에 아주 가까이 다가갔다. 배들이 부딪치면서 솟아오르자 포르투갈 사람들이 칼을 물고, 이집트 배의 갑판으로 뛰어들었다. 머스켓총 알이 페레이라의 가슴을 맞추었고 그는 그 자리에서 즉사했다. 포르투갈 사람들은 몰려가서 그 배를 포위했다. 사망자나 포로 중에 호세인은 없었다.

"기! 기를 올려라!"

마갈량이스는 반달이 그려진 호세인의 문장을 내리고, 포르투갈 기를 걸게 했다. 다른 배에서도 아라비아 사람들이 퇴각했다. 포르투갈 사람들이 그들을 뒤따라갔다.

"승리를 위해 앞으로!"

알파마 호가 깊숙이 물에 잠겼지만 불은 여전히 꺼지지 않았다. 총 한 발이 키에 명중했으며 선미가 부서졌다. 로렌수는 심하게 부상당한 채 각목 밑에 깔려 있었다. 그의 오른쪽 다리에서 엄청나게 많은 피가 흘렀다. 선원들이 사령관을 보트에 태우려 했다. 그때 폭발로 인해 갑판이 부서졌다. 탄약에 불이 붙은 것이다. 손상당한 선체가 수직으로 갈라졌다. 1, 2초 후 선체 자체가 만들어낸 소용돌이 속으로 쩝쩝 소리를 내며 가라앉았다.

프란시스쿠 알메이다는 전쟁에 승리했지만 아들을 잃었다. 호세인은 도망쳤다. 알메이다는 포로들에게 어떤 은혜도 베풀지 않았다. 알메이다에게 대항하여 싸웠던 모든 사람들이 처형당했다. 디우의 술탄도 참수되었다.

나머지 선대는 코친으로 돌아갔다. 페레이라의 대리인인 후안 몬토네스가 일하데레그냥 호의 사령관이 되었다. 마갈량이스는 다시 부상을 입었다. 전쟁이 계속되는 동안 허벅지에 입은 총상을 그는 알아차리지 못했다. 선의는 마갈량이스를 진찰하고 난 후 이렇게 말했다.

"찰과상일 뿐이오. 목숨에는 지장이 없소."

그러나 두 번째 부상이 완치되기까지는 카나노르에서 입은 부상보다 더 오래 걸렸다.

그들은 알메이다의 얼굴을 보기가 더욱 힘들었다. 로렌수의 죽음은 총독에게 심한 충격을 주었다. 그는 우울하게 기력을 읽은 채 플로르데라마르의 선실에 쪼그리고 앉아 있었다. 이런 분위기 속에서 알부케르케는 알메이다를 만났다. 그는 여전히 협조적이지 않았으며, 심지어 알메이다가 전투에서 살아남지 않기를 바랐다. 디우의 승리를 통해 더욱 고무된 그는 전보다 더욱 강하게 제독의 퇴진을 요구했다. 자신의 직위 때문에 아들을 희생시켰던 알메이다는 격분했다. 그들 상호간의 거부감은 증오심이 되었다. 원주민들조차도 그 둘 사이의 적대감을 감지했다.

알부케르케는 우편선을 통해 마누엘 왕에게 전보를 보내 알메이다의 반항적인 언동에 관해 보고할 것이다.

죽음을 무릅쓴 우정

코친에는 네 척의 카라벨이 정박하고 있었다. 레기나 호, 나베다드 호, 리오나르다 호, 바테 카벨루 호. 그 배들은 리스본에서 출발하여 네 달 만에 이곳에 도착했다. 사령관인 세케이라 선장은 말라카까지 가서 그곳의 항구와 시장을 정찰하라는 임무를 받았다. 함대 사령관은 군대를 지휘할 수 있으며 대양의 특징을 잘 알고 있는 사람을 찾고 있었다. 세하웅은 그 동안 바다를 여러 번 항해한 경험이 있다. 선장이라면 누구라도 그가 능력 있는 선원이라는 증명서를 교부해줄 것이다. 인도에서는 수백 명의 다른 사람들과 공유해야만 했던 명성이 그곳에서 그를 기다리고 있지 않을까? 세하웅과 마갈량이스가 카나노르에서 그토록 부러워했던, 아라비아 복장을 하고 나타난 바르테마의 인상적인 모습이 그들의 기억 속에 선명했다. 세계가 그들 주위로 확장되고 있는데 왜 그들이 이러한 명성을 얻을 수 없단 말인가?

세하웅은 세케이라의 마음에 들게 행동했다. 그래서 네 척의 배 중한 척에 대한 명령권을 위임받았다. 마갈량이스는 그 사이 알메이다 총독에게 말라카로 보내달라고 요청했다. 알메이다는 친근하게 그의 말에 귀를 기울였다. 처음에는 말라카로 보내달라는 젊은 남자의 요청에 프란시스쿠 알메이다는 불쾌해했다. 지금 그는 어떤 누구라도 필요한 상황인데. 그러나 어쨌든 이 마갈량이스는 페레이라 밑에서 쓸 만한 사람이라는 것이 입증되었고, 그는 행동을 통해 그럴 권리를 획득했다. 그래서 그는 승낙했다.

한 달간 대양의 파도는 강력한 선체 주위에서 물거품을 일으키다 배가 지나가면 푸른 바다 속으로 사라졌다. 그들은 최근 실론이라 불리는 커다란 섬 세렌딥을 돌고 난 후 동쪽 항로로 접어들었다. 세하웅과 마갈량이스는 나베다드 호의 선미루에서 그들 앞에 펼쳐진 무한한 바다를 쳐다보았다.

"프란시스쿠, 이제 꿈으로 가는 길이 열리고 있어!"

세하웅은 친구를 놀란 듯이 쳐다보았다. 그렇게 말하는 마갈량이스의 목소리에는 평상시와는 다른 어조가 묻어 있었다. 그는 아직 한 번도 그토록 흥분하여 이야기해본 적이 없었다.

"너는 어떻게 생각하니?"

"시동학교에서 누군가 이 사실을 예언했다면 나는 그것을 믿지 않았을 거야. 프란시스쿠, 우리 둘은 말라카로 가고 있는 거야!"

"선생님이 이야기해주었을 때 우리가 아프리카와 인도를 얼마나 동경했는지 나도 잘 알아. 페르나웅, 우리는 그 이후로 우리가 해야 하는 모든 것들을 체험했어."

"죽이고 정복했지. 우리가 아직 살아 있다는 것이 기적 같아!"

"맞아, 기적이야. 그 세월들은 다 어디로 간 거지? 세상에, 시동학교를 다니던 때가 마치 엊그제 같은데! 아프리카, 인도, 그것은 환상적인 목적지였어. 우리는 교실을 세상과 혼동했었지. 그런데 우리가 그 동안 어떤 일을 겪은 거지? 아프리카와 인도는 이미 탐험된 나라들이야. 그러나 이곳에는 아직 포르투갈 선박이 정박한 적이 없어. 이곳은 아직 유럽 사람들이 가본 적이 없는 곳이야! 페르나웅, 우리는 이제 미지의 세계, 불가능의 세계, 무제한의 세계로 항해하는 거야!"

세하웅은 마치 취한 것 같았다. 그러나 마갈량이스는 지금부터 그의 생의 종말까지 자신이 아직 탐험되지 않은 세상을 찾겠다는 꿈에 매달리게 되리라는 것을 알지 못했다.

말라카의 해안 앞에서 아시아는 남쪽을 향해 흩어진 섬들로 이루어져 있다. 이상한 모양의 운송 수단들이 부드러운 파도에 흔들렸다. 두 개 혹은 세 개의 돛대와 섬세하게 짠 깔개돛이 달린 높은 갑판의 정크선, 과일과 직물, 그리고 비싼 향료를 높이 실은, 바닥이 반짝이는 낮은 평저 화물선. 내피를 엮어 마룻줄을 만들어 맨 프로아선들이 그 배들 사이로 빠르고 가볍게 돌아다녔다. 그 모든 것에는 먼 동방의 달콤한 향내가 풍겼다. 며칠 후 그들은 말라카의 정박장에 도착했다.

육지는 정신없이 소란스러웠으며 사람들의 이야기 소리로 시끄러웠다. 커다란 터번을 쓴 갈색 피부의 인도 사람들은 동요되지 않는 평온함을 지니고 있었다. 교활하며 말보다 제스처가 더 빠른 검은 수염의 아라비아 사람들. 근육질의 마른 말레이 사람들. 거의 옷을 걸치지 않은 그들의 육체는 마치 기름을 바른 것처럼 반짝인다. 그 사이로 내륙에서 온 흰색 옷을 입은 자트족과 어깨까지 닿도록 더부룩한 머리를 기른 실론의 웨다족. 건장하고 화가 난 표정을 짓고 있는 토다족과 상냥하고 거의 머리카락이 없는 재빠른 안다만 사람들. 방파제 위에서는 정수리에 높은 양 가죽 모자를 쓴 페르시아 사람들이 갈색 피부에 째진 눈을 한 스리랑카 사람들과 거래를 했다. 부드럽고 둥그런 얼굴의 시암 출신 상인들이 그들의 거래에 간섭을 했다. 그리고 넓은 광대뼈의 노란 얼굴 위로 접시 모양의 벙거지를 쓴 낯선 사람들, 영리하고 말이 없는 몽골족 중개인들을 자주 볼 수 있었다.

포르투갈 사람들은 혼잡한 군중들 속에 휩싸였다. 노를 젓는 보트와 조각배들이 카라벨을 둘러쌌다. 상인들로 갑판이 소란스러웠다. 사령관이 그들이 제공하는 물건 중 10분의 1만 샀어도 이틀 후 선적 공간을 가득 채우고 다시 출발할 수 있었을 것이다. 그러나 경험 많은 세케이라는 상인들이 그를 속이려 한다는 것을 재빨리 간파했다. 부유한 상인들과 대규모의 창고 소유자들은 갑판에 오지 않는다. 그들은 말라카에서도 무역을 지배하고 있는 아라비아 사람들의 지배를 받고 있다.

사령관은 술탄을 통해 아라비아 사람들을 배제하려고 시도했다. 그는 많은 선물을 가지고 술탄을 방문했다. 라자는 사령관을 환영했지만 책략에 뛰어난 사람이었으므로 확답을 주는 것을 꺼렸다. 세케이라는 언짢은 기분으로 돌아와 장교들과 논의를 했다. 포르투갈 사람들은 분명히 고립되었다. 이곳에서 힘으로는 아무것도 이룰 수 없으며 그렇게 하기에는 그들의 힘은 너무 약했다. 그들은 후추와 무스카트, 정향을 얻기 위해 다른 길을 찾아야 했다.

마갈량이스 역시 사려 깊은 농부의 기질을 가지고 주위를 관찰했다. 다혈질의 동료들보다 더 정확하게 관찰하는 것이 그의 본능이었다.

"시장에서 중요한 역할을 하지 못하는 외국인들도 있더군요."

그는 장교들을 둘러보면서 말했다.

그들은 놀라서 그를 쳐다보았다. 세케이라가 물었다.

"누구를 말하는 것이오?"

"부두 위의 혼란스러움과 많은 배들이 밀려오는 와중에 여기에도 중국 사람들이 많다는 것을 눈치채지 못했나 보군요. 어쨌든 그들은 우리보다 더 영리하게 상황을 파악하고 있습니다. 그들의 정크선들이 계속 들락날락하니까요."

"맞아요."

세하웅이 동의했다.

"그들의 상점은 일반 대중들을 상대로 한 것이 아닙니다."

마갈량이스가 고개를 끄덕였다.

"그들은 우리 갑판에 올라오지 않은 영향력 있는 상인들과 좋은 관계를 가지고 있을 겁니다. 이곳 갑판에서 돌아다니는 사람들은 불량배들뿐이지요."

"우리는 중국 사람들을 고집스럽고 정확한 계산가로 인정합니다."

세하웅이 생각에 잠겨 말했다.

"그리고 황인종들은 그들의 냉정한 관용을 통해 우월하게 영향을 미칩니다."

세케이라는 아주 흥미롭게 물었다.

"그렇다면 당신은 어떻게 해야 한다고 생각합니까?"

마갈량이스는 곰곰이 생각했다.

"중국 사람을 찾아가보겠어요. 아마도 무엇인가 정보를 알아낼 수 있을 겁니다. 그 후에 어떻게 할지 생각해봅시다."

그는 노를 저어 육지로 향했으며, 혼잡스런 중국인 지역으로 들어갔다. 그는 천천히 그 지역을 둘러보았다. 넓은 대지만이 그의 관심 대상이었다. 나무가 심어져 있는 언덕에 도달했을 때에야 그는 처음으로 넓은 대지를 찾을 수 있었다. 그곳에는 높은 울타리와 잘 손질한 정원 안에 저택이 숨겨져 있었다. 그 중에서 특히 부유해 보이는 사람의 집 문을 두드렸더니 하인이 나왔다. 그는 자신을 소개하고 주인을 만나고 싶다고 말했다. 중국 사람들은 그를 친절하게 맞아주었으며 이런저런 이야기를 나누었다. 그는 점차 동양의 느린 속도를 이해하기 시작했으며 그것에 적응해 나갔다.

그러면서 마갈량이스는 자신의 관심사를 내보였다. 즉 그 지방의 산물을 어디서 살 수 있는지를 아느냐고. 무어인들과는 전혀 합리적인 가격에 도달할 수 없다고. 두 시간 정도 서로 예의 바르게 이야기를 나눈 후에 그는 돌아갔다. 아무 답변도 듣지 못한 채. 그러나 중국 사람들은 존경심을 가지고 그를 배웅했다. 다음날 하인 한 명이 다시 오라는 주인의 부탁을 전하며 그를 데리러 왔다.

그렇게 여러 날이 지났다. 세케이라는 그 게임을 중단시키려 했다. 그는 '아시아의 가면극'에 관해 아무것도 기대하지 않았다. 그러나 마갈량이스는 자신이 점차 중국 사람들의 신임을 얻고 있다는 것을 감지했다. 왜냐하면 인내는 그의 강점이기 때문이다. 지금까지는 그것을 아무도 눈치채지 못했다. 끝없이 의례적인 말을 교환하고, 항상 환대를 받으면서 그는 황인종 사람들 틈에서 몇 시간이고 앉아 있었다.

그들은 향료에 관해 생각하면서 호난 비단에 관해 이야기를 했다. 그들은 머리 속으로는 후추에 지불해야 할 가격을 계산하면서 입으로는 작은 상아 미니어처에 관해 이야기를 나누었다. 그들은 귀한 유화 그림을 쳐다보았다. 마갈량이스는 그들이 언제 그에게 마음을 열게 될지를 생각해보았다.

몇 주 동안 그는 인간 교류의 아주 미묘한 형식을 배우게 되었으며, 아시아 사람들의 마음을 얻었다. 그는 그들의 가정을 잘 알게 되었다. 그들은 조용하고 겸손하며, 갈색 머리의 맑은 눈을 가진 이방인을 믿었다. 마갈량이스는 그들의 방에 들어갈 수 있었으며, 그것이 곤혹스러울 정도로 깨끗하다는 것을 감지했다. 그리고 개개인이 열광하는 것이 무엇인지를 알아차렸다. 그들이 그를 받아들였을 때 그들은 더욱 친근해졌다. 그들은 이 도시를 잘 알고 있었으며 도시의 주민들과 권력의 중심에 관해 빈틈없는 정보를 가지고 있었다.

집주인이 원동에서 온 친지라고 소개했던 후샹 우의 낮은 목소리에는 조심스러운 경고가 배어 있었다. 유럽 사람들은 교만하며, 교만한 사람들은 경박한 경우가 많다고. 그들의 배는 엄중한 감시를 받고 있으며, 주민들은 어떤 사람들인지 그 속마음을 알기가 힘들다. 웃는 얼굴 뒤로 무슨 생각을 하고 있는지 누가 알겠는가? 좀더 조심스럽게 행동하는 게 낫지 않을까? 자신의 의도를 숨기는 사절들은 불확실하며, 부정확하며, 일반적으로 신중하다. 중국 사람들이 그들의 걱정을 해결해줄 것인가?

그가 조언을 구했던 세하웅 역시 별 걱정을 하지 않았다.

"변발을 한 사람들은 바보들이야."

그는 웃으며 말했다.

"오늘 술탄이 사령관에게 우리의 화물칸을 그의 향료 재고품으로 가득 채워주겠다는 전갈을 보내올 거야."

"그렇다면 우리는 언제 그 물건을 넘겨받을 수 있지?"

마갈량이스가 놀라서 물었다.

"내일 아침 일찍 작은 보트가 해변으로 갈 거야."

"그들이 어떤 조건을 제시했는데?"

"우리가 출발하는 조건으로. 아마도 우리 대포가 말레이 사람들에게 공포심을 주었나봐!"

마갈량이스는 의심스러웠다. 그는 곧바로 시내로 들어갔다. 그가 착각한 것일까? 골목길의 일상은 이전보다 더 활기차 보였으며 사람들이 나누는 대화는 더욱 격정적이었다. 후샹 우의 집은 잠겨 있었다. 문을 두드렸지만 아무도 문을 열어주지 않았다. 그런데 문 뒤에서 인기척이 나는 것 같았다. 왜 그들은 모습을 보이지 않는 걸까? 그는 실망하여 발을 돌렸다.

그때 문 벽감의 어두운 곳에서 키가 크고 마른 남자가 나타났다. 마갈량이스는 자신도 모르는 사이에 한 걸음 뒤로 물러났다. 그는 허리춤의 권총을 잡으려 했다. 말레이 사람은 달래듯이 손을 들면서 절을 했다.

"주인님께서 내일 몸조심하라고 전하시랍니다."

그는 포르투갈어로 말했다.

마갈량이스는 놀라서 물었다.

"자네 어디 사람인가?"

"수마트라 태생입니다, 나리."

그는 손을 남쪽으로 향하면서 십자가를 그려 보였다.

"세례를 받았나?"

"예, 나리. 캘리컷의 가난한 형제 교단의 수도원에서요."

"이름이 뭐지?"

"엔리크입니다, 나리."

"네 주인에게 가서 너를 나에게 팔 의향이 있는지를 물어보아라."

그 노예는 잠시 후에 돌아왔다.

"주인님, 고귀하고 부유한 상인이신 후샹 우 나리께서 저를 선물로 받아달라고 부탁하십니다."

256

어느 정도의 지위에 있는 포르투갈 사람들은 거의 다 노예를 소유하고 있었다. 동방의 정중함이 몸에 배어 있는 그 중국인은 말레이 노예를 선물하는 것 이외의 별 다른 선택의 여지가 없었다. 그것을 과대평가해서는 안 된다. 시장에는 여러 물건이 풍성히 나와 있으며 물건값은 쌌다. 그러나 때로는 우연처럼 보이는 것이 운명으로 증명될 때가 있다. 마갈량이스와 엔리크는 처음부터 모든 것을 함께 체험하게 된다. 혼란과 어려움, 환호와 자랑스러운 승진, 모험, 두 사람이 더 이상 다채로운 체험을 할 수 없을 정도로 다양하게. 그리고 그들 생의 마지막에서 한 사람은 자신의 목적지를 눈앞에 두고 죽을 것이며 다른 사람은 끔찍한 복수를 하게 될 것이다.

그러나 그 순간은 경고의 순간에 속했다. 마갈량이스는 엔리크를 재촉했다. 소위 말하는 위험에 관해 더 자세히 알려고 했다. 그러나 엔리크는 확실한 것은 아무것도 알 수가 없었다. 단지 시내에서 유럽인들을 급박한 상황으로 몰고 갈 수 있는 어떤 일이 일어날 것이며 아주 조심해야 한다는 것 외에는. 그는 맹세하듯 반복하여 말했다.

"조심하세요, 나리!"

배에 있는 사람들은 마갈량이스의 노예를 보고 놀랐다. 그러나 그의 의심에 대해서는 비웃을 뿐이었다. 그들은 값비싼 향료를 넘겨받고 다음날 코친으로 돌아가게 될 것이다, 마갈량이스가 잘난 척하며 나서지만 그는 배에 남아서 물건 선적하는 것을 감시해야 할 것이라고.

오전에 그들은 피니스와 샐럽을 타고 노를 저어 해안으로 갔다. 그곳에 이미 물건들이 준비되어 있었다. 보초들만 갑판에 남아 있었다. 마갈량이스는 방파제에 가장 가깝게 정박해 있는 배의 보루에 서서 주위 깊게 감시했다. 그는 신중을 기하기 위해 보초들에게 명령했다. 포대와 권총을 장전해놓고, 톱과 칼을 준비하라고. 좀더 편안하게 짐을 실을 수 있도록 보트는 해안으로 다가갔다. 그리고 포르투갈 사람들이 막 피니스에 짐을 실으려 하고 있었다. 마갈량이스는 선원들을 독려하고 있는 세하웅을 알아보았다. 해변의 활기와 분주함은 평상시와 같아 보였다. 도시는 어제와 그제보다 덜 위협적인 것처럼 보였다. 아마도 엔리케의 경고는 공허한 수다에 불과했었나 보다.

그는 몸을 돌려 오른쪽을 보기 위해 배의 다른 쪽으로 가려고 했다.

"중위님, 저기 육지를 좀 보세요, 저기 보트들을!"

보초 중 한 명이 내항 입구 쪽을 가리켰다. 마갈량이스는 단번에 난간으로 뛰어갔다. 수많은 프로아선들이 카라벨이 정박하고 있는 정박장으로 들어섰다. 구릿빛 사람들이 급하게 노를 저었다. 그들의 벌거벗은 상체가 태양빛을 받아 반짝거렸다. 배, 배, 사방에 배밖에 안 보였다! 수면이 거의 배로 덮일 정도였다. 그들은 카라벨과 해안에 있는 함재정 사이로 밀고 들어왔다. 말레이 사람들은 그들의 물건을 팔려는 것처럼 바구니와 과일을 높이 들어올렸다. 그들이 점점 가까이 다가왔다. 그들이 평상시처럼 소리를 내지 않는 것이 이상했다. 마갈량이스는 그들이 물건을 팔려는 것이 아님을 알아차렸다. 카라벨과 해변에 있는 선원들은 분리되었다.

"엔리크, 이리 와! 다른 사람들은 보초를 서라. 오를란도 장고가 지휘권을 받아라. 말레이 사람이 절대 배 위로 올라오지 못하게 해라. 무기를 사용해서 그것을 막아라!"

마갈량이스는 현제로 달려가 밧줄 사닥다리를 급하게 내렸다. 엔리크는 그의 뒤에 바싹 붙어 서 있었다. 그들은 아래에 묶여 있는 작은 배로 뛰어내려 그 줄을 풀었다.

"빨리, 엔리크. 다른 노를 잡아. 기함인 레기나로 가자!"

그들은 있는 힘을 다해 노를 저었다. 프로아선이 서로의 간격을 좁히며 다가왔다. 해변에 있는 사람들은 이미 카라벨과 차단되었다. 그때 마침내 마갈량이스가 기함 레기나의 현제에 도달했다! 그는 힘들게 뛰어 배 위로 올라갔다. 사령관은 어디 있는가? 그는 선실로 뛰어들었다. 황급하게 그의 입에서 말이 쏟아져 나왔다. 세케이라가 곧바로 갑판에 나타나서 큰소리로 외쳤다. 군인들이 몰려왔으며 장교들이 명령을 했다. 신호 폭탄이 지지직 소리를 내며 높이 솟았고, 포문이 쩔그럭 소리를 냈다. 쏠 준비가 되었다.

"불을 붙여!"

대포들이 큰소리를 내며 치명적인 대포알을 뽑아냈다. 총구의 연기 사이로 바닷물이 높이 솟아오르는 것이 보였다. 보트의 파편들이 공중으로 솟았다. 사람들은 물 속에 빠져 허우적거렸다. 말레이 사람들은 방향을 돌리려 했지만 서로 방해가 되었다. 그들은 비명을 지르며 노를 저었고 항구 사방으로 흩어졌다.

해안에서 소란스러운 전쟁의 소음과 돌이 나무에 부딪치는 둔탁한 소리들이 울렸다. 머스켓총 소리가 났다. 수많은 원주민들이 꾸불꾸불한 골목길에서 튀어나왔으며, 돌을 던지고 창으로 찌르고는 방패 뒤로 몸을 숨겼다. 핑 하는 총소리가 사방에서 들렸다. 선박 위에 있는 선원들은 그들을 도울 수가 없었다. 그 사이에 바다는 다시 말레이 사람들로 뒤덮였다.

이제 육지로 간다는 것은 불가능했다. 저기에서 동료들이 살육당하고 있는데! 선원들은 짐을 가져와야 했기 때문에 무기를 많이 가지고 가지 않았다. 죽거나 부상당한 사람들이 바닥에 쓰러져 있었으며 포로로 잡힌 사람도 많았다. 몇 명의 장교와 보초들만 절망적으로 싸우고 있었다. 몇몇 선원들은 총을 쏘면서 해변을 헤집고 돌아다녔다. 그들 중에는 세하웅도 있었다. 그들은 그곳에서 보트로 빠져나갈 수 있었지만 한편으로는 적의 공격으로 인해 계속 수세에 몰렸다. 포르투갈 사람들이 점점 더 많이 쓰러졌다. 보트 한 척이 출발했다. 또 한 척, 그리고 또 한 척이!

가련하게도 그들은 바로 말레이의 프로아선에 사로잡혔다. 마갈량이스는 지원자를 구했다.

"너희들은 싸워야 한다. 우리는 그들을 도와주어야 한다. 누가 같이 가겠는가?"

지원자들이 마갈량이스 주위로 몰려들었다. 모두들 마갈량이스를 따라가려 했지만 그들에게는 함재정 한 척밖에 없었다. 그는 허리춤에 칼과 권총을 찬 열두 명과 머스켓총을 가진 사람 여섯과 함께 사석포를 가지고 갔다. 그들은 빠르게 사다리를 타고 내려가서 제독의 보트로 뛰어내렸다. 노를 잡고 프로아선으로 다가갔다. 말레이 사람들은 무장한 선원들이 자신에게 다가오는 것을 보고 방향을 돌리려 시도했지만 이미 포르투갈 배가 그들의 배에 닿았다. 머스켓총을 든 사람들이 사력을 다해 총을 쏘아댔으며 동료들에게 다가갈 수 있도록 길을 냈다.

세하웅의 피니스는 이미 이륙했다. 선원 한 명이 칼에 찔린 채 노 젓는 사람의 자리에 쓰러져 있었다. 세하웅은 머리에 부상을 입었다. 선원들은 절망적으로 저항했다. 포르투갈의 두 번째 보트 역시 심하게 손상당했다. 세 번째 보트는 보이지 않았다. 마갈량이스와 그의 부하들은 적시에 도착해서 공격하는 적을 몇 명 죽일 수 있었다. 다른 말레이 사람들은 바다로 뛰어들어 헤엄쳐갔다. 포르투갈 사람들은 급하게 노를 저으며 도망쳐 마침내 카라벨에 도착했다. 거기서 그들은 도움을 받을 수 있었다.

미갈량이스와 세하웅은 많은 말을 하지는 않았다. 그 친구들은 목숨을 걸고 서로를 도와주었다! 세하웅의 마갈량이스에 대한 경탄은 점점 커졌다. 마갈량이스가 이미 공격을 예고했었지만 그들은 그의 말을 믿지 않았다. 그리고 마갈량이스는 곧바로 행동에 옮겼다. 마갈량이스는 가끔은 이해하기 어려운 성격을 가지고 있지만 위기의 상황에서 그는 빠르고 용감하게 결정한다.

세하웅은 부끄러웠다.

"네가 옳았어. 그리고 우리는 너무 쉽게 믿었어. 31명이나 되는 동료들의 목숨을 그 대가로 치러야 하다니!"

그는 슬픔에 잠겨 장교 집회실의 탁자에 앉았다.

마갈량이스는 그의 옆에 앉아서 허공을 쳐다보았다.

"그래, 그것은 불필요한 희생이었어."

그 비극적인 사건은 마갈량이스의 영혼에 강한 인상을 남겼다. 그는 그것을 교훈 삼아 절대 잊어버리면 안 된다고 혼자 생각했다. 한 번은 일어날 수 있지만 되풀이되어서는 안 된다.

그는 세하웅을 위로하기 위해 그의 어깨를 쳤다.

"이게 군인의 운명이야!"

그는 이렇게 말하고는 그곳을 떠났다.

세케리아 역시 자신을 질책했다. 그는 사령관으로서 책임을 져야 했다. 31명의 선원을 잃다니! 몇 명은 포로로 잡혔지만 배에 탄 사람들은 모두 알 것이다. 무어인에게 잡히느니 차라리 죽는 게 낫다는 것을. 그들에게는 고통스런 감옥, 노예선 혹은 노예시장이 기다리고 있다.

배는 인도로 돌아갔다. 그들은 후추를 선적하지 못했다. 그러나 말라카로 가는 길은 이제 밝혀졌다. 그들은 다시 올 것이다!

엔리크와의 만남

알메이다는 포르투갈로 돌아갔다. 왕은 알부케르케의 편을 들었다. 알메이다는 더 이상 아무 쓸모가 없었다. 아들의 죽음은 그의 기력을 모두 빼앗아가버렸다. 그래서 마누엘 왕에게는 실행력 있는 알부케르케를 총독으로 확정하는 일이 그다지 어려운 결정이 아니었다.

자신의 지위를 확고히 하고자 하는 새로운 지도자들이 대부분 그렇듯이 알부케르케 역시 충복들과 그 수행원들을 자신의 주위에 포진시켰다. 그는 알메이다의 추종자들을 제거해야 했다. 사령관 페레이라의 사람들이 그 목록에 포함되어 있으며 그 중에는 마갈량이스도 있었다. 마갈량이스는 장교회의에서 코친이나 카나노르를 포기하는 데 찬성하면서 이런 이유를 댔다. 두 장소를 동시에 유지하는 것은 거의 불가능하다. 그리고 최근의 싸움으로 그들의 세력은 너무 약해졌으며 선원들도 많이 감소했다.

알부케르케 공작은 반대를 참지 못했다. 마갈량이스 역시 말라카의 영웅이었던 것이다. 그의 말은 장교회의에서 힘을 발휘했다. 그러나 영웅들은 지도자의 명성을 가리는 법이다. 그러니 마갈량이스가 떠나야 한다! 공작은 교활했다. 빠른 성공에 관한 소식은 왕에게 깊은 인상을 남길 것이다. 그는 포르투갈로 향하는 호송선단을 조성했다. 사용 가능한 모든 무역선에는 리스본에서 필요로 하는 물건들과 프란시스쿠 알메이다의 친구들로 가득 차게 될 것이다.

유럽으로 다시 짐을 실어 보낼 때까지는 어느 정도의 시간이 필요하다. 그 동안 그는 군사적인 조처를 취할 수 있는 시간을 얻게 될 것이다. 그러면 알부케르케는 그의 입지를 강화할 수 있고, 마음에 들지 않는 사람들을 내보낼 수 있게 된다. 동시에 그는 만족을 모르는 돈주머니를 가득 채울 수 있을 것이다. 제대한 사람들이 그를 저주한다는 소문이 들렸다. 중개인과 상인들은 그를 침이 마르도록 칭찬할 것이다. 누구의 목소리가 더 힘이 있는지는 의심의 여지가 없다.

호송선단은 1510년 1월, 성삼위일체 축일 이틀 후 만조와 함께 출발했다. 세하웅과 마갈량이스는 서로 작별의 포옹을 했다. 두 사람은 똑같은 질문을 했다. 우리가 다시 만날 수 있을까? 삶이 그들을 갈라놓는다 해도 그들은 영원히 친구로 남을 것이다! 엔리크는 항상 마갈량이스의 근처에서 주인을 보살폈다.

갈레온, 카라벨, 나웅선은 래카다이브 제도의 절벽에서 벗어나기 위해 우선 북북서 항로를 택했다. 나중에 그들은 북동 몬순을 이용하여 인도양을 가로질러 직접 모잠비크를 향해 가다가, 그곳에서부터는 아프리카 해안을 따라 희망봉을 돌아가려 했다. 그런데 그렇게 되지 않았다. 인도는 마갈량이스를 아직 놓아주지 않았다.

마갈량이스는 군인으로서 무역선인 주앙세바스티앙 호에서 어떤 직함도 가지고 있지 않았지만, 그 배의 선장은 코친에서부터 잘 알고 있던 사이였다. 주제 보니투는 비교적 젊었으며 경험이 별로 없었다. 그런데 선임 선장이 열병으로 죽어서 보니투가 선장 자리를 맡아야 했다. 그들의 배는 넓게 퍼져 느리게 움직이는 호송선단의 마지막 배였다. 호송선단이 항구에서 출발한 지 채 며칠 되지 않아——마갈량이스는 밧줄 도르레 위에 누워 잠을 청하려고 했다——주앙세바스티앙 호는 삐걱거리는 소음을 내며 암석에 부딪쳤다. 그들은 물밑에 있는 절벽을 충분히 피해가지 못했던 것이다. 물이 들어온다는 보고가 들어왔다. 보니투 선장은 앞서가는 배들에게 비상신호를 보냈다. 그러나 그들은 아무것도 눈치채지 못했다.

갑판 아래로 물이 빠르게 차 올라왔다. 점점 틈이 벌어지는 것 같았다. 마갈량이스는 계단을 내려갔다. 화물칸에는 이미 엉덩이 높이까지 물이 차서 사람들이 몸이 젖어 출렁거리는 소리를 내며 지나갔다. 물을 막는 것은 불가능했다. 5노트로 항해하는 주앙세바스티앙 호는 그 충격과 무게로 인해 여러 개의 선판이 갈라졌다. 벌써 배는 위협적일 정도로 옆으로 기울었다.

그는 다시 갑판으로 성급하게 올라갔다. 갑판 위는 난장판이었다. 선장은 돛을 접으라고 했지만 이제는 별 의미 없는 명령일 뿐이다. 사람들은 정신없이 뛰어다녔다. 군인들과 바다를 잘 알지 못하는 귀족들은 극도의 흥분 상태에 빠졌다. 이처럼 고통스럽게 물에 빠져 죽기 위해 그토록 살벌한 전투와 싸움, 살인적인 기후를 이겨냈단 말인가?

마갈량이스는 침착하게 생각했다. 어떻게 해야 하는가? 불행 중 다행으로 육지가 가까이 있었다. 우선 비싼 짐부터 숨겨야 한다. 윗부분에 쌓아놓은 화물들은 구할 수 있을 것이다. 그것을 보트에 실어라! 그의 냉정함은 그에게 권위를 부여했다. 항해일지는 안전한가? 무기는? 환자를 데려와서 보트에 타도록 도와줘라. 그는 위험한 상황을 여러 번 겪어냈으며, 이번 상황 역시 극복할 수 있었다. 보니투 선장은 정신을 차린 것처럼 보였다. 그들은 함께 배를 떠날 준비를 했다. 배가 점점 더 심하게 기울어졌다. 갑판이 우현으로 기울었다.

"조심하세요, 주인님. 사고를 조심하세요!"

엔리크가 한 손으로는 마갈량이스의 소매를 잡아당기고, 다른 손으로는 난간을 잡았다. 피달고와 장교들은 이미 배의 현제를 넘어 구조정으로 기어 올라갔다. 조금 전까지 화물을 싣고 부상당한 동료들을 돌봐주던 선원들과 일반 군인들은 중얼거리면서 그리로 뛰어갔다. 그들은 완력으로 귀족들을 뒤로 밀어냈다. 귀족들은 흩어지면서 무식한 놈들이라며 욕을 퍼부었다. 구조정이 금방 사람들로 가득 찼다.

마갈량이스는 그 사이로 밀고 들어가서 조용히 하라고 말했다.

"저 사람들을 풀어줘라!"

그는 명령했다. 선원들이 뒤로 물러섰다. 그는 귀족들에게 말했다.

"나리들도 뒤로 물러서십시오."

"무슨 생각을 하는 거야, 페르나웅?"

귀족 중 한 명이 대답했다.

"우리는 귀족 신분이기 때문에 우선적으로 구조될 권리가 있어. 왜 우리를 방해하는 거야. 당신도 피달고잖아!"

"우리에게는 구조 보트로 커터 두 척과 피니스 한 척이 있습니다. 그것으로 우리는 우선 비싼 물건과 무기 그리고 환자를 구조해야 합니다. 그러니 이성적으로 행동하십시오!"

"그것이 우리와 무슨 상관이야. 우리들과 우리의 직위 때문에 포르투갈이 지탱하고 있는 거야. 선원과 군인들은 언제든 보충될 수 있다고. 비켜!"

보트가 내려지고 드디어 출발했다. 총알 한 방이 휙 소리를 내며 지나갔다. 그 총알은 커터 뱃전의 가장자리에 맞았다. 사람들은 경악했다. 난간에 있던 선원의 손에 연기가 나는 권총이 들려 있었다. 마갈량이스는 검을 빼들었다.

"반항하는 자는 사형이다!"

엔리크는 진정하라는 손짓을 하면서 그 선원에게서 무기를 빼앗아 허리띠 밑에 감추었다.

"페르나웅!"

커터에서 누군가 외쳤다.

"당신은 반란자들과 한통속이야! 우리가 그 사실을 당국에 알리겠다!"

"차라리 선원들을 여기서 데리고 갈 수 있도록 신경 쓰시오. 알부케르케 공작에게는 모두 필요한 사람들이니까."

마갈량이스가 대답했다. 그리고 선원들이 보조정의 돛을 세우고 해안으로 항로를 정하는 동안 그는 선원들에게 말했다.

"귀족들을 보내줘. 나는 너희들과 이곳에 머물 거야."

그들에게는 아직 보트 두 정이 남아 있었다. 그 보트로 그들은 가져갈 수 있는 모든 것을 육지로 운반했다. 난파선이 갑자기 옆으로 쓰러져서 천천히 가라앉을 때까지. 모두들 헤엄을 쳐서 육지에 도착할 수 있었다. 며칠 후 배의 파편들이 해변으로 쓸려왔다.

풀로 덮인 해안선의 모래 언덕 뒤에서 은신처로 적당한 곳을 발견했다. 우묵하게 파인 곳에 비상 숙소를 만들었다. 그들은 나뭇가지로 큰 오두막을 짓고 지붕을 야자 잎으로 덮었다. 바람 때문에 불이 붙지 않도록, 약간 떨어진 곳에 요리용 화덕을 설치했으며, 환자와 부상자들을 그늘진 풀 위에 눕혔다.

마갈량이스는 사람들이 여러 가지 다양한 재능을 가지고 있다는 것을 빨리 알아차렸다. 그들은 고향인 포르투갈에서 수공업자, 하인, 어부였으며 여기서 그들의 재능을 맘껏 발휘했다. 그물과 어살을 만들어 사냥을 하고 고기를 잡았다. 주제 보니투 선장은 항상 모든 일을 마갈량이스와 의논했다. 보니투가 최고의 위치에 있는 선장이었으나, 구조 행위에서 보여준 냉정함 때문에 마갈량이스는 사람들의 존경을 받았다. 그들은 정보를 공유했으며 밤낮으로 야영지에 보초를 서게 했다. 해안선은 평화로웠으며 사람들은 빠르게 회복되었다.

마갈량이스는 그의 선원들이 친근하게 느껴졌다. 시골 귀족이며, 전에는 농부였고 지금은 뱃사람이면서 장교인 마갈량이스는 순박한 선원들이 소위 말하는 교양 있는 사람들보다 거칠고 표현방법이 세련되지 못하지만 성실함과 충성에 대한 순수한 직관을 가지고 있다는 것을 잘 알고 있었다. 그들을 솔직하게 대하면 그들 역시 마음을 연다. 그들은 이익과 어리석은 신분의식에 사로잡히지 않았기 때문에 쉽게 열광한다.

마갈량이스는 엔리크의 이야기를 들었다. 어쩔 수 없이 형성된 한적한 분위기 때문에 그들은 서로 친숙해질 수 있는 시간을 가지게 되었다. 엔리크는 그가 처음에 이야기했듯이 수마트라 출신이 아니라 싱케프라는 섬의 동해안에 있는 작은 마을 출신이었다.

"주인님께서는 이런 섬이 있는지 모르실 겁니다."

그는 설명하듯이 말했다.

"우리는 소박하지만 평화롭게 살았습니다. 우리는 다른 사람에 대해 전혀 걱정하지 않았으며, 다른 사람이 우리 일에 신경 쓰는 것도 원치 않았습니다. 그 당시 제 이름은 트라포바나였지요. 엔리크라는 이름은 자선단체의 수도사에게 세례를 받은 이름입니다."

그는 작은 섬에서 부모와 여러 형제들과 함께 살았다. 그러던 어느 날 아라비아의 다우가 해안에 나타났다. 노예 사냥꾼이 상륙하여 마을을 불태웠으며, 많은 사람들을 잡아 노예로 데리고 갔다.

"아무도 저항하지 않았나?"

마갈량이스가 물었다.

"저항했다고 생각합니다. 그들은 밤에 도착했어요. 그리고는 불이 나고, 연기가 났지. 나는 심하게 소란스웠던 것으로 기억합니다."

"그렇게 생각한다고? 당시 몇 살이었는데?"

"잘 모르겠어요, 나리. 아마 서너 살이었을 겁니다. 어쨌든 나에게 읽는 것을 가르쳐주고, 주인님처럼 나의 인생에 관해 자세하게 물었던 안젤모 신부님이 그렇게 말씀하셨습니다. 그곳은 카나노르였지요. 나는 캘리컷에서 그 신부님에게로 갔습니다. 말라카의 노예시장에서 나를 샀던 우씨는 나를 대략 열여섯 살 정도로 생각했지요. 벌써 6년이 지났군요."

"천천히 말해, 엔리크. 차례차례."

마갈량이스는 말레이 사람의 다변이 부담스러웠다.

"그렇다면 너는 이제 스물두 살이 된 거네. 그런데 어떻게 말라카로 오게 되었지? 어디서 세례를 받았고? 처음부터 이야기해봐. 노예 사냥꾼이 너의 마을을 습격했을 때 어떤 일이 일어났는데?"

"너무 오래된 일인 데다 당시 저는 어렸습니다. 어떤 여자가 기억나는데 아마 저의 어머니였던 것 같아요. 그 부인이 나를 데리고 몸을 숨겼지만 우리는 발각되었습니다. 터번을 쓴 사람이 나를 데리고 갔고……."

엔리크는 말을 멈추고 이마를 찡그린 채 멍하니 앞을 쳐다보았다. 그는 생각에 잠겼다.

"그리고 나서?"

마갈량이스는 잠시 후 물었다.

"그리고 무슨 일이 일어났는데?"

"그 여자가 저항했어요. 비명을 지르면서 아라비아 사람에게 달려들었지요. 그 사람이 저의 엄마를 죽였어요!"

엔리크는 슬프게 말했다. 그는 다시 생각에 잠겨 멍하니 앞을 쳐다보았다. 그리고 나서 계속 말을 이었다.

"저는 다른 포로들과 함께 배로 이송되었고, 캘리컷의 노예시장에서 팔렸습니다. 어떤 향료 상인이 저를 샀지요. 그는 부엌의 심부름꾼으로 저를 데려간 겁니다. 그곳에서 몇 년간 있으면서 저는 부엌 노예로서 배울 수 있는 모든 것을 배웠지요. 곧 신선한 야채와 시들은 야채를 구분할 수 있었고 과일이 너무 익은 것인지 아닌지를 감지할 수 있었으며, 생선의 나이를 알 수 있었지요. 실수를 하면 매질을 당했어요. 그러나 저는 기억력이 좋아서 제가 기억해야 할 것들에 대해 곧 알게 되었지요. 저는 화덕에서 요리하는 것을 도와줄 수 있었으며, 열 살에 벌써 완벽한 요리사가 되었습니다. 저는 콩, 오이, 과일과 부패하기 쉬운 물건들을 후추와 식초, 소금으로 보관하는 방법도 배웠어요. 저는 어렸으며 곧 저의 슬픔을 극복할 수 있었습니다. 그 사건을 절대 잊어버릴 수는 없지만 말입니다."

마갈량이스는 엔리크에게 생각할 시간을 주었다. 그는 기다렸다가 재차 물었다. 그는 점차 엔리케의 운명에 관해 알게 되었다. 어느 날 바스코 다 가마의 카라벨선이 캘리컷에 정박했다. 이미 1년 전 바스코 다 가마 제독은 그곳에 온 적이 있었다. 이번에는 포르투갈에 향료를 가져가기 위해 거대한 선대와 함께 돌아왔다. 엔리크의 주인은 사모린의 위탁을 받고 포르투갈 사람에게 후추와 생강을 제공해야 했다. 그리고 엔리크 역시 다른 하인들과 함께 그 물건을 배에 실었다.

그는 배 위에 숨어 있다가 배가 먼 바다로 나와서 포르투갈로 향하고 있다고 생각될 때 모습을 드러냈다. 그런데 그것은 착각이었다. 바스코 다 가마는 카나노르로 항로를 잡았기 때문이다. 그곳의 군주는 바스코 다 가마를 환영했으며 재외상관을 세우고, 작은 수도원의 설립을 허용했다. 바스코 다 가마는 재외상관을 위해 군인 20명과 수도원을 위해 프란체스코회 수도사 여덟 명을 남겨놓았다. 그는 사모린에게 전했다. 사모린은 자신이 남겨놓은 사람들의 안전에 책임을 져야 한다. 그들에게 어떤 나쁜 일이 생긴다면 그에 대한 벌을 받아야 될 것이라고. 왜냐하면 더 강력한 함대가 포르투갈에서 인도로 올 것이기 때문에.

사람들은 엔리크를 경건한 수도사들에게 넘겼다. 거기서 그는 세례를 받고 엔리크라는 이름을 얻었다. 그가 자랑스럽게 말했듯이 그 이름은 유명한 포르투갈왕의 아들인 엔리크 왕자의 이름에서 따온 것이다. 그는 수도원에서 필요한 모든 일을 처리했다. 부엌에서, 정원에서, 병원에서, 그리고 통역사로서. 신부가 엔리크의 능력과 지식욕을 빨리 간파했기 때문이다. 그들은 그에게 읽는 것과 쓰는 것을 가르쳐주었으며 그는 쉽게 포르투갈어를 배웠다.

비교적 긴 시간 동안, 즉 대략 7년간, 유럽에서는 어떤 카라벨도 오지 않았다. 그 대신 다른 노예 사냥꾼들이 말라바르 해안을 찾아왔다. 아마도 포르투갈 사람들을 오래 전부터 가시처럼 여겼던 사모린의 위임을 받은 것 같았다. 아마 그들 역시 기독교인들을 적으로 간주했던 무어족의 사주를 받았을 것이다. 어쨌든 그들은 재외상관과 수도원을 습격하고 주민들을 살해했다. 엔리크는 다시 배로 끌려와 선창에 내던져졌다. 냄새나는 어두운 뱃바닥에서 며칠을 지내고 난 후 그는 두 번째로 말라카의 노예시장에 내놓아졌다. 거기서 우씨가 그를 샀으며 마갈량이스에게 선물로 준 것이다.

마갈량이스는 지나간 몇 주 동안 이미 엔리크의 헌신과 용의주도함을 인정했다. 그러나 이제서야 그는 상인 우씨가 그에게 얼마나 귀한 '선물'을 주었는지를 알게 되었다.

"나와 함께 포르투갈로 가겠느냐?"

엔리크는 눈을 동그랗게 뜨고 주인을 쳐다보았다.

"저는 아무것도 바라는 게 없습니다. 주인님이 가시는 곳이면 어디든지 가겠습니다."

야영지에서의 생활은 그다지 불편하지 않았다. 다만 문제는 배가 파손되면서 가지고 나온 생필품들이 점차 줄어든다는 것이다. 5주가 지난 어느 날 아침, 남쪽에 있는 곶 뒤로 돛이 나타났다. 그리고 카라벨 한 척이 느리게 다가왔다. 누군가 진짜로 그들을 데리러 온 것이다!

마갈량이스는 다시 옛 친구의 곁으로, 코친으로 가게 되었다. 그는 생각했다.

"모든 여행은 목적지에 가야 끝이 난다. 그러나 모든 여행이 다 목적지에 도달하는 것은 아니다."

그들 중 누구도 예감하지 못했다. 그들이 그렇게 빨리 함께하게 되리라고는. 그들은 이제 서른 살이 되었다.

마갈량이스는 어느 배의 부키잡으로 배정되었다. 그들은 다음 발령을 기다리면서 시간을 소비했다. 한 주점에서 그는 소박하지만 세심하게 신경을 쓴 흔적이 역력해 보이는 사람을 우연히 만나게 되었다. 그의 이름은 디에고 바르보사였다. 바르보사가 이야기하는 것을 보면 그는 그의 복장에서 드러나는 것보다 더 좋은 가문 출신임을 알 수 있었다. 바르보사는 포르투갈로의 여행 기회가 있는지를 물었으며, 선장이 자신을 추천해줄 수 있는지를 물었다.

마갈량이스는 주저했다.

"당신은 포르투갈 사람이 아닙니다."

그는 낮게 말했다.

"당신은 에스파냐 사람입니다."

그 사람은 외투 밑으로 천천히 손을 찔렀다.

"어떻게 그것을 알았소?"

"조용히 하시오. 칼을 도로 꽂으시오. 이미 많은 사람들이 죽었소."

마갈량이스는 진정하라는 듯 그의 손을 바르보사의 팔 위에 올려놓았다.

"당신의 악센트를 들어보면 당신이 어디 출신임을 추측할 수 있소."

바르보사는 마갈량이스의 눈을 들여다보았다.

"당신 말이 맞아요. 나는 포르투갈에서 태어난 에스파냐 사람이오. 나는, 이제 우리라고 말해야겠군요, 상업적인 일로 여행중이오. 그러나 내 배의 선장이 나를 의심해서 말도 하지 않고 그 배에서 내렸소. 그런데 당신은 누구요?"

"나는 페르나웅 드 마갈량이스라 하오. 그리고 선장이 아니오. 에스파냐 사람에 대해 나쁜 감정은 없소. 할 수 있다면 당신을 돕겠소."

"당신에게 해가 되지는 않을 것이오."

그 사람은 탁자 밑으로 작은 주머니를 마갈량이스의 무릎 위에 올려놓았다. 그러나 마갈량이스는 그 주머니를 다시 그에게로 밀었다.

"돈을 가지고 계시오. 꼭 필요할 때가 있을 것이오. 내가 당신에게 호의를 베푼다면 그것은 뱃사람이라는 것과 기독교인으로서의 의무 때문이오."

그는 바로 리스본으로 가는, 무장을 한 호송선단의 출발에 관한 소식을 들을 수 있었다. 상인 디에고 바르보사는 호송선단 중 한 배에 타게 되었다. 그것은 앞에 마갈량이스에게 건네졌던 주머니가 선장의 주머니 속으로 사라지고 난 후 별로 어렵지 않게 실현될 수 있었다.

마갈량이스는 자신이 리스본으로 가게 되리라고는 전혀 예감하지 못했다. 배가 침몰할 때 그가 보여준 용의주도함에 관해 알부케르케가 이미 들어 알고 있다는 것을 전혀 몰랐다. 게다가 공작 주위에 있는 귀족들이 그에 관해 불평을 늘어놓았다. 알부케르케는 이해심 많게도 그들의 말에 귀기울여주었지만(결국 그는 귀족의 지지를 필요로 했다), 그럼에도 그는 그들의 헛소리를 중요시 여기지 않았다. 그는 정치가이며 현실주의자였다. 그는 특히 마갈량이스를 좋아하지 않았지만 군인으로서의 그의 냉정함과 용기에는 항상 존경을 표했다. 이러한 마갈량이스가 잠정적으로 그곳에 머물러야 한다. 위험한 시기에는 복수심에 불타는 겁쟁이 열 명보다 용감한 사람 한 명이 더 필요했다. 아마도 그 문제는 다음 전투에서 저절로 해결되리라.

고아 전투

총독은 거대한 사업계획을 세우느라 골몰해 있었다. 그는 그 동안 캘리컷을 정복하려고 시도했으며 이를 악물고 노력했지만 실패했다. 이제 그는 중무장을 한 갈레온선과 카라벨 스물한 척에 선원들을 태우고 고아로 향했다. 그들은 밤에 불을 끈 채 도시로 다가갔으며 반 리그 정도의 거리를 두고 정박했다. 군인들이 커터와 피니스를 타고 소음을 줄이기 위해 노를 천으로 감은 채 밤 두 시경에 운하가 된 하상을 통해 조류를 거슬러 내항으로 들어갔다. 그들은 소리 없이 방파제를 기어올라 좁은 골목길을 따라 요새 안의 작은 보루까지 달려 올라갔다. 그리고 졸고 있는 보초들을 급습했다. 한 방의 총성도 울리지 않았다. 아침 동이 틀 무렵 포르투갈 사람들은 그 도시의 주인이 되었다.

총독은 인도 군주의 궁전을 장악하고 부두에 있는 그의 함대에게 명령했다. 흰색 예복을 입고 굴욕적으로 도시를 위해 은총을 간구하는 대표단에게 총독은 자신의 세력을 과시했다. 그는 4천 바하르의 검은 후추, 1천500바하르의 파인애플, 1천 바하르의 계피와 1천 바하르의 생강 및 다른 향료, 모두 합하여 배 열 척의 선적량이었다. 게다가 4킨탈의 금, 보석, 다이아몬드와 장신구, 비단 열 필 및 몽골 산 도자기를 그의 배에 실어야 한다. 그렇지 않을 경우 그 도시를 약탈하고 방화할 것이라고 했다.

인도 사람들은 그 조건을 받아들이고 그 엄청난 몸값을 모으기 위해 열흘간의 시간을 달라고 청했다. 알부케르케는 그들에게 닷새의 시간을 주면서 말했다. 그는 자신의 협박을 주지시키는 데 주저하지 않을 것이며, 곧바로 실행에 옮길 것이라고. 긴장감이 감도는 가운데 평온한 닷새가 지나갔다. 여섯째 날 아침에 알부케르케는 언덕 위에 있는 주택 몇 채에 대포를 쏘라고 명령했다. 다시 대표단이 손을 비비며 나타나서 기한을 연기해줄 것을 청했다. 공작은 24시간 연장해주면서 말했다. 이것이 그의 최후통첩이다!

이레째 되는 날 15만 에스쿠도 이상의 가치를 지닌, 총독이 요구한 물건들이 운반되었다. 리스본은 만족할 것이다. 그리고 캘리컷에는 보복이 이루어졌다. 마갈량이스와 세하웅은 선장으로 임명되었다. 마갈량이스는 줄리아 호를, 세하웅은 카벨라폴라 호를 맡게 되었다. 그들이 맡은 것은 작은 카라벨이었지만 그래도 어쨌든 선장이 된 것이다! 교육을 받은 사람은 드물었으며 두 사람은 그들의 능력을 충분히 보여주었다.

우기가 시작되었다. 매일 뇌우를 동반한 날씨가 이어지며 낮은 구름이 비를 쏟아냈다. 공기는 후덥지근했으며 땅에서는 습기가 올라왔다. 포르투갈 사람들은 고아의 모든 전략적 지점을 손에 넣었다. 그들은 세심하게 그들의 선박을 감시했으며 통로를 통제했다. 알부케르케는 여름 몬순이 지나갈 때까지 이곳에 머무르려 했다. 포르투갈 사람들은 이미 세 달 동안 고아에 머물렀다. 어느 날 전령이 궁정으로 급하게 달려와 알현을 요청했다. 그들이 전한 소식은 위험한 것이었다. 육로로 포르투갈 군대보다 열 배나 많은 적군이 가까이 다가오고 있다는 것이다. 전쟁용 코끼리도 함께 온다고 했다. 여덟 시간에서 열 시간만 지나면 그들이 이곳에 도착한다는 것이다. 알부케르케는 고아를 지킬 수 없다는 것을 감지했다. 그의 전투력은 너무 약했으며 주민들은 그를 전혀 지지하지 않고 있기 때문이었다. 그는 후퇴를 명령했다.

그들은 급하게 노획물을 배에 실었다. 서둘러 출항을 하고 연결 운하를 통해 대양으로 나가려고 시도했다. 그러나 너무 늦었다. 게으른 배들은 느리게만 운항할 수 있을 뿐이다. 저녁이 다 되어서야 그들은 대양과 내항을 연결하는 좁은 운하로 들어설 수 있었다. 그러나 그 운하는 이미 멀리 아래쪽으로 차단되었다. 원주민들이 그곳에 돌을 실은 보트를 가라앉혔기 때문이다. 게다가 그들은 포르투갈의 선박을 불태우기 위해 도시로부터 불붙은 뗏목을 강물을 따라 내려보냈다.

포르투갈 사람들은 함정에 빠졌으며 배 위에 갇혔다. 그러나 그들은 어떤 대가를 치르던 바다로 나가야 했다. 강변과 그들 사이에는 좁은 수로만이 있을 뿐이다. 그런데 그리로 적군들이 몰려왔다. 선박들은 자유롭게 움직일 수 있는 공간을 전혀 확보하지 못했다. 대포를 쏠 수조차 없었다. 강변에서 증오심에 가득 찬 원주민들이 몰려와 소리를 지르며 위협했다. 창과 돌 조각이 날아왔다. 원주민들은 난간 위로 보이는 모든 것을 목표물로 정하여 던졌다.

다행히 조류로 인해 배는 천천히 바다로 밀려갔다. 그러나 뱃머리 앞의 수심을 조심스럽게 측연으로 재야 했다. 배 한 척이라도 방해물 때문에 물밑으로 가라앉는다면, 그 다음에는 어떤 배도 바다로 나갈 수 없기 때문이다. 선원들은 방패로 무장한 흉벽을 만들었다. 그 뒤로 측연을 들고 수심을 재는 사람과 키의 손잡이를 잡고 있는 키잡이들이 적들의 공격을 피했다. 동시에 선원들은 막대기로 배들이 서로 방해가 되지 않도록 밀어냈으며, 다른 선원들은 불붙은 뗏목이 배의 마른 외벽에 옮겨 붙지 않도록 그 불을 꺼야 했다. 그들은 군인으로부터 엄호사격을 받았다. 천천히 갈레온선과 카라벨선은 운하를 통과해 지나갔다.

자정이 지난 후 공격이 점차 약해졌다. 그러나 포르투갈 사람들은 한 순간도 집중력을 잃어서는 안 되었다. 배에는 차가운 음식 조금과 마실 물 한 모금밖에 없었다. 배에 있는 모든 불은 꺼졌다. 조리실에서 요리를 할 수도 없었다. 왜냐하면 불꽃 하나라도 배를 폭파시킬 수 있기 때문이다.

새 날이 밝아오면서 원주민들의 공격도 다시 시작되었다. 그들은 계속해서 공격해왔다. 프로아선과 욜을 타고 그들은 거대한 배에 다가오려고 시도했다. 그들은 수백 명씩 떼를 지어 운하의 해변으로 몰려왔다. 그들이 배에 올라갈 수 있다면 배 안으로 뛰어 올라와 불 무기를 사용하지 않고도 카라벨을 장악할 수 있었을 것이다. 다시 불붙은 작은 보트들이 카라벨선으로 다가왔다. 인도 사람들은 포르투갈 사람들의 사정거리 안에 들어오면 뛰어내리고는 불붙은 보트를 카라벨 쪽으로 밀었다. 카라벨의 선원들은 생명의 위험을 느끼며 보트의 불을 껐다.

다시 밤이 되었다. 그리고 다시 낮이 되었다. 포르투갈 사람들은 거의 앞으로 나아갈 수가 없었다. 그들은 절망적으로 저항했다. 거의 아무것도 먹지 못하고 물 한 모금도 마시지 못하고 보루 뒤에서 아주 잠시 눈을 붙일 수 있을 뿐이었다. 동료들이 보초를 서는 동안, 즉 3일 밤과 3일 낮 동안 마침내 수로의 수심이 깊어졌다. 배를 침몰시킬 수 있는 방해물은 더 이상 없을 것 같았다. 반 마일 떨어진 곳에 은빛으로 반짝이는 바다가 보였다. 그러나 그들은 여전히 앞으로 나아가지 못했다. 포르투갈 선박들은 여전히 서로 너무 가까이 위치해 있었다. 알부케르케는 명령했다. 마지막 배인 낡은 나웅선의 닻을 내리고 그 배의 화약통에 불을 지르라고. 그 배는 거의 한 시간 동안 탈 것이며 그 동안 선원들은 옆에 있는 배로 옮겨갈 수 있을 것이라고. 그러는 와중에 인도 사람이 쏜 총에 맞아 네 명이 죽었다. 그러나 결국 둥둥 떠다니는 폭탄이 된 나웅선을 막대기로 카라벨선에서 밀어낼 수 있었다.

인도 사람들은 나웅선이 암초에 부딪쳤다고 생각했다. 그들은 승리의 환호를 지르며 배에 기어올라 약탈을 시작했다. 물건과 기구, 옷들을 끌어냈다. 갑판 위에서 기쁨의 춤을 추었으며 포르투갈 사람에게 저주를 퍼부었다. 썰물의 조류로 인해 카라벨은 천천히 이동했으며, 정박하고 있는 나웅선과의 간격이 점점 벌어졌다. 포병대들이 포문 뒤에서 그들의 대포를 배의 중간에 밀어놓고 노를 잡고 기다렸다.

폭발은 강력했다. 거대한 불꽃이 나웅선을 높이 들어올렸다. 갑판이 공중으로 날아갔으며 돛대가 부러졌다. 선체는 부서졌다. 불꽃은 하늘까지 솟으며 너울거렸다. 파편들과 가벼운 조각들은 공중으로 날아가 멀어져가는 배 위로 떨어졌다. 선원들은 그 순간을 기다렸다. 긴 노를 포문 밖으로 밀어냈다. 그리고 군인들은 명령에 따라 노를 젓기 시작했다. 머스켓총을 가진 사람들이 다시 총을 쏘는 동안 카라벨선과 갈레온선은 천천히 움직이면서 미끄러져 나가기 시작했다. 그리고 마침내 흔들리면서 바다로 나아갔다.

선원들은 지옥과도 같은 그곳으로부터 되도록 멀어지기 위해 1리그 정도 더 노를 저었다. 마침내 육지에서 충분히 멀어지고 미풍이 불기 시작하여 선원들이 돛을 세우기 시작했을 때, 제독은 노 젓는 사람들에게 그만하라고 명령했다. 그들은 기운이 소진하여 바닥에 쓰러졌다. 갑판 위에서, 마룻줄에서, 활대에서 군인과 선원들은 공격자들의 실망스런 한탄 소리를 들을 수 있었다.

선원들은 완전히 기진했다. 그들은 얼굴은 움푹 들어갔으며 눈에서는 과로로 눈물이 흘러나왔다. 몇 사람들은 훌쩍였고, 어떤 사람들은 감사의 기도를 올렸다. 어떤 사람들은 구석에 조용히 쪼그리고 앉았다.

그리고 많은 사람들이 반쯤 죽은 상태로 선판 위에 누워 있었다. 그럼에도 불구하고 사람들이 자원하여 필요한 일을 했다. 보초를 서고 음료수를 가져오고 부상자들에게 붕대를 감아주고, 그들을 군인 병원으로 옮겼다. 다른 사람들은 세 시간 동안 잠을 자도 좋다는 허락을 받았다. 그리고 나서 교대했다. 그들은 남쪽 항로를 택하여 코친으로 다시 돌아갔다.

끔찍한 전투 그리고 승리

그러나 공작은 포기하지 않았다. 그는 고아로 되돌아가기를 원했다. 고아가 포르투갈령이 되어야 그는 호르무즈와 아덴으로 가는 항로를 지배할 수 있다. 특히 그의 자존심을 손상시킨 패전은 그의 영혼에 복수의 불을 붙였다. 알부케르케는 말라바르 해안에서 사용할 수 있는 전투력을 모두 끌어 모으기 위해 정찰 보트를 보냈다. 보초 임무를 맡은 쾌속 범선 몇 척이 이 넓은 해안지역을 통제하고 있었다. 결국 2천500명의 인원과 전쟁선 34척이 코친에 집결했다. 너무 적은가? 그러나 더 이상은 구할 수 없었다. 그러니 그것으로 충분하다!

1510년 10월 7일 성 로사리오의 날에 참모회의가 열렸다. 선장들은 모두 기함으로 모이라는 명령을 받았다. 모두의 생명이 달려 있는 일이었다. 그렇기 때문에 질문을 받는 사람은 모두 자신의 의견을 말해야 한다. 그것이 관습이었다. 공작이 말문을 열었다.

"여러분들, 나는 고아를 우리 왕에게 되돌려주어야 한다고 생각합니다. 우리의 실수를 만회하는 것 이상을 실현해야 합니다. 우리는 인도의 향료시장에 관한 최고 통치권과 지배권을 획득해야 합니다. 그리고 우리 무역로의 안전을 보장해야 합니다."

장교들은 당황하여 서로를 쳐다보았다. 이미 너무 많은 피를 흘리지 않았던가. 그것으로 부족하단 말인가? 희생된 인원은 아직 보충되지 않았으며 살아남은 사람들도 아직 회복되지 않았다.

곤혹스런 침묵이 흐른 후 몬토네스 선장이 말했다.

"여기 있는 모든 사람들이 우리의 실패를 만회하기를 원한다고 믿습니다. 그러나 우리는 두 번의 패배를 받아들여야 합니다. 한 번은 캘리컷에서이고, 이번에는 고아에서! 우리들의 인원은 많이 줄었습니다. 노련한 선원들이 죽거나 부상당했습니다. 검증된 지도자와 조타수, 조수, 선원들이 부족합니다. 우리는 우선 대열을 정비하고 교육시켜야 합니다."

선장은 달변도 아니었고 외교적이지도 않았다. 알부케르케는 경멸의 눈길로 그를 쳐다보았다.

"우리는 왕의 지시를 받았소!"

그는 냉정하게 말했다.

"당신들은 그것을 잊었는가?"

몬토네스의 얼굴이 빨개졌다. 그러나 그는 용기를 내어 말했다.

"물론 그 사실을 잊지 않았습니다. 그리고 포르투갈이 우리에게 기대하는 것을 우리가 해내리라는 데 있어서는 각하의 의견과 같습니다. 저는 카나노르 전쟁 이후 모든 전투에 참여했습니다. 퀼론의 전투에도 참여했으며, 디우에서 알메이다와 함께 싸웠습니다. 나는 전투 경험이 많습니다. 그렇기 때문에 이렇게 말할 수 있는 겁니다. 지금은 때가 너무 이릅니다. 우선 손실을 보충하고 충분히 준비해야 합니다!"

공작은 일어섰다. 그는 자신의 전임자인 알메이다를 기억하는 것을 좋아하지 않았다. 특히 그의 성공적인 업적과 관련해서. 그는 낮은 소리로 언짢게 말했다.

"잦은 소전투가 당신을 소심하게 만들었다는 생각이 드는군. 아니면 나이 때문인가?"

"각하께서 질문하셨고, 저는 제 의견을 이야기했을 뿐입니다."

몬토네스는 더 이상 말하지 않았다. 알부케르케는 그를 다음 기회에 포르투갈로 보내야겠다고 생각했다. 그를 신임할 수 없어!

"누구 또 이야기할 사람 있나?"

그가 큰소리로 물었다.

그때 마갈량이스가 앞으로 나섰다.

"제독께서는 우선 고아를 포기하시는 게 좋을 것 같습니다."

시동학교에서 그는 유연함을 배웠음에도 불구하고 전쟁으로 인해 그것을 다시 잊어버렸다.

알부케르케는 조롱조로 말했다.

"선장들, 두려운 모양이군?"

마갈량이스는 그 말을 흘려들었다. 그는 자신이 두려워하지 않는다는 것을 증명할 기회를 충분히 가지고 있었다. 그는 조용히 말했다.

"우리 선대가 고아로 향한다면 우리는 리스본에서 사람들이 고대하고 있는 무역선을 지도선으로 이용해야 하며 올해 안에 전쟁을 끝낼 수 없을 겁니다."

공작은 의심스러웠다. 이들이 상선과 함께 자신의 참패와 손실에 관한 보고를 리스본으로 보내려 하는가! 그는 마누엘 왕의 의심을 잘 알고 있었다. 알부케르케는 알메이다와 동일한 운명을 겪고 싶지 않았다. 그는 몸을 뒤로 기댔다.

"무역 선대는 전쟁이 끝난 후 대장정을 시작하게 될 것이오. 무역 선대가 고아를 점령했다는 소식을 포르투갈로 가져갈 것이오. 당신들이 나의 의견에 동의한다면 이 소식은 왕을 매우 기쁘게 해줄 겁니다! 그것에 대해 다른 반대 의견이 있소?"

"있습니다, 각하. 선대는 북동 계절풍을 받으며 고아로 가게 됩니다.

가장 짧은 항로로 간다 해도 우리는 11월 중순 이전에 고아에 도착할 수 없을 겁니다. 선대는 육지에서 불어오는 바람을 마주하고 나아가야 합니다. 따라서 그들이 눈치채지 않게 고아에 접근하는 것은 거의 불가능합니다.”

“그것은 내가 할 걱정이지 당신이 해야 할 걱정이 아니오! 다른 사람!”

“다른 것도 고려해야 할 겁니다.”

마갈량이스가 대답했다.

“몬토네스 선장이 방금 이야기했던 것과 선원들에게 무엇을 기대할 수 있는지를요. 그들은 휴식을 취해야 합니다.”

마갈량이스는 몇 달 전 자신의 선원들을 모래톱에서, 최근에는 고아의 지옥에서 구해내지 못했다. 그들이 희생되는 것을 그냥 바라볼 수밖에 없었다.

“유치한 발상이오, 선장.”

공작은 인내심을 잃었다. 정수리에 분노의 핏줄이 부풀어올랐다.

“사흘 후면 선대가 고아로 출항할 것이오. 두렵다면, 선장, 당신은 참여하지 않아도 되오.”

“제독 각하와 함께 고아로 가겠습니다.”

마갈량이스가 간결하게 말하고 장교들의 대열로 다시 돌아갔다.

제독의 말에 감히 거역하는 사람은 아무도 없었다. 이미 공작의 총애를 받는 몇몇 사람들이 마갈량이스와 몬토네스를 피했다. 아첨꾼들 같으니, 마갈량이스는 생각했다. 다른 사람들은 아무 동요도 없었다. 감정의 변화를 전혀 읽을 수 없을 정도로 태연했으며 누가 자신의 편인가만 생각했다.

“그렇다면, 이미 말했듯이 사흘 후에 우리는 출항할 것이오.”

알부케르케는 냉정하게 장교들을 둘러보았다.

“지금과 같은 이런 시기에는 어떻게 능숙하게 대처하느냐가 중요하오. 정치는 정치 고유의 법칙을 따르며 고유의 수단과 방법을 가지고 있소. 이것은 일반적으로 사람들이 좋다거나 나쁘다고 생각하는 것으로는 판단되지 않소. 정치에서는 오로지 한 가지, 즉 합목적성만이 유효한 기준이 되지! 목적지에 도착한다면 어떻게 왔는지에 관해 누가 시비를 걸겠소?"

공작은 회의를 떠나는 장교들을 눈을 게슴츠레 뜨고 쳐다보았다. 그때 귀족들 역시 마갈량이스를 비난하지 않았던가! 마갈량이스 역시 고아에서 살아남는다면 리스본으로 가는 배를 타게 될 것이다. 아폰수 알부케르케는 마갈량이스와 몬토네스의 염려를 정확하게, 그러나 악의적으로 회의 보고서에 기록하게 했다. 그 이상의 것들이 추가되었을 수도 있다. 그리고 공작의 거부감은 곧 마누엘 왕에게로 옮겨질 것이다. 그럼으로써 왕의 잘못된 결정에 대한 전제조건이 충족되었다는 것을 아무도 예감하지 못했다.

한 남자의 재능이 그의 인격과 일치할 필요는 없다. 알부케르케는 고아의 점령이 포르투갈 선대의 보호를 위해 아주 중요하다는 것을 보다 확실한 본능으로 인식했다. 포르투갈을 위해 그는 중요한 인물이었다. 그는 방법을 결정하는 데 있어 까다롭지 않으며, 결정적인 실행력을 지녔다.

포르투갈 선대는 비바람이 치는 날씨에도 불구하고 북쪽을 향해 힘들게 나아갔다. 그러나 예측 불가능한 자연은 이번에는 포르투갈 편이었다. 그들이 고아에 도착하기 전에 바람이 점차 약해졌다. 그리고 안개 낀 상태에서 적의 눈에 띄지 않은 채 도시에 가까이 다가갈 수 있었다. 그리고 두 번째로 놀라운 일이 일어났다! 고아에서는 포르투갈 사람들이 참패한 후 그렇게 빨리 다시 나타나리라고는 아무도 예측하지 못했다. 포르투갈이 숫자에 있어 근본적으로 더 적긴 하지만 유럽의 탁월한 화력을 앞세워 포르투갈은 그 도시를 빠른 공격으로 점령했으며,

보루는 무너졌다.

알부케르케는 복수를 했다. 피비린내 나는 폭력만이 그에게는 그의 힘을 증거하는 유일한 수단이었다. 수천 명의 주민들이 운하에서 익사했으며, 많은 사람들이 말뚝에 찔려 죽고, 윤형을 당하고 십자가형을 당했다. 여자들은 강간당하고 목 졸라 살해되었으며, 아이들은 참살당했다. 강물과 항구, 만은 희생자들의 피로 붉게 물들여졌다. 수많은 시체들이 운하를 통해 바다로 밀려갔다. 이슬람교도 사람들은 한 명도 살아남지 못했다!

시동학교를 졸업한 이후로 마갈량이스는 탐험가로 세계를 항해하고 싶어했다. 그는 그런 자신을 멋있고 낭만적이라고 상상했다. 자신의 앞에 펼쳐진 자유를 바라보면서 멀리 위치한 해안과 도시, 대륙과 시장을 찾을 것이라고 생각했다. 현실을 통해 그는 빠르게 환상에서 깨어났다. 그러나 그의 이성에는 아직 다음과 같은 논리가 숨겨져 있지 않았다. 즉 알부케르케가 평화롭게 오지 않았기 때문에 그들 역시 평화로운 대접을 받지 못한 것이다. 군인 페르나웅 드 마갈량이스는 두려움이 많은 사람도 아니었으며 특별히 마음이 약한 사람도 아니었다. 군인이라는 직업은 마음이 약한 사람들에게는 적합하지 않다. 그러나 지속적인 주위 사람들의 죽음, 모든 사람으로 하여금 계속 불법을 행하게 하는 부에 대한 탐욕이——총독에서부터 가장 아래 선원 조수까지——그에게 거부감을 주었다.

모두들 매일 사람들이 죽는 것을 보았다. 그 일이 자신에게도 일어날 수 있다는 것을 누가 생각지 않겠는가? 그는 세하웅과 함께 마음을 열고 그것에 관해 이야기했다.

"무엇을 원하는 거야, 페르나웅? 살면서 위험을 다른 것들과 분리시키려 하다니! 우리가 걷고 있는 이 길은 좁으며, 사람이 빠질 수 있는 구멍은 수없이 많고 깊어."

"모두들 자신의 이익과 재물만을 추구하고 있어. 내일 자신이 죽을 수도 있다고 생각하는 사람은 아무도 없어."

"페르나옹, 그들은 시체를 전혀 두려워하지 않아. 매일 자신의 눈으로 시체를 보는 걸. 그러나 죽는 것은 두려워하지. 그런데도 그들은 자신의 수호천사와 행운을 믿고 있는 거야."

"그런데 왜 모두들 죽음에 대한 생각을 몰아내고 있지?"

"그들이 죽어야 한다면 죽음은 그들의 도움이 없어도 오는 거야. 그때까지 그들의 일상은 사냥일 뿐이지."

세하웅이 대답했다.

"우리 시대는 도덕적으로 황야와 같아. 그리고 죽음에 대한 인간의 생각은 가련할 뿐이야."

참모회의에서의 공작과의 사건이 아마도 마갈량이스가 다른 선장들보다 더 비판적이 되는 데 영향을 주었을 것이다. 이슬람교도들이 반항했다 해도 그것이 알부케르케의 냉정한 잔인함과 무의미한 죽음들을 정당화시켜주지 못한다. 그 잔인함은 구역질나며 불필요한 것이다. 카나노르, 디우, 그리고 고아에서 두 번. 그들이 함께했던 모든 전쟁과 싸움은 그들이 어쩔 수 없이 겪어내야만 했던 것이며 위험이었다. 어디서든 그는 증명할 수 있었다. 인간이 위험을 극복할 수 있다는 것을. 그러나 이런 증오, 복수심으로 인한 피바다를 트라스우스몽트스 출신의 농부는 이해할 수가 없었다. 하나님은 이 땅을 창조했으며 인간을 만물의 영장으로 이 땅에 투입하셨다. 지배하고 정복할 수 있도록. 그러나 정복당한 자들을 살해하라고 명령하지는 않았다. 왜 알부케르케는 이런 열대의 낙원을 지옥으로 만드는가? 그리고 왜 하나님은 이 지방 전체를 살육하는데 그냥 보고만 있는 것인가?

공작은 그 동안 그 순간의 이점을 십분 활용했다. 인도 사람들은 우선 전혀 위협이 되지 않을 정도로 약해졌다. 알부케르케는 선대에 남쪽으로 향하라고 명령했다. 선대는 코모린 곶을 돌아 말라카로 항해했다. 세케이라가 정찰한 향료의 주거래 시장인 인도차이나 반도로. 포르투갈의 소매상인들은 왕이 그를 총애하지 않을 수 없을 것이라며 그에게 찬사를 보냈다. 그러나 공포가 그보다 앞서 전파되었다. 무적의 냉혹한 장군으로서의 그의 명성이 두려움을 퍼뜨렸다.

빠른 정찰 보트들이 작은 아라비아 배들을 나포했다. 포로들을 심문해서 적이 얼마나 강한지를 알아냈다. 마무드 술탄은 군인 3만 명, 대포 8천 대, 전쟁 코끼리 50마리를 소유하고 있다. 알부케르케가 가진 것은 그것의 12분의 1도 안 되었다. 그러나 그는 무어족의 수도를 제압하려고 한다! 그가 말라카에서 승리한다면 향료 군도는 결정적으로 포르투갈의 소유가 되기 때문이다!

세하웅과 마갈량이스 역시 그들의 작은 배를 타고 말라카로 가는 항로로 접어들었다. 이미 2년 전 세케이라와 함께 갔던 길이었다! 이것이 그들이 함께 참여하는 마지막 전투가 될 것이다. 그러나 그들의 기분은 그들이 나란히 어깨를 맞대고 호세인과 대적하여 싸우던 그때와 비슷했다. 세하웅은 기분 좋게 카벨라폴라 호의 선루에 서 있었다. 그는 총독이 자신을 좋아하든 좋아하지 않든 상관없었다. 인생은 멋진 것이다. 인생에는 전투와 전쟁 외에도 계피 같은 갈색 여자들과 황홀한 새로운 체험의 세계도 있다. 줄리아 호의 선장인 그의 친구 마갈량이스는 항상 그렇듯이 말이 없었으며, 그의 선원들에게는 친근한 과묵함으로 대했다. 그에 반해 엔리크는 배에 타기 전부터 창백한 얼굴로 수평선을 바라보고 있었다. 선대가 그의 고향에 다가갈 때 그는 어떤 감정에 사로잡혔을까?

말라카의 정박장에 포르투갈의 전함들이 닻을 내렸다. 상인들이 탄 배는 한 척도 그들에게 다가오지 않았다. 해안에는 사람들의 그림자도 찾아볼 수 없었으며 오두막 역시 내버려진 상태였다. 알부케르케는 장교 한 명을 육지로 보냈다. 그는 호위대와 함께 성 앞으로 나아가 거만하게 세케이라 원정대의 포로들을 내달라고 요구했다. 알부케르케는 자신의 요구에 강력한 인상을 부여하기 위해 해안의 오두막과 항구의 돛단배를 모두 불태우라고 명령했다. 말레이 사람들은 경악하여 포로들을 놓아주었다. 앙상한 포로 열네 명이 항구로 가는 도로를 따라 포르투갈의 배에 나누어 탔다.

포르투갈의 전투력은 이미 전설적인 것이 되었다. 마무드 술탄은 고문들의 말을 듣고 공작에게 공물을 바쳤다. 대량학살을 막을 수만 있다면 차라리 공물을 바치겠다는 것이다. 그들은 숫자상으로 우세했지만 전투의 결과는 알 수가 없었다. 알부케르케는 자신의 요구사항을 말했다. 2년 전 세케이라를 공격한 데 대한 완전한 손해보상. 향료, 비단, 금, 대략 20만 에스쿠도의 가치에 해당하는 전쟁 보상액 및 그 도시에 포르투갈의 보루를 지을 수 있는 술탄의 허락 등. 그러나 그것은 술탄에게는 너무 지나친 요구였다. 그는 거절했다. 그에게는 다른 선택의 여지가 없었다. 그의 요구를 받아들인다면 그는 총독의 종이 되면서 포르투갈의 노예로 전락하게 될 것이다.

1511년 7월 25일, 말라카를 둘러싼 전쟁이 시작되었다. 밤에도 그들은 성스런 미사를 드렸으며, 그날의 수호성자인 성 야콥에게 도움과 승리를 간청했다. 알부케르케는 그의 군대를 반으로 나누었다. 군대의 반은 그가 지휘했다. 날이 밝기 전에 그들은 전략적으로 중요한, 두 개의 가장 중요한 도시 구역을 서로 연결하는 다리로 노를 저어갔다. 군대의 다른 반은 술탄의 궁전 밑에 있는 좁은 해안에 상륙한다. 협공으로 적을 공격하기 위해서였다. 그들의 지휘권은 공작의 총애를 받는 주앙 드 리마가 맡았다. 그러나 방어군은 방심하지 않고 경계를 늦추지 않고 있었다. 공격군은 발각되었고, 재빨리 여러 팀으로 흩어졌다.

총독의 군대는 실전에서 탁월하다. 머스켓총을 가진 사람과 포병대,

그리고 화승총을 가진 사람들이 먼저 간다. 창을 든 사람, 흉패를 한 사람, 갑옷을 입은 사람들이 방패와 검을 가지고 그 뒤를 따른다. 화살이 그들에게 쏟아졌다. 그리고 다시 육탄전이 시작되었다. 포르투갈 사람들은 접전에서 많은 손실을 입었다. 무겁게 무장한 포르투갈 사람들은 이슬람의 재빠른 전투병들을 당해낼 수가 없었다. 천으로 감은 짧은 말레이 단도인 크리스는 포르투갈 사람들 사이에서 맹위를 떨쳤다. 포르투갈 사람들이 여기서 다시 나가기를 원한다면 승리해야 한다! 한 동안 전투가 혼전을 벌이긴 했지만 도시의 방어군들은 유럽의 우월한 전쟁 전술을 이기지 못했다. 공작은 그 다리를 정복했다. 정복자들은 도끼칼을 내리치며 그들의 적을 교외로 몰아냈다.

주앙 드 리마가 지휘하는 군대는 처음에는 계획대로 진행되지 않았다. 그는 술탄의 궁전을 공격하여 술탄을 죽이든 아니면 생포하여 데려와야 했다. 그의 군대들은 새벽의 여명 속에서 궁전으로 가는 좁은 골목길을 올라갔다. 그들이 채 궁전에 도착하기도 전에 문이 열렸다. 전쟁 코끼리들이 긴 코를 들고 밀려와서, 콧바람을 뿜어대며 포르투갈 공격군들에게 달려들었다. 엄청나게 큰 동물들은 계속 골목길을 따라 내려갔다. 집으로 도망가지 않으면 그 거대한 동물의 발에 짓밟혔다. 코끼리 잔등에 올라탄 궁수들은 빗발치듯 화살을 포르투갈 사람에게 쏘아댔다.

포르투갈 사람들은 코끼리를 공격하고, 총을 쏘고 창으로 부상을 입혔다. 코끼리 한 마리가 비틀거리다 쓰러졌다. 다른 코끼리들도 어찌할 바를 모르다 몸을 돌려 돌아갔다. 주앙 드 리마와 그의 군대들은 뒤쫓아갔다. 그러나 보루로 침투할 수가 없었다. 다시 말레이 사람들의 공격이 시작되었다. 주앙 드 리마는 천천히 군사적인 열세에 놓일 수밖에 없었다. 다행히 그의 군대는 다리에서 알부케르케의 군대와 합류할 수 있었다.

그 사이에 금빛 태양이 도시 위로 솟아올랐다. 갑작스런 열기에 아침의 신선한 공기가 사라졌다. 그때 말레이 투사들이 다시금 파도처럼 몰려왔다. 포르투갈 사람들은 전투 사각대형을 만들어 저항했지만 공격하기 위한 힘을 비축할 수가 없었다. 몇 시간 동안 그들에게 요구되었던 육체적인 피로가 너무 컸다. 그리고 숫자상으로 많은 적들을 이기기에 그들은 너무 적었다. 포르투갈 사람들은 천천히 해안으로 후퇴했다. 전열을 다듬어 싸우면서 부상자를 데리고 갔다. 선박 포병대의 엄호사격을 받으며 그들은 해안에 있는 보트로 돌아갔으며, 결국 함대로 노를 저어 돌아왔다.

그들은 기운이 다하고 지쳐서 배 위에 쪼그리고 있었다. 상처에 붕대를 감고 그들이 승리할 가능성이 있는지를 서로에게 물어보았다. 공작은 쓰디쓴 얼굴을 하고 기함의 갑판 위로 달려와서는 도시 쪽을 멍하니 쳐다보았다. 마무드 술탄은 보루를 쌓아올리고 포병을 정비했다. 그는 포르투갈 사람들이 다시 오리라는 것을 알고 있었다. 그러나 이번에 알부케르케는 우선 그의 군대에게 휴식할 시간을 주어야 했다. 군인들을 보살피고 자게 했다. 부상자들은 선의가 치료했다. 군의관은 할 일이 너무 많았다. 중환자들만 병원으로 갔으며 경상자들은 다시 군대로 편입되었다.

그 사이에 알부케르케는 무어족의 도시 성벽과 새로 쌓은 성벽을 향해 대포를 발사하라고 명령했다. 나흘 후 수가 현저하게 줄은 그의 군대를 다시 육지로 보냈다. 전쟁의 휴식 기간 중 말레이 사람들은 좁은 도랑을 팠으며 날카로운 막대기를 꽂아놓아 끔찍한 죽음을 당하도록 교묘한 함정을 팠다. 그에 비해 공격자들은 두 번째 공격이 실패하면 전쟁이 불명예스럽게 끝날 것임을 잘 알고 있었다. 그들은 첫 번째 전투에서 그들이 이용할 수 있는 장소를 파악했다. 그들은 도로로 파고 들어가 싸우면서 집 한 채 한 채씩 앞으로 나아갔으며, 골목길을 하나씩 정복했다. 모든 오두막은 요새였으며, 모든 골목길은 전투장이었다.

밤에 전투가 잠시 소강 상태를 보였다. 사람들은 엄호물 뒤에서 교대로 잠을 잤으며 그들이 찾은 것을 먹고 마셨다. 날이 밝자 다시 전쟁이 시작되었다. 사흘 동안 시가전이 벌어졌다. 그 후 포르투갈 사람들은 싸우면서 궁전을 향해 올라갔다. 거대한 성문이 파괴되었다. 방어군의 저항은 약해졌다. 오후에 포르투갈 사람들은 탑 위에 그들의 기를 걸 수 있었다. 그들이 승리한 것이다.

그러나 그들의 손실은 컸다. 195명의 사상자(그 중에는 선장 후안 몬토네스도 들어 있다), 362명의 중상자와 712명의 경상자가 발생했다. 알부케르케는 사흘 동안 그 도시를 약탈하도록 방치했다. 다시 십자가의 깃발 속에서 살인과 약탈, 강간이 일어났다. 내륙으로 도망가지 않은 모든 주민들이 살육당했다. 살아남은 소수의 사람들은 노예가 되었다.

그 대량학살은 역사적으로 중요한 사건이 되어 동방 전체에 공포와 거부감을 퍼뜨렸다. 나쁜 소식이 시암, 페구 만, 수마트라, 자바, 사라와크, 셀레베스, 몰루카까지 침투해 들어갔다. 유럽인의 점령은 오래 유지될 수 없었다. 그들의 전투력, 그들의 광신적인 승리에 대한 의지, 군인 훈련, 무기의 우월함, 특히 기독교인들의 잔인한 폭력은 이슬람교도의 저항의지를 불러일으켰다. 그런데 알부케르케는 이미 다음 목표를 준비하고 있었다. 몰루카, 전설적인 향료 군도. 그러나 마갈량이스는 더 이상 그와 함께할 수 없었다. 그는 고향으로 돌아가라는 명령서를 받았던 것이다!

그가 그러한 통지서를 받은 것은 예상 밖의 일이었다.

"왜 그가 나를 돌려보내려는 거지?"

마갈량이스가 어찌할 바를 모르고 그의 친구에게 물었다.

"너는 네가 공격할 수 없는 사람에게 불손하게 대했어."

세하웅이 슬프게 대답했다.

"너의 적수가 동시에 너의 심판자라면 너는 아무것도 할 수 없어!"

"우리가 다시 만날 수 있을까?"

"하나님의 도움이 함께한다면 그럴 거야. 그리고 네가 살아 있다면."

세하웅은 희망차게 덧붙였다.

"너는 과거와 아직 오지 않은 미래에 관해 걱정할 필요가 없어."

"신이 너를 보호할 거야, 프란시스쿠."

"신의 축복이 너와 함께할 거야, 페르나웅."

그렇게 마갈량이스는 사지가 훼손당한 사람, 중환자들과 함께 엄청난 노획물을 리스본으로 싣고 가는 선대에 합류해 포르투갈로 돌아갔다. 그 노획물은 포르투갈 군주에게 공작의 실행 능력과 그를 다른 사람으로 대체할 수 없다는 것을 증명해준다. 약탈한 보물——금, 향료, 진주, 보석, 코끼리, 표범 가죽, 노예——과 함께 왕에게 부치는 편지가 동봉되어 있었다. 편지를 통해 알부케르케는 자신의 위대한 승리에 관해 보고하며, 자신의 우월한 전략에 대해 칭송하면서, 몰루카에서 전쟁을 치르기 위해 선원을 가득 채운 새로 무장한 배를 보내달라고 요청했다.

그는 자신의 장교에 관한 평가도 덧붙였는데 그 중에는 페르나웅 드 마갈량이스에 관한 평가도 들어 있었다. 알부케르케는 코친과 참모회의에서 있었던 일을 절대 잊어버리지 않았다. 마누엘 왕은 마갈량이스 선장이 아주 겁이 많으며, 반항적이며 불복종하는 알메이다와 한통속으로, 그렇기 때문에 공작이 마갈량이스를 부상자들과 함께 리스본으로 보낼 수밖에 없었다고 알게 된다.

그러나 마갈량이스는 그런 사실에 관해 아무것도 모르고 있었다. 아무것도 알지 못한 채 페르나웅 드 마갈량이스는 포르투갈로 돌아갔다. 인도 군대에 지원했던 사람이 고향으로 돌아간다. 돈도 없이, 인정도 받지 못한 채 단지 많은 경험과 말레이 노예 한 명만을 데리고!

8 이루지 못한 꿈에의 유혹

"폐하께서 자비를 베푸셔서 제가 20년 전부터
폐하를 위해 일해왔다는 것을 알아주시기를 원합니다."
"안 돼. 나는 당신을 그렇게 높이 평가하지 않아."
마갈량이스가 잠깐 아무 말도 못하는 사이에 왕은 끝내라는 제스처를 했다.
왕의 손에 입을 맞추기 위해 마갈량이스는 자동적으로 몸을 앞으로 굽혔다.
그러나 왕은 손을 등뒤로 숨기고 다른 곳을 쳐다보았다.
관직자들의 킥킥거리는 소리를 뒤로 하고 마갈량이스는 그 방을 떠났다.
그는 그 방에 절대 다시는 들어서지 않을 것이다.

두 친구, 각자의 길을 가다

파도가 규칙적으로 밝은 모래 해안선으로 밀려왔다. 가끔 파도에 밀려온 나무조각이 보였다. 뱃사람들은 말한다.

"바다는 항상 그것이 가져간 것을 도로 가져다준다."

바다는 이제 마갈량이스를 다시 포르투갈의 해안으로 옮겨다놓았다. 지난 7년 동안 리스본은 아프리카와 인도를 얻었다. 마갈량이스가 탄 배가 리스본에 가까워졌을 때 멀리서부터 마누엘 왕이 자기 명성의 상징물로 항구의 진입로에 새로 세운 벨렝탑이 보였다. 모든 것이 더 화려해지고 활기차 보였다. 항구에는 선박이 자주 드나들었다. 조선소 위에는 카라벨선, 나웅선, 갈레온선이 제작되고 있었으며, 새로운 교회와 저택들이 인도 무역으로 인해 리스본 시가 점점 부유해지고 있음을 보여주었다. 짐을 가득 실은 무역선들이 서로 돛대를 맞대고 하역하기를 기다렸으며, 매주 호송선단이 서아프리카의 식민지로 출항하여 희망봉을 돌아갔다. 고층의 재외상관과 커다란 창고들이 항구 거리의 양편을 가득 채우고 있었다. 골목길과 부두에는 중개인, 선원, 상인, 무역업자, 수공업자, 하녀들로 붐볐다. 새로 생긴 넓은 대로로 고급 마차들이 달렸으며, 사방에 활발한 일상이 펼쳐지고 있었다. 그 사이사이로 호기심에 가득 찬 왕궁의 시동들을 볼 수 있었다. 지금 학생들은 어떤 꿈을 가지고 있을까?

수천 개의 돛대들이 마치 낙엽이 떨어진 숲처럼 항구를 장식하고 있었다. 커터와 욜이 이리저리 노를 젓고 다녔다. 피니스와 작은 보트들이 커다란 배들 사이로 빠르게 돌아다녔다. 카라벨선과 갈레온선들이 바지선, 거룻배(바닥이 평평한 짐배), 장정(長艇, 가장 큰 함재 보트)에 짐을 옮겨 실었다. 선원, 부두 노동자, 신참내기들이 오가면서 짐을 싣고 내렸으며, 소리를 지르고 욕을 하면서 짐을 끌고 갔다. 마갈량이스는 그런 번잡스러운 광경을 그다지 오래 주시하지 않았다. 이 모든 것이 그와 무슨 상관이 있단 말인가? 그는 면직된 군인이었다. 그는 마음이 내키지 않았지만 번잡한 리스본의 시내로 들어갔다.

궁전은 그에게 마치 지하감옥처럼 보였다. 그가 여기서 무엇을 한단 말인가? 계단, 복도, 홀과 방. 전에는 신기하게 보였던 모든 것들이 지금의 그에게는 답답하게만 느껴졌다. 궁정에는 아첨꾼들이 전보다 더 많았다. 그들은 혹시나 마누엘 왕의 총애를 잃어버리지나 않을까 하는 두려움 속에 살고 있다. 항상 변화는 존재한다. 직함, 은총, 호칭들이 계속 바뀌었다. 어제의 세도가들이 오늘 몰락할지도 모른다. 언제나 조심해야만 한다. 굽실거리며 적응해야 한다. 그것은 마갈량이스에게는 잘 어울리지 않았다.

그는 선판 위에서는 이곳저곳을 돌아다니며 발 디딜 곳을 찾을 수 있었지만 여기에서는 걸을 때마다 발을 헛디뎠다. 성의 널마루는 반들반들했다. 그리고 태양과 소금 냄새 대신 분과 향수 냄새가 났다. 코르테 레알의 간신들이 거들먹거리는 모습은 우스꽝스러웠다. 방과 커튼에서는 곰팡내가 났으며 좀이 슬었다. 끊임없는 밀담, 거들먹거림, 아첨! 엔리크 역시 얼굴이 창백했다. 희박한 공기로 인해 그의 몸이 굳었으며, 갈색이던 그의 얼굴은 창백해졌다.

마갈량이스는 휴직 상태였다. 사람들은 그에게 피달고 에스쿠데이루라는 듣기 좋은 직함을 주었지만 그것은 그의 권리를 정당화시켜주지도 않았으며, 봉급을 주는 것도 아니었다. 그는 매달 4, 5메티칼을 무보직 대기수당으로 알판다의 콘타도르, 즉 왕실 사무실의 회계 담당자에게서 받았다. 그것은 하루 경비밖에 안 되는 돈이었다. 적어도 그는 하인을 데리고 코르테 레알에서 군인들과 함께 식사할 수 있었다. 그러나 그것은 그의 자존심을 상하게 하는 일이었다. 그는 생각해보았다. 도대체 이런 상황에서 무엇을 해야 하는가? 이런 상황이 그의 정신과 영혼을 압박한다는 것을 그는 잘 알고 있었다.

그렇다면 그것은 그의 원대한 꿈의 종말, 즉 소년다운 생각의 종말을 의미하는 것인가? 그는 경솔한 행동을 하지도 않았으며, 해적과 도적과의 격투에 무분별하게 개입하지도 않았다. 모든 것을 신중히 고려하여 실행에 옮겼다. 그는 알메이다와 함께 왕의 위임을 받아 인도로 갔다. 그는 매번 일이 있을 때마다 시시각각으로 봉사해야 했다. 그는 자기 자신에게 엄격했으며 포르투갈을 위해 목숨을 걸었다. 그리고 항상 부하들 편을 들어주었다. 그런데 이제 이것이 마지막 디딤판, 결론이란 말인가? 왜 그는 사브로사로 돌아가지 않는가? 소타의 포도농장은 주인을 기다리고 있다.

빌라 레알 지역에서 그는 상류층에 속한다. 그는 트라스우스몽트스에서 자신에게 영웅의 후광을 부여하게 될 모험에 관해 이야기할 수 있을 것이다. 그러나 그것은 그에게 아무런 의미가 없다. 그는 세계가 엄청나게 확장되는 그 현장에 있어야 한다. 그가 이제 몇 모르겐(땅 넓이의 단위, 약 2에이커—옮긴이)의 경작지에 만족하며 살아야 하는가? 그는 보통 사람들에게는 닫혀져 있는 경계를 넘어섰다. 그것이 모든 것이 될 수는 없다. 작은 포도농장 역시 시간이 지나면서 수확이 약간씩 줄어들겠지만 그래도 사브로사는 그가 엔리크와 함께 근근이 생활하는 데 도움이 될 것이다. 그러나 마갈량이스는 그를 경멸했던 궁정에 그냥 머물렀다.

어느 날 마갈량이스가 홀에 모습을 드러냈다. 마누엘이 기도 후 예배당을 떠날 때 그에게 자신에 대한 기억을 불러일으키고 싶었다. 그는 여러 가지 체험을 했으며 미지의 세계를 보았다. 그리고 인도 사람들과 말레이 사람들의 전술을 알게 되었다. 말라카와 중국 사람들의 사업 원칙을 알게 되었으며 여러 차례 군인과 선원으로서 자신의 부하들을 도와주었다. 그는 그의 조국과 왕실을 위해 충성스럽게 봉사했다. 왕이 그의 말에 귀를 기울일 것인가?

마갈량이스는 궁내대신들의 맨 앞에서 몸을 숙였다. 마누엘은 고개 숙인 사람들의 등을 따라 걸으면서 누가 그에게 경의를 표하는지를 슬쩍 쳐다보았다. 아, 저기 바로 그 페르나웅 드 마갈량이스가 있군. 알부케르케가 매우 비호의적으로 그에 관해 언급했지. 결정적인 순간에 고관들을 배반하고 선원과 비천한 녀석들과 함께 연합했던 피달고라고. 상당히 뻔뻔스런 녀석이군! 왕은 급하게 지나쳐갔다. 그는 인사조차 하지 않았다. 마갈량이스는 이렇게 생각했다. 왕이 바쁘기 때문일 것이라고. 아마도 무관심 때문이기도 하리라.

체험이란 당장은 아무런 유통가치도 지니고 있지 않은 동전과 같다. 테주 강에서는 인도로 가기 위한 원정대가 준비중이었다. 늙은 선원, 전직 군인들이——그 중에는 마갈량이스도 포함되어 있었다——배와 굵은 밧줄, 통로, 물건 꾸러미와 창고 사이를 돌아다녔다. 그들은 나무, 타르, 물과 해초에서 나는 친근한 냄새를 맡으면서 준비과정을 쳐다보고 번잡한 가운데로 들어갔다. 어떻게 적절하게 짐을 쌓아야 하는지, 그리고 이런 경우 어떤 것에 신경을 써야 하는지를 간섭하기도 했다. 그러나 사람들은 늙은 선원들을 무시했다. 아무도 그들의 말에 귀기울이지 않았다. 포르투갈은 더 이상 그들을 어디에도 투입하려 하지 않는데 자신들이 아직 쓸모 있다고 착각하는, 아는 체하는 이런 사람들이 도대체 무엇을 할 수 있단 말인가!

궁정의 옆 건물에 있는 숙소는 선실보다 컸지만 그럼에도 답답했다. 선실은 대양을 넘어 신대륙을 향하고 있지만 그와는 반대로 거대한 궁정에서는 그 도시의 한 구역도 제대로 바라볼 수가 없다. 작은 마을보다 더 나쁜 것은 궁정 안에는 권력 측근 도당들의 의심이 활개치고 있다는 것이다. 그들의 의견은 진부했으며, 그들의 맹세는 장황했다. 궁정에서는 조심해야 한다! 간계가 복도를 지나 휙 스쳐간다. 전부터 마갈량이스는 에티켓이란 것에 거부감을 느꼈다. 그가 없는 동안에 그것은 더욱 불분명해지고, 장식적이며, 형식적이 되어버렸다. 궁정에 있는 소수의 사람들만이 실제적인 권력을 지니고 있었다. 다른 사람들은 보이지 않는 끈에 매달려 춤추는 꼭두각시에 불과했다.

마갈량이스는 점점 심하게 자기 자신 속으로 숨어들었다. 그의 검소한 방은 은신처가 되었으며, 그 안에는 책, 해도, 해양학적 도구와 천문학적 숫자의 도표들이 쌓여 있었다. 능력을 명백히 검증받은 해군 장교가 테소라리아를 들락날락하는 것은 눈에 띄는 일이 아니었다. 건장한 항해자가 왕궁의 문서실과 지도실에서 대형 서적과 자료들에 몰두하면서 중요한 포르톨라노를 연구하는 것은 당연해 보였다. 원래 명령권이 없는 선장에게는 서류와 연대기를 열람하는 것이 허락되지 않았다. 그러나 비밀문서 보관실의 좀생원들, 서기와 기록자들은 서로를 향해 간계를 짜내고, 자신의 위치를 확고히 하기 위해 할 일이 너무 많았다. 거기서 제대한 인도 항해자에게 누가 신경을 쓰겠는가?

새로 발견된 나라와 대양에 대한 그의 호기심은 중단되지 않았다. 그는 유명한 선원들의 항해일지를 자세히 읽어보았다. 자신처럼 인도에 간 경험이 있으며 새로운 브라질을 보았던 수로 안내인과 선장들의 모임을 찾은 것도 전혀 이상한 일이 아니다. 아메리카와 남극이 하나로 연결되는가 아니면 아시아로 갈 수 있는 통로가 존재하는가? 콜론은 그 통로를 찾으려 했지만 실패했다. 테라 누오바(신대륙) 서쪽으로 다른 대양이 존재한다고 에스파냐의 탐험가인 발보아가 주장했다. 그는 1513년에 사람들이 지금은 파나마라 부르는 다리엔에서 그 대양을 보았다. 발보아는 그 대양을 마르 델 수르, 즉 남해라고 불렀다.

지구가 구상인가? 그 질문은 여전히 해결되지 않은 채 남아 있다. 마갈량이스는 이 문제에 대해 찬성하고 반대하는 여러 이론서들을 읽어보았다. 몇몇 독일 사람과 이탈리아 사람들이 지구가 구상이라고 주장했으며 로마 교황은 그들을 파문하겠다고 위협했다. 어디서 진실을 찾을 수 있는가?

그는 머리를 대형 서적에 파묻은 채 생각에 잠겼다. 시동학교에서 그가 배웠던 지식은 그 이후로 더 이상 발전하지 못했다. 지구의 형상에 관한 논쟁은 말장난으로 빠지면서 어떤 문제도 해결할 수가 없었다. 어떻게 지구의 형상에 관한 비밀이 벗겨지겠는가? 어떤 행위를 통해서? 특별한 문제를 해결하기 위한 행동은 어떻게 시작되어야 하는가? 다른 것에는 그렇게 침착하던 사람이 그 생각만 하면 불안해졌다. 그는 아주 힘들게 지나가는 나날들에 심장의 빠른 박동을 맞출 수가 없었다. 머리 속에서는 광대함에 대한 기억들만 살아 있다. 아직은 어떤 새로운 상도 형성되지 않았지만 새로운 것, 아직 완성되지 않은 것에 대한 동경이 살아 움직이고 있다.

그가 점차 평안을 되찾아갈 즈음 새로운 소식이 그를 다시 흥분 상태로 밀어넣었다. 어제까지만 해도 아주 일상적인 모습을 보여주던 리스본이 오늘 갑자기 새로운 인물 때문에 열광했다. 새로운 인물이었지만 마갈량이스에게는 아주 낯익은 인물이었다. 그의 이름은 바로 프란시스쿠 세하웅이다! 그 친구가 향료 군도를 발견했다! 처음에 그는 바크선을 타고 산호초섬에 도착했다. 그곳은 도적질하는 말레이 사람들만 들르던 황야였다. 그 섬에는 물도, 비축식량도 없었다. 그의 선원들은 실망했고 반란을 일으켰다. 그러나 그는 고집스럽게 그곳에 머물면서 선원들에게 참으라고 말하며 용기를 주었다. 그러던 중 밤에 프로아 한 척이 다가왔다. 그 배에 탄 사람들은 난파선을 보고 약탈하기 위해 다가온 것이다. 그러나 보초들이 프로아선이 오고 있다고 알려주어 포르투갈 사람들은 몸을 숨겼다. 몇몇 사람들만이——해적들이 보기에는 유일한 생존자들——거짓으로 도망쳤으며 약탈자들을 육지로 유혹했다. 다른 선원들이 뒤에서 도적들을 공격하는 동안 노련한 선원 몇 명이 그들을 사로잡을 수 있었다.

이제는 세하웅이 우월한 위치에 있었다. 원주민들은 그 해적들을 데려가달라고 세하웅에게 간청했다. 세하웅은 동쪽으로 셀레베스 섬을 지나 그들의 섬까지 가는 수로를 안내하라고 해적들에게 강요했다. 그렇게 해서 그는 몰루카 섬에 도착했다. 그리하여 그는 전쟁이나 잔인한 행동 없이도 알부케르케 공작을 앞질러 향료 군도에 도착할 수 있었다. 지금까지의 모든 노력은 수포로 돌아갔다. 모든 경비는 쓸데없이 사용되었다. 부의 원천은 베일에 가려져 있는데 세하웅은 확실한 행운을 통해 향료의 고향을 발견했던 것이다!

리스본의 거래소들이 흥분하게 된 것은 당연하다. 캘리컷과 고아, 말라카와 수마트라가 몰루카 섬에 비하면 무슨 의미가 있겠는가! 지금까지는 시장만을 정복했는데 이제 마침내 물건을 손에 넣게 되었다! 세하웅은 단번에 알부케르케보다 더 많은 인기를 얻게 되었다.

세하웅은 그의 친구를 잊지 않았다. 마갈량이스는 숨을 죽이고 세하웅이 자신에게 보낸 편지를 읽었다. 세하웅은 모험 속에 이루어진 그의 항해와 섬 점령에 관해 기술했다. 그리고 자신의 신하들에게 이방인인 자신을 기장 귀한 손님으로 소개했던 술탄의 환영사도 편지에 적었다.

"보라, 이들이 나의 친구들이다. 내가 이야기했던 위대한 전쟁의 영웅들이다. 우리는 이들에게 존경을 표하며 이들을 환대한다."

마갈량이스는 여기서 인생의 교훈 하나를 뼈저리게 느꼈다. 행운은 운 좋은 사람에게만 미소를 지으며, 성공은 결국 고생하지 않은 사람들에게만 문을 연다! 세하웅은 충동적으로 이야기했지만 뻐기지는 않았다. 편지 한 줄 한 줄마다 그의 웃음, 낙관주의, 달변, 대담함이 배어 있었다. 그는 원주민인 술탄의 신임을 얻었다. 그는 포르투갈의 인도 군대를 그만두었다. 그 섬에서 그는 술탄의 가장 높은 장관으로 승진했으며, 권세가들과 모든 사람들의 총애를 받았다. 술탄은 전쟁을 원치 않았다. 그에게는 무역이 더 중요했다. 포르투갈 사람들이 아라비아 사람들보다 우월하다면 이제 포르투갈 사람들이 그의 파트너가 되어야 한다.

세하웅의 중재하에 술탄은 리스본에 시장을 열어주었다고 한다. 그리고 나서 세하웅은 그곳의 화려함, 만발한 꽃들, 계피와 정향의 향기, 무스카트나무의 향기, 아름다운 언덕길, 물이 흐르는 초록빛 계곡, 그러나 습기 차고 더운 기후에 관해서도 묘사했다. 끝으로——그들이 인도 근무를 결정했을 때처럼 기쁘게, 그리고 말라카에서 구출되고 난 후 포옹할 때처럼 친근하게——세하웅은 마갈량이스가 자신이 있는 섬으로 왔으면 좋겠다는 희망을 피력했다. 그의 집에서 그의 곁에 머물면서 그의 고귀한 운명을 함께 나누기 위하여.

마갈량이스는 편지를 떨어뜨렸다. 기쁜 소식이 이렇게 슬플 수 있다니. 그가 친구의 명성을 질투하는 것인가? 그는 자신이 세계 각지에서 그랬던 것처럼 이곳에서도 제일 늦은 사람임을 인정하지 않을 수 없었다. 행운의 호의를 얻기 위해 노력해야 되다니! 선천적으로 우울하고 신중한 사람들은 승리할 수 없는가. 그는 사건의 실태를 항상 철저히 규명하려 한다. 어린아이 때부터 그는 경작지를 갈기 전에 우선 경작지에서 돌 모으는 것을 배워야 했다. 무엇 때문에 그는 모든 장애물을 가벼운 발걸음으로 지나치지 못하는가? 그가 힘들게 도랑을 치우고 있는 동안, 보다 빠른 사람들과 덜 고생한 사람들이 이미 열매를 수확하고 있었다.

그를 위한 발판이 어디에도 없는 것인가? 인도는 그에게 폐쇄되어 있다. 알부케르케는 그가 도착하기도 전에 그를 쫓아내려 할 것이다. 그렇다면 북아메리카는? 모로코에는 분규의 위험이 도사리고 있다. 아자모르 시는 공물 바치기를 거부했다. 리스본에서는 배 200척, 군인 1만 9천 명으로 이루어진 군대가 조직되었다. 마누엘 왕의 조카이며 브라간사 공작인 돔 자이메가 그 군대의 지휘를 맡았다.

마갈량이스는 군대 조직 사무실로 가서 지원했다. 그로부터 한 달 후 해군이며 선원으로서 마갈량이스는 갈색 하인 엔리크와 함께 아프리카로 갔다. 거기서 약간의 명성을 얻을 수도 있을 것이다. 전쟁은 매복과 개별화된, 그렇기 때문에 적지 않은 위험한 소전투로 이어졌다. 그 전쟁 역시 그에게 유리하게 진행되지 않았다. 어느 소전투에서 그는 혼전 속으로 말려들었다. 그는 배 위에서의 전쟁은 잘 알고 있었지만 보병들의 전술에 대해서는 잘 알지 못했다. 다른 사람들이 후퇴하는 동안에도 그는 여전히 버티고 있었다. 그러다 왼쪽 오금에 창을 맞았다. 충성스런 엔리크가 그를 병상으로 끌고 갔다. 그는 응급치료를 받고 상처를 붕대로 감았다. 다섯 달 후 그는 회복되었지만 무릎은 뻣뻣해진 채였다. 이제부터 마갈량이스는 불구자가 되었다.

그는 중대장이 되었지만 그것은 그에게 위로가 되지 못했다. 카라벨의 지휘권을 가질 수 있다면 그는 기꺼이 자신의 다리를 희생시켰을 것이다. 여기 황야에서의 삶은 얼마나 고통스러운가? 모래 바람, 곤충, 더러움, 게다가 참을 수 없는 열기라니! 신선한 바람이 영혼과 머리를 맑게 하는 배 위에서 사람들은 편안함을 느낀다. 그는 다리를 절면서 그의 부하들과 함께 삭막한 풍경들 사이로 행군했다. 다행히 주인에게 충성스런 엔리크가 함께했다. 그러나 항상 즐겁고 활달한 성격의 그 가련한 녀석도 말이 없어졌다. 낯선 나라, 사방에 보이는 사막, 황량한 산, 낮의 열기와 밤의 냉기가 그를 괴롭혔으며 우울하게 만들었다.

어느 날 정찰병이 알려왔다. 그들 앞에 오아시스가 있으며 그 오아시스에는 사람과 동물들이 많다고. 그들은 모래 언덕 뒤로 살금살금 다가가서 물구멍을 포위했다. 몇 그루의 야자나무와 막대기 네 개를 세우고 지붕을 나뭇잎으로 엮은 몇 채의 오두막이 있었다. 물통 주위로 사람들과 낙타, 양떼들이 몰려왔다. 포르투갈 사람들은 공격을 했다. 거의 싸우지 않고 890명의 포로를 사로잡았으며, 2천 마리의 가축을 약탈했다. 마갈량이스와 다른 장교는 그 노획품을 감시하고 통제하는 임무를 맡았다. 그런데 밤에 양 몇 마리가 없어졌다. 마갈량이스가 그 가축을 도살했다는 의심을 받았다. 그는 그 혐의를 벗을 수가 없었다.

브라간사 공작은 해임되었다. 그는 너무 유약한 사령관이었다. 그와 같은 배를 타고 마갈량이스 역시 자신을 변호하기 위해 리스본으로 돌아갔다. 마갈량이스는 왕과 이야기하려고 생각했다. 그리고 인도 항해를 할 수 있는 명령권을 청할 생각이었다. 귀향을 하면서 그는 왕과 어떻게 대화를 진행시켜야 할지를 상상했다. 그는 조국을 위해 근무하면서 얻게 된 자신의 상처를 가리킬 것이다. 그리고 포르투갈을 위해 싸웠던 카나노르와 디우에서의 전투, 고아와 말라카에서의 전투에 관해 이야기할 것이며, 모로코에 투입된 것에 대해서도 언급할 것이다. 마갈량이스는 왕이 자신을 특별히 좋아하지 않는다는 것을 잘 알고 있었다. 그러나 마갈량이스는 더욱 용감해졌고 이제는 귀족이 되었다. 마누엘은 충성스런 신하의 봉사를 인정하게 될 것이며 그의 봉사에 대해 범선의 명령권으로 보상해줄 것이다.

그는 배 위에서 절뚝거리며 돌아다녔다. 머리는 헝클어진 채, 넓은 어깨 사이로 머리를 감추고, 아무 말 없이 멍하니 앞을 쳐다보았다. 세계에 관해 많은 것을 보고 경험하여 젊은 시절의 환상을 잃어버린 사람. 그러나 정의로운 왕에 대한 믿음을 그는 여전히 가지고 있었다. 리스본에 도착하자마자 그는 궁정으로 가는 지름길로 들어섰다. 그는 자신이 이미 두 번째로 왕에게서 중상모략을 받았다는 사실을 모르고 있었다.

이제 향료 생산국이 확실하게 포르투갈의 손에 들어오자, 왕은 귀족들을 고려할 필요가 없어졌다. 추종자들을 거느리고 있는 귀족이라 할지라도. 그러나 마갈량이스는 추종자도 없었으며 왕은 전보다 더 강력한 전제군주로 존재했다. 행운왕 마누엘은 그의 제국을 몇 배나 더 확장시킬 수 있으며 궁정의 연대기 기록자들은 그를 위대하고, 통찰력 있는 외교가이며 통치자로 칭송했다. 그러나 마누엘 왕은 오래 전에 이성적인 범주에서 벗어나 있었다. 그는 의심이 많았으며, 병적일 정도로 경건했다. 그는 매일 참회하며 도미니크회 수도사에게 고해를 했다. 그는 죄를 짓지 않아도 신부를 찾았다.

마갈량이스는 접견을 요청했다. 접견은 반드시 실현될 것이다. 오래 전에 왕은 마갈량이스가 제멋대로 허락도 받지 않고 군대를 떠났다는 소식을 들었다. 마누엘 왕은 그를 냉정한 얼굴로 대했다. 그는 아무것도 묻지 않았으며 그의 말에 귀기울이지 않았다. 마갈량이스는 왕 앞에 무릎을 꿇었다. 청원자가 한마디 말도 꺼내기 전에, 왕은 그에게 호통을 쳤다. 그가 천박한 탈영병이며, 곧바로 아프리카로 돌아갈 것을 명령한다고.

그는 복종했다. 고독하고, 실망하고, 불쾌한 마음으로 그는 아프리카의 황야에 쪼그리고 앉았다. 갈색의 엔리크가 그의 유일한 친구였다. 왕이 그를 좋아하지 않았기 때문에 다른 사람들도 그를 피했다. 마갈량이스는 경직된 얼굴로 느리게 지나가는 한 주 한 주를 힘들게 보냈다. 7년 동안 그는 바다를 항해했고, 노련한 항해자이며 해군 장교였다. 이제 이곳에서는 그의 능력을 발휘할 수가 없었다. 그는 어떤 임무도 받지 않았다. 어떤 과제도 없었다. 절룩거리는 군인은 필요하지 않기 때문이다. 결국 그는 조사를 해달라고 요구했다. 놀랍게도 아무도 그에게 더 이상 죄를 씌우려 하지 않았다. 가축 도둑은 이미 발견되었지만 사람들은 불구인 마갈량이스의 명예를 회복시켜주는 것을 잊어버렸던 것이다.

그의 모든 의심을 풀어주는 서류를 주머니 속에 넣고, 새로운 상급자의 명확한 허락을 받아 그는 리스본으로 돌아갈 수 있었다. 풍자극의 1

막과도 같은 간계가 그에게는 비극처럼 생각되었다. 그가 무엇을 이루었는가? 탁월함 대신 의심을, 직함 대신 상처를, 보상 대신 동정을!

팔레이루와의 운명적인 만남

그는 파도에 부딪쳐 암벽 아래로 내던져졌다. 바다로 돌아갈 수 있는 어떤 가능성도 보이지 않았다. 바다 위로 부는 바람을 그의 돛은 전혀 받지 못했다. 그는 피달고 모조라는 가장 낮은 귀족계급으로 강등되었고, 현물급여로 하루 배급량의 보리 외에 매달 1천 레이스의 하숙비를 내는 상당히 좁은 숙소를 제공받았다. 국가의 하숙인, 이제 쓸모 없는 식민지 군인이 되다니! 그러나 행운도 있었다. 그가 출정에 앞서 크리아사오 델 레이, 즉 왕실 재정에 신고하지 않았다면 그는 완전히 파산했을 것이다. 그는 리스본의 골목길을 절룩거리며 돌아다니다 저녁이면 항구로 기어 돌아갔다. 이루어지지 않은 꿈의 정점으로서 수평선 저 너머에 놓여 있는 동경의 목표로 항해하기 위해 그는 다시 톨딜라, 즉 카라벨의 높은 선미루에 올라설 수 없을 것이다.

외풍이 있는 불편한 방에서 그는 불쾌하고 씁쓸한 마음으로 이렇게 청원서를 썼다. 그는 세 번이나 부상을 당했으며 그의 왼쪽 무릎은 구부러지지 않는다. 그는 충분한 연금을 요구한다. 하숙비도 올려줘야 하며, 그는 더 높은 계급을 원한다고. 사람들은 그가 노예를 유지할 수 있는 형편이 되지 않는다고 비난한다. 형편이 좋지 않다면 그는 우선 엔리크를 팔아야 할 것이라고. 그러나 그는 조금도 그렇게 할 생각이 없었다. 엔리크를 파느니 차라리 그와 함께 굶어죽을 것이다.

그는 엔리크가 자신을 도와주고 있다는 것을 전혀 알지 못했다. 엔리크가 중앙인도와 동인도 출신의, 글을 쓸 줄 모르는 노예들을 위해 그들이 구술한 편지를 써주고 돈을 받는다는 것을 알지 못했다. 그는 그 돈으로 야채와 쌀, 가끔은 작은 닭도 사 가지고 왔다. 마갈량이스는 싸우기 좋아하고 독선적이 되었다. 그가 자기 자신에 대해 절망했기 때문에 모든 것에 불만이었다. 만족하지 못하는 것은 그의 마음이었다. 말 없이 자신의 감정을 숨기는 이 사람에게는 자신이 소유한 것은 절대 내놓으려 하지 않는 농부의 열정이 맥박치고 있었다. 그는 농부처럼 질기고 완강했다. 그는 숙명에 몸을 숙이려 하지 않았다. 인간에게는 더더구나 말할 것도 없었다!

그의 청원서는 거부되었다. 그는 화려한 장식을 심술궂게 쳐다보았다. 화려한 장식들은 어두운 관청의 사실적 양식 속에서 자신을 향한 왕실의 경멸을 그에게 전해주는 듯했다. 그의 입은 일그러졌고 수염은 헝클어졌다. 그는 고통스럽게 쓸모 없어진 자신을 느껴야 했다. 도시 구석구석에는 많은 불평분자들이 돌아다니고 있다. 술집에는 반동적인 사람들, 완고한 비평가들, 싸우기 좋아하고 아는 체하는 사람들이 장황하게 이야기를 늘어놓았다.

항구에는 일자리를 잃은 선원과 식민지에서 부상당한 군인들, 실직한 조타수와 전직 군인들이 빈둥거리며 놀고 있었다. 모두들 자신이 일할 수 있다고 생각하지만 나라가 그들을 더 이상 필요로 하지 않았다. 이제 그들은 게으르게 어슬렁거리며 돌아다녔다. 그 중에는 실패한 사람들도 있다. 그들이 그의 동지들인가? 그는 그들을 경멸의 눈으로 쳐다보았다. 그가 결정권을 가지고 있다 해도 그는 그들 중 누구도 고용하지 않을 것이다!

그러나 그가 그들보다 더 나은가? 그도 구걸하는 편지를 쓰지 않았던가? 실제로 자신이 존중받지 못하고 있으며, 아무것도 할 수 없다는 생각이 그를 고통스럽게 했다. 그는 왜 트라스우스몽트스로 돌아가지 않는가? 소타의 포도농장이 그를 기다리고 있는데. 게다가 그곳에는 아직

할 일이 많다. 그는 부두 위를 기운 없이 타박타박 걸었다. 흔들거리는 코게(한자동맹 당시의 뱃전이 높은 배—옮긴이), 카라벨선, 나웅선, 갈 레온선, 그리고 짐을 내리는 거룻배들 옆을 지나서. 이제 더 이상 배의 갑판 위에서 바다를 바라볼 수 없는가? 아직도 그의 피 속에 그 리듬이 살아 움직이는 대양의 냄새를 더 이상 맡을 수 없는가? 아프리카의 황 야가, 불행한 우연으로 인해 그가 처해버린 상황이 그를 풀어주리라고 그는 정말 믿었는가? 아니다. 바다는 그를 자유롭게 놓아주지 않는다. 영원히 움직이는 바다, 배의 이물 앞에 놓여 있는, 아직 아무도 가보지 않은 바다가 그의 들이며, 경작지이고, 그의 삶이다.

그때 그는 이상한 사람과 알게 되었다. 후이 팔레이루는 키가 작으며 마른 학자로 점성가였다. 그는 자신이 주위사람들이 인정하는 것보다 더 많은 재능이 있다고 생각한다. 그는 영리했다. 마갈량이스처럼 팔레 이루 역시 궁정에 적을 가지고 있었다. 그러나 말없는 실행력 때문에 알부케르케 공작으로 하여금 비방하도록 자극했던 뱃사람과는 다르게 점성가이며 동시에 예언자인 그는 모욕적인 성격과 급하게 흥분하는 성격 때문에 적을 만들었다.

그를 둘러싼 이상한 소문들이 나돌고 있었다. 사람들은 아주 진지하 게 말한다. 그가 악마와 결탁했으며, 마술을 할 줄 알고 초현실적인 힘 을 사용할 수 있다고. 그러나 마갈량이스는 인도의 요가 수행자에게서 보았던 불가사의한 모습들을 회상하면서 그것이 불가능한 것이라고 생 각지 않았다.

그럼에도 그는 새로 알게 된 사람에게 점성술을 봐달라고 요구하지 않았다. 왜냐하면 미래 역시 중요하지만 순간이 더 중요하기 때문이 다. 팔레이루는 마갈량이스가 시동학교를 다니면서 친숙해졌던 언어 들을 사용했다. 그는 포르톨라노를 읽을 줄 알았으며 발레스틸라를 다 룰 줄 알았다. 그리고 가장 최근의 적위 도표를 소유하고 있었다. 항상 실무에 정통한 마갈량이스는 환상이 아니라, 경험으로 이익을 얻고 싶었다.

팔레이루는 자신의 지식을 마음껏 드러내보였다. 마갈량이스는 이 작고 괴팍한 사람이 선원의 일상에 관해서는 거의 모르고 있다는 것을 곧 알아차렸다. 팔레이루는 돛을 펼치는 것, 방향전환과 돛의 방향을 돌리는 것에 관해 거의 아는 것이 없었다. 그러나 지리, 천문학, 점성학 등 추상적인 것이 그의 전문영역이었다. 그는 별의 궤도를 알고 있었으며, 그 움직임을 관찰했다. 하늘의 역학을 잘 알고 있었으며, 아주 어려운 기구를 사용할 줄 알았다. 그는 프톨레마이오스의 저서인 『알마게스트』와 『지리학』을 공부했다. 그리고 위도뿐 아니라 그의 주장에 따르면 비밀스런 공식에 따라 임의의 지리학적 경도를 확인할 수 있다고 했다. 그것은 그때까지 누구도 할 수 없었던 것이다!

마갈량이스는 십수 년 전에 그만두었던 학파의 이론들에 다시 빠져들었다. 마침내 그는 새로운 지식을 위해 그가 알고 있던 것을 투입할 수 있었다. 교사들이 그 동안 배웠던 지식으로 대양을 항해할 수 있다는 전제를 생각해냈으면서도 대양의 항해라는 거대한 계획에는 전혀 참여하지 않았던 것은 기이한 민족인 독일 사람들에게서 비롯된 것이다. 학자들이 알고 있는 것, 그리고 팔레이루 역시 알고 있는 것은 마르틴 베하임에게서 나온 것이다. 마갈량이스는 그 위대한 학자가 정교하고 명확한 문장으로 세계의 빛을 시동학교의 강의실로 옮겨놓았던 것을 상기했다. 베하임은 레기오몬타누스라 불리는 요하네스 뮐러의 연구를 토대로 했다. 이제는 팔레이루가 다시 마갈량이스의 정신을 맑게 해주었다.

팔레이루가 마갈량이스에게 강의한 내용은 이렇다. 베하임은 아스트롤라베를 개량했다. 아라비아 사람들의 이 기구는 항해자들의 위치를 측정하기 위해 사용되었지만 배 위에서는 천체의 측정이 불가능했다.

왜냐하면 이 기구는 고정되어 있는 땅에서 조작되어야 하기 때문이다. 배의 흔들림이 그 기구의 균형을 깨뜨렸다. 요하네스 뮐러는——탁상공론가, 도서관학자 그리고 수학자, 절대 배에 올라타본 적이 없는 사람——발레스틸라를 발명했으며 그것을 베하임이 포르투갈로 가지고 왔다. 이 분도 측정기로 지형학적 위도는 배가 항해하는 동안 배의 갑판에서, 육지와 무관하게 측정될 수 있었다.

이제서야 신대륙을 찾기 위해 해안을 떠나 감히 무한한 대양으로 나가는 것이 가능해졌다. 발레스틸라와 나침반, 그것이 대양 위에서 길을 가르쳐줄 기구들이다. 당연한 결과로서 항해자들은 콜론의 서인도를 지나 더 먼 곳으로 항해했으며 남극에서 북극에 이르는 대륙, 지구가 구상이라는 사실을 증명할 수 있는 미지의 대륙이 이곳에 존재한다는 것을 발견했다.

그러나 교회는 아무리 대담한 인간이라도 극복할 수 없는 하나님의 차단봉에 관해 언급하면서 그들을 위협하고 있었다. 그럼에도 아직까지 증명된 것은 아무것도 없다! 단지 지구가 프톨레마이오스가 계산했던 것보다 더 크다는 것만은 알고 있다. 그의 계산은 25년 전만 해도 맞는 것으로 간주되었지만, 당시 사람들은 아직 아메리카에 대해 알지 못하고 있던 상태였다.

마갈량이스는 그의 말을 중단시켰다.

"에라토스테네스 이후 적도를 따라서 잰 지구의 둘레는 2만 6천640 로마 마일입니다!"

마갈량이스는 자랑스럽게 말했다. 그는 아직도 그것을 기억하고 있었다.

"그리고 1로마 마일은 적도상의 1도의 50분의 1입니다. 그 사실을 크리스토발 콜론 역시 받아들였소!"

팔레이루가 흥분하여 경멸조로 말했다.

"체, 그런데 그 제노바 사람이 무엇을 발견했는데? 우연일 뿐이야. 그 계산은 맞지 않아!"

그는 긴 도표를 가져왔다. 그것은 더 정확한 측정을 위하여, 게다가 매일 정오 시간 태양의 적도 편차도 고려해서, 레기오몬타누스가 꼼꼼하게 생각해낸 계산표, 즉 천문력표였다.

"그런데 그것으로 어떻게 경도를 확인하지요?"

마갈량이스는 경험이 많은 선원이었다. 그는 경도 확인에 따르는 어려움을 잘 알고 있었다. 그리고 지금까지 대양에서 배의 경도를 측정하는 것이 불가능했다는 것도 알고 있다. 그는 계속 이야기했다.

"월식의 도움으로 경도를 측정하는 방법 하나를 제가 알고 있습니다. 그러나 그것은 두 지점의 거리를 알고 있을 때만 가능하지요. 두 지점 중 한 지점의 위치를 확인하고, 두 지점에서 월식을 관찰할 수 있을 때에만요. 월식이 두 지점 사이를 지나는 데 소요되는 시간을 확인한다면, 거기서 두 장소의 경도를 계산해낼 수 있습니다. 달은 한 시간마다 천공을 14.5도 지나가기 때문이지요. 그러나 이 방법은 배의 갑판에서는 사용할 수 없습니다."

팔레이루는 불쾌한 반응을 보였다.

"맞아, 영리한 양반이구먼."

그가 비웃었다.

"그래 심부름꾼이 첫 번째 지점에서 월식이 일어난 날짜와 시간을 다른 지점에 있는 지리학자나 천문학자에게 가져다준다면, 그리고 그 지점이 계속 동일한 장소에 정지해 있을 때라면 가능하지. 베니스에서 월식을 2시에 본다면 리스본에서는 3시 31분에 시작될 거야. 두 도시는 서로 경도가 22도 떨어져 있기 때문이지. 그러나 배는 그 동안 한참을 더 가게 되어, 월식을 보았던 그 위치에 멈춰 있을 수가 없어. 일식도 마찬가지야. 단지 태양의 궤도가 항성처럼 한 시간에 15도를 간다는 차이가 있지. 그 모든 것은 이미 학교에서 배운 것이고 전혀 새로운 것이 아니야!"

마갈량이스는 그의 비웃음을 못 들은 체했다. 그는 이미 팔레이루의 급한 성격에 익숙해졌다. 그는 생각에 잠겨 말했다.

"달과의 거리에서 언제든 측정할 수 있는 고정된 지점을 가져야만 하지요."

"초생달에서는 안 되지."

팔레이루가 조롱했다.

"초생달에서는 안 되지요!"

마갈량이스는 착각하지 않았다.

"움직이지 않고 항상 밤이나 낮이나, 여름이나 겨울이나 하늘의 동일한 위치에 고정되어 있는 별이 있다고 가정해봅시다. 지구의 어떤 위치에서 언제든 항상 동일한 위치에서 볼 수 있는 별 말이에요. 그 별과 달의 거리를 발레스틸라로 측정하는 것이 가능하지 않을까요?"

팔레이루는 불안해졌다. 이 선원의 주의력이 대단하다고 생각했다.

"그렇게 해서 뭘 하려는 건데?"

그는 물으면서 동시에 스스로 답변했다.

"아무것도 얻을 수가 없어! 그것은 지방과 어느 도시, 혹은 임의의 지점의 경도를 알아야만 적용할 수 있어."

"하지만 팔레이루, 가능해요. 그러려면 해당되는 날 달의 움직임과 달의 위치를 계산하기 위한, 이런 특별한 별에 적용되는 특수한 천문학적 도표가 필요하지요. 그런 도표가 있다면 이미 위도와 경도를 알고 있는 리스본이나 어떤 다른 지점까지의 거리를 밝혀낼 수 있지요."

"영리하군, 페르나웅."

그 학자는 마지못해 인정했다.

"그러나 거기에는 두 가지 어려움이 있어. 한 가지는 시차야. 그것이

해든 달이든 다른 별에 의해 생기는 빛의 차단이야. 그 별이 수평선 밑에 있을 경우 실제 각도에서는 그 빛이 관찰자의 눈에 도달하지 않는다는 것이지. 그러므로 달과 별 사이의 거리는 서로 다른 지점에 있는 관찰자에 의해 서로 다르게 지각될 수 있을 거야."

"위도 측정 때와는 왜 다른 것이지요?"

마갈량이스가 대답했다.

"내가 예를 들어 태양의 높이를 측정했다면, 계절마다 첨가하거나 빼야 하는 태양의 적위를 고려하여 태양이 정점에 있을 때와의 간격을 계산할 수 있지요. 그러면 나는 나의 위도를 알 수 있습니다. 태양이 낮게 위치한다면——아마 25도 이하라면, 그러므로 태양의 비스듬한 빛이 너무 많은 대기를 뚫고 들어왔다면——마찬가지로 레기오몬타누스의 도표에 기록되어 있는 빛의 굴절에 관한 교정치를 첨가하지요. 그렇다면 당신의 두 번째 문제점은 무엇이지요?"

"그런 별은 존재하지 않아. 그리고 페르나웅, 지리와 천문학의 다른 불가사의를 잊지 말게나. 원래 나침반의 바늘은 항상 북쪽을 가리키게 되어 있어. 그러나 그렇지 않아! 자네도 알다시피 그 바늘은 어떤 때는 더 많이, 어떤 때는 더 적게, 어떤 때는 동쪽으로, 어떤 때는 남쪽으로 벗어나 있지. 그 차이가 항상 동일하지도 않아. 크리스토발 콜론은 그것이 어떤 체계를 지니고 있다고 생각했지. 그는 자석의 적위 도표로 경도를 확인할 수 있다고 생각했어.

그러나 거기에는 아무 체계도 없어. 나침반 바늘은 북쪽에서 동일하게 벗어나지 않아. 그런데 무엇을 기준으로 계산할 수 있단 말이야? 자오선이 어디 있는데? 마리누스 폰 티로스가 150년에 확인했듯이 본초자오선이 카나리아 군도를 지나가는가, 아니면 에라토스테네스가 예상했듯이 헤라클레스의 기둥을 가로질러 가는 것인가?

프톨레마이오스는 본초자오선이 알렉산드리아를 지난다고 믿었고 경건한 교회 사람들은 그것이 예루살렘을 통과한다고 생각했지. 그들은 성서, 더 정확하게는 「창세기」를 근거로 한 거야. 거기에는 이렇게 적혀 있지. 신이 네 번째 날에 태양과 달과 별을 만드셨다. 신이 태양을 네 번째 창조일에 만드셨다면, 태양은 그 전에는 운행하지도 않았겠지. 그러나 태양이 그 영원한 순환을 시작하고, 빛을 처음으로 지구로 쏘았던 그 순간에 그림자의 경계가 지구 구상을 처음으로 두 개의 반구로 나누었지. 하나의 반구는 낮이 되고 다른 반구는 밤이 되는 거야."

"그리고 당신이 말했던 이 그림자의 경계가 본초자오선 및 180도로 설정된 반대편 경도를 확인해준다는 겁니까?"

마갈량이스가 회의적으로 물었다.

"그럴 수도 있고, 그렇지 않을 수도 있어. 누가 하나님의 계획을 알 수 있겠어? 그러나 그것이 논리적이지 않은가? 그런데도 우리가 지구의 뒷면을 정확하게 측정할 수 없기 때문에, 경위 180도가 정확히 어디를 통과하는지 알지 못하지."

"토르데시야스 경계선, 즉 에스파냐의 점령지를 포르투갈의 그것과 구분하는 그 선이 지구 뒤편의 어디를 지나는지가 더 궁금한데요."

"나도 역시 그것을 알고 싶어."

팔레이루가 건조하게 대답하고는 이렇게 덧붙였다.

"그리고 틀림없이 포르투갈왕과 에스파냐왕도 알고 싶어 할 거야."

"그것을 확인할 수 있는 가능성이 분명히 존재할 겁니다."

마갈량이스가 딱딱하게 말했다. 깡마른 이 학자의 거만한 거드름이 그의 신경을 점차 건드렸다.

"그렇다면 좋아."

팔레이루가 말했다.

"우리는 많은 지식들을 포함한 과거의 책들에서 사실들을 추론해내곤 하지. 우선 지구의 둘레를 알아보자! 나는 이미 오래 전에 그에 관해 숙고한 바 있지. 지구의 둘레에 관해 고대의 모든 학자들, 위대한 학자들의 저서를 전부 읽었어. 기원전 600년에 기하학적 이론을 세웠던 탈레스의 저서도 연구했지. 400년 후 알렉산드리아 대학의 총장이었던 에라토스테네스가 지구의 구상을 믿었으며, 지구가 둥글다는 것을 증명했지. 에라토스테네스 역시 지구의 둘레를 계산하려고 시도했지만 무의미한 시도였지."

마갈량이스는 귀를 기울였으며 팔레이루는 열심히 계속했다.

"이미 에라토스테네스에 앞서 아리스타르코스가 지구가 다른 행성들처럼 태양 주위를 돌고 있다고 주장했어."

"카사 산타에서 그 말을 듣는다면!"

마갈량이스가 웃었다.

"카사 산타는 어리석은 녀석들의 집합소지."

팔레이루가 이렇게 대답하면서 히죽히죽 웃었다.

"아리스타르코스의 가정이 말도 안 되는 소리라는 것은 잘 알고 있어. 지구는 원이긴 하지만 우주의 중심점에 위치해! 우리는 위대한 프톨레마이오스의 『알마게스트』, 이 경이적인 천문학 저서에 감사해야 돼. 그 책에는 우주의 메커니즘과 행성들의 운행에 관해 묘사되어 있지. 이 행성들은 불가해한 신의 지혜 덕분에 투명한 천체에 고정되어 있어. 프톨레마이오스 역시 히파르코스가 제시한 항성의 관찰 목록을 개선했지. 그것은 기원전 150년에 벌써 아스트롤라베를 발견한 사람이 히파르코스라는 것을 의미하는 거야. 나는 유클리드의 원리를 알고 있으며 소크라테스와 플라톤의 저서를 읽었어. 나는 모든 것을 알고 있지, 모든 것을!"

팔레이루는 승리에 찬 얼굴로 상대방을 쳐다보았다.

마갈량이스는 생각에 잠겨 아무 말도 하지 않았다. 이 괴팍한 학자가 옳다면! 그렇다면 지구는 얼마나 클까?

"지구의 구상은 얼마나 클까요? 어떻게 생각하십니까?"

"그것은 한마디로 대답할 수 있는 것이 아니야."

"말해봐요, 팔레이루. 듣고 있으니까."

"우리는 공의 둘레가 360도로 나누어진다는 것을 알고 있지. 지구가 구상이라면 그것 역시 360도의 둘레를 가지게 될 거야. 그러나 아직 누구도 그것을 확인하기 위해 지구를 돌아보지 못했어."

팔레이루는 조용히 노련하게 강의했다.

"우리는 유럽과 아시아가 포르투갈로부터 중국의 동쪽 끝까지 연결된 대륙을 형성하고 있다는 것을 알고 있지. 그렇다면 그 길이는 얼마나 될까? 많은 가정치들이 존재하지. 아브라함 크레스크가 1375년에 프랑스왕을 위해 그렸던 카탈로니아 지도에는 116도, 마르코 폴로가 사용했던 1457년의 베니스 사람 프라 마우로의 『마파 문디』에는 125도로 되어 있지."

팔레이루가 자신의 지식을 펼쳐 보이고 있는 동안 마갈량이스는 시동학교 시절을 기억해냈다. 그는 상상의 눈으로 다시 한 번 그려보았다. 노 교사가 그와 세하웅에게 성의 정원에서 특별강의를 하는 모습을. 이미 그 당시 그들도 똑같은 문제들에 몰두해 있었다. 여러 해가 지난 지금 그 꿈이 현실이 된 것이다!

"콜론은 1375년의 지도에서 그것을 카탈로니아 마일로 계산했지."

깡마른 학자가 계속 말했다.

"그는 프톨레마이오스가 177도로 예상했다는 것을 알고 있었으며, 갠지스 강 너머의 인도도 원동에 포함시켜야 한다는 그의 오류도 믿었지. 그럼으로써 282도에 이르게 된 거야. 콜론은 아라비아 사람들이 추정했던 대로 경도의 간격을 56.7마일로 계산했는데 그는 그것이 합리적이라고 생각했거든. 그래서 그는 아시아의 동쪽 끝에 도달하기 위해서는 경도 78도를——그러니까 족히 4천420마일 혹은 1천180리그——

서쪽으로 항해해야 한다고 확신했어. 그리고 그가 출발한 후 기대했던 시점에서 대륙을 보았지. 그리고 이것이 아시아를 발견했다는 그의 믿음을 강화시켜주었어. 그러나 그것은 베스푸치가 증명했듯이 아메리카 대륙이었어."

마갈량이스가 그의 말을 중단시켰다.

"그렇다면 지구의 둘레는 얼마나 되지요?"

팔레이루는 1리그가 3과 4분의 3카탈로니아 마일이라는 것을 알고 있었다. 그가 제시한 것은 그만한 근거가 있었다.

"우리는 추측할 수밖에 없다. 지구의 크기는 아메리카와 대서양에서 유럽을 거쳐 아시아까지의 거리에 알려져 있지 않은 마르 델 수르의 폭까지 포함하여 계산할 수 있다. 아시아에 관해 확실하게 묘사했던 유일한 사람은 마르코 폴로였지만 내게는 그가 토끼의 긴 귀를 조롱하는 당나귀처럼 보인다. 폴로는 상인이었고 지리에 관해 아무것도 모른다. 그에 비하면 콜론의 생각이 아주 틀린 것은 아니다.

프톨레마이오스의 계산은, 자네도 말라카까지의 여행에서 알고 있듯이 의심의 여지가 남아 있다. 우리는 프톨레마이오스의 계산에 대략 57도 더 큰 아시아의 대륙을 포함시켜야 한다. 그것은 자네의 선생이었던 베하임의 견해와 일치하지. 그는 234도로 예측했거든."

"맞아요."

마갈량이스가 열광하기 시작했다. 프톨레마이오스와 베하임, 그 두 사람의 계산은 일치할 수 있을 것이다!

"디아스가 희망봉을 돌아가는 길을 발견하기 1년 전에 베하임은 카웅과 함께 상크루스 곶까지 침투해 들어갔어요. 그의 말이 더 신빙성이 있습니다!"

팔레이루는 계속했다.

"더 나아가 우리는 콜론의 항로와 아메리카 대륙의 크기를 고려해야 한다. 발보아가 보았던 저편 대양의 폭도 여전히 불확실하다. 어쨌든 우리는 다음과 같은 계산을 할 수 있다. 프톨레마이오스의 177도에 아시아 대륙 확장으로 57도를 더하고, 거기에 대서양으로 78도, 아메리카로 대략 10을 더한다. 발보아가 파나마를 통과하는 데 서너 달밖에 걸리지 않았기 때문이다. 그러면 322도가 된다. 322 더하기 38은 360이다! 그러므로 남해는 경도 38도 정도의 넓이로, 대서양의 반 정도밖에 되지 않는다."

이미 마갈량이스는 석판과 분필을 집어들었다. 그는 중얼거리면서 계산했다.

"1도는 56.7 카탈로니아 마일 혹은 15리그. 38도면 570마일의 3.75배. 그러면 대략 2천140카탈로니아 마일 정도 되는데요."

그들 사이에 침묵이 이어졌다. 한참 후 마갈량이스가 말했다.

"폭이 대서양의 반 정도 되는군요!"

팔레이루는 우월감에 차서 마갈량이스를 쳐다보았다.

"페르나웅, 이제 내 말을 믿는 건가?"

"그래요, 당신이 말한 것이 설득력이 있다고 인정해야겠군요."

마갈량이스는 열심히 검토했다.

"거리가 맞는다면 우리는 경도도 계산할 수 있을 텐데요. 유일하게 밝혀지지 않은 것은 제가 보기에 경도와 경도의 간격인 것 같습니다."

"나는 자네가 자오선 규정의 비밀을 근본적으로 알려고 한다는 것을 눈치챘어."

그 학자는 거만하게 웃었다.

"나는 그것을 밝혀냈지. 그것은 내 업적이야! 아마도 언젠가는 그것이 자네에게도 유용하게 사용될 거야. 나는 자네가 침묵할 수 있으리라고 믿어. 그래서 자네에게 털어놓은 것이네. 물론 그것을 증명할 수 있는 증거들을 가지고 있지."

그들은 지도와 수학 도표, 기구들에 몸을 굽히고 앉아 있었다. 허약한 천문학자와 서른여섯 살의 강한 군인이. 그들은 불이 붙었다. 한 사람은 가르치려는 욕구에, 다른 사람은 알고자 하는 욕망에. 그 방은 이국적인 색으로 가득 차 있었다. 밤은 아직 시작되지 않았다. 나무 속에서 사그락거리는 소리가 나는 것은 갑판 벽에 부딪치는 파도이며, 돛에 부는 바람이다. 마갈량이스는 막 여명이 트는 아침에 다시는 실망하지 않을 것인가? 어두움의 흔적이 사라지고, 촛불이 그을음을 내며 꺼진다면, 그리고 아침이 희미하게 밝아오면서 이 방 구석까지 비쳐줄 때면, 자유로이 꿈꾸어왔던 하루가 가까워오지 않는가. 그러나 사슬은 더 꼭 조여오지 않는가? 마갈량이스는 피곤하지도 않았다. 최근에 보냈던 생활이 암호와 공식보다는 칼에 더 익숙했음에도 불구하고. 숫자의 나열은 항상 새로운 지식에 굶주려 있는 그의 이성에는 양식이 되었다.

그들은 도대체 무엇을 하고 있는가? 무엇 때문에 그들은 항해학을 연구하는가? 한 사람을 그것을 이용할 수 없으며, 다른 한 사람은 그것을 사용해서는 안 되는데. 이들은 무엇을 위해 이런 학문적 기술, 그들의 빈약한 수입을 늘려주지도 않으며 어떤 승진도 약속하지 않는 이런 기술을 배우는가? 이들이 그들의 자리에 묶여 있을 수밖에 없기 때문인가? 대답은 이렇다. 그들은 어떻게 다르게는 할 수 없기 때문이다! 그들은 지구의 경계가 무한하게 확장되는 그런 시대의 증인들이다. 그 시대가 머리가 돈 천문학자와 불구자 항해자를 자신의 영역에 가두어두고 있다. 마갈량이스는——다른 사람들이 미로 같은 지구의 구조를 밝히기 위해 매달리고 있는 동안——이 지구 자체를 탐험하게 될 것이다. 지구라는 행성의 궤도를 계산하는 게 아니라 그 행성을 정복하는 것이 그의 과제가 되리라!

향료 군도의 영역

꿈은 가끔 현실보다 더 강할 때가 있다. 그리고 꿈을 실현시킬 때까지 꿈을 추구하고자 하는 욕망은 가끔 꿈의 실현보다 더 강하기도 하다. 영감을 받는 것은 마갈량이스의 성격에 맞지 않는다. 운명은 어떤 대담한 상황으로도 그를 유혹해서 타락시킬 수 없다. 그의 부모로부터 물려받은 피를 그는 부정할 수 없다. 타고난 그의 우울한 성격이 그의 인생에 대한 태도를 각인시키고 있다.

그는 수확물을 창고에 들이기 전에 경작하고 씨를 뿌려야 한다. 그는 행운을 강요할 수 없다는 것을 알고 있다. 그는 인내를 통해 행운을 보충해야만 한다. 그러나 그의 꿈은 느린 형상을 취하고 있다. 인내심을 가진 사람은 많은 것을 이룩할 수 있다. 그는 발을 끌면서 걸어가다가 프란시스쿠 세하웅의 편지가 들어 있는 서랍을 건드렸다. 그는 그 편지에 답장을 보내지 않았다. 친구에게 고백해야 하는가. 자신의 상황이 좋지 않아서 질투를 했다고? 테르나테와 리스본 사이에는 엄청난 거리가 가로막고 있다.

그는 생각하느라 잠시 주저했다. 엄청난 거리라고? 향료 군도는 어떤 위도, 어떤 경도에 놓여 있는가? 지구가 둥글다면, 토르데시야스 경계선은 지구의 뒷면 어디를 지나는가?

어느 날 저녁 팔레이루는 손님을 한 명 데리고 왔다. 붉은색 머리에 붉은색 턱수염을 한 그 사람은 모피가 덧대인 비로드 외투를 입고 있었다. 그는 네덜란드 상인이며 안트웨르펜 출신의 선주이다.

"크리스토발 데 하로요."

팔레이루가 마갈량이스에게 소개했다. 그는 아주 곤란한 어떤 사건 때문에 성에 머무르고 있다고 했다. 그는 여러 나라 국가의 위임을 받고 위험을 무릅쓰고 원정을 준비하고 있으며, 그럴만한 가치가 있는 지역으로 선박을 보낸다. 포르투갈 정부의 청에 따라 화물선을 인도로 보냈는데 인도에서 그 화물선이 알부케르케와 어떤 분규에 휘말려들었다. 그리고 포르투갈 선대는 그의 화물선 중 세 척을 침몰시켰다고 했다.

"나는 내 권리를 주장할 겁니다."

"성공할 것 같소?"

"아닙니다."

그 선주는 화를 내며 어깨를 으쓱했다.

"그 사건은 절망적입니다. 내가 보기에 그것은 거의 전망이 없습니다. 내각은 귀먹은 것처럼 행동하고, 마누엘 왕의 관대함은 전 유럽에 거의 격언이 되어 있지요."

마갈량이스는 웃었다. 그는 마누엘의 욕심을 잘 알고 있었다.

팔레이루는 열심히 동의했다.

"이 정부는 도적과 다른 패거리들로 이루어져 있습니다. 그들은 권력을 빙자하여 나 같은 가난한 학자를 괴롭힐 뿐만 아니라 국가의 일자리를 주겠다고 나를 속였지요. 그들은 페르나웅처럼 포르투갈을 위해 위험을 무릅쓰고 일했던 선장도 거절했습니다. 그들에게 주어야 할 연금도 거부하고요. 보게, 페르나웅. 심지어 상사들도 사기를 당하고 그들이 투자한 돈 때문에 이리로 오는군."

그것이 마갈량이스와 무슨 상관이 있는가? 포르투갈에서는 칭찬받지 대신 곤혹한 비난이 쏟아지며, 돈도 받지 못하리라는 것을 그는 개인적인 체험을 통해 가장 잘 알고 있었다. 그런데 이 네덜란드 사람은 팔레이루를 통해 이미 마갈량이스의 관심사와 능력에 관해 들었다. 아마도 그가 그의 능력을 이용할 수 있을까? 이 방문객과 만남으로써 적어도 마갈량이스의 육체적인 궁핍은 끝이 난다. 데 하로는 야채, 달걀, 고기, 빵과 포도주가 든 바구니를 엔리크를 통해 보냈다. 그것은 네덜란드 사람에게는 별 부담이 되지 않는 것이었다.

마갈량이스 역시 네덜란드 사람에게 흥미를 가졌다. 팔레이루가 네덜란드 사람에 관해 무엇을 말했던가? 모든 지역에 배를 가지고 있다고 했던가?

"이야기 좀 해보시지요, 데 하로!"

마갈량이스의 작은 방으로 갑자기 먼 이국세계의 숨결이 밀려들었다.

안트웨르펜 출신의 이 남자는 이야기를 시작했다. 그는 빈틈없는 상인 기질로 인상 깊게 느꼈던 것을 설명했다.

"콜론 선장이 착각을 했으며 인도를 발견하지 못했다는 것은 오늘날 누구나 다 아는 사실이오. 그러나 그는 영웅입니다. 그가 믿었던 대로 동쪽에 도달하기 위해 아직 항해해보지 않은 대서양을 거쳐 서쪽으로 항해하는 것을 감행했기 때문이지요."

"그것은 잘 알려진 사실입니다."

팔레이루가 참지 못하고 그의 말을 중단시켰다.

데 하로는 가만히 있지 않았다.

"테라 누오바의 넓은 지역을 탐험했던 아메리고 베스푸치가 그것이 새로운 대륙임을 알아냈지요."

팔레이루가 열심히 확인했다.

"독일의 기인인 해도 제작자 마르틴 발트제뮐러가 베스푸치의 보고에 따라 세계지도를 그렸고 그 나라에 아메리카라는 이름을 부여했지요. 그 뒤에 그는 길다란 대양을 그려넣었지요. 남쪽 바다, 그것은 틀림없이 존재합니다. 바스코 누네스 데 발보아가 1513년 파나마 해협을 통과해서 남해에 도착했습니다."

"그건 그렇게 어려운 일이 아닙니다."

네덜란드 사람이 계속 말했다.

"아메리카만 정복한다면 남해를 거쳐 몰루카에 도착하는 것은 그다지 어려운 일이 아니지요."

마갈량이스는 귀를 기울였다.

"그런데 왕은 어떻게 생각하나요?"

그는 희망에 가득 차서 물었다.

"베스푸치는 다음번에는 남위로 더 깊숙이 내려가고 싶어했습니다. 이 신대륙을 돌아가거나 아니면 그 대륙을 가로지르는 운하를 통해서 말입니다. 그는 계속 서쪽으로 항해하여 향료 군도에 도달하려 했습니다. 마누엘 왕은 고문들에게 물었지만 그들이 반대했습니다. 포르투갈은 아프리카를 돌아 몰루카로 가는, 길지만 확실한 루트를 소유하고 있습니다. 어떻게 하면 그에게 테르나테가 토르데시야스 경계선 서쪽에 놓여 있으며, 그래서 증오스런 이웃이며 경쟁자인 에스파냐에 속한다는 것을 증명할 수 있을까요!"

'그래 내가 생각하고 있는 것이 바로 이거야!'라고 마갈량이스는 성급하게 생각했다. 카보베르데 군도 서쪽으로 400리그 떨어진 곳에 앞으로 발견할 나라를 포르투갈과 에스파냐로 나누는 경계선이 지나간다. 그는 조용히 그리고 자제력 있게 말했다.

"지구가 구상이고 그 크기를 아직 알지 못한다면, 그 경계선이 지구 뒷면의 어디를 지나는지 어떻게 알 수 있지요?"

그 상인은 질문에 답하지 않았다.

"포르투갈이 관심이 없기 때문에 베스푸치가 에스파냐로 갔으며, 그의 생각을 말하기도 전에 그는 사형선고를 받았습니다. 마누엘은 운이 좋았지요."

마갈량이스에게는 단지 두 개의 문장만이 명확하게 들렸다. 베스푸치가 테라 누오바 뒤 아주 가까이에서 몰루카를 발견할 수 있다고 믿었다는 것과 발트제뮐러의 지도에 좁고 긴 대양이 그려져 있다는 것. 그때 갑자기 그에게 어떤 깨달음이 왔다. 그로 하여금 팔레이루에게 끌리게 했던 것, 그리고 그들 두 사람이 책과 대수에 빠질 수 있도록 한 것. 이제 이 모든 것이 의미를 지니게 되었으며, 서로 짜 맞추어진다. 그는 천천히 생각에 잠긴 채, 그럼에도 아주 확실하게 말했다.

"발보아가 보았던 바다는 테르나테를 둘러싸고 있는 것과 동일한 바다입니다."

맞아! 그 친구! 그 친구를 정향이 생산되는 황금 섬, 육두구나무, 계피나무, 수천의 향내나는 관목들이 있는 섬으로 데리고 간 그것이 바로 답이 아닌가? 편지가 어디 있지, 그의 편지가? 그는 성급하게 서랍 안을 뒤졌다. 빨리, 빨리. 그 문장들이 그의 입술에서 맴돌았을 뿐 혀는 그다지 빨리 따라가지 못했다.

"여기요. 확실해요, 팔레이루, 그리고 데 하로 씨. 여기 그 증거가 있어요! 시동학교의 선생님이 옳았어요! 지구는 구상입니다! 프란시스쿠는 일반적인 항로를 택했습니다. 우리는 특별한 길, 서쪽으로 가는 길을 택할 겁니다!"

팔레이루는 바로 파악했으며 이미 계산에 들어갔다. 마갈량이스는 그 옆에 가서 앉았으며 상인 역시 그 순간의 중요성을 감지했다. 그리고 그들이 계산하려 하는 것을 함께 쳐다보았다. 그들은 지도를 펼쳤다. 정확하게 재고, 측정하고, 계산하고, 비교했다. 그 양피지는 암호와 기하학적 그림들로 가득 차 있었다. 교황의 칙서가 어디에 있는가? 저기 대형 서적 안에 있다. 그들은 얼굴이 상기된 채 교황의 칙서 내용을 읽었다.

"팔레이루, 토르데시야스 계약에 따라 경선을 그려봐요. 빨리, 경선을 그려봐요. 그래요, 그것은 정확하게 여기 극점에서 극점으로 연결되지요. 브라질의 동쪽 부분을 건드리면서요!"

저녁의 그림자가 피곤한 얼굴에 날카로운 자국을 그리고 있다. 그들은 펜을 내렸다. 사그락거리는 종이 소리가 멈추었다. 새 두세 마리가 강가의 나무에서 잠에 취한 채 지저귀고 있었다. 태양이 빨갛게 타오르면서 만 뒤로 넘어간다. 그리고 언덕 위 궁전은 여전히 하얗게 빛났다. 그러나 도시의 집들은 이미 어둠 속에 잠겼다.

팔레이루가 베하임의 지구의를 본따 완성한 지구의를 그들 앞에 세워놓았다. 이제 그는 등불에 불을 붙였다. 그는 생각에 잠겨 등불을 알록달록한 지구본 위에 걸어놓았다. 작은 불빛이 납을 입힌 유리 뒤에서 흔들렸다 그리고 노란 반점이 탁자, 바닥, 가구와 벽 위에 멋있게 반사되었다. 마르고 키가 작으며 허리가 구부러진 팔레이루가 지구의를 응시했다. 두 사람은 조용히 서로를 쳐다보았다. 유령 같은 장면이며, 마술적인 주문이었다! 등은 흔들리다 멈추었다. 등불 뒤에서 지구의가 반짝였다. 위의 반구는 등불 빛에 의해 희미하게 밝혀졌다. 옆의 둥근 부분이 빛이 비치지 않는 검은 아랫부분으로 미끄러져갔다. 팔레이루는 숨을 죽이고, 문장 사이사이에 휴식을 취한 채, 조용히 속삭였다.

"이 램프가 태양입니다. 이 빛이 지구에 떨어지면 그곳은 낮이 됩니다. 우리는 지금 북쪽의 여름이고, 인도는 저녁이지요. 리스본은 한낮이면 콜론의 신대륙은 아침 여명이 시작됩니다. 내가 이 세계를 움직입니다. 내 손가락이 이 지구를 돌립니다. 이 공은 동쪽으로 돌고, 시간은 변합니다. 파나마가 한밤중이 되면 리스본에는 아침이 오고, 인도는 한낮이 되지요. 향료 군도는……."

마갈량이스는 중단하고 벌떡 일어나더니 손을 지구의로 뻗쳤다.

"그것을 뒤로 돌려보세요."

그는 격하게 외쳤다.

"그 빛이 토르데시야스 경계선을 벗어나지 않게 하세요! 그리고 지구의의 다른 면에 나타나는 빛의 경계선을 관찰해보십시오. 그것이 지구의 뒷면에 있는 경계선입니다!"

이제 다른 두 사람은 마치 전기에 감전된 것처럼 충격을 받았다.

"어둠 속에 무엇이 있지?"

팔레이루가 속삭였다.

마갈량이스는 몸을 돌렸다. 손으로 더듬으면서 의자로 갔다. 그는 그것을 벌써 보았다.

"촛불을 켜요, 팔레이루."

그는 피곤하게 말했다.

"제발, 촛불 좀 켜줘요."

흔들거리는 양초 불빛을 통해 학자와 상인은 방금 어두웠던 부분을 관찰했다. 그리고 믿을 수 없다는 듯이 서로를 쳐다보았다. 마침내 팔레이루는 날카롭게 말했다.

"맙소사. 향료 군도가 자정을 지나 있는데, 향료 군도는 에스파냐 영역에 있어!"

그들은 믿을 수가 없다는 듯이 서로를 쳐다보았다. 이것이 사실인가, 아닌가? 향료 군도는 신대륙 뒤에 놓여 있으며 에스파냐 영역에 있다. 이제는 끝이다. 테르나테 섬으로 가는 것은 포르투갈에 대한 반역을 의미하는 것이다!

대륙을 통과하는 길은 존재할까

테르나테 섬은 지옥보다 더 가기 힘들고 멀리 떨어져 있다. 엔리크, 너는 네 고향을 절대 다시 볼 수 없을 것이다. 잘 있거라, 프란시스쿠 세하웅!

그러나 꿈이 유혹한다. 원대한 게임은 계속되어야 한다. 주사위가 컵 안에 놓여 있다. 왜 그는 그것을 던지지 않는가? 팔레이루는 독촉했다. 안트웨르펜 출신의 상인은 어깨를 으쓱했다. 그는 이해할 수가 없었다.

포르투갈왕이 그토록 심술궂게 대했는데도 그가 왜 그토록 애국자인지를. 점성술사와 상인은 서로 쑥덕였다. 그 두 사람은 마갈량이스를 설득했다. 이 나라와 이 나라의 왕은 고마움을 모른다고. 상인 데 하로는 침몰한 화물선에 대한 보상을 한푼도 받지 못했다고. 피달고 모조 마갈량이스는 좀더 잘 지내야 하지 않는가?

마갈량이스는 냉정했다.

"서쪽에는 새로운 대륙이 놓여 있습니다. 누가 당신에게 말했습니까? 신대륙에 파소, 즉 해협이 존재한다고?"

팔레이루는 조롱하듯이 코를 벙긋거리며 웃었다. 그는 슬며시 일어나더니 장롱 안에서 무엇인가를 찾아 탁자 위에 지도 한 장을 펼쳐놓았다.

"보게. 이것이 가장 최근에 발견된 대륙이야. 이 지도는 왕과 그의 간신들도 아직 모르는 지도지. 나는 무엇이 중요한지를 알고 있어!"

"당신은 어디서 이것을 얻었소. 그것을 누가 그린 겁니까?"

마갈량이스는 방금 칠한 것 같은 색에 사로잡힌 듯 쳐다보았다. 이 지도는 낡은 것이 아닐 수도 있다.

"어디서 났냐고? 자, 그건 상관할 바 아니고. 이 지도는 이탈리아 화가이며, 조각가, 건축가, 해부학자, 수학자이며 점성가가 그린 거야. 그의 이름은 레오나르도 다빈치지."

팔레이루는 손에 쪽지를 쥐고 있었다.

"레오나르도 다빈치 역시 베스푸치의 보고서를 읽었어! 베스푸치는 이렇게 기술했지. '나는 아메리카의 남해안을 따라 내려갔으며 그리고 나서 알았다.' 그래서 그는 향료 군도에 가려고 했던 거야."

팔레이루는 엄지손가락으로 가는 선으로 그려져 있는 곳을 살살 문질렀다.

"여기 이 대륙의 남쪽에 빈곳이 정확하게 보이지? 해로, 운하가 말이야. 페르나웅, 대륙을 통과해 남해로 연결된 띠 말일세!"

마갈량이스는 회의적으로 지도를 쳐다보았다. 콧수염 아래 그의 입이 일그러졌다.

"당신은 지도에 나타난 이 지점에 가본 적이 있습니까?"

"아니오."

데 하로가 대답했다.

"그러나 다른 사람들은 가본 적이 있을 겁니다."

그는 편안하게 앉았다. 그의 건강한 얼굴은 부유함과 자신감으로 빛났다.

"나는 어느 누구보다도 믿을 만한 정보와 보고를 받을 수 있는 유리한 상황에 있소."

그의 일가는 브라질로 원정을 준비한 적이 있었다. 그 원정대는 폭풍우 속에서 방향을 잃어버렸고, 배들은 뿔뿔이 흩어졌다. 그 중의 배 한 척이 대략 남위 40도쯤에서. 헤라클레스의 기둥과 비슷한 해협을 발견했다고 한다.

"그리로 들어갔습니까?"

"날씨가 좋지 않아서 그리로 밀려들어갔지요. 만 안으로 들어가 서쪽으로 150마일을 항해했지만 끝을 발견할 수 없었답니다. 틀림없이 그것이 레오나르도 다빈치가 그린 해협일 겁니다. 선장이 돌아와서 우리에게 보고했지요. 그에 관한 비밀 정보는 이미 세계로 퍼졌습니다. 푸거 가의 중개인들은 그 운하에 대해 확고하게 믿고 있답니다."

"왜 그들은 카라벨을 그 운하를 통해 향료 군도로 보내지 않는 건가요?"

데 하로는 약간 당황했다.

"그것이 포르투갈령인지 에스파냐령인지 명확하지 않기 때문이지요. 게다가 해협을 보았던 선장은 포르투갈 사람입니다. 외교적 갈등이 야기될 수 있습니다. 푸거 가와 웰저 가 역시 정치적 분규를 이겨낼 수는 없으니까요."

"그게 언제였습니까, 데 하로 씨?"

마갈량이스가 상인에게 대답을 독촉했다.

"그 선장 이름이 뭡니까? 그리고 왜 그는 그가 보고 경험한 바를 마누엘 왕에게 보고하지 않았나요? 당신의 말이 믿을 수 있는 것이라면 당신은 여기서 기탄없이 이야기해야 합니다!"

데 하로는 마갈량이스를 시험하듯 쳐다보았다. 잠시 주저하더니 결심을 했다.

"그렇다면 말을 하지요. 그것은 3년 전의 일입니다. 1514년 여름, 선장의 이름은 주앙 멘데스 드 핑에이루였으며 리스본의 주앙이라 불렸지요. 그는 당시 포르투갈 왕실에 고용되어 여행한 것이 아니라, 푸거 가의 은행 소속으로 여행중이었소. 그는 당신처럼 마누엘 왕에게 냉대를 받았고 그래서 그가 발견한 것을 리스본에 알려줄 어떤 이유도 발견하지 못한 것이오."

상인은 그가 가져온 서류 한 무더기를 가리켰다.

"나를 믿으시오, 페르나웅 선장. 여기 나는 당신에게 항해일지, 지도 그리고 핑에이루가 메모한 사본 전부를 가져왔소. 방위 측정, 측연으로 잰 수심, 정박장, 심해, 조류와 눈에 띄는 대륙의 표시물 등 상세한 것들까지 포함되어 있소. 그 중에서 당신은 핑에이루가 아우구스부르크의 푸거 가에게 보내는 편지를 발견할 수 있을 것이오. 그 편지에는 이렇게 적혀 있소. 그가 베스푸치의 항로를 따라 '브라질 대륙에서부터 멀리 남쪽으로 내려갔으며' 대략 남위 40도쯤에서 지브롤터 해협과 비슷한 해협, 즉 에스트레쇼를 보았고, 그것을 통과하면 몰루카 제도에 도달하기가 쉬울 수도 있을 것이라고. 이 자료를 모두 받으시오. 그것을 연구하고 나서 판단해보시오."

"그리고 우리는 또 다른 증거를 가지고 있소!"

팔레이루가 다시 자랑스럽게 말하면서 두 번째 지구의의 동판화를 가리켰다.

"뉘른베르크 교수, 소위 마인 강의 카를슈타트 출신의 요한 쇠너라는 사람의 작품이오."

팔레이루는 도대체 어디서 이런 모든 물건들을 구해오는 것인가! 마갈량이스는 거기서 레오나르도 다빈치가 그린 해협과 아주 비슷한 운하를 알아볼 수 있었다.

"당신이 토스카나 사람을 믿지 못한다면, 뉘른베르크 사람인 베하임은 믿을 수 있을 것이오."

마갈량이스는 이 사람도 저 사람도 별로 믿지 않았다.

"그것은 추측입니다. 단순한 가정일 뿐이지요. 아마도 그것은 강의 하구, 즉 만이지 해협은 아닐 겁니다."

아니 땐 굴뚝에서 연기나랴! 이 시기는 온 세계가 진짜 소식과 거짓 소식 때문에 떠들썩거렸다. 그리고 그들은 여러 번 체험했다. 안개 같은 속삭임에서 갑자기 아주 놀랄 만한 사실이 튀어나온다는 것을. 그러므로 길게 이어진 대륙에 통로가 있다는 사실을 배제할 수는 없다. 그는 예언자가 아니다. 그는 방을 왔다갔다하면서 사각 턱을 기분 나쁜 듯이 쓰다듬었다. 네덜란드 사람이 배를 맡겼던 그 선장이 통로를 발견하지는 않을까? 그것도 리스본의 주앙의 발견을 토대로 해서? 거기에 길이 있다면 그래서는 안 된다. 마갈량이스가 그것을 발견할 것이다. 그에게 그것을 찾을 수 있는 기회를 준다면!

며칠 동안 그는 생각에 잠겨 지냈다. 골똘히 생각에 빠져 책을 뒤지고 중얼거리고 다시 한 번 그날 밤에 팔레이루와 함께했던 계산을 검토해보았다. 그리고 나서 그는 모든 것을 깨끗하게 적었다. 그는 다시 한 번 왕에게 접견을 요청할 것이다.

고개를 숙이고, 눈썹을 찌푸린 채 그는 낮에 궁정의 접견실을 향해 절룩거리며 올라갔다. 왕이 그에게 선대에서 근무할 수 있는 계급과 직책을 부여한다면 그는 다시 포르투갈을 위해 바다로 나갈 것이다. 해군에 편입된다면 그는 그의 마음 구석구석에 살아 있는 자신의 꿈을 희생시킬 것이다. 그 순간은 코친에서의 순간보다 더 결정적인 것이다. 왕좌에 있는 사람은 예감할 수 없지만 신하는 알고 있었다. 협상의 결말에 포르투갈의 정치적 운명이 달려 있다는 것을. 결정은 왕에게 달려 있다!

에스파냐로 향하다

탐험 정신을 가진 사람의 탐험 시도를 거절해서는 안 된다. 그가 세계의 비밀을 알아내려 한다면 더더군다나 그래서는 안 된다. 그런데 알부케르케는 그를 인도에서 추방했다. 이제는 마누엘 왕이 그를 조국에서 몰아내려 하는가? 1517년 9월의 대화가 일상적인 접견과 구분되는 것은 바로 그것의 결정성에 있다. 군주와 그에게 월급을 받는 역사기술가는 자제하고 있는 마갈량이스로 하여금 되돌릴 수 없는 결정을 내리게 한 것을 나중에 오해라고 주장하게 된다.

대기실에 앉아 있는 마갈량이스에게 아무도 인사하지 않았다. 접견을 위해 매일 대기하고 있는 대부분의 사람들은 낡아빠진 예복 때문에 더욱 초라해 보이며, 1년 전부터 전혀 이 방에 모습을 나타내지 않았던 거친 이 남자를 전혀 기억하지 못했다. 그는 서기에게 접견을 요청하면서, 큰소리로 자신의 이름을 말했다. 그러자 갑자기 많은 사람들이 목을 빼더니 머리를 맞대고 수군거렸다. 그가 사람들의 훑어보는 눈길을 눈치챘을까? 그들이 수군거리는 소리를 들었을까? 궁전 안에는 돌에도 귀가 달렸다. 그리고 짓궂은 소문들은 익명으로 만들어지긴 하지만 비밀이 아니다.

그는 뒤돌아서 주름 장식이 달린, 다림질이 잘된 비단 옷을 입은 귀족들을 살펴보았다. 그들이 옛날이야기를 다시 꺼내는 것인가? 즉 인도에서 그가 자신과 같은 신분의 귀족들을 버리고 떠났다. 그의 불구는 순수한 위장일 뿐이다. 그는 왕의 마음을 감동시키기 위해 단지 그렇게 흉내낼 뿐이다. 그리고 나서 아프리카 양떼와 관련된 그 말도 안 되는 터무니없는 이야기!

이 궁전은 그가 어린아이 때부터 낯설었다. 이전의 친구들이 친근하게 말을 건네면 그것이 그의 긴장을 완화시켜줄 수도 있다. 그러나 그 대신 그는 자신을 항상 피달고와 분리시켰던 유리벽을 감지했다. 그는 싹터 오르는 분노를 숨기기 위해 정신을 차려야 했다. 이렇게 킥킥거리는 사람들과 자신을 똑같이 천박하게 만드는 접견을 포기해야 하는가? 그는 아무것도 요구해서는 안 된다. 그는 간청해야 한다!

그래도 그는 계속 머물렀다. 그는 외로이 구석에 서 있었다. 그가 추방당하든, 배척당하든 그가 필요 없게 되었든 간에 그래도 이곳은 포르투갈이다. 그에게 에스파냐가 무슨 의미가 있는가? 콜론은 아무 명예도 얻지 못하고 죽었다. 발보아는 모욕을 당했으며 처형시키겠다는 위협을 받았다. 베스푸치에 관해서는 아무도 더 이상 이야기하지 않는다. 그런데 여기는? 여기는 무엇이 다른가? 그는 이를 꽉 깨물었다. 알메이다는 아프리카의 남쪽 끝에서 벌어졌던 전투의 정당함을 인정받지 못하고 죽었다.

하인들이 거대한 날개 대문을 열었다. 그러자 중얼거리는 소리들이 멈추었다. 천천히 마누엘 왕이 홀로 들어왔다. 언제나 그렇듯이 팔을 느슨하게 내린 채 홀을 통과해 지나갔다. 그는 왕좌로 가서 신음 소리를 내면서 앉았다. 마갈량이스는 절룩거리며 한 걸음 앞으로 나아갔다.

곧 그들은 서로 대치하게 될 것이다. 20년 전부터 이 거대한 포르투갈의 발전, 권세와 명성의 확장을 위해 일해왔던 두 사람이. 그 중 한 사람은 실수할 때마다 쓰디쓴 교훈을 얻었으며, 다른 한 사람은 점점 실수를 하지 않게 되었다. 왕은 포르투갈 밖으로 한 발자국도 내딛지 않았으며, 군대를 이끌고 싸우지도 않았고, 절대 자신에 관해 비평하게 놔두지도 않았다. 그에 비해 그의 신하인 마갈량이스는 인도와 아프리카에서 싸웠으며, 말라카를 왕관의 장식 머리띠에 추가했으며, 이제 전제군주가 그에게 내릴 명령에 복종할 준비가 되어 있었다.

마갈량이스의 손에서 종이가 부스럭거리는 소리가 났다. 그는 자신에 관해 알아야 할 가치 있는 모든 것을 기록했다. 즉 그의 이력, 근무 시간, 전쟁, 싸움, 부상, 그의 지식, 능력과 희망들을. 게다가 궁정에서 그의 적들이 쏟아내는 비난에 대한 변명들을. 왕은 정의롭다. 그는 알게 될 것이며, 모든 것을 철저히 검증하고, 생각하고 판단할 것이다. 마갈량이스는 그렇게 믿었다.

그런데 의전관은 그를 기다리게 했다. 영향력이 큰 피달고들이 먼저 줄을 섰다. 마갈량이스는 이제 듣고 관찰할 시간을 가지게 되었다. 귀족들의 까다로운 청원과 희망을 왕이 허락하는 것을 보고 그는 자신의 청원이 손쉽게 받아들여지리라는 것을 전혀 의심하지 않았다. 그때 세도가의 두 자녀가 결합하기 위해 결혼 허락에 관한 청원이 제기되었다. 그 결혼을 통해 거대한 영토들이, 해외에서도 통합된다. 마누엘은 그 결혼에 동의하면서 그 부부의 둘째아들이 인도군에서 근무해야 한다는 조건을 달았다. 다른 청원자는 자신의 아들에게 높은 장교 계급을 달라고 청했다. 또 다른 사람은 상속권 분쟁에서 자신에게 유리한 결정을 내려달라고 부탁했다. 거대한 재산이 걸린 문제로 그는 자신의 '권리'를 위해 왕에게 그 재산의 10퍼센트를 지불해야 했다.

그렇게 세 시간이 흘렀다. 왕은 이미 피곤해졌다. 그때 의전관이 마지막 청원자의 이름을 불렀다.

"페르나웅 드 마갈량이스!"

마누엘은 고개를 비스듬히 하고 그를 쳐다보았다. 마갈량이스는 앞으로 나와서 깊이 몸을 숙였다. 그리고 힘들게 무릎을 꿇었다. 거의 비굴할 정도로 청원서를 왕에게 건넸다. 작은 목소리와 오래 생각해낸 문장으로 그는 자신의 청원을 말했다. 마누엘은 그 양피지를 받아서 지루하다는 듯 잠시 훑어보고는 다시 돌려주었다.

마누엘은 그의 청원을 거부했다. 그리고 말했다.

"자신을 정당화시킬 수 있다니 기쁜 일이군. 그러나 나는 이미 알고 있었어. 그것 때문에 여기까지 올 필요는 없었는데. 그 밖에 다른 소원이 있나?"

마갈량이스는 무릎을 꿇으면서 고집스럽게 주장했다.

"폐하께서 자비를 베푸셔서 제가 20년 전부터 폐하를 위해 일해왔다는 것을 알아주시기를 원합니다. 저는 많은 전투에서 포르투갈의 원동지배권을 위해 싸웠습니다. 세 번이나 부상을 당했으며 그래서 육체적인 장애가 생긴 겁니다. 폐하의 신하인 페르나웅 드 마갈량이스는 간곡하게 부탁합니다. 피달고 다 카사 데 엘 레이의 계급으로 올려주시고, 연금을 반 크루자도 올려주십시오."

그에게는 그의 자부심과 명예가 중요한 것이지 반 크루자도가 중요한 것은 아니었다. 그것은 200레이스에 불과한 하찮은 것이었다!

마누엘은 험악하게 대답했다.

"안 돼. 나는 당신을 그렇게 높이 평가하지 않아. 그건 당신도 알아야 해. 그리고 나는 누군가 돈과 결부되면 그것을 더 낮게 평가하지."

마갈량이스는 굴욕감을 느꼈다. 그는 얼굴이 상기되어 말했다.

"폐하는 제가 궁전에서 벗어나 군대에 들어가도록 허락해주실 겁니까? 선대에서 저를 다시 사용하실 용의가 없으십니까? 저는 폐하에게 봉사하고 싶으며, 바로 몰루카로 향하게 될 왕실 카라벨의 지휘를 맡게 되기를 간청합니다."

그는 구걸자의 인생으로 전락하고 있다. 추진력이 있는 사람은 다시 사용되기를 원한다. 아주 많은 배들이 포르투갈의 기를 달고 항해하고 있지 않은가! 공로가 많으며, 경험이 있는, 여러 번 증명해 보였듯이 어떤 면에서도 명령권을 수행할 수 있는 능력을 가진 고참자에게 명령권을 주는 것이 마누엘 왕에게는 무엇보다 쉬운 일이 아니겠는가!

마누엘은 뒤로 몸을 기대면서 말했다.

"안 돼!"

마갈량이스는 순간 어찌할 바를 몰랐다. 잠깐 아무 말도 못하는 사이에 왕은 끝내라는 제스처를 했다. 의전관은 마갈량이스에게 나가라는 신호를 보냈다. 그는 자신의 상황이 절망적임을 인식했다. 그는 더듬거리며 물었다.

"폐하께서는 앞으로 제게 더 많은 은총을 내려줄 그런 국가에서 사는 것을 허락해주실 겁니까? 이제 저는 다른 군주에게 봉사하고 싶습니다."

"반대 안 하네. 자네 하고 싶은 대로 하게. 나와는 아무 상관없는 일이니. 자네가 어디로 가든 누구에게 봉사하든 말일세."

마갈량이스는 왕의 손에 입을 맞추기 위해 자동적으로 몸을 앞으로 굽혔다. 오래 전부터 충성스런 피달고들이 접견이 끝났을 때 했던 것처럼. 그러나 왕은 그의 손을 등뒤로 숨기고 다른 곳을 쳐다보았다.

이런 행동에 대해 그는 비싼 대가를 치르게 될 것이다. 마갈량이스는 반년 후 에스파냐의 카를로스 1세에게 그의 계획을 설명하고, 포르투갈에서보다 더 환영을 받게 된다.

그 대담은 15분 걸렸다. 왕도 그의 신하도 이 시간, 그들이 나누었던 말과 그 결과를 잊을 수 없을 것이다. 마누엘의 마갈량이스에 대한 거부감은 전혀 이해할 수 없는 것이었다. 그가 마갈량이스를 의도적으로 모욕했다는 것은 왕실의 냉혹함을 보여준 것이며 역사의 결정적인 실수로 이어진다. 마누엘은 마갈량이스 선장으로 하여금 포르투갈에 대한 그의 충성심을 버리게 했다. 마누엘은 그의 청원을 거부했다. 좋다. 그는 왕이니까 거부할 수 있다! 그러나 마갈량이스가 그의 손에 입맞추려 할 때 손을 거두어들인 것은, 아무 쓸모도 없는 그의 신하들 중 누구라도 입맞출 수 있는 그 손을 거두어들인 것은 의도적인 모욕이었다. 왕에게 약간의 선의와 사랑을 원했던 한 남자에 대한 모욕이었다.

관직자들의 킥킥거리는 소리를 뒤로 하고 마갈량이스는 그 방을 떠났다. 그는 그 방에 절대 다시는 들어서지 않을 것이다. 마치 안개 속을 헤매듯이 그는 절룩거리며 그의 방으로 들어갔다. 주사위는 던져졌다. 그는 베스푸치처럼 에스파냐로 갈 것이다. 그러나 그는 이탈리아 사람보다 더 많은 것을 이룩하게 될 것이다. 그는 마누엘이 몰루카, 테르나테를 다시 내놓게 될 것임을 알고 있었다. 테르나테는 에스파냐 영역이다. 교황의 중재판결에 의하면 그렇다. 에스파냐가 그의 권리를 주장하게 될 것이다!

엔리크가 이미 짐을 정리해놓은 방에서 그는 세하웅에게 편지를 썼다.

나는 자네를 곧 방문할 것이다. 그것은 포르투갈의 항로를 통해서가 아니라 아마 에스파냐의 항로를 통해서 가게 될 것이다. 지금 나의 상황이 어쩔 수 없이 그렇게 만들기 때문이다.

다음날 출항할 향료 선대 중 한 척이 우편 가방 안에 든 그 편지를 가지고 출항할 것이다. 그는 말 두 마리를 데리고 에스파냐로 가고 있었다.

9 원대한 계획

그가 포르투갈 사람이었다는 것을 기억나게 하는 것은 아무것도 없다.
그는 자신의 이름도 바꾸었다.
그 이름을 절대 입에 올리지 않을 것이며, 절대 다시 사용하지 않을 것이다.
이제부터 그의 이름은 에스파냐어이다!
페르난도 데 마가야네스, 이것이 그를 유명하게 해줄 이름이다!

포르투갈을 버리고 에스파냐의 마가야네스로

1517년 10월의 어느 아름다운 가을날, 마갈량이스는 말레이 하인만 대동하고, 그의 조국을 대가로 치르게 될 꿈을 찾아 에스파냐 국경을 넘었다. 그날 이후로 과거를 잊어버리겠다는 것이 마갈량이스의 확고한 의지였다. 그가 새로운 미래를 구축하려면 그런 의지가 필요할 것이다. 그가 포르투갈 사람이었다는 것을 기억나게 하는 것은 아무것도 없다. 그는 그의 조국인 포르투갈의 국경을 넘었을 뿐 아니라, 이전의 그의 삶을 구성했던 모든 것을 국경의 차단기 뒤에 남겨놓았다.

이제 모든 것이 달라져야 하기 때문에 그는 자신의 이름도 바꾸었다. 그는 이제부터 과거의 이름을 어떤 편지에도, 어떤 계약서에도 쓰지 않을 것이다. 그는 그 이름을 절대 입에 올리지 않을 것이며, 절대 다시 사용하지 않을 것이다. 이제부터 그의 이름은 에스파냐어이다! 빌라 베르데 데 피카유 국경감시대의 감사장부에 그는 사각거리는 펜으로 페르난도 데 마가야네스라고 적었다. 이것이 그를 유명하게 해줄 이름이다!

포르투갈에 대한 그의 혐오감은 과격한 것이었다. 마누엘 왕이 그에게 준 모욕은 평생 그의 영혼에 깊이 각인되었다. 그러나 앞으로 에스파냐 사람들은 시기심 때문에 그가 포르투갈을 위해 일한다고 의심할 것이다. 그때서야 그는 인간이 그 뿌리를 완전히 버릴 수 없다는 것을 알게 될 것이다. 그러나 지금 그는 국적을 바꾸었을 뿐 아니라 왕, 군주도 바꾸려고 한다. 남아 있던 그의 충성심은 마지막 접견에서 결정적으로 사라졌다. 그는 정말 강한 의지의 소유자였다. 그는 사람들이 자신을 필요로 하게 될 날이 올 것이라며 남몰래 희망했다. 그러나 포르투갈이 그를 위해 어떤 자리도, 어떤 임무도 더 이상 주려 하지 않는다는 것을 마누엘 왕은 가장 치욕적으로 그에게 보여주었다.

이제 그는 꿈을 추구하는 다른 사람들에게 뒤지지 않을 것이며, 더 이상 다른 사람들의 위대한 행위만을 쳐다보고 있지는 않을 것이다. 그는 자신의 위대한 꿈을 따르게 될 것이며, 서쪽 항로를 통해 몰루카를 발견하게 될 것이다. 그는 베스푸치가 개척한 항로로 항해할 것이며, 아메리카 대륙을 통과하는 파소를 발견하게 될 것이다. 그는 남해를 가로질러 향료 군도에 도착하게 될 것이다. 그것은 토르데시야스 경계선 서쪽에 놓여 있으며 그렇기 때문에 에스파냐의 소유이다! 에스파냐왕은 포르투갈에게 몰루카에 대한 권리를 빼앗아갈 것이다. 그리고 마가야네스는 카를로스 1세가 사용하는 도구가 될 것이다. 항해중 그는 절대 포르투갈령에 정박하지 않을 것이다. 그는 마누엘 왕이 에스파냐에 관해 교황에게 항의할 어떤 꼬투리도 잡히지 않게 할 것이다.

그 모든 것을 그는 이제 철저히 계획하고 결국 행위로 옮길 것이다. 세상에 그 누구도 오늘날 페르난도 데 마가야네스보다 이 사안에 대해 더 잘 알고 있는 사람은 없다. 그는 지구를 일주할 것이다! 그렇다. 그는 이제 확신한다. 이것이 그의 과제임을. 그의 운명은 이 과제를 그에게 부과했다. 그는 바로 눈앞에 목적지가 있는 것을 보았기 때문에 새로운 힘이 솟아나는 것을 느꼈다. 이 힘이 그를 앞으로 몰아갈 것이다. 지금까지 그의 생각을 좌절하게 만들었던 모든 방해물을 넘어서. 그리고 그의 생명을 걸리라! 그는 다만 한 가지 점에서 착각을 했다. 즉 그가 에스파냐 사람이 되었다고 생각한 점에서.

그가 이제 하려고 하는 것은 마누엘에게 모욕당한 결과일 뿐 아니라 이미 오래 전부터 그의 영혼의 한 구석에 숨겨져 반짝이고 있던 것이기도 하다. 그리스 사람들은 지구가 구상이라고 생각했고, 로마 사람들이 지구 위에 그들의 제국을 세웠다. 페니키아 사람들은 건조기술을 발전시켰으며 바다가 무한하지 않다는 것을 보여주었다. 콜론 역시 그 사실을 믿었다. 그 이후로 신대륙이 발견되었다. 새로운 대륙의 개척자인 아메리고 베스푸치는 콜론처럼 이탈리아 사람이었다. 왜 그들은 에스파냐 사람이나 포르투갈 사람이 아닌가?

역사는 가장 능력 있는 사람을 선발할 때도 있고, 가장 강인한 사람을 찾을 때도 있다. 가끔은 가장 영리한 사람을 택하고, 가끔은 가장 욕심 많은 사람들을 선택한다. 그렇다면 마가야네스는? 그도 역사의 톱니바퀴 중 하나의 바퀴에 불과한가? 유명한 베하임이 그에게 전해준 항해학의 예비지식은 독일 대학에서 나온 것이다. 괴팍한 포르투갈의 천문학자가 그 지식을 심화시켜주었다. 네덜란드 상인이 그의 명예심을 자극했고, 왕이 그에게 모욕을 주면서 그를 이미 예정되어 있던 궤도로 내던졌다. 마가야네스는 자신이 에스파냐 사람이 되었다고 생각했지만 그는 세계 시민이 된 것이다.

모든 것이 이미 정해진 것이었다! 그는 중상모략을 당하고 인도에서 억지로 귀향했다. 모로코에서 지냈던 불행한 시절 역시 더 높은 계획의 일부였다. 리스본에서 보낸, 겉으로 보기에는 아무것도 하지 않은 시간도 마찬가지였다. 그는 이제 그것을 아주 명확하게 인식했다. 리스본에서 그는 테소라리아에서 많은 지도와 비밀 자료를 연구할 수 있었으며, 술집에서 선장, 수로 안내인과 조타수들과 함께 동쪽 루트와 서쪽 루트에 관해 이야기를 나누었다. 그리고 팔레이루와 함께 지구의 크기와 둘레를 계산해보았다. 데 하로 역시 이런 신의 유희 속에 들어 있는 하나의 돌에 불과했다. 고백하자면 그것은 모두 단지 추측에 불과하지만 서로 빈틈없이 짜 맞추어진다.

마가야네스와 그의 하인 엔리크는 일주일 동안 계속 여행중이었다. 빌라 베르데에서 출발하여 대로를 피해, 아라세나로 향했다. 드문드문 나 있는 밤나무 숲과 너도밤나무 숲을 통과해 그들의 말은 시에라 몰레나를 따라 올라가 칼라로 접어들었다. 그곳에는 기이하게 구부러진 너도밤나무들이 수목 생육 한계선까지 자라 있었다. 그들은 그곳에서 남쪽으로 과달키비르 분지로 방향을 바꾸었다. 항상 긴장하여 언제든 무기를 잡을 준비가 되어 있었으며 작은 마을은 될 수 있으면 피했다. 그들은 외진 숙소에서 밤을 보냈으며, 숙소에서 제공되는 간단한 식사를 했다. 몇 시간 잠을 자고 해가 뜨기 전에 다시 출발했다. 마가야네스는 말이 없었다. 아주 필요한 말만 했으며 엔리크가 숙박비를 지불했다. 그는 어디서 와서 어디로 가느냐고 묻는 호기심 많은 주인에게 아무 대답도 하지 않았다.

1517년 10월 20일은 해가 비치는 따뜻한 가을날이었다. 거의 사람들이 다니지 않는 샛길을 거쳐 마가야네스는 엔리크와 함께 오후가 되어서야 세비야 근처에 도착했다. 과거에도 이 두 남자가 이날처럼 그렇게 아무 말 없이 말을 타고 갔던 적이 있던가? 숲속의 매미만 맴맴거렸으며 매미들의 날카로운 노랫소리가 유일하게 들리는 소음이었다. 규칙적인 말발굽 소리, 쫓겨난 야생비둘기의 날갯짓이나 도로 옆에서 풀을 뜯고 있는 염소의 메에 하는 소리와 함께. 마지막 언덕에서 마가야네스는 말을 멈추고 엔리크가 그의 옆에서 말을 멈출 때까지 기다렸다.

"봐, 엔리크. 우리는 목적지에 다 왔어!"

세비야는 그들 앞에 펼쳐져 있는 평야의 한가운데 평화롭게 자리 잡고 있었다. 지는 햇빛을 받으며 그 도시는 신선하고 밝게 반짝였다. 마치 그 도시가 말을 타고 온 이들을 환영하는 것처럼 보였다. 그러나 비스듬하게 떨어지는 탑의 그림자와 로마 송수로의 그림자가 약간 낯선 느낌도 주었다. 멀리서 보니 그 도시는 마치 모자이크처럼 벽돌색과 오크색, 회색과 진주색의 평면들이 서로 뒤섞인 것처럼 보였다.

도시의 담벼락과 웅장해 보이는 알카사르가 바로 한눈에 들어왔다. 그 모든 것 위로 거대한 다섯 채의 본당이 있는 대성당과 종탑으로 사용되는 과거 무어족의 미나레트(이슬람 사원의 첨탑)인 히랄다가 튀어나와 있었다. 그들은 사원과 탑, 불규칙하게 약간 기울어진 지붕들을 쳐다보았다. 얼마나 친근한 광경인가! 냄새나는 쓰레기, 쓰러질 것 같은 집들과 더러운 좁은 골목길은 여행자들의 눈에는 보이지 않는다. 세비야에도 사람들이 살고 있다는 것을 지붕 위로 올라오고 있는 희미한 연기를 통해 알 수 있었다. 무엇이 그들을 기다리고 있는가?

뒤에는 과달키비르 강의 넓은 띠가 선박의 정박장과 높은 창고에 둘러싸인 채 돛대들이 뒤섞여 정박해 있는 배들과 함께 반짝였다. 강이 아주 환하게 반짝거리고 있어서 두 남자의 눈이 부실 정도였다. 마가야네스의 눈길은 강변에 길게 펼쳐진 거대한 건물에 집중되어 있었다. 카사 데 콘트라타시온 데 라스 인디아스, 모든 에스파냐 식민지의 지배를 맡고 있는 인도 위원회의 본거지, 즉 인도청이었다. 그곳에 대양에 관한 모든 정보들이 수집되어 있으며, 거기서 에스파냐의 식민지 정책에 관해 결정했다. 그는 이렇게 생각했다. 그곳에 내가 들어갈 것이다. 젊은 왕 카를로스 1세에게 접근할 수 있는 열쇠가 거기 있다!

그러나 시작은 힘들었다. 그는 말을 팔았으며(그도 예상했듯이 속아서 싼값에 팔았다) 아주 초라한 집을 빌렸다. 이방인이 그의 계획을 이곳에서 어떻게 실현시킬 수 있는가? 팔레이루도 멀리 떨어져 있다. 그들은 다시 만날 때까지 그들의 계획을 아무에게도 알리지 않기로 약속했다. 마가야네스는 생각처럼 빨리 적응할 수가 없었다. 아는 사람도 없고, 후원자도 없었으며, 다른 사람과의 교류도 없었다. 그는 도시를 헤집고 다녔으며 과달키비르 강이 테주 강의 반만큼도 멋있어 보이지 않는다는 것을 발견했다. 그는 카사 데 콘트라타시온의 건물 앞에 서 있었다. 그리고 그곳에 들어가기를 원했다. 엔리크만이 그와 유일하게 접촉하는 사람이었다.

한 달 전에 에스파냐 왕실의 상속자인 카를로스 왕, 즉 오스트리아의 아름다운 왕 필리프와 요한나 공주의 아들인 그가 플랑드르에서 오면서 처음으로 그의 왕국의 땅을 밟았다. 그는 모든 중요한 도시를 방문할 것이며 세비야에서도 잠시 도성생활을 할 것이다. 그러나 그는 아직 바야돌리드에 있다. 시내 사람들의 움직임과 분위기는 축제일 같았으며 호기심에 차 있었다. 그가 어떻게 반응할 것인가? 그의 아버지처럼 우직한가? 아니면 남편이 일찍 죽은 후 시체에서 떠나려고 하지 않았던, 그래서 사람들이 '요한나 광녀'라고 불렀던 그의 어머니처럼 열정적인가? 아니면 독일 황제인 할아버지 막시밀리안처럼 그렇게 속을 알 수 없으며 교활한가? 카를로스 왕이 마누엘보다 더 넓은 시야를 가졌느냐에 모든 것이 달려 있다. 그가 마가야네스의 말을 들을까? 그의 경쟁자인 포르투갈왕은 그러기에는 자신이 너무 고귀하다고 생각했는데. 그의 경쟁자가 주저하는 것을 그가 감행하려 할까? 그리고 다른 사람이 쥐고 있는 돈지갑을 열어 후하게 베풀 것인가?

모든 것이 불확실했으며 아무것도 예측할 수 없었다. 폭 넓게 여행을 다닌 사람들은 세비야에도 많았다. 인도 항해자, 아프리카 전투자, 브라질 연구가, 발보아와 함께 파나마의 해협을 가보았던 사람, 공원보다 원시림에서 고향 같은 편안함을 느끼는 사람들. 소문과 계획, 환상들이 사방에서 설쳐댔다. 여기에 몰려드는 사람들, 에스파냐 사람, 포르투갈 사람, 이탈리아 사람, 프랑스 사람, 네덜란드 사람, 독일인과 영국인, 그들 모두가 그 제안자에게는 부를, 왕에게는 권력을 가져다줄 계획을 가지고 후원자를 찾아다녔다. 그들은 카사 데 콘트라타시온의 문 앞에서 기다리고 있다. 그들은 제독들 앞에서 비굴하게 굴었으며 서기들과 친분을 쌓았다. 아마 한 번의 도약으로 영향력 있는 사람과 권세가들과 어깨를 마주할 수 있으리라. 마가야네스가 왕에게 청원하는 유일한 사람이 아니었다. 리스본에서처럼 이곳에도 사방에 아첨꾼, 허풍쟁이, 실직자들과 모험가들로 들끓었다.

마가야네스는 불안했다. 에스파냐 사람들은 그에게 약간 오만하게 행동했다. 그들의 행동방식은 그에게 낯설었다. 그는 전혀 자기 과시라는 것을 몰랐다. 세련되게 타산적으로 행동하고, 아첨하며, 외교적으로 행동해야 한다는 것을 그는 알지 못했다. 그가 진정서를 끄적거리게 되면서부터, 그의 생각과 진술은 건조하고 활기 없는 메마른 것이 된다. 최고의 아이디어라 할지라도 그것이 독창력을 지닌 말로 표현되지 않는다면 무슨 소용이 있겠는가. 그래야만 그 의도는 가장 큰 영향력을 발휘하게 된다. 그는 그 시대에 생각해낼 수 있는 가장 특이하면서도 가장 합리적인 계획을 품고 있다. 항해자 엔리크 왕자가 선장들을 원양으로 보내서 아프리카 해안을 발견한 이후, 이것은 한 사람이 실현하고자 하는 가장 강력한 계획이었다. 더 이상 원대한 것이 계획될 수는 없다. 왜냐하면 세계로의 가장 긴 여행은 세계를 일주하는 바로 그것이기 때문이다!

마가야네스는 그 원대한 계획을 과시조차 할 수 없었다. 그는 단지 향료 군도로 가는 새로운 루트를 발견하려 한다고 말할 수 있을 뿐이다. 그렇게 그는 처음에는 자신도 눈치채지 못한 채 그의 목표에 다가갔다. 다른 사람들이라면 벌써 인내심을 잃었을 텐데, 그는 기다리는 법을 배웠다. 그는 자신이 주워들은 이름을 조사해보았다. 특히 주위에서 존경심을 가지고 부르는 그런 이름들이 어떤 것인지를 알아보았다. 폰세카 추기경은 몇 년 전부터 이사벨 왕비의 고문으로 콜론의 여행에 반대한 적이 있다. 오늘날 그는 카사 데 콘트라타시온의 대표자이다. 마가야네스는 그의 마음을 얻어야만 한다! 디에고 바르보사? 이 사람이 당시 그가 인도에 있었을 때 보았던, 그리고 코친에서 포르투갈로의 여행을 주선해주었던 바로 그 바르보사인가? 그것은 기대하지 않았던 행운이었다. 사람들은 바르보사를 영향력 있는 사람 중 한 사람으로 생각한다. 그는 성 야콥스 교단의 명령권자이며 왕궁의 사령관이었다. 포르투갈 출신임에도 불구하고 그의 가족은 수년 전부터 세비야의 지방 명사가 되었다.

그는 그 남자를 찾아갔다. 사실이었다. 그들은 만나자마자 서로를 알아보았다. 바르보사는 수년 전 몸을 사리지 않고 자신을 도와주었던 마가야네스 선장을 아주 잘 기억하고 있었다. 그는 함께 위험을 이겨냈던 사람에 대해 솔직한 기쁨을 가지고 그를 대했다. 그리고 노련한 눈빛으로 선장의 상황이 그다지 좋지 않다는 것을 파악했다. 바르보사는 귀족이었다. 이제 그는 보답할 수 있다. 그가 마가야네스에게 자신의 집에 머물러달라고 부탁하는 것은 당연한 것이었다. 다시 운명이 끈 하나를 끌어냈고 그 끈의 시작은 예상치 않게도 인도에서 연결되었다.

그의 생애 처음으로 그는 명망 있는 귀족 시민의 안전한 지붕 아래, 안락한 쾌적함의 질서 속에서 살게 되었다. 가족적인 교제의 따뜻함, 규칙적인 하루 일과의 리듬감. 함께하는 식사의 즐거움. 아주 어린 시절 이후로 그는 이렇게 평온하고 행복한 체험을 하지 못했다. 갑판에서 두 명의 보초 사이에서 혹은 차가운 성의 화려한 방에서 교사를 기다리면서 했던 것보다 이 대화는 얼마나 솔직하며 진심이 담겨 있는가? 점심 식사를 하면서, 밤참을 들면서, 조용한 정원의 잔디에서 산책을 하는 동안, 그는 과거를 다시 떠올렸다. 과거의 괴로움을 잊어버렸는가? 그렇지 않다. 그러나 그 과거는 이제 객관적으로 거리를 두고 바라볼 수 있게 되었다.

그럼에도 불구하고 그는 계속 인내심을 연습해야 한다. 삶이 그에게 전과는 다른 어떤 것을 의도했기 때문이다. 꿈의 충족을 위한 발단, 먼 곳으로의 도약을 기대하게 하는 것이 놀랍게도 한 가족으로 집중되다니. 세계를 향한 동경은 작아졌으며 탐험에 대한 희망에서 처음으로 목가적 풍경이 생겨났다. 그녀의 이름은 베아트리스로 총독의 딸이다.

무엇이 그 여자아이로 하여금 마가야네스에게 끌리게 했는지는 말하기 힘들다. 아마도 군인을 영광스럽게 보는 젊은이다운 경탄의 감정이 아니었을까? 그는 재산도 없으며, 젊은 여자가 일반적으로 연인에 대해 가지게 되는 이상과 일치하지도 않는다. 그러나 그녀는 그의 성실함을 감지했다. 그것이 그녀의 마음을 열게 했던 것이다! 그녀는 그가 고독하다는 것을 알아차렸다. 그것이 그녀의 동정을 일깨운 것이다. 마가야네스가 그녀가 좋아하는 아버지의 친구였다는 사실이 그녀로 하여금 그에게 접근하기 쉽게 만들었을 것이다.

그러나 그녀의 애정이 깊고 순수하며, 완전히 자의적인 것이라는 데 의심의 여지는 전혀 없다. 마가야네스도 단지 그녀가 가진 이점 때문에 구애하기에는 너무 자존심이 강했다. 그는 여자들과의 경험이 거의 없었으며 구애할 줄도 몰랐다. 그리고 거울을 볼 때마다 그는 자신이 기사라는 통상적 이미지와 얼마나 다른가를 확인하게 된다. 특히 그는 여자가 미에 관해 남자와는 다르게 생각한다는 것을 몰랐다. 그러나 그는 자신이 베아트리스를 싫어하지 않는다는 것은 알고 있었다. 베아트리스는 대화에 귀를 기울였다. 그녀는 항해자의 자녀였다. 인도는 그녀에게 아버지와 오빠의 이야기 속에서 친밀해진 나라였다.

오빠인 두아르테는 이 모임의 네 번째 구성원이었다. 그는 가장 최근의 소식을 가지고 원양에서 돌아왔다. 그는 방금 긴 여행에서 돌아온 상태였다. 그는 다른 사람들 앞에서 자신이 보았던 나라들, 해안과 항구, 그리고 인도양의 섬들에 관해 정확히 묘사했다. 마가야네스는 그것을 철저히 조사해보았다. 그는 두아르테의 일지를 자신의 방으로 가지고 와서 단어 하나하나를 검토했다. 그리고 나서 그들은 토론하고 열을 올렸으며, 이의를 제기하고 반박하고 재구성하고 결론을 이끌어냈다. 계절풍과 대륙과 바다 사이에서의 계절풍의 상호작용, 해안 앞에서 움직이는 심해와 암초의 수심 측량, 자석이 있는 나침반 편향각과 구릉 맥의 방위 측정, 밀물과 썰물의 관계와 지도의 신뢰성, 남쪽 하늘의 성좌와 천문학적 해양도구의 사용. 항해자가 관심을 가지는 모든 것에 관해 이야기를 나누었다.

마가야네스는 이 모임에서 편안함을 느꼈다. 바르보사 가족들은 그를 이방인으로 대하지 않았다. 그를 관대하게 맞아주었으며, 진심으로 대했다. 그들은 솔직하게 해양학과 지리학 문제들을 논의했으며, 마가야네스의 논거를 친근한 존경심을 가지고 받아들였다. 그것은 환영받는 손님에 대한 대접이었다. 그의 상황은 보다 빨리 좋은 쪽으로 전환되었다. 어제만 해도 이방인으로 남아 있던 그가 오늘은 부유하고 영향력 있는 가족의 손님으로서 환대를 받고 있다. 모든 것이 좋아질 것이다. 그가 어떻게 더 이상 많은 것을 바랄 수 있단 말인가? 그를 좋아하고 평가해주는 사람들에 둘러싸여, 좋은 식사를 하고 기분 좋게 만드는 귀한 포도주를 마신다. 그가 어떻게 여기서 마음 문을 닫아걸고 머물 수 있겠는가? 친구들과 곁에 있으면 그의 맥박을 빨라지게 하고, 그러면서 이상하게 마음을 넓어지게 만드는 그 여자를 보면서 이야기하는 것은 즐거운 일이었다.

그래서 그는 어느 아름다운 날 저녁 식사 후 유리잔에 루비처럼 붉은 포도주를 들고 자신의 계획에 관해 이야기하기 시작했다. 그는 거의 멈추지 않고 자신의 원대한 계획을 처음으로 펼쳐 보였다. 그는 팔레이루의 학문적 지식을 그 근거로 제시했으며, 항해자답게 자신의 모험을 증명해 보였다. 그리고 데 하로의 환상에 따라 그 계획을 다채롭게 색칠해 나갔으며, 마침내 그의 동맥 속에 숨겨져 있는 열정의 박자에 맞추어 설명했다.

그리고 이야기하는 동안 그는 사람들이 자신을 이해하고 있으며, 엄청난 계획의 영향권 내에서 자신을 파악하고 있음을 느끼고 행복했다. 누구도 그의 말에 더 잘 귀기울여줄 수 없으리라! 그는 전문가들에게 말했다. 그리고 자신을 평가해주는 사람들에게 말했다. 바르보사 가의 디에고, 두아르테는 그 주제를 마치 그들의 공통 계획인 것처럼 받아들였다. 큰 방 안으로 대양과 대륙의 무한함이 물결쳐 들어왔다. 해도가 펼쳐졌으며 원과 측정기구들이 탁자 위를 덮었다. 남자들은 그들을 매번 사로잡았던 소명의 열정에 빠져들었다.

그러나 가장 중요한 것은 마가야네스가 그의 능력을 인정받았다는 것이다. 그의 논증과 논거는 세계의 넓은 부분을 알고 있는 이 사람들을 설득시켰다. 그들은 그 계획을 그들 자신의 일로 만드는 데 주저하지 않았다. 어쨌든 그 계획을 실현시키려는 중요한 전제가 생겨났다. 그들은 그 계획을 지지할 것이며, 모든 결과를 받아들일 준비가 되었다. 그리고 그들은 위험과 불확실함이 그들의 지속적인 동반자가 되리라는 것을 알고 있었다.

첫 발걸음이 곧 내디뎌질 수 있을 것이다. 그리고 나면 많은 발걸음들이 이어질 것이며 마지막 발걸음은 누구도 규정할 수 없다. 그러나 그 계획이 이루어진다면 그들은 명성뿐 아니라 부도 얻을 수 있을 것이다. 전력을 다할 경우에만 목표를 이룰 수 있다.

그들은 그것을 알고 있었다. 그런데도 그들은 서로 힘을 합할 준비가 되어 있었다. 베아트리스는 아마도 그가 열광적이며 공상적이기 때문에도 그러했지만 마가야네스에게서 풍겨 나오는 침착함과 설득력을 평가했기 때문이다. 마가야네스는 그녀에게 신뢰할 수 있는 선한 사람으로 보였다. 디에고 바르보사는 마가야네스를 사위로 적당하다고 생각했을 것이다. 큰 위험이 보다 더 많은 이익을 얻을 수 있다는 희망을 불러일으키는 곳에서는 어디나 그렇듯이 늙은 바르보사가 안전을 추구했다.

베아트리스는 복종하는 딸이었으며 아버지의 희망에 따랐다. 그러므로 그들의 결혼을 결정하는 것은 그다지 어렵지 않았다. 그녀는 절대 난로 뒤에서 쪼그리고 앉아 있는 남자를 꿈꾸지 않았기 때문이다. 대교구 수석 사제가 선원들을 위해 매일 기도를 드릴 때면, 그녀는 군인의 딸로서 폭풍에 신경을 쓰고, 산타 마리아 교회의 예배당 제단에 무릎을 꿇곤 했다.

바르보사는 새로운 이상의 예고자를 거부하지 않을 것이다. 그는 인도에 있을 때 자신을 도와주었던 마가야네스를 거부할 어떤 이유도 가지고 있지 않았다. 그는 틀림없이 그의 딸과 가족에게 부와 명성을 보증해줄 것이다. 그가 마침내 발견한 고향의 일부를 무한한 세계 속으로 가져가고 싶어할 때 누가 마가야네스를 나쁘다고 하겠는가? 그는 감상적인 사람이 아니다. 그렇다고 그가 계산적으로 그녀를 사랑한 것은 절대 아니다. 그는 베아트리스를 그 나름의 신중한 방식으로 사랑했다. 평생 처음으로 그가 한 여자를 사랑하게 된 것이다! 테르나테 섬으로 가는 길이 다시 신기루가 될 수 있을까? 그것이 잘못된 길이라면 이번에는 귀향도 달라야 할 것이다.

그런데 무엇을 고려해야 하는가? 그는 실수에 대한 두려움이 필요 없다는 것을 알고 있다. 행위는 이루어져야 한다! 그는 베아트리스에게 다른 사람보다 더 많은 것을 제공하게 될 것이다. 그리고 그의 모습이 더 볼품없어진다 해도 그의 옆에 있는 것만으로도 그녀의 운명은 다른 사람들의 부러움을 사게 될 것이다. 그는 지금까지 항상 받는 자였기 때문에 이제부터는 주는 사람이 되려고 한다. 그래서 약혼은 거의 당연한 것이 되었다. 모험 사이의 휴식 기간에 평화와 평온이 잠시 자리 잡고 있다. 그가 지금 은총의 시간을 누리고 있다는 것을 어떻게 알겠는가? 이제 겪어야 할 시험에 대한 삶의 보상으로서.

아란다, 마가야네스의 후원자가 되다

그의 행운은, 처음에는 알아차리지 못하지만, 또 하나의 중요한 다른 과정을 겪게 된다. 바르보사는 손님을 초대했다. 그래서 마가야네스는 카사 데 콘트라타시온의 영향력 있는 베도르(사무장)인 후안 아란다를 알게 된다. 바르보사는 그 사무장으로 하여금 손님에게 관심을 가질 수 있도록 암시를 아끼지 않았다. 아란다는 바르보사에게 그럴 의무가 있었다. 그는 자주 바르보사의 경험에 관해 들었다. 그는 예의상 호의를 가지고 이 집을 방문했으며 베아트리스가 바랐던 것처럼 말이 없는 마가야네스에게 호기심이나 관심을 가지지도 않았다.

디에고 바르보사와 두아르테는 향료 군도에 관해 이야기했다. 그들은 서쪽으로 항해해야 한다! 아란다는 생각했다. 그래, 아메리카 대륙의 동서로 연결된 해협은 많은 사람들의 머리 속에 살아 있다. 그의 사무실에도 이에 관한 이야기가 떠돌고 있으며, 마치 주인 없는 개들처럼 사방으로 퍼져 나갔다. 마가야네스 선장이 그 길을 알고 있다니! 그런데도 불구하고 아란다는 그의 말을 반만 믿었다. 또 한 사람의 환상가가 나타나다니! 카사 데 콘트라타시온은 제안과 메모, 결의서와 이상적 해결책들로 포화 상태였다.

"아주 어리석은 상상력의 산물이지요."

그가 지루한 듯 말했다.

"그러나 서쪽 항해는."

바르보사가 개입했다.

"서쪽 항해 역시."

아란다는 언짢게 대답했다.

"그때 고메스라는 어느 조타수가 말한 적이 있지요. 그는 서쪽으로 항해하여 몰루카가 에스파냐 영토임을 확인하려 했습니다."

"그런데요?"

"그는 카사 데 콘트라타시온에 확실한 지지자들을 가지고 있습니다. 개인적으로 저는 물론 그 사람을 전혀 지지하지 않습니다. 그에게는 체험과 지식이 부족하니까요."

"그러나 그 생각만은……."

"그 생각에 대해서도 저는 전혀 지지하지 않습니다. 그것은 현명하지 못한 생각입니다."

바르보사가 흥분하여 외쳤다.

"항상 모두가 현명하게 행동해야 한다면 이 세상에서 어떤 것도 움직일 수 없소."

그제서야 아주 오랫동안 듣기만 하던 마가야네스가 이야기하기 시작했다. 그의 방식대로 천천히 문장과 문장을 이어가면서 처음에는 더듬거렸지만 곧 능숙하게 이야기에 빠져들었다. 그는 그 주제에 사로잡혔다. 그는 일어났다. 그가 오랫동안 조용히 그 내용을 검증했던 많은 생각들이 끊임없이 논리적으로 그에게서 솟아져 나왔다. 그는 방문자 앞에서 그 사업이 다시없이 좋은 기회임을 정확하게 설명했다. 큰 제스처를 써가며 가능성을 묘사했고, 해양학적 세부사항과 천문학적 세부사항들을 술술 풀어냈다. 항해의 위험을 언급하면서 그것을 평가했다. 위험의 한계를 지적하면서 반격했으며 성공에 대한 확신을 가지고 말했다. 그리고 상세한 방법과 필요한 배의 숫자, 장비와 선원에 관해 언급했다.

그는 몇 달 동안 생각을 했으며, 자료를 모았고 모든 보고서를 연구했다. 처음에는 모든 것이 공허한 날들을 충족시키기 위한 놀이에 불과했다. 대담한 생각이었으며 망상이었다. 그런데 그것이 점차 어떤 형태를 띠기 시작했다. 구름, 안개, 연기 같던 것이 모습을 갖추게 되었다. 설명할 수 없는 것, 꿈꾸어왔던 것이 점점 명확해졌다. 비이성적인 것에서 현실이 생겨났다. 그리고 그렇게 오래 전에 싹을 틔웠던 것들이 자라고 성숙했다.

신적인 영감이 그를 스치고 지나갔다. 그의 말을 듣는 사람은 최고의 웅변을 체험한 것이다. 그는 반론들을 설득하고, 어떤 이의가 제기될지를 미리 알고, 소박한 단어들로 그의 논거를 증명했다. 이해하기 쉽게 이야기하면서도 박식하고 날카로웠다. 그리고 감동을 주었다. 그는 큰 발걸음으로 방안을 걸었다. 어제까지 절룩거리며 침묵을 지키던 난쟁이였던 그가 지금은 감동을 주는 웅변가가 되었다. 그는 이렇게 끝을 맺었다.

"이 아메리카 대륙을 돌아 항해하거나 가운데를 가로지른다면 발보아가 보았던 남해에 도착하게 됩니다. 지구는 공 모양을 하고 있기 때문에 그 바닷물이 테르나테 섬과 향료 군도의 해안을 적시는 같은 바닷물입니다. 우리는 세계 지도에 대양을 하나 추가해야 합니다!"

그는 모든 것을 다 말했다.

모든 특이한 계획에 관해 우선은 의심스럽게 대하는 것이 아란다의 과제였다. 그는 얼마나 많은 환상에 대해 들었던가! 모두들 처음에는 그들의 망상을 행동으로 옮기기 위해 자금을 원한다. 그리고는 대부분 불특정한 미래에 기대할 수 있는 비현실적인 이익을 약속한다. 처음에는 예의상 귀를 기울이다 나중에는 점점 더 흥미롭게 들었던 아란다는 결국 마가야네스의 분석과 결론의 마력에 사로잡혔다.

"그런데 당신은 향료 군도가 에스파냐령에 위치한다고 믿습니까?"

마가야네스는 책상으로 다가갔다. 그는 조용히 그리고 결정적으로 말했다.

"존경할 만한 천문학자 후이 팔레이루가 헤로도토스와 아리스타르코스 이후의 모든 지리학적 자료를 모았습니다. 나는 그와 함께 지구의 둘레와 대륙들의 위치를 새로이 계산해냈지요. 폐하가 저에게 배와 선원을 제공해준다면 나는 이 지역으로 가는 길을 밝혀낼 겁니다. 그러면서 포르투갈령의 어떤 바다나 육지도 건드리지 않을 겁니다. 그렇지 않다면 내 머리를 날려도 좋습니다."

기적이 일어났다. 국가 관청의 전권 위원이 그를 믿게 된 것이다. 보통 때는 그렇게 회의적이던 이 관리가 포르투갈 선장이 보여준 기회의 중요성을 인식했다. 그는 청중에서 조심스러운 지지자로 변모했다. 성실한 아란다는 자신에게 아주 깊은 인상을 남겼던 그 이방인에 관해 정보를 모았다. 그는 진지한 네덜란드 상인으로 리스본의 상황에 대해 탁월한 통찰력을 지닌 크리스토발 데 하로에게 문의했다. 그래서 그의 질문에 대한 답변과 판단들은 불리하지 않았다. 그들은 다음과 같은 사실을 확인했다. 페르나웅 드 마갈량이스는 인도와 아프리카에서 훌륭하게 싸웠으며, 선장으로서 배를 지휘하고 여러 번 부상당했던, 경험 많은 군인이다. 그는 궁정에 많은 적들을 가지고 있다. 포르투갈의 왕조차도 공적인 접견에서 그의 마음을 상하게 했다. 노련한 선원인 그는 지리학과 천문학 그리고 지도 제작술과 관련된 지식에 있어 타의 추종을 불허하는 유명한 천문학자인 후이 팔레이루와 아주 친하게 지내고 있다.

아란다는 쇠뿔도 단김에 빼자는 생각에 곧바로 실행에 옮겼다. 그는 바야돌리드에 있는 후안 소바주 재상에게 편지를 썼다. 그는 페르난도 데 마가야네스라는 사람의 탁월한 능력을 추천했다.

그는 향료 나라와 관련해 아주 설득력 있는 생각을 가지고 있는 사람으로서 주목을 받을 자격이 있습니다. 저는 이 남자가 주장하는 바의 근거를 검토해보았으며 그것이 계속 실행할 가치가 있다고 생각합니다. 마가야네스는 완벽하게 자신의 일을 해낼 것이며, 그렇기 때문에 폐하에게 크게 봉사할 능력이 있습니다.

경험 많은 아란다는 이 거대한 사업이 이루어질 것임을 예감했다. 그러나 처음부터 이 계획은 다시 한 번 위태로운 상황을 맞게 된다. 팔레이루가 세비야에서 그 사건에 관해 듣고 분노한 것이다. 그는 미친 듯이 날뛰었다. 그것은 그들이 리스본에서 했던 약속을 깬 것이다! 이제 사람들이 자신을 제외시키려 한다. 그의 파트너가 그를 속이려 한다. 마가야네스는 해명하려고 노력했다. 어쩔 수 없었던 상황을 말하려 했지만 팔레이루는 더욱 악의적으로 대응했다. 마가야네스의 계획이 누구의 덕분이란 말인가? 자신이 가진 천문학적 지식, 박식한 이성적인 계산 때문이 아닌가! 자신이 없다면 그가 무슨 의미가 있단 말인가? 아무 쓸모 없는 퇴직한 군인, 선원에 불과하지 않은가!

마가야네스는 그를 진정시키려 했다. 무엇보다 지체하지 않고 행동에 옮기는 것이 필요했다고. 고메스라는 사람도 그 해협에 관해 잘 알고 있으며, 위험은 아직 사라지지 않았다. 아마도 고메스라는 사람이 같은 계획을 가지고 그들보다 앞서갈지도 모른다. 그의 전망은 나쁘지 않다. 그는 카사 델 오세아노에 후원자를 가지고 있다. 팔레이루는 그 사실을 확인해줄 아란다를 만날 때까지 기다리기만 하면 된다.

"고메스, 아란다가 나와 무슨 상관인가?"

팔레이루는 화가 나서 외쳤다. 그는 의심과 불신으로 가득 차 있었다. 그는 사람들이 자신을 속이려 한다고 완전히 확신하고 있었다.

"고메스는 바로 우리처럼 몰루카 섬을 찾으려 하는 조타수요."

"그것은 불가능해. 그는 테소라리아에 있는 자료를 읽을 수도 없으며 다빈치의 지도나 혹은 그 비슷한 것도 알지 못해. 그것들은 모두 엄격하게 비밀로 지켜지고 있지. 나만이 그 사본을 가질 수 있었어."

"어쨌든 아란다 경이 우리에게 그의 계획에 관한 정보를 주었어요."

"자네는 우리의 약속을 깼어. 나는 자네에게 나의 지식을 전달해주었어. 자네를 믿었으니까. 그런데 자네는 나를 밀어내려 하다니!"

"정말 아닙니다, 팔레이루. 아니에요. 내 말을 믿어야 해요."

"자네를 더 이상 믿을 수가 없어! 고메스든 마가야네스든, 우리의 약속은 이미 깨어졌고 어쨌든 나는 우리들이 함께 생각해낸 계획임을 알릴 거야."

팔레이루는 미성숙한 아이처럼 싸우기를 좋아했다. 마가야네스는 그렇게 되면 시작도 하기 전에 이 계획이 끝장날 것임을 알고 있었다. 팔레이루는 해양학자이며 경험 많은 선원을 필요로 했다. 마찬가지로 마가야네스는 점성술이 필요했다. 그의 학문이 이 원정의 유일한 토대를 이루고 있다. 다른 모든 것은 단지 생각일 뿐이다. 마가야네스는 팔레이루를 진정시키기 위해 필요한 모든 증거를 댔다.

"들어봐요, 팔레이루. 나는 우리 계획에 관해 말하지 않을 수 없었어요. 말하지 않았다면 아마 그것은 태만한 것이 되었을 겁니다. 나는 유리한 그 시간을 이용해야 했으며 아란다에게 우리의 서쪽 항로에 관해 정보를 주어야 했어요. 그리고 당신도 알고 있듯이 우리의 일은 순조롭게 진행되고 있습니다."

"왜 아란다는 고메스라는 사람보다 자네를 더 믿게 되었지? 자네는 그에게 무엇을 약속했나?"

팔레이루는 점차 진정되기 시작했다.

"나는 아무것도 그에게 약속하지 않았습니다. 그 반대예요! 나는 아란다를 설득시킬 수 있었어요. 서쪽 항로가 존재한다면 단지 당신의 지식과 나의 경험만이 그리로 인도할 수 있다고. 고메스는 경험이 없고 별로 교육받은 것이 없기 때문에 그가 우리를 믿게 된 겁니다.!"

디에고 바르보사가 확인해주었다.

"마가야네스의 말이 맞습니다. 팔레이루 씨, 당신은 그를 믿어도 됩니다. 나는 귀족으로서 보증합니다. 그리고 이런 일은 다시 일어날 수 있습니다. 고메스 역시 후견인과 후원자를 가지고 있으니까요."

그는 마침내 팔레이루를 마가야네스와 화해시킬 수 있었다. 그런데도 팔레이루에게는 아직도 의심이 남아 있었다. 위대한 이 계획은 절대 운이 좋은 것은 아니었다.

계획의 가능성과 이익

운명이라는 것은 이상한 길을 갈 때가 자주 있다. 그 계획의 결정은 바야돌리드의 한 소년의 손에서 이루어진다. 어린 왕, 에스파냐에 온 지 얼마 안 된, 경험이 별로 없는 그 왕이 세계를 움직이는 태엽의 진행을 결정할 것이다.

카를로스 왕의 주위사람들은 그들이 왕을 지배하고 있다고 믿었다. 그러나 합스부르크 가 에스파냐 혈통의 젊은 상속자는 절대 어리석은 사람이 아니었다. 그는——포르투갈 왕좌에 자리 잡고 있는, 편협한 신앙심의 소유자인 경쟁자와는 달리——어렸음에도 불구하고 그를 지배한다고 생각했던 고문들을 통찰하고 있었다. 젊은 군주는 신중했으며 말이 없었다. 고집스러웠으며 외교적이었다. 그는 자신의 의향을 내보이지 않았으며 아주 소수의 사람들만 믿었다. 방금 그는 로마의 레오 10세 교황에게로 사절단을 보냈다. 그의 할아버지인 막시밀리안이 병에 걸렸기 때문이다. 카를로스는 후계자로서 신성로마제국 독일 황제의 품위를 획득했다. 그의 사절단인 알바 공작은 교황에게 용병대를 약속했다. 그것은 여러 가지 사건에서 메디치 가 출신의 교황에게 도움을 줄 것이다——물론 무료로.

고문관들이 왕의 의지를 통제할 수 없었다 하더라도, 전제군주에게 접근하는 것은 항상 통제하고 방해할 수 있었다. 고위관리인 아란다는 세 명의 강력한 '외국인'의 관청 출입을 가능하게 하려면 누구와 접촉하며 어떤 술책을 써야 하는지 알고 있었다. 거기에는 아란다가 이미 편지를 보냈던 후안 소바주 재상이 포함되어 있었다. 아란다는 재상의 진실성을 평가했다. 그의 판단은 '명확하고 번복될 수 없는 것이다'. 그것은 귀족의 신분에는 도움이 되지만 그의 재능에는 별로 도움이 되지 않았다.

그리고 나서 대시종인 기욤 드 크로이의 마음을 얻는 것도 중요했다. 그는 예순의 나이였다. 가난한 사람들은 중노동과 삶의 피곤함 때문에 거의 쉰 살도 살지 못했던 시기였기 때문에 그는 아주 장수한 것이다. 간계에 둘러싸인, 지배욕이 강한 드 크로이, 플랑드르 헤네가우 가의 상속자이며 아르쇼트 공작인 그는 이전에 왕의 스승으로서 많은 영향을 미쳤다. 그는 모든 부르고뉴 점령지의 대총독이라는 직함을 가지고 있었으며, 특히 왕의 대시종이다. 그의 관심사는 에스파냐보다는 플랑드르였다. 그는 유럽에 별 관심이 없었으며 식민지에는 전혀 흥미가 없었다.

　가장 어려운 상대는 우트레히트 주교인 아드리안 뵈이엔스였다. 그도 마찬가지로 과거 왕의 스승이었으며 이제는 고문관들 중 한 사람이다. 부자들이 운동 부족과 풍요로운 식사, 독한 포도주 때문에 일찍 죽는 경우가 많은데 금욕적이며 명상적인 뵈이엔스는 쉰여덟 살로 최고의 건강을 누리고 있었다. 자신의 추기경들을 못마땅하게 생각했던 레오 교황은 그의 추종자인 뵈이엔스를 추기경으로 만들었다. 영원히 사는 사람은 아무도 없기 때문에 그를 교황의 후보자로 추천하기 위해서였다. 뵈이엔스가 직접 말했듯이 그는 독일의 루터와 멜란히톤(독일의 종교개혁가)을 통해 이미 네덜란드와 겡프, 취리히로 퍼져 나가는 '종교개혁 페스트'의 광신적인 반대자였다. 그는 카를로스 왕의 총애를 받았으며 황제가 되려는 그의 계획을 지지했다.

　에스파냐 출신의 귀족들은 당연히 이 삼두마차가 그들의 국지적인 세력을 약화시킬 수 있지 않을까 두려워했다. 왕실 상공회의소에서 사람들은 정치의 술책을 배운다. 그리고 아란다는 지레짐작하는 사람에 속했다. 이런 재능은 그의 상사의 훈련 덕이었다. 카사 데 콘트라타시온의 의장이며 부르고스의 주교인 후안 로드리게스 데 폰세카 추기경은 영리한 남자로 세련되고 외교적이며, 종교 문제에는 별 관심이 없지만 세속적인 사건에는 아주 강한 흥미를 보여주었다. 폰세카는 이미 페르난도 왕을 위해서도 일했으며 크리스토발 콜론의 서쪽 원정에 가장 중요한 반대자였다. 그는 항해와 지리에 관해 많은 것을 알고 있었다. 그의 마음을 얻는 것은 쉽지 않을 것이다.

아란다는 재상에게만 보고한 것이 아니라 드 크로이 대시종과 폰세카 추기경에게도 마가야네스에 관해 보고했다. 그럼으로써 밭을 갈아놓은 상태였다. 이제 그들은 기다려야 했다. 그러나 팔레이루는 기다릴 수가 없었다. 그는 싸우기를 좋아했다. 그는 공유하려 하지 않았다. 지금은 동반자들을, 나중에는 명성을. 그는 아무도 믿지 않았기 때문에 자신의 동생 프란시스쿠 팔레이루를 리스본에서 데리고 와서 자신의 변호사로 고용했다.

마가야네스는 경멸심을 자제하면서 그들을 관찰했다. 그토록 오랫동안 불안해하던 사람이 갑자기 조용해졌다. 팔레이루는 이미 목적지에 왔다고 착각했지만 마가야네스는 그들의 계획이 하늘 가장자리에 찍힌 조그마한 점에 불과하다는 것을 알고 있었다. 좋은 일은 뜸을 들이는 법이다. 그러면 그들의 계획은 세비야에서도 작은 점에서 원대한 것으로까지 발전할 것이다.

그때 아란다가 기대했던 것보다 빠르게 바야돌리드에서 편지를 보내왔다. 그 편지에는 접견하라는 내각의 요구가 적혀 있었다. 그럼으로써 불안과 갈등으로 보낸 한 달이 끝났다. 마가야네스, 후이 팔레이루와 프란시스쿠 팔레이루는 곧바로 여행을 떠났다. 바야돌리드에서 8리그 떨어진 푸엔테 델 두에로에서 그들은 그들의 인도자인 아란다와 만났다. 그들은 그에게 감사의 마음을 전하려 했지만 아란다는 그것으로 만족해하지 않았다. 이익을 얻을 수 있으리라는 희망이 모든 거래의 근거였음이 곧 그들에게 명확해졌다. 시골 숙소에서 대화가 이루어졌다.

"여러분들도 알다시피 나는 당신들의 계획을 믿었으며 전력을 다해 노력했소."

"아란다 경, 하나님이 우리의 증인입니다. 우리는 당신이 전력을 다했음을 인정하며 당신에게 많은 감사의 빚을 지고 있다는 것을 알고 있습니다."

마가야네스가 아란다의 팔에 손을 올려놓았다.

"나는 폐하로 하여금 이미 원대한 계획에 몸이 달아오르게 만들었소. 그는 당신을 보고 싶어하오, 마가야네스. 나는 확신하오. 그들이──당신이 나를 설득했던 것처럼 그들에게 확신을 줄 것이오──폐하와의 접견에 영향을 미치게 되리라는 것을 말이오. 나는 이 일을 추진하는 데 경비가 들었소. 당신도 그것이 어떤 것인지 알 것이오. 그래야 왕의 고문관들의 마음이 녹아지는 것이오. 내각의 사무처장, 서기, 개인적인 조언자들……."

마가야네스는 대답했다.

"당연히 당신이 어떤 경비도 부담해서는 안 됩니다. 당신에게 그 경비를 지불하도록 배려하겠습니다."

회색 얼굴에 날카로운 코를 한 팔레이루가 그 사이에 끼어들었다.

"그러나 당신은 조금 더 기다려야 합니다."

사무장은 직설적으로 말했다.

"아, 그래요. 그렇게 급하지 않습니다. 나의 사전작업, 추천, 내가 당신에 관해 폐하에게 전해드렸던 긍정적인 정보 등의 대가로 당신이 받게 될 것의 일부를 요구하는 것을 당신은 반대해서는 안 됩니다."

팔레이루는 벌떡 일어섰다.

"무슨 생각을 하는 것이오. 당신은 관리요. 어떻게 당신이 당신의 이익을 고려할 수 있단 말이오?"

마가야네스는 팔레이루를 진정시키면서 의자에 눌러 앉혔다. 그의 동생인 변호사는 꼼짝도 않고 멍하니 앉아 있었다. 아란다는 냉정하게 대답했다.

"나는 당신에게 부당한 것을 요구하지 않았소. 나는 관리로서 사욕이 없소. 그러나 당신 앞에 있는 이 사람이 자녀들에게 미래를 보장해주어야 할 가장이라면, 나는 이익을 고려해야만 하오. 자, 당신의 답변은 어떻소?"

비용이 많이 드는 사업은 상인의 관점을 통해 관찰되고 있음을 마가야네스는 기억했다. 데 하로 역시 그들에게 그것을 연습시켰다. 물론 상인과 중개인은 지금까지 그의 머리 속에서 별로 중요하지 않았다. 그러나 그는 물건의 가치는 수요와 공급에 기인한다는 것을 배워야만 했다. 그래서 그는 웃으면서 말했다.

"나는 당신의 말에 동의합니다. 당신은 당신의 지식과 영향력을 궁전에 전달했소. 이 일이 우리에게 유리하게 진행되도록 노력한다면 우리는 당신에게 보상해드릴 겁니다."

아란다는 팔레이루를 쳐다보았다. 그는 그의 동생을 쳐다보았다. 프란시스쿠 팔레이루는 아무 말이 없었다. 아란다는 고개를 끄덕였다.

"좋아요. 이 사안에 대해 더 자세히 의논해봅시다. 당신이 나의 뜻에 따른다면 성공은 확실하오. 나는 두 가지 가능성을 보고 있소. 하나는 이 사업에 개인적인 후원을 받는 경우입니다. 그렇다면 나는 그 비용을 제공하고 그에 상응하는 이익을 받을 생각이오. 다른 하나는 국가가 위험부담을 떠안는 경우예요. 그렇다면 당신은 나에게 이익의 일정 퍼센트를 주어야 할 것입니다."

마가야네스는 물었다.

"몇 퍼센트를 원하십니까?"

아란다는 대답했다.

"순수입의 5분의 1이오."

그 계획에도, 또 사전준비에도 전혀 참여하지 않은 프란시스쿠 팔레이루가 갑자기 개입했다.

"아무것도 줄 수 없소! 얼마를 지불하느냐는 문제가 되지 않소. 도대체 무엇을 위해서요? 당신은 당신의 의무를 행했을 뿐이고 그 이외의 다른 일은 아무것도 안 했소."

그의 냉정한 거절은 천문학자가 보기에도 너무 심한 것이었다. 그는 입찰할 때 담판을 짓는 데 익숙해 있었다.

"우리는 순이익의 10분의 1을 제시하겠소. 그것은 매우 많은 것이며 확실한 수입이오. 아란다 경."

마가야네스는 아무 말도 하지 않았다. 그의 눈에는 목숨을 건 그 과제가 평가절하되어 있었다. 기괴한 일이었다. 그것은 받고 싶은 금액에 대한 그들의 희망에 불과했다. 그들은 계약금을 받으면서 부채를 안게 된다. 그리고 이 두 가지, 즉 대변과 차변은 일시적으로 단지 상상력 속에서만 존재하는 것이다. 그들은 그들이 받을 이윤만 생각했고, 마가야네스는 특별한 것을 꿈꾸었다. 그들은 리스본 시장의 중개인처럼 팔고 투기했다. 그는 생각했다. 왜 모든 위대한 발걸음은 항상 처음부터 계산을 염두에 두어야 하는가? 그들은 곰을 잡기도 전에 곰의 가죽을 분배하는 꼴이다.

그들은 몇 퍼센트를 받을 것인가를 두고 싸웠다. 그리고 전체를 걸었다. 그런데 그 '전체'는 도대체 무엇인가? 내가 '지구'라고 말한다면 그들은 '향료'라고 대답할 것이다. 내가 지구가 공 모양이냐고 묻는다면 그들은 지구에서 둥근 금화를 많이 찍어낼 수 있느냐고 물을 것이다. 그는 짧게 대답했다.

"우리는 합의를 보았습니다. 팔레이루는 10분의 1을 제안했고 아란다는 5분의 1을 요구했습니다. 그렇다면 8분의 1, 됐습니까?"

"말도 안 돼!"

모두들 분노했다. 아란다는 고마워할 줄 모른다고 말했고, 팔레이루 형제는 사기라고 중얼거렸다. 그렇게 그들은 서로 마음이 맞지 않았다.

그러나 이 계획이 성사되려면 그들은 서로를 믿어야 한다는 것을 잘 알고 있었다. 그들은 각자 무엇을 승낙해야 했으며, 무엇을 포기했어야 했는지를 곰곰이 생각하며 자신을 비난했다. 마가야네스는 절룩거리며 방에서 서성거렸다. 팔레이루는 심술궂게 멍하니 창문을 바라보았다. 프란시스쿠 팔레이루만 잠을 잤다. 그는 형의 요구를 받아들였을 뿐 다른 사람들의 말에는 전혀 동의하지 않았다. 다른 두 사람이 아란다를 필요로 하든 안 하든 그와는 상관없는 문제였다. 아란다는 이 탐욕스런 게임에서 자신이 최고의 카드를 가지고 있다고 믿었다. 그들은 외국인이다. 그들은 바야돌리드에서 마치 마른땅에 던져진 물고기처럼 불편한 상황이다.

아침에 그들은 다시 아침 식사를 하기 위해 식당에서 만났다. 아란다는 화가 나서 퉁명스럽게 말했다. 마가야네스는 그에게 물었다.

"당신은 우리를 계속 지지해줄 겁니까?"

잠시 후에야 기분 나쁜 대답이 돌아왔다.

"모르겠소."

"에스파냐의 이익은 관계가 없단 말입니까?"

"두고봅시다."

아란다는 일어서라는 표정을 지었다. 그의 시선이 마가야네스의 시선과 마주쳤다. 그는 마가야네스의 눈을 보고 급박한 문제가 있음을 알아차렸다. 아란다는 바짝 긴장하며 생각했다. 그리고 결심했다.

"물론 나는 당신을 도와줄 것이오. 내가 전혀 아무것도 받지 않는다 할지라도! 마가야네스, 나는 오로지 당신과 당신의 계획만을 도와줄 것이오."

"고맙습니다, 아란다 경. 은혜는 잊지 않겠습니다."

"그러나 불행한 일이오."

아란다는 다른 탁자로 고갯짓을 했다. 팔레이루 형제가 다시 속삭이듯 토론을 하고 있었다.

"그들을 만나느니 차라리 내 다리를 부러뜨리겠소. 당신이 그들로부터 어떻게 해방될 수 있을지를 생각해보시오. 그리고 저 두 사람이 어떻게 행동했는지를 잊지 마시오. 이 나라에 있는 당신 친구들을 생각하고, 누구의 말에 더 비중을 두어야 할지 생각해보시오."

"나는 후이 팔레이루와 계약을 맺었소."

마가야네스가 말했다. 그런데도 아란다는 어깨만 으쓱할 뿐이다.

그들은 바야돌리드로 함께 갔다. 마가야네스는 자신이 아란다를 열광시켰다는 사실, 나중에는 더욱 자주 다른 사람들을 설득시켰던 그런 힘을 지니고 있음을 몰랐다. 이 보잘것없는 인간은 세련되지도, 예의 바르지도 못하고, 영리하지도 않지만 독점적인 계획을 통해 다른 사람을 제압하고 있다. 휴화산처럼! 그의 설득력이 아니라——그는 그런 능력을 가지고 있지 않다——그의 지구력이 그들을 설득한 것이다.

팔레이루는 그의 동생이 돈과 관련해서 재차 비난했기 때문에 아란다를 믿는 것을 계속 거부했다. 분위기는 의심으로 가득 차 있었다. 팔레이루는 배반의 냄새를 맡으면서, 자신의 비밀스런 지식을 뽐냈다. 그러나 아란다는 사람들이 생각했던 것보다 훨씬 솔직했다. 그리고 상당히 모욕감을 느낄 만한데도 생각보다 상처를 많이 받지 않았다. 그는 마가야네스에게 그 지역에서 신분에 맞게 처신하는 데 필요한 돈을 제공했다. 그리고 그는 바르보사 가에 대한 우정으로 이런 일을 흔쾌히 하고 있다는 것을 보여주기 위해 아주 예의 바르게 행동했다. 그는 그들을 준비한 숙소로 안내했다. 그곳은 그 도시에서 최적의 위치에 자리 잡은 훌륭한 빌라이다.

항해 계획의 결정

바야돌리드에서 새 옷을 차려입은 마가야네스는 점차 자신에 대한 신뢰도가 높아지고 있음을 감지했다. 아란다는 카사 데 콘트라타시온 의 아주 중요한 의원들에게 그를 소개했으며 귀족들의 호감을 사게 했 다. 팔레이루 형제에 대해서는 전혀 신경 쓰지 않았다. 그들은 서로에 대한 불신으로 담을 쌓고 지냈다. 영향력이 큰 팔레이루가 서쪽 운하의 비밀과 세간의 이목을 끌 만한 경도 측정법을 다른 곳으로 빼돌릴까봐 두려웠을 뿐이다. 그 천문학자는 계속해서 태양, 행성, 달의 합 (Konjunktion, 태양계 전체가 태양과 같은 황경에 보일 때를 합이라고 한다―옮긴이)을 산출했으며, 가장 유리한 날을 잡기 위해 점성술을 보 았다. 그의 동생은 그를 보호해야 한다고 믿었다. 마가야네스는 자신이 결정을 내려야 한다는 아란다의 말에 동감했다. 그 천문학자는 바다 위 에서 참을 수 없는 부담과 지속적인 불안의 주범이 될 것이다. 그 사업 을 아란다와 함께하든지 아니면 그만두든지 결단을 내려야 한다!

그가 그 문제를 미래의 처남인 두아르테와 의논했을 때, 두아르테 역 시 자신이 그의 친구임을 증명했다. 그는 '인도양의 나라와 해안, 항구 의 묘사'에 관한 기록을 내각에 제출하면서 그것의 저자로 마가야네스 의 이름을 적어놓았다.

"나는 그런 것을 원치 않았소."

그는 두아르테에게 말했다.

"그것은 허풍이며 특히 거짓이오. 그 명예는 당신이 받아야 할 몫 인데."

"내가 아니라 당신이 사람들의 주목을 받아야 합니다."

두아르테가 반대했다.

"당신의 이름이 알려지고, 당신이 사람들의 주목을 받고 나면 사람들은 당신의 말에 귀기울이게 될 겁니다."

두아르테가 옳았다. 마가야네스는 진정서를 쓸 시간이 전혀 없었으며 게다가 이런 편지질로 그는 절대 아무것도 이룰 수가 없다. 두아르테는 그의 기록에서 가장 시급한 계획을 신뢰가 가면서도 신빙성 있게 고려했으며 그 성과는 만족스러웠다. 사람들은 주목하게 되었으며 마가야네스는 적어도 대기실에 들어설 수 있는 기회를 발견했다.

어느 날 그가 모피를 덧댄 단정한 금란 외투를 입고 붉은색 머리에 포동포동한 뺨을 한 크리스토발 데 하로를 만났을 때 적지 아니 놀랐다. 그 상인이 붙임성 있게 그리고 별 부담을 주지 않고 설명했듯이 그는 왕실 비서관 중 한 명과 결혼을 통해 인척관계를 맺게 되었다. 더 정확히 말하자면 그의 형제 중 한 명이 비서관을 사위로 얻게 된 것이다. 그 비서관은 수상에게 무역 문제에 관해 자문을 해주었다. 원래 이름은 막시밀리안 반 체벤베르겐으로 뵈멘의 기사였는데 그는 자칭──라틴어식으로 말하는 것이 그 시대의 유행이었기 때문에──막시밀리아누스 트란스실바누스라고 했다. 그로부터 데 하로는 이미 마가야네스를 주목하게 만든 그 사업에 관해 들었다. 네덜란드 사람은 눈을 찡긋거리면서 그 사실을 확인해주었다. 에스파냐가 향료 나라로 가는 서쪽 항로에 관심이 있다는 사실에 그는 별로 놀라지 않았을 것이다. 향료 시장은 다시 독점되었다. 전에는 무어인들이 가격을 정했는데 지금은 포르투갈 사람들이 정할 뿐이다. 같은 일이 되풀이되고 있었다. 그들은 후추, 육두구, 정향, 생강과 계피를 제공하고 그 대신 국가재정의 보석 창고를 쓸어갔다. 아라비아의 가격은 너무 비쌌으며 리스본에서 제시하는 조건은 고리대금에 비견될 정도였다. 수입하는 나라들은 점점 가난해지고 그 대신 포르투갈은 점점 부유해졌다.

안트웨르펜 상인인 데 하로는 적절한 제안을 했다. 그 역시 이익의 배분과 이익의 모든 가능성을 생각하는 데 익숙해 있었다. 왕실이 원정을 지원해줄 것인지 그에게는 불확실했다. 보다 확실한 것은 지분에 참여할 수 있는 기업 연합을 소집하는 것이다. 에스파냐의 전제 군주가 후원한다면 그것은 좋은 조건일 것이다. 왜냐하면 항해시 선박에 달 국기와 그들을 지지할 수 있는 정부가 필요했기 때문이다. 그렇지 않으면 해적 같은 포르투갈 사람들에게 내맡겨질 것이기 때문이다. 데 하로는 좋은 제안을 했으며, 모든 것을 고려했다. 당들 상호간의 관계, 그들의 권리와 의무, 함대의 종류와 장비 및 예상되는 이익의 배분 등. 데 하로는 그의 설득력을 전부 발동시켰다. 마가야네스가 동의한다면 그는 필요한 조치를 취하겠다고 말했다.

마가야네스는 에스파냐 애국주의자들과 장관, 세속적인 고위관리들과 교회의 고위관리들의 관습을 잘 알지 못했다. 그는 계획의 실현을 앞당겨줄 그 제안에 동의할 준비가 되어 있었다. 그리고 그는 관리들과 비서관, 시종과 업무 담당자들이 자신을 친절하게 대해준다는 사실에 진정으로 만족해했다. 그는 리스본에서는 그런 친절을 경험해보지 못했기 때문에 그로 하여금 바야돌리드에 열광하게 만들었다. 다른 사람들 역시 그에 관해 아주 편안한 인상을 가지고 있었다. 왜냐하면 그는 아첨하는 말을 하지 않았기 때문에 점잔 빼는 시종들과 귀족들에게 영향을 미쳤다. 그들은 그를 대양을 경험한 선장, 항해자, 탐험가라고 생각했다. 트란스실바누스는 '고귀한 포르투갈 사람'에 관해 애정을 가지고 이렇게 기록하고 있다.

마누엘 왕의 선장은 선대와 함께 동쪽 루트로 포르투갈이 발견한 모든 지역을 항해했으며, 탐험했다. 그는 카스티야로 건너갔지만 앞에 언급했던 마누엘 왕에게 만족하지 못했다. 그의 군주가 그에게 보여주었던 배은망덕한 태도 때문이었다.

그래서 모든 것이 잘 진행되는 것처럼 보였다. 그러나 데 하로의 낙관주의는 너무 이른 것이었다. 마가야네스는 자신이 모든 사람이 경탄하지만 아무도 감히 타려고 하지 않는 사자에 비유되고 있음을 곧 알아차렸다. 누구나 그를 흥미롭게 생각은 하지만 그를 믿는 사람은 거의 없었다. 크리스토발 콜론이 발견한 대륙의 가장자리를 아무리 많이 탐험했다 할지라도 그 대륙의 통로가 있다는 것은 어디에서도 입증되지 않았다. 교회는 아메리카 대륙이 북쪽에서 남쪽으로 길게 놓여 있는 수직의 장벽으로서, 극점 지역과 탐험할 수 없는 지역으로 넓게 퍼져 있으며 하나님이 인간의 호기심과 지배 욕구를 막기 위해 만들었다는 견해를 표명했다.

하로 가의 은행가들 역시 신중했다. 그들은 무엇인가를 감행할 의도는 있었다. 그것이 그들의 사업이었다. 그러나 그들은 비이성적인 것을 감행하기에는 경험이 많았다. 그것은 어리석은 짓에 불과할 것이다. 안트웨르펜 사람인 데 하로의 설명, 그의 신뢰, 그의 고귀한 태도도 재정가의 회의를 약화시키지 못했다. 그뿐만이 아니었다. 팔레이루가 토성의 그림자 속에 놓여 있는 별점을 보고 반대와 어려움이 많아질 것이라고 예언했다. 분명 에스파냐도 포르투갈과 같을 것이다! 이런 비유는 이해할 수 있었다. 왜냐하면 이 두 국가가 함께 이베리아 반도를 형성하고 있기 때문이다.

이 사안들은 마가야네스의 희망대로 진행되지 않았다. 포르투갈 사람들은 이곳에서 전혀 인기가 없었다. 많은 에스파냐 사람들이 포르투갈 사람들을 거짓말쟁이로 간주했다. 결국 다른 사람, 즉 고메스라는 사람이 선수를 칠 것이다. 게다가 지레짐작하는 많은 교활한 사람들도 있다. 그들은 마가야네스를 포르투갈의 첩자로 여겼다.

다행히도 아란다가 있었다. 그는 주저하지 않고 간계의 소용돌이 속에서 벗어났다. 이런 것에 그는 능통했다. 누가 그것의 진행을 방해하는가? 비를 부르려 하지만 우박이 내리면 가능한 한 빨리 가까운 은신처로 도망쳐버리는 비를 내리게 하는 마술사 같은 사람들인가. 아란다는 서둘러 상급자인 폰세카에게로 가서 그를 졸라댔다. 카사 데 콘트라타시온이 중요한 사업에서 배제되어야 하는가? 어쨌든 이런 관청이 필요 없다고 여기는 사람들이 많다. 마가야네스의 계획이 이루어진다면 모든 것이 변화되고 포르투갈의 돈줄을 에스파냐로 이동시킬 수 있을 것이다. 주교는 자신의 위치를 공고히 할 수 있음을 파악했다. 그가 지금 그들에게 찬성한다면 그들은 앞으로 이런 결정의 결과를 그와 함께 나누게 될 것이다. 그러면 그는 오랜 시간 동안 다수의 사람들을 자기 편으로 묶어둘 수 있다.

폰세카는 바로 작업에 들어갔다. 직선적이지만 약간 순진하기도 한 재상은 설득하기가 쉬웠다. 폰세카는 그를 쉽게 설득할 수 있었다. 소바주는 판단하는 데 있어 정말 '명확하고 확고했다'. 그것이 이번에는 장점으로 작용했다. 소바주는 자신의 빈 금고를 채워주겠다고 약속하는 모든 제안을 환영할 수밖에 없었다. 아드리안 뵈이엔스의 마음을 얻기는 좀 힘들었다. 이 성직자는 전혀 환상이 없었다. 우트레히트 주교인 뵈이엔스는 무엇보다 교회를 변화시키기를 원했다. 개혁적인 이단자, 특히 루터, 에라스무스, 칼뱅, 츠빙글리 등이 교회의 토대에 분열의 독을 집어넣었다고 생각했다. 뵈이엔스는 많은 것이 부패했으며, 개혁되어야 한다는 것을 알고 있었다. 단지 개혁의 실행에 앞서 개혁이 어디서부터 시작되어야 하는지를 알지 못했다.

폰세카는 능숙했다. 그는 경건한 우트레히트 주교의 마음을 사로잡을 줄 알았다. 뵈이엔스는 추기경으로서 교황 선출을 위한 추기경 회의에 속해 있었다. 레오 10세 교황은 건강하지 못했다. 적당한 때에 후계자를 고려해야 한다. 그는 성부가 '세계의 군주'라는 직함을 새로 발견하게 될 모든 나라에서도 유지할 수 있으리라고 생각할 것이다. 그럼으로써 그들의 세속적인 지배자에게는 교황에게 헌물을 바칠 의무가 부과된다. 그것은 교회개혁을 위한 돈을 의미한다. 게다가 폰세카는 뵈이엔스 추기경이 교황의 후계자로 예정되어 있을 것이라는 확고한 생각을 가지고 있었다.

폰세카는 드 크로이 대시종도 빨리 설득할 수 있었다. 드 크로이는 식민지에 대해 전혀 관심이 없었다. 그러나 그 역시 많은 돈을 필요로 했다. 왜냐하면 그는 네덜란드의 함대를 영국보다 더 강화시키려 하기 때문이다. 향료로 많은 돈을 벌 수 있을 것이라는 생각이 그의 마음을 움직였다. 검은 후추와 흰 후추, 계피, 육두구 열매, 생강과 특히 많은 이익을 남기는 정향을 좋은 가격을 받고 팔 수 있을 것이다. 그리고 그때 정향이 나오는 몰루카 군도가 토르데시야스 경계선에서 에스파냐쪽에 놓여 있다는 소문이 돌았다. 그것을 확인하기 위해 에스파냐는 조사를 해야 한다.

폰세카는 그의 사무장이 제공하는 모든 자료를 이용했다. 콜론의 새로운 대륙을 가로지르는 통로에 관해 소문보다 더 많은 것을 알고 있는 남자가 있었다. 그의 이름은 페르난도 데 마가야네스다. 노련한 포르투갈의 선장이며 해양학자이며 군인이다. 사람들이 그에 관해 가져오는 정보는 어느 정도 시험해본 결과 긍정적인 것임을 알 수 있다. 물론 항해와 대포만으로 이루어질 수 없다. 그렇기 때문에 마가야네스는 훌륭한 천문학자와 함께해야 한다. 그의 이름은 후이 팔레이루이며, 지리학적 경도를 규정하기 위해 비밀공식을 만들어낸 명성이 높은 학자이다. 그 천문학자가 그의 지식을 아직 아무에게도 알리지 않았다는 사실을 인지해야 한다. 마누엘 왕이 그것을 서둘러 이용할 수도 있기 때문이다. 경도측정의 비밀이 옳은 것으로 증명된다면, 그 비밀을 지금 에스파냐가 보유하고 있는 것이다.

아란다는 그의 상사와 마가야네스 사이를 열성적으로 왔다갔다했다.

그는 좋은 소식을 가지고 왔다. 카를로스 왕이 대시종으로부터 에스파냐의 명성과 부를 예고할 수 있는 위대한 계획에 관해 들었으며, 마가야네스와 팔레이루를 조만간 만나려 한다는 것이다. 좀더 상세한 사실을 듣기 위하여! 그는 슬며시 교묘하게 자신의 보상에 대한 질문을 대화에 집어넣었다. 마가야네스는 웃었다. 심지어 팔레이루 역시 씁쓸하게 웃었다. 그 소식은 그의 성격을 온화하게 만들어주었다. 푸엔테 델두에로에서 마가야네스가 제안했지만 거절당했던 8분의 1을 주기로 결정했다. 그들은 그 약속을 공증인 앞에서 격식을 차린 계약서에 적고 서명했다.

며칠 후 가톨릭왕인 에스파냐의 카를로스 1세가 세비야에서 사흘 후에 그들을 접견하겠다는 소식이 들려왔다. 마가야네스는 그 소식을 듣고 무척 기뻤다. 영향력 있는 사람들의 도움으로 왕을 만날 수 있는 기회가 그에게 열린 것이다. 그의 주머니에는 데 하로가 준 돈이 있었으며, 60만 마라베디에 달하는 베아트리스의 지참금이 있었기 때문에 그는 더 이상 청원자로 접견하러 가는 것이 아니다. 이제 그는 자신의 운명을 조련해야 한다!

카를로스 왕과의 접견

그들은 대기실에서 기다렸다. 1518년 3월에 그들은 왕과 면담하기로 되어 있다. 젊은 군주가 이들 계획의 위대함을 평가할 능력이 있을까? 일시적인 기분으로 그는 꿈이 현실로 전환될 수 있을지를 판단할 수 있을까? 아니면 그 계획의 위대함을 전혀 인식하지 못할 것인가? 접견실의 경직된 분위기에서 그 사건의 일회성을 암시하는 것은 아무것도 없다. 그것은 왕에게 있어 큰 성 안에서 이루어지는 다른 많은 접견들처럼 하나의 접견에 불과할 뿐이다. 그러나 한 시간 후면 지구의 모습을 바꾸게 될 앞으로의 진로가 확정될 것이다.

마가야네스는 왕과의 만남을 기다리면서 불안한 마음이 들었지만 애써 불안을 억눌렀다. 그는 모든 것을 고려했다. 수년간 정보를 모았으며 팔레이루의 지식을 저장해놓았다. 그는 사실들을 비판적으로 검증해보았으며 그에 반대하는 논거 및 그것을 확인해주는 자료를 알고 있었다. 그리고 그는 그처럼 원정의 실현 가능성을 믿었던, 전문지식을 갖춘 친구들의 동의를 얻었다. 그의 가능성은 컸다. 그리고 오늘 모든 것이 결정될 것이다. 겉으로 보기에 그는 평온했다. 자신의 두려움을 숨길 수 있었다.

팔레이루는 흥분하여 보통 때보다 더 몸을 뒤틀고 안절부절하지 못했으며 신경이 곤두서 있었다. 크리스토발 데 하로는 그와는 반대로 충분히 잠을 자고, 기분 좋게 긍정적인 기대감 속에 빠졌다. 후안 아란다는 자랑스럽게 마가야네스 옆에 서 있었다. 자신이 이 접견을 성사시켰다는 것과 잠시 후면 그도 신이 선택된 왕과 처음으로 눈과 눈을 마주보며 서 있게 될 것이라는 사실에 자부심을 느꼈다.

의식 담당 의전관이 마가야네스의 무리를 불렀다.

"경애하는 선장 페르난도 데 마가야네스?"

"여기 있습니다, 각하."

예절에 맞게 마가야네스가 대답했다.

"가톨릭왕인 카를로스 1세, 에스파냐와 시실리의 군주이며, 카스티야와 아라곤 가의 후계자이며, 오스트리아의 대공이시며, 부르고뉴와 브라반트의 공작이시며 플랑드르와 티롤의 백작인 폐하 앞에 나설 준비가 됐소?"

"준비됐습니다."

"혼자 왔소?"

"아닙니다. 저와 함께 온 사람들 중에는 명망 높은 교사이며 우주학과 천문학 및 점성학 박사인 리스본 출신의 후이 팔레이루와 또 세계 각지를 여행한 존경할 만한 안트웨르펜 출신의 상인 크리스토발 데 하로, 마지막으로 카사 데 콘트라타시온의 사무장인 고귀한 후안 아란다 공이 있습니다."

"들어가시오. 당신들의 의도가 평화로운 것이라면 당신들을 환영합니다."

"감사합니다."

그것은 역사적인 만남이었다. 열여덟 살의 젊은 왕과 육체적으로 약간 장애가 있는, 햇빛에 그을린 서른여덟 살의 뱃사람. 왕은 비단 의자 위에 높이 앉아 있었다. 그는 마르고, 키가 크고, 호리호리했으며 방금 성장을 끝낸 상태였다. 짧은 치마 밑으로 눈에 띄게 아름다운 다리가 드러났다. 카를로스는 가볍게 아래로 쳐진 통통한 아랫입술을 할아버지인 막시밀리안으로부터 물려받았다. 광대뼈는 어머니를 닮아 평평했으며, 안구가 약간 튀어나온 그의 길고 마른 얼굴에서 약간 구부러진 커다란 코가 두드러졌다.

그는 반쯤 입을 벌린 채 숨을 쉬었다. 어린 시절부터 천식을 앓고 있었기 때문이다. 그는 머리카락을 어깨까지 길게 기르고 있었다. 왕의 뒤에는 반원의 형태로 에스파냐 궁전의 주교들, 장관, 고문관, 통역사들이 서 있었다. 추기경 뵈이엔스와 드 크로이 대시종만이 카를로스 왕 가까이, 왕보다 약간 낮은 곳에 서 있었다.

마가야네스의 접견은 처음에는 별로 좋은 방향으로 진행되지 않았다. 우선 카를로스는 의심이 많았고 그 마음속을 읽기가 힘들었다. 그는 이미 배반한 포르투갈의 신하에 관해 여러 번 들었다. 마가야네스는 깊이 몸을 숙이고 왕의 손에 키스하기 위해 앞으로 나서려 했다. 그러나 왕은 위압적인 몸짓으로 그에게 그냥 서 있으라고 지시했다. 그 상황은 마가야네스로 하여금 반년 전에 그에게서 손을 뺐던 마누엘 왕과의 접견을 기억나게 했다. 그러나 카를로스는 바로 본론으로 들어갔다. 우선 그는 마가야네스에게 몰루카의 정확한 위치에 관해 냉엄하게 심문했다. 마가야네스는 왕의 질문에 존경심을 가지고 담대하게 대답했다. 왕은 그가 원하는 것이 무엇인지 말하라고 요구했다.

냉정한 접대에 약간 화가 나 있던 마가야네스는 몇 마디 말로써 별로 세련되지 못하게 자신의 원대한 계획에 관해 설명했다. 그 계획이 그 전에 이미 자주 논의되지 않았고, 깨끗한 서류철에 묶여 책상과 회의실로 돌아다니지 않았다면, 그의 세련되지 못한 강연은 왕에게 아무런 관심을 불러일으키지 못했을 것이다. 마가야네스는 그것을 감지했다. 왕은 습관적으로 아무 말 없이 귀를 기울였다. 마가야네스는 자신의 계획을 설명하기 위해 그림이 그려진 작은 지구의를 가져왔다. 그리고 그것을 대리석 책상 위에 올려놓았다. 카를로스는 일어나서 흥미로운 듯 가까이 다가갔다. 그의 수행원들도 그리로 몰려들었다.

마가야네스는 손가락으로 가리켰다. 선장의 손은 둥근 지구본 위로 미끄러졌다. 그리고 본격적인 주제로 들어가자 그는 이내 활기를 얻었다. 이것이 서쪽, 아니 더 정확하게 말하자면 남서쪽 항로이다.

"여기가 토르데시야스 경계선입니다. 이 경계선은 극점에서 극점으로 이어지면서 결과적으로 여기서 180도 떨어진 지구의 뒷면에도 이어집니다. 이 경계선은 남쪽으로 콜론이 발견한 대륙을 가로지릅니다. 그렇기 때문에 남아메리카에서 브라질의 동쪽 부분만이 포르투갈에 속합니다. 폐하께서 이미 아시는 것을 설명한다 해도 양해해주시기 바랍니다. 지구의 전체 모습을 묘사하기 위해서는 여기서 그것을 언급해야 합니다. 남서쪽으로 조금 더 가면 해협, 즉 에스트레쇼가 존재합니다. 이 해협을 통해 우리는 이 신대륙을 가로질러 갈 수 있습니다——마가야네스는 지구의를 천천히 서쪽으로 돌렸다——그리고 발보아의 남해를 건너 원동에 있는 군도로 갈 수 있습니다."

"통로가 있다구요? 그 정확한 위치가 어디요?"

누군가가 뒤에서 물었다.

"그것은, 죄송하지만 비밀입니다."

마가야네스가 성급하게 말했다. 이 방에서 다른 사람의 감정은 아무런 가치가 없으며, 따라서 그는 확실한 정보를 줄 수가 없다. 그는 곤혹스런 질문에서 벗어나고자 했다.

장관 중 한 사람이 캐물었다.

"우리들이 알고 있는 지식에 따르면 이 대륙에 해협이 있다는 것은 의심스럽소. 확실한 전문가들인 우리의 해양학자들이 그것에 이의를 제기했소."

마가야네스는 침묵했다. 그는 이 방에 들어선 이후 오로지 왕만 쳐다보았다. 왕은 생각에 잠겨 그의 눈을 쳐다보았다.

"그런데?"

카를로스가 잠시 후에 말했다.

"계속하시오!"

"해협은 존재합니다. 그리고 나는 그것을 알고 있습니다."

"왜 당신은 그 위치를 공개하지 않는 것이오?"

"고매하고 존경할 만한 천문학자인 후이 팔레이루 씨가 일반적으로 공개할 수 없는 그런 정보들을 많이 가지고 있습니다. 그에 따르면 표시한 지역에 통로가 존재합니다. 이것을 증명해주는 지도들도 이미 제출했습니다. 그곳에서 해난당했던 선원들, 여기 함께 계시는 존경할 만한 안트웨르펜 출신의 상인 데 하로 씨도 잘 알고 있는 선원들이 그 해협의 존재를 확인해주었습니다. 우리는 함께 모여 모든 사실을 검증해보았지요. 그 해협은 확실히 존재합니다! 우리가 정확한 위치를 공지하지 않는다 하더라도 폐하는 용서해주실 줄 믿습니다. 누구도 우리보다 먼저 이 해협을 지나지 못하게 하기 위함입니다."

카를로스 왕은 데 하로를 쳐다보았다. 하로는 진지하고 품위 있게 고개를 끄덕였다.

"리스본의 테소라리아에서 우리는 운 좋게도 남쪽으로 위도가 높은 곳에 위치한 통로에 관해 보고하는 자료를 볼 수 있었습니다."

'우리'라고 말하는군, 하고 마가야네스는 생각했다. 그는 리스본의 주앙이 푸거 가에게 보내는 편지에서 본 것을 테소라리아에서 본 자료라고 말하는 것이다.

데 하로는 계속 이야기했다.

"그것은 바다로 60마일 튀어나와 있는 독특한 곳에 둘러싸여 있습니다. 해협을 통과하면 직접 향료 군도로 갈 수 있습니다."

그는 확신에 차서 말했다.

"이 항로가 더 짧다면 왜 포르투갈은 이 길을 이용하지 않습니까?"

데 하로는 태연하고 자신감 있게 말했다.

"단지 추측만 할 수 있지요. 아마도 그들은 몰루카가 토르데시야스 경계선의 에스파냐 쪽에 놓여 있다는 것을 알고 있으며 그들이 서쪽 항로를 거쳐 몰루카로 가는 길을 택했다면 폐하의 선장들을 주목하게 만들지 않을까 두려웠기 때문일 겁니다. 다른 이유가 있을 수도 있습니다. 그 해협은 쾌적한 지역에 있는 것이 아닙니다. 앞에 말씀드렸던 그 보고를 보면 비바람을 동반한 나쁜 날씨에 관해 언급하고 있습니다."

그러나 에스파냐 사람들은 확신할 수가 없었다. 그가 지원을 기대한다면 그는 의심스러운 해협에 관해, 특히 그것의 위치와 진로에 관해 알려주어야 한다고 말했다. 마가야네스는 다시 한 번 소위 말하는 비밀 엄수를 저주해야 했다.

"폐하 그리고 각하 여러분, 제가 여러분들의 요구를 들어줄 수 없는 사정에 양해를 구합니다. 오늘날의 시국은 상당히 어렵고 저같이 단순한 뱃사람으로서는 전혀 통찰할 수 없을 때가 자주 있습니다. 그 해협에 대한 정보는 다른 국가에도 아주 높은 가치를 지니고 있습니다. 여기 계신 분들의 고결함을 확신하지만 저의 지식이 어느 경쟁자에 의해 약탈되지 않는다고 누가 보증할 수 있겠습니까?"

뒤에서 분노의 소리가 들렸다. 이 이방인이 감히 무슨 이야기를 하는 것인가? 그들 중 배반자가 있다고 주장하는 것이 아닌가?

카를로스는 다시 생각에 잠겨 마가야네스를 쳐다보았다.

"좋소."

그가 말했다.

"당신이 그렇게 조심스러워하는 이유를 이해할 만하오. 그러나 나의 의심을 가라앉히기 위해서는 알아야겠소. 어떻게 당신이 이런 지식을 얻게 되었는지를."

마가야네스는 이런 반박을 기대했다. 그가 대답했다.

"바로 유명한 우주학자 마르틴 베하임을 통해서지요?"

"베하임? 베하임을 알고 있소?"

"제 선생님이셨습니다, 폐하."

"어떻게 그렇게 된 것이오?"

"리스본에서요. 제가 어렸을 때 왕궁의 시동학교를 다녔습니다."

카를로스는 그의 고문관들 중 한 명에게 손짓을 했다. 그가 가까이 다가와서 확인해주었다.

"사실입니다, 폐하. 우리의 정보는 이 사람의 진술과 일치합니다."

"그리고 베하임이 당신을 신뢰했다고?"

"그렇습니다, 폐하. 그는 항해에 관심이 있다고 생각하는 소수의 학생들에게 테소라리아의 왕실 도서관을 위해 그의 저서들을 정리하도록 시켰습니다. 그러나 그들은 나를 포함해서 모두 인도 전쟁에서 죽거나 부상당했습니다."

"계속해보게."

왕은 관심을 드러내며 몸을 앞으로 굽혔다.

"저는 그곳에서 베하임의 지도를 정확하게 공부할 수 있었습니다. 그 지도가 마누엘 왕의 금고에 들어가기 전에 말입니다."

그것은 확실한 효과를 미쳤다. 마가야네스의 말만으로는 불확실해 보이던 것이 뉘른베르크의 학자인 베하임을 통해서는 가능성이 있는 것으로 보였다. 베하임의 지도가 존재한다는 것을 아무도 더 이상 의심하지 않았다. 그러나 주위에 있던 많은 사람들이 이렇게 생각할 수도 있다. 리스본의 국고에 잘 보관되어 있는 지도에도 역시 추측에 불과한 것이 그려져 있을 뿐이라고. 한 사람이 이렇게 말했다.

"내 생각과 소위 말하는 많은 전문가들의 의견에 의하면 사람들이 테라 페르마라고 지칭하는 엄청나게 큰 대륙이 동양의 바다와 서양의 바다를 차단하는지, 아니면 남쪽으로 이어지는 해안이 나중에는 서쪽으로 향하면서 해협이 존재하는지는 아직 밝혀지지 않고 있습니다. 결국 서쪽에서부터 동쪽 나라에 이른다는 것은 전혀 전망이 없어 보입니다. 모두가 알고 있는 정보에 따르면 지금까지의 많은 노력에도 불구하고 해협이 존재한다는 것을 증명하지 못하고 있습니다. 그것의 존재는 매우 의심스럽습니다."

그들은 에스파냐에서 가장 영리한 사람들이었다. 그들은 그가 속이고 있다는 것을 눈치채야만 한다. 마르틴 베하임의 유명한 지구본 위에는 콜론의 대륙이 아직 그려져 있지 않다. 베하임은 제노바 사람 콜론이 그 대륙을 발견하기 위해 항해중이었던 그해에 지도를 완성했다. 그러므로 베하임은 그것을 전혀 알 수가 없었다. 아마도 베하임이 나중에 개정한 지도를 그렸으며 그 지도에 해협이 그려져 있을까? 그런데 그 지도가 왜 하필이면 리스본에서 박해만 당했던 마가야네스의 손에 들어가게 되었을까? 그 해협은 가정일 뿐인가? 상상력의 산물인가?

그는 그들을 혼란스럽게 만들어야 한다. 그에게는 어떤 다른 가능성도 존재하지 않는다. 그는 결정을 원한다. 그리고 그 결정은 그에게 유리하게 내려져야 한다. 세하옹과 베아트리스가 담보물이기 때문이다. 이런 순간에, 이기주의에서가 아니라 보다 높은 통찰력과 지식욕에서 거짓말을 한 이 순간에 그는 본인도 알지 못한 채 올바른 생각을 하게 되었던 것이다. 그들은 베하임의 지도를 알지 못한다. 그들이 그것을 믿든 믿지 않든 상관없이. 그러나 포르투갈왕의 비밀서고에는 실제로 포르투갈이 사용하는 경로를 마누엘에게 알려주고 향료 독점을 영원히 지속시켜줄 암시가 숨어 있을 수도 있다.

베하임을 언급함으로써 그는 에스파냐 귀족들의 의심을 약화시키고 그들의 욕심을 일깨웠다. 이 포르투갈 사람이 말하는 것은 불가능한 것이 아니다. 그들은 모두 독일의 지도 제작자인 마르틴 발트제뮐러가 10년 내지 11년 전에 출간했으며 콜론이 발견한 신대륙이 그려져 있는 유명한 지도를 알고 있었다. 발트제뮐러는 아메리고 베스푸치의 보고에 따라 그 대륙을 그렸으며 그 대륙에 아메리카라는 이름을 부여했다. 발트제뮐러는 틀림없이 베하임과 잘 알고 있다. 그렇기 때문에 마가야네스의 주장은 신빙성을 지니고 있었다.

카를로스는 생각에 잠겼다.

"이 일이 성사되기만 한다면 우리가 동방의 무역과 포르투갈의 무역권을 획득할 수 있을 것이오."

왕의 마음이 움직이는 것처럼 보이자 갑자기 그들은 동의를 했다. 마가야네스가 주장하는 해협의 존재를 아마도 의심할 필요는 없을 것이라고. 그렇다면 몰루카까지는 얼마나 먼가?

"그 섬에는 쉽게 갈 수 있습니다."

실제로 신대륙 바로 뒤에서 발견할 수 있다고 믿고 있는 마가야네스가 말했다.

"그에 대해서 당신은 어떤 증거도 가지고 있지 않소."

고문관 중 한 명이 아직 탐험되지 않았기 때문에 아무것도 그려지지 않은 지구의를 쳐다보며 말했다.

"구체적이지는 않지만 그래도 논리적이며 게다가 유명한 프톨레마이오스의 지식에 근거하는 증거를 가지고 있습니다."

조용히, 분노를 억누른 채 그는 팔레이루와 리스본에서 논의했으며, 그가 믿고 있는 논거를 펼쳐 보였다. 그는 유럽과 아시아를 형성하는 대륙의 크기에 관해 보고하면서 말했다. 프톨레마이오스의 계산으로는 177도이지만 그 사이에 알게 되었듯이 우리는 대략 57도 정도 아시아가 더 확장되었다고 생각해야 한다. 그럼으로써 그것은 그 크기를 234도로 생각한 베하임의 계산과도 일치한다. 콜론이 아시아를 더 크게 생각했다는 점에서는 아주 틀렸다고 할 수 없지만 그는 1천180리그, 즉 78도를 지난 후 육지에 도달했다. 제노바 사람 콜론은 이 정도의 거리를 지나고 나서 아시아가 있다고 기대했던 것이다. 그것이 신대륙임을 그는 알 수가 없었다.

그래도 우리는 오늘날 대략 지구의 둘레를 유추할 수 있다. 아시아는 234도, 대서양은 78도, 아메리카는 대략 10도로 계산한다. 왜냐하면 우리가 발보아로부터 들어 알고 있듯이 파나마 해협은 아주 가늘기 때문이다. 그럼으로써 모두 합하면 322도에 이르게 되는데 원의 360도에서 38도가 부족하다. 그래서 남태평양은 대략 38도 정도의 폭으로 대서양 폭의 반도 안 된다.

어떤 항의도 제기되지 않았다. 마가야네스는 의심이 줄어들고는 있지만 아직 완전히 제거되지 않았음을 감지했다. 그는 그의 원대한 계획을 잉태하게 한 세하웅의 편지를 가지고 왔다. 그는 그 편지를 낭독했다. 모험으로의 항해, '바스코 다 가마의 그것과 필적할 만'하다고 친구가 말한 여행의 묘사, 기적의 나라로의 상륙, 그의 동화 같은 체험! 그는 그 편지를 돌렸다. 그들은 그것을 만지고 검사하고 그것의 진위를 시험해보았다. 마가야네스는 그의 서류더미를 뒤져 몰루카 군도의 위치를 계산을 하면서 '몰루카의 위치에 관한 자료들'을 보여주었다. 동경 2.5에서 4도, 그러나 그것은 실수다. 그것은 증거가 있어야 한다! 환상이 그를 혼란스럽게 했다. 세하웅의 낙관적인 태도가 그를 착각하게 만들었는가? 정해진 것은 아무것도 없고 확실한 것 역시 아무것도 없다. 게다가 누가 감히 그 경계선을 건드림으로써 교황과 갈등을 일으키겠는가. 그 문제는 리스본에서는 별로 중요하지 않을 수도 있다. 그러나 바야돌리드에서는 중요하다. 특히 카를로스가 황제의 후보자로 나섰기 때문이다. 카를로스 왕은 금과 돈으로 가득 찬 금고가 필요했으며 파문과 전쟁은 피해야 한다.

데 하로가 끼어들었다. 그는 극동지역에서 온 중개인의 편지를 내놓고 그것을 해석했다. 그러나 그들의 마음이 이미 굳어진 것인가? 전제조건만 충족될 수 있다면 몰루카에 도달할 수 있는데! 그것은 아무도 확신할 수 없다. 누가 확실하게 알 수 있겠는가. 결국 에스파냐에 손해를 주지 않으면서도 포르투갈의 이익을 빼앗을 수 있다고?

팔레이루 공이 그렇게 할 수 있다! 그가 저자세로 그들의 주목을 끌어들인다면! 그 천문학자는 흥분하여 나침반을 꺼내서는 그것을 기준으로 지구의를 세웠다. 향료 군도가 에스파냐령이라는 것은 확실하다. 폐하와 귀족들을 설득해야 한다!

향료 군도가 에스파냐령인가? 그렇다면 그것은 원정의 성공적인 결과가 될 것이다. 오늘날 그 목표에 도달한다 하더라도 그 모험이 할 만한 가치가 있는가라는 질문이 제기된다. 도중에 많은 분규가 일어날 수 있을 것이다. 그런 분규들은 에스파냐 배를 격침시킬 수 있는 계기를 포르투갈에게 제공할 수도 있을 것이다.

"내 공식이 그것을 막아줄 것이오."

팔레이루가 의미심장하게 외쳤다.

"당신의 '공식'이란 무엇이오?"

다시 어느 고문관이 질문했다.

"나는 경도를 측정할 수 있는 방법을 발견해냈소."

팔레이루가 자랑스럽게 외쳤다.

"그것은 아직까지 누구도 이루지 못한 건데! 당신의 그 공식은 무엇을 근거로 하고 있소?"

"그것 역시 비밀이오!"

"그렇다 해도 암시 하나 정도는 주셔야지요."

팔레이루는 생각에 잠겼다.

"좋소."

키 작은 천문학자는 자랑스럽게 말했다.

"내 공식은 크리스토발 콜론이 이미 확인했던 자석의 편차에 근거하고 있소. 이 편차는 서쪽으로 증가하고 동쪽으로 감소합니다. 그것의 법칙성을 알아내고, 거기서 경도와의 관계를 규정하는 데 성공했습니다."

"콜론은 나침반 바늘의 편차를 북극성으로 확인할 수 있었소. 그러나 남반구에서는 북극성을 볼 수가 없소."

"내 방법은 북극성이 없어도 가능합니다!"

"한 번 가정을 해봅시다."

고문관이 냉정하게 말했다.

"믿을 수는 없지만, 그럴 수 있다고 칩시다. 당신에게 무슨 일이 일어난다면 누가 올바른 위치를 찾을 수 있소?"

팔레이루는 잠시 당황스러웠다. 그는 재빨리 정신을 수습하고 대답했다.

"내 공식으로 계산하는 법을 마가야네스 선장에게 가르칠 것이오."

젊은 왕은 그 논쟁을 주의 깊게 들었다. 고문관들이 열심히 싸우는 동안 그는 한마디도 하지 않았다. 그는 이미 결정을 내렸다. 그는 방문자들을 관찰했다. 상인, 학자, 선장. 한 사람은 돈을 좋아하고 다른 사람은 별점을 본다. 그러나 이 절룩거리는 뱃사람은 그들과는 다른 사람이다. 왕이라면 열여덟 살의 어린 나이에도 사람들을 제대로 평가할 수 있다! 대부분의 사람들은 돈이나 명예를 원한다. 그러나 이 사람은 가능성을 원한다! 나의 학식 있는 고문들은 탁상공론가일 뿐이다라고 그는 경멸조로 생각했다. 아마도 그들 모두는 '만약'과 '그러나'를 알고 있을 것이다. 그러나 그 모든 것들은 이론일 뿐이다. 저 뱃사람은 탐험을 위해 존재한다!

당시 카를로스가 이미 황제가 되었으며 경험 많은 전제군주였다면 그는 그의 장관들처럼 여러 가지를 고려했을 것이다. 마가야네스에게는 다행히도 카를로스는 아직 감동할 줄 아는 소년이었다. 젊음은 열광할 수 있다. 이 절룩거리는 남자가 그로 하여금 미래를 내다볼 수 있게 만든 것이다. 계획의 대담함, 그것의 원대함, 그것의 불확실함, 그것의 무한함, 정확성의 부족, 간단히 말하면 그 모든 것이 의미하는 모험이 젊은 왕의 영혼에 불을 붙였다.

그것은 마가야네스의 위대한 시간이었다. 그는 증거와 자료를 통해 이긴 것이 아니었다. 왜냐하면 그는 그런 것이 없기 때문이다. 설득력과 거짓을 통해 확신시킨 것이 아니다. 그랬다면 이런 범주의 사람들은 이에 대해 비웃었을 것이다. 그리고 시기심이나 열정으로 설득시킨 것도 아니었다. 그의 이전 군주가 제대로 평가할 줄 몰랐던 그의 체험과 경험을 에스파냐왕은 놓치지 않았다. 마누엘에게는 퇴직 군인에 불과했던 마가야네스가 젊은, 그래서 더욱 감수성이 예민한 왕에게는 영웅으로 보였다.

왕은 일어서서 친절하게 방문자들에게 그만 물러가라고 말했다. 카를로스는 서면상의 제안서와 그들의 요구를 받아들였다. 그들은 그의 지지를 확신할 수 있었다.

접견은 끝났다.

계약이 성사되다

왕실의 책임 고문관들은 접견 전이나 후나 마찬가지로 아메리카 대륙을 관통하는 해협이 있다는 사실을 믿지 않았다. 그들은 왕보다 덜 충동적이었으며, 이 포르투갈 사람의 제안이 결국은 에스파냐에 해를 입히지나 않을까 확인해보았다. 도미니크회 수도사이면서 신부이고 재상의 고해신부이기도 한 베탕쿠르는 마가야네스의 '섬세하게 그려진 지구공'을 더 정확하게 볼 수 있었다. 그는 아드리안 뵈이엔스에게 보고했다.

"그 위에는 모든 해안들이 그려져 있습니다. 단지 마가야네스가 의도적으로 해협 근처에 있는 공간을 비워놓았을 뿐입니다. 그의 비밀이 드러나지 않도록 하기 위해서지요."

"어떻게 그것을 알았소?"

"부르고스의 주교가 이 지구의를 가져와서 마가야네스가 가려는 길을 가리켰을 때 재상의 방에 함께 있었습니다."

늙은 추기경은 생각에 잠겼다.

"그 선장을 찾으시오."

마침내 그가 입을 열었다.

"그리고 그에게 그 항로에 대해 직접 물어보시오."

베탕쿠르는 마가야네스의 솔직함에 대해 놀랐다. 그는 마가야네스의 말에 귀를 기울였다.

"저는 우선 산타마리아 곶으로 항해할 것이며, 그 해협을 찾을 때까지 해안을 따라갈 겁니다."

"그러나."

베탕쿠르가 그의 말을 가로막았다.

"그 해협을 발견하지 못한다면 당신은 어떻게 몰루카 군도에 도달할 겁니까?"

마가야네스가 작은 소리로 대답했다.

"그렇다면 포르투갈의 인도 항해자와 같은 길을 가겠지요."

"그렇다면 해협이 없다는 것을 인정하는 것이오?"

"저는 그것의 존재를 믿습니다. 왜냐하면 베스푸치와 리스본의 주앙의 자료가 믿을 만하기 때문이오. 저는 제가 확실하게 알고 있지 않은 것을 인정하지는 않습니다!"

베탕쿠르도 양보하지 않았다.

"선장, 당신은 폐하와의 접견에서 솔직하지 않았군!"

"솔직했습니다!"

마가야네스는 몸을 펴고 수도사의 눈을 쳐다보았다.

"우리의 계산이 맞는다는 것을 나는 확신합니다! 그것만이 유효합니다! 그렇기 때문에 나는 그 해협을 찾을 것이며 전지전능하신 하나님의 뜻대로 그것을 찾게 될 것입니다. 그렇지 않다 해도 남쪽으로 일주할 수 있는 가능성, 해협이 존재하지 않는다 하더라도 결국은 희망봉을 돌아 일주할 수 있는 가능성이 남아 있습니다. 나는 증거를 가져오겠소. 지구가 둥글고 몰루카가 에스파냐령이라는 증거를 말입니다!"

"그렇다면 당신은 왕 앞에서 '파소'에 대한 당신의 믿음에 관해서는 이야기했지만, 당신의 '지식'에 관해서는 말하지 않았군요."

"어떻게 당신은 그 문제를 그렇게 확신합니까? 당신은 천국이라는 낙원을 믿고 있지만 그것에 관해 알고 있습니까?"

"마가야네스, 당신은 죄를 짓고 있군요! 그런 말을 들으려 했던 것이 아니오. 그러나 당신의 불확실성에 관해서는 추기경 예하에게 보고해야겠군요."

"보고해봐야 당신이 막을 수 없을 겁니다. 여기서 나누었던 우리의 대화도 어쨌든 아무런 증거도 없잖소."

어차피 예상했던 것이 이제 명백히 드러난 것처럼 보였다. 해협은 증명되지 않았다. 그러나 카사는 몰루카가 에스파냐령이라는 것에 관심이 있었다. 그 계획은 국가의 가장 중요한 사안이 되었다. 항로는 아무래도 상관이 없었다. 물론 포르투갈 역시 향료 군도의 소유권에 대한 법적 혹은 도덕적 변명을 끌어낼 어떤 가능성도 가져서는 안 된다. 향료 생산지를 정복하고 나서 그것이 경계선 서쪽에 놓여 있다는 것을 외교적인 문서로 증명하면 될 것이다. 미지의 세상을 향해 떠나는 여행은 한 푼의 가치도 없다. 그러나 향료 생산지의 성공적인 강점에 소모되는 비용은 지불할 가치가 있다.

데 하로는 왕과 마가야네스 사이에 이루어지는 계약 초안을 어떻게 작성해야 할지 고민했다. 이 제국이 가난하다는 생각이 들었으며 그는 국가적 재정지원을 전혀 고려하지 않았다.

"그들은 돈을 매우 탐한다. 왜냐하면 아무것도 못 가진 자는 아무것도 줄 수 없기 때문이다."

데 하로는 그의 기업연합에 추파를 던졌다. 그는 궁정 대기실에서 기다리면서 그의 자금조달 모델이 채택되도록 힘을 썼다. 그러나 카를로스는 경비를 들이지 않고 수입을 기대했던 장관들의 말을 듣지 않았다. 그 사업과 마가야네스라는 사람은 그의 마음 한 구석에 있는 낭만적인 기질을 열게 해주었다. 이것은 그의 첫 번째 역사적 행위이다. 그것은 역사적일 뿐 아니라 그 단어의 가장 순수한 의미로 의미심장한 것이 되어야 한다! 그래서 그는 이렇게 규정했다.

"그것은 에스파냐 왕실의 전체 의장 경비를 지불하는 것보다 더 명예로운 것이다".

폰세카는 왕실과 마가야네스 그리고 팔레이루 사이의 계약을 이렇게 표현했다.

당신들, 천문학자인 후이 팔레이루와 선장이며 포르투갈의 기사인 페르난도 데 마가야네스가 나에게 알려왔다. 당신들이 신의 도움으로 미지의 대륙을 찾아서 그것을 우리 식민지로 만들기 위해 여행을 감행하려 한다는 것을. 우리는 다음과 같이 계약을 맺었다. 당신들, 즉 천문학 학자인 후이 팔레이루와 선장이며 포르투갈의 기사인 페르난도 데 마가야네스는 내 밑에서 일하기를 원하기 때문에 나는 당신들에게 우리의 통치권하에 놓여 있는 지역과 대양에서 우리에게 이익을 가져다주고 우리나라에서 유용하게 사용하게 될 섬, 육지, 특산품과 다른 물건들을 찾을 것을 위임한다.

명백히 추기경은 왕 못지않게 원정을 위한 열광에 전염되었다. 왜냐하면 그는 그때까지 사용하지 않았던 전권을 제안했기 때문이다. 마가야네스와 팔레이루에게는 대서양을 건너 향료 군도로 가는 항로를 찾으라는 임무가 부과되었다. 왕은 10년 동안 어떤 에스파냐의 배도 그들이 발견한 항로를 따라가지 못하도록 하겠다고 약속했다. 누군가가 그런 항해를 제안한다면 마가야네스와 팔레이루는 그의 조건을 넘겨받아서 우선권을 누릴 수 있다. 그럼으로써 모든 경쟁은 배제된다. 그것을 넘어서 왕은 두 사람에게 경비를 환수하고 난 후 왕실이 벌어들이는 모든 재산의 20분의 1을 주겠다고 약속했다. 그들과 에스파냐에서 태어나는 그들의 후손은 여행에서 발견된 나라들에 관해 아델란타도스와 고베르나도레스라는 직함을 받게 된다. 더 나아가 그들은 매년 1천 도

블론의 물품을——그것은 바야돌리드에서 최고 위치에 자리 잡은 정원이 딸린 웅장한 빌라와 맞먹는 가치였다——왕실 배에 실어 향료 군도로 보내고, 거기서 생산품을 거래하고 발생한 비용을 제하고 단지 5퍼센트의 비용만 지불하면 에스파냐로 운송할 있는 권리를 가지고 있다!

지금껏 아무것도 가져보지 못한 사람들에게 부가 손짓을 하고 있다. 그들이 여섯 개 이상의 섬을 발견한다면 그들은 상당한 특별지분, 말하지만 그들이 직접 정한 섬 두 개에서 나오는 수익의 15분의 1을 약속받았다. 군주는 장비를 갖춘 배 다섯 척을 제공하겠다고 약속했다. 두 대는 130톤, 두 대는 90톤, 그리고 한 대는 60톤이며, 총 230명의 선원 및 2년 동안 사용할 음식과 대포와 탄약 등이 지급될 것이다. 마가야네스는 그 선대의 최고 사령관이 된다. 그의 선장, 장교, 선원들은 그에게 무조건 복종해야 할 것임을 강조했다. 그러나 조건이 있었다. 카를로스는 마누엘과 어떤 싸움도 원치 않았다.

이 탐험 여행을 당신은 이렇게 실현시켜야 한다. 당신이 나의 사랑하는 숙부이며 형제이기도 한 포르투갈왕의 국경과 경계선 내에서는 그에게 해가 되는 일은 아무것도 하지 않도록.

카사의 관리들은 왕의 의지를 지체없이 실행하라는 명령을 받게 된다. 카를로스 1세는 계약서의 끝에다 '이 계약이 내용 그대로 당신을 지금 그리고 영원히 만족시키게 될 것'이라고 강조했다. 그리고 이렇게 덧붙였다.

왕자, 고위 성직자, 영주, 백작, 후작, 옛 귀족, 귀족, 교단장, 기사 수도회 상급기사와 하급기사, 성의 중대장들, 우리 의회의 일원들, 형리와 모든 당국과 도시의 관리들, 우리 왕국의 장이 서는 작은 마을, 지금 살고 있는 사람들 및 미래에 살게 될 사람들, 그들이 위에 제시한 이 계약을 당연히 인정하고 실행할 것이다.

1518년 3월 22일에 계약이 체결되었다. 서명을 하고 인장을 찍었다. 추가로 왕은 마가야네스에게 산티아고 교단의 기사 직분을 주었다. 중요한 내용이 담긴 계약서를 든 마가야네스의 손이 떨렸다. 그는 우아하고 화려하게 그려진 활자들을 쳐다보았다. 감동의 물결이 그의 안에서 뜨겁게 솟구쳤다. 이 계획! 그의 원대한 계획! 페르난도 데 마가야네스, 그의 고향에서 경멸받던 자, 공권을 박탈당한 사람, 쓸모 없는 군인이 되었던 그가 이제 노력의 목적지에 도달했다. 외국인인 그가 에스파냐의 명성을 얻게 해줄 것이며 그에게 모욕을 주었던 포르투갈왕을 이제 거꾸로 모욕하기 위해 스스로 힘을 얻게 될 것이다.

포르투갈의 협박

지금까지의 삶이 그에게 너무 인색했다면 갑자기 그 삶이 낭비하려는 것처럼 보인다. 카를로스는 마가야네스를 거의 자신의 옆에서 떼어놓지 않았다. 그는 마가야네스를 총애한다는 증거를 많이 보여주었다. 선장의 봉급을 확정하고 선장이 자신의 신분에 맞는 지출을 할 수 있도록 많은 추가수당을 주었다. 그는 지금까지 사용했던 모든 경비를 지급받을 수 있도록 배려했다. 마가야네스와 팔레이루가 부사령관들에게 목적에 합당한 수단과 도구로 원정의 진행을 위해 애쓴다면 사업을 수행하다 죽는 경우 후손에게 약속한 모든 은혜와 특전을 물려줄 수 있다는 허락도 받았다. 마가야네스는 조타수들을 직접 뽑을 수 있는 독점적인 권리를 소유했다.

그의 계획은 젊은 왕으로 하여금 그 계획의 세부사항에도 관심을 가지게 할 정도로 열광시켰다. 그렇다. 그는 개인적으로 선원을 위한 지침을 작성했다. 규정, 관습과 예절 그리고 갑판에서의 매일의 일과에 대해. 그는 시작은 모두가 알고 있지만 그 끝이 어떻게 될지는 아무도 모르는 여행의 모험에 도취되었다. 지침이 적혀 있는 그 양피지는 그가 지배한다고 하지만, 절대 체험해볼 수 없는 넓은 세상에 대한 빈약한 보상일 뿐이다. 이제 선원들을 위한 규정들로 그는 만족해야 한다. 왕은 기꺼이 선원들과 자리를 바꾸고 싶어하지만 그의 왕좌에서 벗어나지 못한다.

단지 점성술사만 기분이 좋지 않았다. 그가 마가야네스가 받는 모든 특전과 동일한 지분을 소유하고 있다 하더라도 그의 상황은 여전히 어려웠다. 왕은 인색하지 않았으며 호의를 베푸는 데 있어 아끼지 않는 나이였기 때문에 그것의 배분을 걱정할 필요가 없었다. 팔레이루는 이기주의자들이 보통 그러하듯 질투가 많았다. 세비야에서는 베아트리스라는 여자를 독점하려고 하더니 이제 왕이 베푸는 호의도 마찬가지로 자신과 나누려 하지 않는다고 생각했다. 그는 항상 무시되었으며 주변으로 밀려났다. 그는 포르투갈 정부든 에스파냐 정부든 상관없이 모든 정부에 욕을 했다.

왕은 여름 동안 수행원들과 함께 사라고사로 이주했다. 두 사람의 원정대장이 왕과 함께 그리로 갔다. 그곳에는 포르투갈의 특별사절이 와 있었다. 그의 이름은 알바루 다 코스타로 마누엘 왕을 대신해서 카를로스의 누나인 레오노레에게 구혼하는 공식적인 임무를 띠고 있었다. 두 왕가의 결혼은 도움이 될 수 있다. 즉 에스파냐와의 관계를 개선시킬 수 있다. 그렇다. 아마도 미래에 일어날 지도 모를 전쟁을 무산시킬 수 있을 것이다.

다 코스타가 궁중 사람들의 입에 오르내리는 원정에 관해 듣는 것을 막을 수는 없었다. 그 사절은 경악했으며 선의의 충고를 아끼지 않았다. 원정을 보내려는 그 사람들은 믿을 수 있는 사람들이 아니다. 특이한 명성을 지닌 괴팍한 학자와 상황이 좋지 않은 퇴직한 군인. 그는 큰소리로 그에 관해 이야기했다. 그것이 장관의 귀에 들어갔다. 왕도 그에 관한 소문을 들었을 것이다. 그러나 카를로스는 아무 반응도 보이지 않았다. 이어서 그 사절은 마가야네스를 방문했다. 알바루 다 코스타는 나중에 그의 왕에게 이 협상의 결과만을 통지했을 것이다. 그 결과에서 그들의 만남이 어땠는지 힘들게 유추할 수 있을 뿐이다.

다 코스타는 포르투갈 사람의 애국심에 호소했다. 그가 트란스푸가, 즉 탈영병이 되었던 것으로도 충분하지 않아 이제는 그의 군주인 포르투갈왕을 배반하는 트라이도르가 되려는 것인가? 마가야네스는 리스본 성에서 있었던 왕과의 접견을 기억했으며 아무 대답도 하지 않았다. 그 외교관은 많은 것을 약속하면서 마가야네스 선장이 다시 그들의 조국에 봉사할 준비가 되어 있는지를 물었다. 마가야네스는 거절했다.

"당신은 매우 실망했나보군요. 그 심정을 이해할 수 있지만, 당신이 오해를 하고 있지 않나 한 번 고려해보십시오. 다시 돌아오시오, 선장. 당신에게 호의를 가지고 있는 당신의 왕에게 봉사하시오."

"안 됩니다!"

마가야네스는 심하게 고개를 흔들었다.

"나의 결정은 번복될 수 없소."

그 사절은 상당한 것을 약속했다. 즉 그가 다음과 같은 것을 선택할 수 있다고. 해운국, 사령관, 식민지 근무, 카라벨이나 새 갈레온선의 지휘권!

마가야네스는 그 모든 제안을 거절했다. 직함과 계급, 지휘권 대신 리스본에서 그를 기다리고 있는 것은 독약일 것이다.

궁전의 고위층에 있는 사람들에게 다 코스타는 보다 공격적으로 표현했다. 에스파냐에서 강력한 이웃인 포르투갈에게 손해 입히는 것을 원하는가? 마가야네스와 팔레이루는 탈영병이며 모험가이다. 아니 아마도 망상가일 것이다. 그리고 그들의 계획은 전혀 실현 가능성이 없다. 망상이며 환상, 그 밖에 아무것도 아니다! 그는 내각에서 그의 말에 귀를 기울이는 사람을 찾았다. 몇몇 영향력 있는 관리들이 원정을 무모한 정치적 책략으로, 끝없이 이어질 전쟁으로 생각했다. 그들은 다 코스타에게 군주와의 접견을 주선해주었다.

"현재 마누엘 폐하와 갈등을 일으킬 때가 아니라는 것을 폐하께서 주목하시길 부탁드립니다. 특히 폐하를 위해 별 의미가 없을 사안 때문에 말입니다."

다 코스타는 왕이라 해도 열여덟 살밖에 안 된 청년에 대해 어른으로서 약간 무시하는 듯한 생각을 가지고 말했다.

카를로스는 대답이 필요 없다고 생각했다. 왜냐하면 군주는 자신이 원하는 것을 할 수 있으며 명령할 수 있기 때문에. 침묵할 때 그는 가장 솔직하다. 그는 차가운 시선으로 왕좌에서 아무 생각 없이 계속 이야기하는 그 사절을 쳐다보았다.

"폐하께서는 좋은 기회에 폐하를 위해 위대한 탐험을 실현할 수 있는 충분한 신하와 하인들을 가지고 있습니다. 여기 궁정에 불만족스럽게 모여 있는 사람들을 이용하는 것은 정말 불필요한 일입니다."

다시 아무 답변도 없었다. 카를로스는 빠르고 고르게 숨을 쉬었다. 그의 뺨은 붉어졌다.

포르투갈 사절이 계속 말했다.

"저의 군주께서는 틀림없이 의심하실 겁니다. 문제의 사람들이 폐하에게 봉사하기보다는 자신에게 치욕을 주려는 경쟁심에 사로잡혀 있다고 말입니다."

왕은 눈을 내리깔고 날카롭게 대답하려 했다. 그러나 뒤로 기대고는 아주 간단한 제스처만을 취했다. 그것은 접견이 끝났다는 의미일 수도 있고, 계속 말하라는 요구일 수도 있다. 다 코스타는 후자로 예상했다.

"폐하는 고귀한 공직의 업무를 너무 넓게 확장해서는 안 됩니다."

그는 가르치려는 듯이 말했다.

"폐하께서는 우선 폐하의 왕국과 귀족들을 관리하는 데 몰두해야 합니다."

기분 나쁘게 듣고 있던 카를로스가 성급하게 화를 냈다. 그는 일어나서 화가 난 듯 그 사절에게 한 걸음 다가갔다.

"당신은 무슨 말을 하려는 것이오? 어떤 이유로 당신의 왕이 나를 의심한다는 것이오? 나를 의심할 어떤 근거를 가지고 있소?"

그 사절은 미안하다는 사과의 말을 더듬거렸다. 불의의 공격에 그는 당황했다.

"당신이 다시 한 번 내 앞에 서게 된다면."

카를로스는 다 코스타를 비난했다.

"내 나이가 아니라 내가 왕임을 잊지 마시오!"

그는 더 이상 참지 못하고 그 방을 나갔다. 포르투갈왕이 듣고 싶어 했던 답변을 에스파냐왕은 주려고 하지 않았다. 마누엘의 신부 구혼은 잠정적으로 아무런 답변도 듣지 못했다.

나중에 알바루 다 코스타는 마누엘에게 이렇게 썼다.

"저는 아주 많은 일을 시도했고 실행했습니다. 저는 그 사안에 대해 매우 결정적으로 왕에게 말했습니다."

사실과 부합하는 것은 오로지 어투를 잘못 선택했다는 것이다.

포르투갈은 생명선의 위협을 느꼈다. 그리고 그 위험은 하필이면 포르투갈이 포기했던 한 남자로부터 시작되었다. 향료 거래에서 나온 600만 마라베디는 매년 포르투갈의 국고로 흘러 들어갔다. 그리고 몰루카와의 거래는 아직 완전히 자리를 잡지 못했다. 그렇기 때문에 포르투갈 사절은 그 목적을 위해 가장 쓸모 있는 고위관리자 뵈이엔스에게로 향했다. 뵈이엔스는 평화를 유지하려 했다. 민중들은 호전적인 교황을 원치 않는다! 다 코스타는 리스본에 편지를 썼다.

그도 그 계획을 별로 좋아하지 않는 것처럼 보입니다. 그리고 그는 왕이 이 계획을 포기하도록 할 수 있는 모든 일을 다 하겠다고 나에게 약속했습니다.

그러나 포르투갈의 사절을 기쁘게 한 그것이 폰세카 추기경을 불쾌하게 만들었다. 그와 다른 두 사람과 긴장을 유지하고 있는 트로이카 체제를 한 사람이 깨뜨리려 하는가? 그는 성직자로 뵈이엔스보다 지위가 높았으며, 정치가로서는 사절보다 우월했다. 뵈이엔스는 왕에게 부탁하지 않았다. 부르고스의 주교가 왕에게 엄청난 성공을 화려하게 묘사했으며, 왕의 열정 또한 새로이 불붙여졌기 때문이다. 카를로스는 카사 데 콘트라타시온의 부의장에게 열성적인 포르투갈 사절에게 자제를 요구하는 외교 문서를 작성해서 보내라고 명령했다. 그 외교 문서의 내용은 폰세카의 필체로 되어 있다. 에스파냐는 에스파냐의 영토 밖으로 진행하게 될 원정은 전혀 생각지 않고 있다. 그래서 외국의 어떤 권력과도 부딪치지 않을 것이다. 포르투갈과도 마찬가지이다.

마누엘은 시종과 가까운 장관들을 모아놓고 함께 의논을 했다. 마가야네스가 성공한다면 포르투갈은 그의 향료 독점지를 잃게 된다. 그러나 포르투갈이라는 작은 나라는 에스파냐와의 전쟁을 치를 여력이 없다. 라메고의 주교인 곤잘루 드 바콩셀로스, '영리하고 아주 현실적인 사람이며 방금 리스본의 대주교로 발령받은' 그는 마가야네스 선장을 비밀리에 살해하라고 강력하게 요청했다. 왜냐하면 '그의 사업이 포르투갈의 왕에게 위험하기 때문'이다. 포르투갈은 에스파냐의 왕에게 아직 답변을 하지 않았다.

폰세카는 그 소문을 들었다. 그의 리스본 첩자가 그 소식을 당국에 전한 것이다. 그때 마침 팔레이루와 마가야네스는 회의를 위해 그의 집에 머물고 있었다. 추기경이 궁정으로 불려갔다 잠시 후 진지한 얼굴로 돌아왔다. 그는 손님들에게 집으로 갈 때 무장한 사람들과 함께하라고 부탁했다. 카를로스 역시 그 소식을 들었다. 그는 자신이 보호해야 할 사람들의 신변보호를 위해 군인들의 호위를 명령했다. 특히 그는 그가 선장의 안녕과 자신의 안녕을 동일시한다고 공지했다. 그리고 사라고사 성의 대연회장에서 화려한 의식을 치름으로써 그의 의지를 과시했다. 모든 왕실 고문관 및 장관, 추기경, 주교들과 궁정의 고위관리자, 사절과 외교관들——포르투갈의 사절 역시——그곳에 초대되었다. 비단 옷이 사각거리는 소리가 들렸고, 모든 것이 눈부시게 화려했다. 문앞에는 호위대가 예복을 입고 정렬했다.

마가야네스와 천문학자는 왕좌 앞에 놓인 금박이 입혀진 붉은 방석 위에 무릎을 꿇었다. 궁정은 그 화려함을 뽐냈다. 에스파냐왕 카를로스 1세는 문장이 그려진 외투를 입고 용개 밑에 앉아서 마가야네스와 팔레이루에게 기사작위를 주었다. 마가야네스와 팔레이루는 충성을 약속하고 왕의 손과 외투의 가장자리에 입을 맞추었다. 카를로스는 선장 페르난도 데 마가야네스에게 성 야곱의 예복을 입혀주고 그에게 성 야곱의 자위를 하사했다. 화려한 축제를 통해 에스파냐가 위축당하지 않으리라는 것을 전세계 앞에서 확인했다.

관련지도

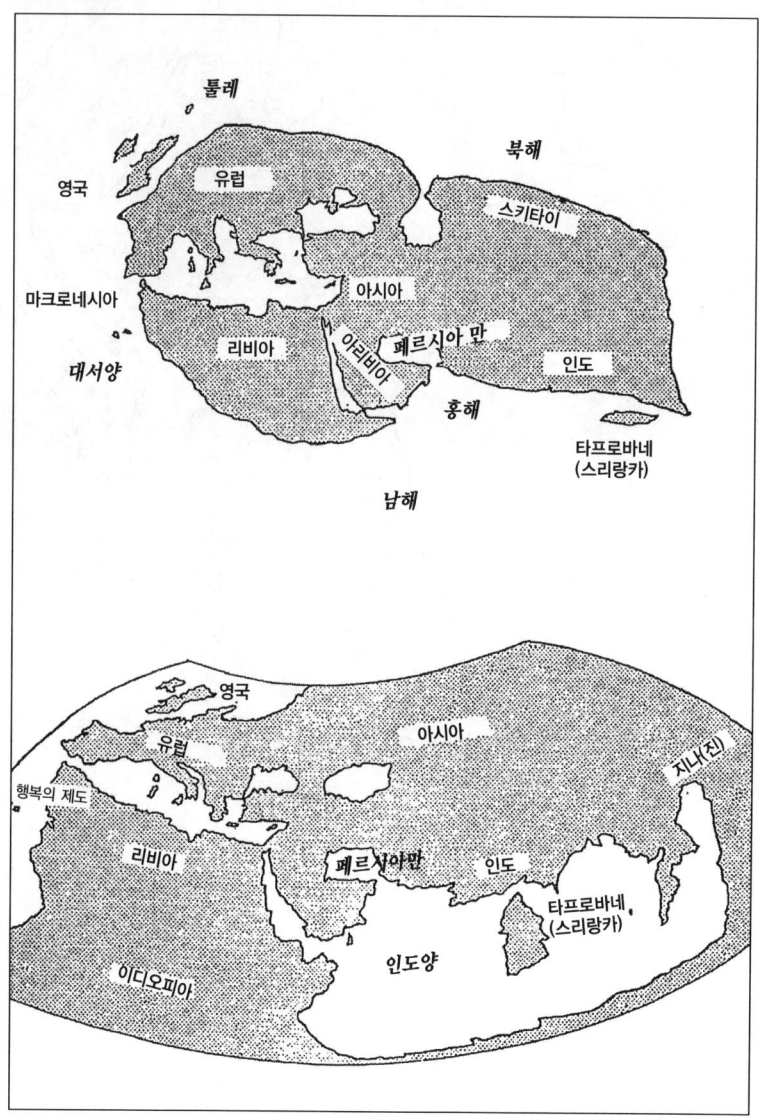

위 | 에라토스테네스 지도(기원전 250년경).
아래 | 프톨레마이오스 지도(기원전 150년경).

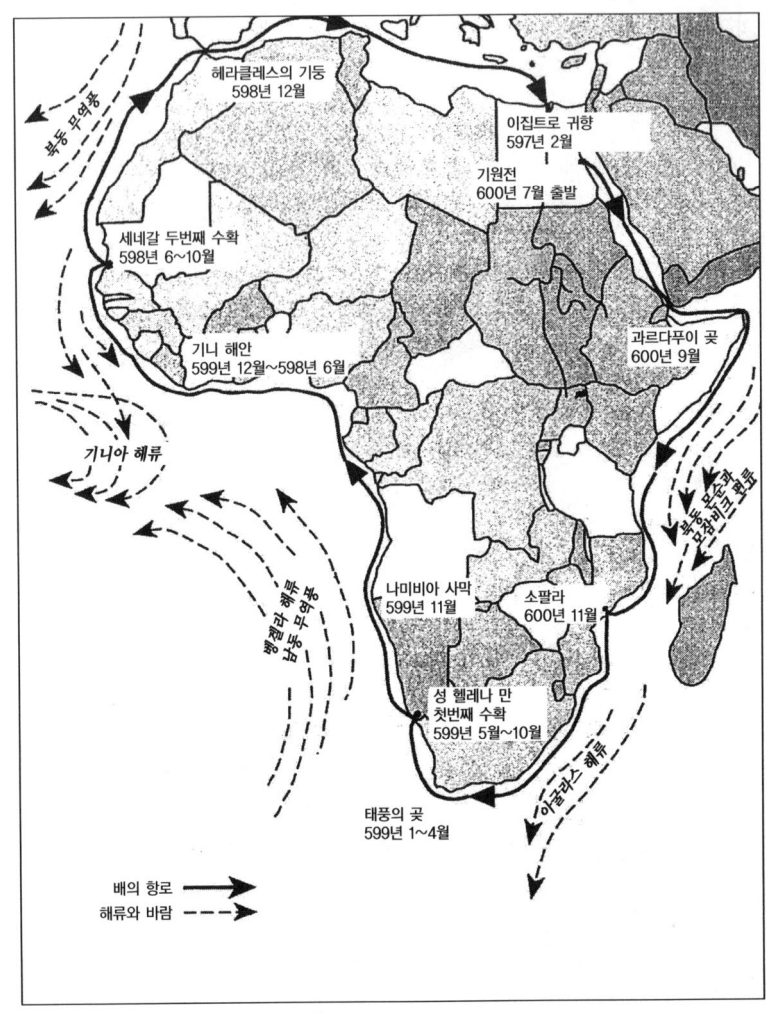

페니키아인들의 아프리카 일주.

394

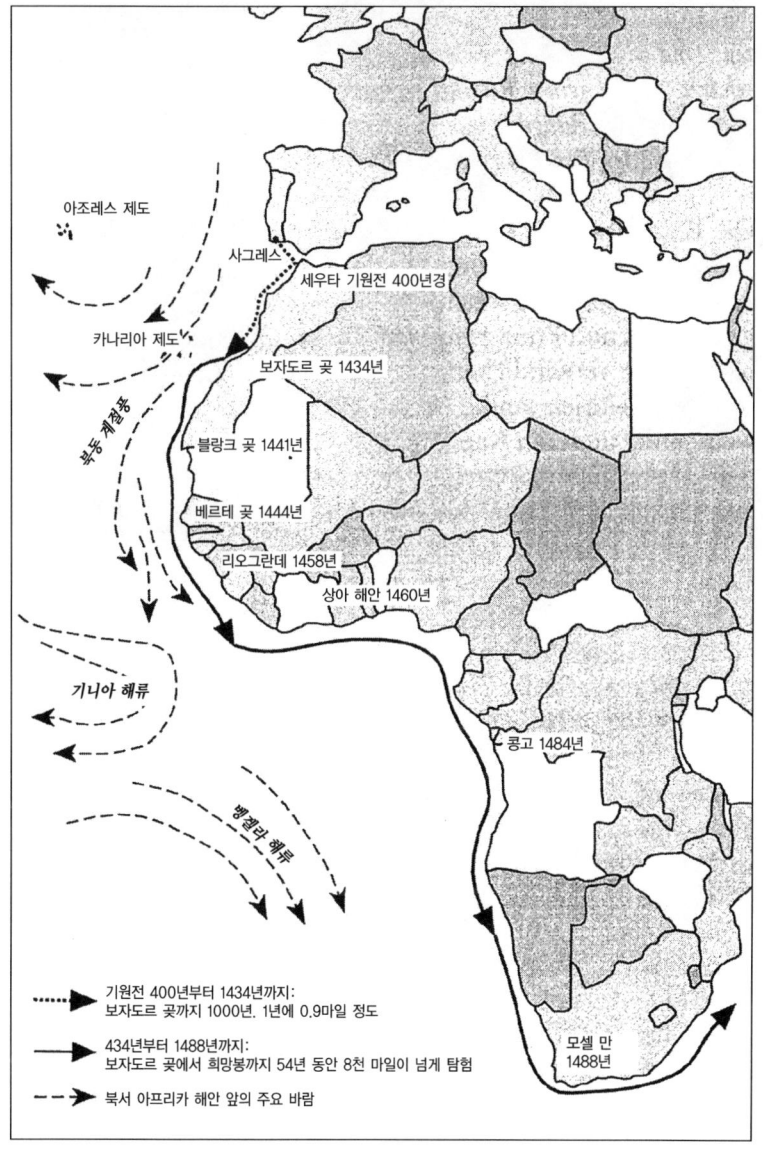

아조레스 제도

사그레스

세우타 기원전 400년경

카나리아 제도

보자도르 곶 1434년

북동 계절풍

블랑크 곶 1441년

베르테 곶 1444년

리오그란데 1458년

상아 해안 1460년

기니아 해류

콩고 1484년

벵겔라 해류

⋯⋯▶ 기원전 400년부터 1434년까지:
보자도르 곶까지 1000년. 1년에 0.9마일 정도

──▶ 434년부터 1488년까지:
보자도르 곶에서 희망봉까지 54년 동안 8천 마일이 넘게 탐험

--▶ 북서 아프리카 해안 앞의 주요 바람

모셀 만
1488년

포르투갈의 아프리카 서해안 탐험.

]식의 최전선

호기 · 임경순 · 최혜실 외 52인 공동집필
상을 변화시키는 더 새롭고 창조적인 발상들

사저널 2002 올해의 책/조선일보 2002 올해의 책/
43회 한국백상출판문화상/한국출판인회의 9월의 책/
화관광부 2002 우수학술도서/
신국판 | 양장본 | 712쪽 | 값 30,000원

]경越境하는 지식의 모험자들

봉균 · 박여성 · 이진우 외 53명 공동집필
적 발상으로 세상을 바꾸는 프런티어들

식의 모험자들은 창조적 발상과 능동적인 실천력으
미래의 시간을 앞당긴다. 그들이 보여주는 미래의
김을 엿보면서 세계를 향해 지적 모험을 감행한다."
신국판 | 양장본 | 888쪽 | 값 35,000원

으로 본 한국역사

석헌 지음
ㅏ 있는 역사정신 함석헌을 만난다

사를 아는 것은 지나간 날의 천만 가지 일을 뜻도
ㅣ 그저 머릿속에 기억하는 것이 아니다. 값어치가
ㄴ 일을 뜻이 있게 붙잡아내는 것이다."
]국판 | 반양장 | 504쪽 | 값 15,000원

비의 나라 한국유학 2천년

ㅐ언 지음 · 하우봉 옮김
ㅑ인을 위해 새로운 시각에서 쓴 한국유교사

ㄴ '주자일존'을 무비판적으로 긍정하는 한국유교사
ㄱ에 저항감을 품어왔다. 나의 생명이 소진되기 전에
ㄱ유학의 뿌리를 캐내는 과제와 싸워보고 싶었다."
]국판 | 반양장 | 520쪽 | 값 16,000원

디 자서전

ㅓ헌 옮김
ㅣ한 고전, 간디의 진리실험 이야기

신도 나의 진리실험에 참여하기 바랍니다. 나에게
ㄹ한 것이면 어린아이들에게도 가능하다는 확신이
ㅏ다 당신의 마음속에 자라날 것입니다."
ㅐ판 | 양장본 | 648쪽 | 값 13,000원

마하트마 간디

요게시 차다 · 정영목 옮김
간디의 전 생애를 담아낸 최고의 평전

"이 고통받는 세계에 좁고 곧은 길 외에는 희망이 없
다. 이 진리를 증명하는 데 실패할지라도 그것은 그들
의 실패일 뿐, 이 영원한 법칙의 오류는 아니다."
· 46판 | 양장본 | 880쪽 | 값 22,000원

대서양 문명사

김명섭 지음
거친 바다를 건너 세계를 지배한 열강의 실체

"광대한 대서양을 배경으로 벌어진 제국들 간의 치열
한 경주. 팽창 · 침탈 · 헤게모니의 역사로 물든 문명
의 빛과 어둠을 파헤친다."
· 신국판 | 양장본 | 760쪽 | 값 35,000원

온천의 문화사

설혜심 지음
건전한 스포츠로부터 퇴폐적인 향락에 이르기까지

"레저는 산업화의 산물이 아니라 인간의 본능이다.
단순한 재충전의 기회가 아니라 자유의 적극적인 경
험형태다." 2002 대한민국학술원 선정 우수학술도서
· 신국판 | 양장본 | 344쪽 | 값 20,000원

서양의 관상학 그 긴 그림자

설혜심 지음
고대부터 20세기까지 서구 관상학의 역사를 추적한다

"미신으로 폄하되는 관상이 오랫동안 서양역사에서
고급과학으로 대접받으며 살아남을 수 있었던 이유는
무엇인가?"
· 신국판 | 양장본 | 372쪽 | 값 22,000원

세계와 미국

이삼성 지음
20세기를 반성하고 21세기를 전망한다

"미국과 세계에 관한 연구가 단순히 정치사나 외교사
적 서술로 끝날 수 없다. 그것은 우리의 존재양식, 우
리의 사유양식, 우리 자신의 연구일 수밖에 없다."
· 신국판 | 양장본 | 836쪽 | 값 30,000원

중국인의 상술

강효백 지음
상상을 초월하는 중국상인들의 장사비법

"개방적인 자세로 상술을 펼쳐나가는 광둥사람, 신용 하나로 우직하게 밀고나가는 산둥사람. 이들이 바로 오늘의 중국을 움직이는 중국상인들이다."
· 신국판 | 반양장 | 360쪽 | 값 12,000원

그리스 비극에 대한 편지

김상봉 지음
슬픔의 미학을 통해 인간의 고귀함을 사유한다

"내가 타인의 고통으로 눈물 흘리고 우주적 비극성 앞에서 전율할 때 나의 사사로운 고통과 번민은 가벼워지고 나의 정신은 무한히 넓어집니다."
· 신국판 | 반양장 | 400쪽 | 값 15,000원

나르시스의 꿈

김상봉 지음
자기애에 빠진 서양정신을 넘어 우리 철학의 길로 걸어라

"자기도취에 뿌리박고 있는 서양정신은 영원한 처녀신 아테네처럼 품위와 단정함을 지킬 수는 있겠지만 아무것도 잉태할 수 없는 불임의 지혜다."
· 신국판 | 양장본 | 396쪽 | 값 20,000원

호모 에티쿠스

김상봉 지음
윤리적 인간의 탄생을 위하여

"참으로 선하게 살기 위해 우리는 희망 없이 인간을 사랑하는 법을, 보상에 대한 기대 없이 우리의 의무를 다하는 법을 배우지 않으면 안 됩니다."
· 신국판 | 반양장 | 356쪽 | 값 10,000원

자기의식과 존재사유

김상봉 지음
칸트철학과 근대적 주체성의 존재론

"모든 나는 비어 있는 가난함 속에서 하나의 우리가 된다. 참된 존재사유는 모든 나를 없음의 어둠 속으로 불러모음으로써 하나의 우리로 만드는 실천이다."
· 신국판 | 양장본 | 392쪽 | 값 18,000원

그림자

이부영 지음
분석심리학의 탐구 제1부…우리 마음 속의 어두운 반려자

"인간의 내면, 그 어두운 측면을 성찰하는 시간을 는다는 것은 하나의 축복이다. 나는 융의 그림자 넘을 통해 우리의 마음과 사회현실을 비추어 본다."
· 신국판 | 반양장 | 336쪽 | 값 10,000원

아니마와 아니무스

이부영 지음
분석심리학의 탐구 제2부…남성 속의 여성, 여성 속의 남

"당신은 첫눈에 반한 이성이 있는가? 가까워지고 은 조바심, 그리움과 안타까움. 이때 두 남녀는 상 방을 통해 자신의 아니마와 아니무스를 경험한다."
· 신국판 | 반양장 | 368쪽 | 값 12,000원

자기와 자기실현

이부영 지음
분석심리학의 탐구 제3부…하나의 경지, 하나가 되는 길

"우리는 인간의 본성을 좀더 이해할 필요가 있다. 가오는 모든 재앙의 근원은 바로 우리 자신이기 때 이다."
· 신국판 | 반양장 | 356쪽 | 값 15,000원

로마인 이야기 10

시오노 나나미 · 김석희 옮김
인프라가 한 나라의 운명을 결정한다

"위대한 점은 건설한 길과 수도가 아니라 공을 시 다 우선시하는 공공심이다. 개인은 할 수 없기 때 에 국가가 대신하는 것, 그것이 시오노가 말한 '인프라 디
· 신국판 | 반양장 | 344쪽 | 값 11,000원

로마인 이야기 11

시오노 나나미 · 김석희 옮김
마침내 시오노 나나미판 로마제국 쇠망사가 시작된다

"강력한 권력을 부여받은 지도자의 존재이유는 언 가 찾아올 비에 대비하여 사람들이 쓸 수 있는 수 을 미리 준비하는 데 있다."
· 신국판 | 반양장 | 440쪽 | 값 12,000원

의 인생은 영화관에서 시작되었다

오노 나나미 · 양억관 옮김
오노가 들려주는 고품격 영화에세이

정의 · 관능 · 사랑 · 전쟁 · 죽음 · 품격 · 아름다움, 그
고 영원히 해결되지 않는 문제에 대하여 나는 말한
. 내가 사랑하는 모든 영화로. "
46판 | 양장본 | 350쪽 | 값 12,000원

다의 도시 이야기상 · 하

오노 나나미 · 정도영 옮김
네치아 공화국, 그 1천년의 메시지는 무엇인가

천혜의 자원이라고는 아무것도 없었던 바다의 도시
, 어떻게 국체를 한 번도 바꾼 일 없이 그토록 오랫
안 나라를 이끌어갔는가?"
신국판 | 반양장 | 550쪽 내외 | 각권 값 15,000원

픈 열대

비 스트로스 · 박옥줄 옮김
계적 지성 레비 스트로스가 쓴 20세기 최고의 기행문학

러 생명력 넘치는 원시의 땅으로 배가 출항한다. 적
무풍대를 통과하면 신세계와 구세계 간의 희망과
락, 정열과 무기력이 교차한다. "
신국판 | 양장본 | 768쪽 | 값 30,000원

평의 해부

스럽 프라이 · 임철규 옮김
메로스부터 제임스 조이스까지 서구의 고전을 해부한다

평은 과학적 객관성을 바탕으로 하는 독립된 학문
되어야 한다. 재능 없는 문학도가 감탄과 질투를
설하는 기생적인 문학 장르에서 벗어나야 한다. "
신국판 | 양장본 | 706쪽 | 값 25,000원

만적 거짓과 소설적 진실

네 지라르 · 김치수 송의경 옮김
학 지망생의 필독서이자 문학 이론의 고전

책은 오늘날 우리의 욕망체계를 소설 주인공의
망체계에서 발견하여 우리가 살고 있는 사회적 특
을 제시한 탁월한 고전이다. "
신국판 | 양장본 | 430쪽 | 값 20,000원

한비자 I · II

한비 · 이운구 옮김
동양의 마키아벨리 한비자의 국가경영의 법

"인간의 애정이나 의리 자체를 경솔하게 부정하려는
것이 결코 아니다. 현실적으로 사랑보다는 힘(권력)의
논리가, 의(義)보다는 이(利)가 앞선다는 것이다. "
· 신국판 | 양장본 | 968쪽(전2권) | 각권 값 25,000원

증여론

마르셀 모스 · 이상률 옮김 류정아 해제
선물주기와 답례로 풀어낸 인간사회의 실체

"주기와 받기, 답례로 이루어진 선물의 삼각구조가 총
체적인 사회적 사실이 되어 생활의 모든 분야에 관여
하며 사회구조를 작동시킨다. "
· 신국판 | 양장본 | 308쪽 | 값 20,000원

신기관

프랜시스 베이컨 · 진석용 옮김
자연의 해석과 인간의 자연 지배에 관한 잠언

"참된 철학은 정신의 힘에만 기댈 것도 아니요, 기계
적인 실험을 통해 얻은 재료를 비축만 할 것도 아니
다. 오직 지성의 힘으로 변화시켜 소화해야 한다. "
· 신국판 | 양장본 | 320쪽 | 값 22,000원

관용론

볼테르 · 송기형 임미경 옮김
18세기 전제정치에 맞서는 볼테르의 관용정신

"모든 사람들이 똑같은 방식으로 생각하기를 바라는
것은 터무니없는 욕심이다. 인간 세계의 사소한 차이
들이 증오와 박해의 구실이 되지 않기를. "
· 신국판 | 양장본 | 308쪽 | 값 22,000원

로마사 논고

니콜로 마키아벨리 · 강정인 안선재 옮김
마키아벨리 정치사상의 핵심 논저!

"잘 조직된 공화국은 시민에 대한 상벌제도가 분명하
며, 공을 세웠다고 하여 잘못을 묵인하지 않는다. 군
주는 은혜를 베푸는 일을 지체해서는 안 된다. "
· 신국판 | 양장본 | 596쪽 | 값 30,000원